湛庐CHEERS

与最聪明的人共同进化

HERE COMES EVERYBODY

从细菌到巴赫再回来

FROM BACTERIA TO BACH AND BACK

[美] 丹尼尔·丹尼特（Daniel C. Dennett）著
冯文婧 郭瑞东 译

中国纺织出版社有限公司

测一测

你了解心智吗?

扫码加入书架
领取阅读激励

扫码获取全部测试题及答案，
一起感受心智进化的魅力

- 人类是迄今为止这个世界上唯一拥有一套经过精心设计而成的思考工具的物种吗？（ ）

  A. 是

  B. 否

- 笛卡尔认为，人类的心智不是像肺或脑那样的物质实体，而是由第二种不必遵守物理学规律的东西构成的。这种观点就是我们所熟知的（ ）观点。（ ）

  A. 一元论

  B. 二元论

  C. 物理主义

  D. 功能主义

- 进化论是“盲眼钟表匠”，鉴于它的研发方法，进化论的各种成果难免充满了机会主义和短视的成分，但其过程迂回、曲折且有效。自然选择设计的特点之一是它充满了：（ ）

  A. 漏洞

  B. 洞见

  C. 远见

  D. 智慧

扫描左侧二维码查看本书更多测试题

丹尼尔·丹尼特

世界著名哲学家、认知科学家

FROM BACTERIA TO BACH AND BACK

极具影响力的哲学家

1942 年，丹尼尔·丹尼特出生于波士顿。他 11 岁时参加了一个夏令营，第一次接触到哲学。当时，一位辅导员告诉他：“丹尼尔，你知道你是谁吗？你是一名哲学家。”

17 岁时，丹尼特进入维思大学并对哲学有了兴趣。他读到了蒯因的著作《从逻辑的观点看》，想要与这位 20 世纪最重要的哲学家之一当面对质。于是，他大二就转学到了哈佛大学。3 年后，在蒯因的推荐下，他来到了牛津大学，跟随吉尔伯特·赖尔攻读哲学博士学位。

目前，丹尼特是塔夫茨大学哲学教授，也是塔夫茨大学认知研究中心的掌门人。他曾获心智与脑奖、伊拉斯谟奖，两次获古根海姆奖。2001 年，丹尼特荣获被誉为“心灵哲学诺贝尔奖”的让·尼科奖。

丹尼特在心灵哲学方面有极其重要的贡献。他创造了“意向立场”“他者现象学”“直觉泵”等概念，并论证意识的“困难问题”并不存在。美国教育网站 TheBestSchools 评选丹尼尔·丹尼特为全球 50 位最具影响力的在世哲学家之一。

FROM
BACTERIA
TO
BACH
AND BACK

圣塔菲研究所米勒学者

圣塔菲研究所成立于 1984 年，致力于从多学科角度研究复杂适应系统的基本原理，是世界闻名的复杂科学研究中心。2016 年，圣塔菲研究所名列“20 大世界顶级科技智库”。

这座“没有围墙”的学术圣地设置了大量外聘职位，其中最受尊崇的是米勒学者席位。该席位遴选出极少数杰出而具有创造力的思想家，为其提供独一无二的学术环境。

2010 年，丹尼特当选圣塔菲研究所首届米勒学者，跨学科开展认知科学和进化生物学研究。随后的当选者还有与其丈夫史蒂芬·平克齐名的小说家、哲学家丽贝卡·戈尔茨坦（Rebecca Goldstein），著名量子计算专家塞思·劳埃德（Seth Lloyd），科幻作家尼尔·斯蒂芬森（Neal Stephenson）等。

FROM
BACTERIA
TO
BACH
AND BACK

新无神论四大骑士

丹尼特强烈支持进化论，将自然选择视作一种算法过程。他与宗教团体开展了大量的辩论，与理查德·道金斯（Richard Dawkins）、萨姆·哈里斯（Sam Harris）、克里斯托弗·希钦斯（Christopher Hitchens）并称“新无神论四大骑士”。

在《达尔文的危险思想》（*Darwin's Dangerous Idea*）和《打破魔咒》（*Breaking the Spell*）两本书中，他分别论证了道德和宗教可以起源于进化过程，在美国激起了强烈的反响。

丹尼特成长在一个公理会家庭，虽然他是一名无神论者，但他很喜欢去教堂。40 多年来，每年 12 月份，丹尼特都会在家里举办圣诞颂歌聚会，并充满深情地唱赞歌。

献给

布兰登、塞缪尔、阿比盖尔和阿里亚

各方赞誉

2007年，朗润园十周年庆典，邀请了十位曾获得过诺贝尔奖的经济学家，其中一位是实验经济学家弗农·史密斯，需要我作陪。席间，我列举了一些跨界科学家的名字，希望听他评论。出乎意料，他只读过丹尼特的书，而且受益良多。我也喜欢丹尼特，并收藏了他的主要作品。《直觉泵和其他思考工具》以及《从细菌到巴赫再回来》，尤其值得收藏。因为，这些是丹尼特50年悠闲思考的精华概述。前者试着推荐几十件不用数学但依赖隐喻的（批判性）思考工具给普通读者，后者则是他毕生心灵哲学的一次总结，他很可能继续发表新的总结。

汪丁丁

北京大学国家发展研究院教授

细菌和巴赫有啥关系？或者我这么问，细菌的基因序列和巴赫的音乐乐谱是否有相似之处？和谐和美是否就是其共性？如果物理学是对的，生命的出现是不是必然？意识的出现是不是必然？固然此书成书的时候，GPT 尚未登场。但即使 AGI 此刻已实现，我们就真的能理解意识吗？这本包罗万象又天马行空的著作，会带着读者共同进行一系列的思想实验。它最后的一个隐喻是：如果人类不珍视地球或同胞，那么我们就会从巴赫回到细菌。

尹烨

华大集团 CEO

在硅基生命日益威胁碳基生命的今天，读丹尼特这本彻底的“唯物主义”（物理主义）论著，或许可以帮助我们重新审视人类文明，知其所来，识其所在，明其所往，通过达成理解平复焦虑。

周濂

中国人民大学哲学院教授

演化论、细菌、意向性、心灵、文化、人工智能、巴赫……这些让人眼花缭乱的关键词如何才能组合在一起？且看美国哲学家丹尼特的哲学大魔术。概而言之，演化论是将整本书串联在一起的关键线索：细菌必须服从演化法则，我们的心灵与文化亦然，甚至巴赫的音乐与罗贯中的《三国演义》也不构成例外。至于人工智能，则能够为演化的原则提供算法化的说明。总之，一书在手，贯穿宇宙各个角落的演化法则便能烂熟于胸，由此知人论世，可纵横文理，贯通中西。

徐英瑾

复旦大学哲学学院教授

长篇历史小说《坚——三国前传之孙坚匡汉》作者

一本理解哲学与生物学以及人类进化的绝佳读物。没有理解力、没有心智的大自然，如何演化出具有理解力和复杂意识活动的人类心智？这是上千年来困扰诸多哲学家与科学家的核心谜团。《从细菌到巴赫再回来》娴熟地运用了人文科学与自然科学的最新成果，意在揭示人类心智的起源之谜。在一个日趋智能化的社会，人类心智逐渐不再被视为万物的根源与核心，我们又该如何面对未来世界的新生活与新挑战？这本书在重构人类生物进化与文化进化的历史后，给出了面对未来世界的精彩回答。

雷思温

中国人民大学哲学院副教授

《敉平与破裂》作者

丹尼尔·丹尼特是我们这个时代最杰出的哲学家之一，他就是下一个伯特兰·罗素。与传统哲学家不同，丹尼特还精通神经科学、语言学、人工智能、计算机科学和心理学。他正在重新定义和革新哲学家的角色。

马文·明斯基

“人工智能之父”，图灵奖得主

这是一本值得阅读、品味并反复阅读的书。

迈克尔·加扎尼加

认知神经科学之父

畅销书《谁说了算》作者

丹尼特总是很好的伙伴……他的作品既智慧又优雅。

托马斯·内格尔

美国哲学家

如果你没有读过丹尼特的作品，你肯定应该读一下……很少有当代思想家为我们提供如此多的“思考工具”……丹尼特的书内容丰富得惊人，他在本书中将向你介绍他所研究领域中的大多数关键思想。

亚当·泽曼

英国埃克塞特大学认知与行为神经学教授

丹尼特是我们这个时代极具原创性的思想家之一。

迈克尔·舍默

美国头号“科学打假人”

怀疑论者学会创始人

丹尼特提供了一个微妙而有趣的论证。

斯蒂芬·罗斯

英国开放大学生物学荣誉教授

本书是理解意识如何进化的最佳科学－哲学进路……这真是一本精彩的书，将在未来几年塑造和推动人们的思考。

沙恩·奥马拉

都柏林圣三一大学实验脑科学教授

勇敢而振奋人心。

奥利弗·穆迪

《泰晤士报》

哲学、进化生物学、心理学和计算机科学的历史和最新思想的百科全书式知识。

克里斯托弗·贝亚

《哈珀斯杂志》

一部极其令人愉悦、令人陶醉的作品。

《自然》

读者会发现自己的思想因许多强大的思考工具而变得丰富。

《经济学人》

心智进化的故事

苏德超
武汉大学哲学学院教授，博士生导师

《从细菌到巴赫再回来》是丹尼尔·丹尼特的一本新书。过去50多年里，丹尼特一直致力于在现代自然科学的基础上重构对心智本质和人类赖以存在的种种重要价值的理解，这为他在全球赢得了广泛声誉。人工智能之父、图灵奖获得者马文·明斯基就曾经说“丹尼尔·丹尼特是我们这个时代最杰出的哲学家之一”。毫无疑问，他是我最喜欢的在世哲学家。

人类的意识和心智是怎么来的

在《从细菌到巴赫再回来》这本书里，丹尼特有一个雄心勃勃的目标，他希望告诉大家，人类的意识和心智是怎么来的、本质是什么。这是一项相当困难的任务，因为跟常识的冲突太过激烈。

有意无意地，绝大多数普通人都是笛卡尔二元论者。笛卡尔二元论的要点是：每个人都既有身体又有心灵，但身体和心灵截然不同。身体和跟身体相似的物体处于可以公开观测的时空之中，遵守自然规律。心灵则不然，心灵和专属于它的对象至少不在空间中，它们很可能也不遵守自然规律。每个人的心灵和心灵中的内容都是一些私人对象，只有拥有者可以观察，除非听他报告，否则外人并不知道里面有些什么。人的身体和心灵相互作用。身体可以影响心灵，例如肉体受到伤害，会让心灵感觉到痛苦；反过来，心灵也可以影响身体，前者发号施令，后者执行。

这种笛卡尔式的观点跟常识符合得非常好，并且深度参与到对日常语言的建构中。因此，就算是训练有素的自然科学家也很难摆脱它的影响。丹尼特把这种影响称作“笛卡尔引力”。要是你靠近地球，你就会受到地球引力的影响；要是你靠近常识，你就会受到笛卡尔引力的影响。离得越近影响越严重。普通人几乎总是生活在常识之中，想要摆脱笛卡尔引力，即使不是绝望的，也是令人沮丧的。

然而，建立在常识反思基础上的笛卡尔二元论有一些重大缺陷，比如，它无法解释身体和心灵相互作用的原理。这些缺陷最终会导向神秘主义，让人们继续相信这个世界上还有一个领域，是自然科学原则上无法触及，人类也没办法理解的。这种神秘主义是迷信和宗教的最后堡垒。因为有这些缺陷，笛卡尔二元论关于心理现象的种种描述根本不能跟科学理论建立严格的对应关系。如果不幸被笛卡尔引力捕获，纵然人类的科学已经进展到了 21 世纪，我们关于意识和心理的理解还会停留在几百年甚至几千年前。

这绝不是丹尼特愿意看到的，毕竟他是“新无神论四大骑士”之一。在《从细菌到巴赫再回来》这本书里，他要讲心智进化的整个故事：通过巧妙运用达尔文基于自然选择的进化论，笼罩在人类智力和心灵之上的神秘性将会消失。从细菌、植物、动物，最后到达人类的科学文化艺术成就，哪怕是音乐天才巴赫都可以通过进化论来加以解释。假如丹尼特是正确的，那么人类的心灵或者心智就是自然进化的一个产品，而且只是一个中间产品。

从无意识到有意识

忽略掉一些细节，丹尼特所讲的故事梗概如下：有生物之前的世界并不完全随机，它有类似于季节、昼夜、潮汐之类的宏观循环，以及在原子和分子层面上发生的化学循环。这些循环会探索化学可能性空间。一些部件被组合在一起，形成差异，循环会淘汰一些差异，保留另一些差异。经过漫长的岁月，保留下来的某些差异开始了越来越复杂的进程，最后导致了生命的出现。

原初的生命依然无意识。不过，它们肯定会对所在环境中的某些事物敏感，而对另一些事物不敏感。这里的敏感单单指可以做出反应，犹如一块巨石对炸药爆破敏感而对一只蚂蚁爬过不敏感。又经过一些漫长的岁月，在各种循环和外在因素的无目的拣选下，更加复杂的生命开始形成。

从复杂生命往回看，先辈们当年走过的路都是必要的，要是对环境的某些响应模式稍有差池，也就不会有后面的这些复杂生命。在这个意义上，对环境的响应模式包括对差异的检测，这就是真实存在的理由。但这些理由是自由浮动的，并没有被理由拥有者意识到。换句话说，处在进化中的生物对这些理由日用而不知。

从什么时候起，理由开始被表征和理解固定？在进化史上并没有一个明确的分界点，之前生物不能理解理由，之后生物开始理解理由。一切都是连续的。不过丹尼特还是将生物分成四类：达尔文式的生物、斯金纳式的生物、波普尔式的生物和格雷戈里式的生物。第 1 类生物虽然有天赋，但不是学习者，代际之间有变异，完全通过自然选择优胜劣汰。第 2 类生物具有一定的可塑性，有了操作性条件反射的学习能力。第 3 类生物可以通过假设试错法来降低生存成本。第 4 类生物开始装备上各种各样的思考工具。

人类是典型的格雷戈里式生物，我们使用语言，讯问理由，并通过对理由的关注结成共同体。在人类这里，自由浮动的理据被固定下来，因为人类需要向自己表征这些理由。因此之故，理解、意识、自我意识都出现了。

这是一个关于从无意识到有意识的连续故事，丹尼特多次强调进化史上没有明显的分界线。但由于笛卡尔引力，一谈到人，普通人容易滑回到笛卡尔二元论，依然认为意识和心理是神秘现象。对这一神秘现象的破除是整本书的重点，需要一些耐心，仔细地读。而下面的解说专门提供给那些急性子读者。

无须理解亦能胜任

在有计算器之前，做数字计算的都是些懂算术者。当时的人会想当然地以为，懂算术是进行数字计算的必要条件。要是不懂，就得好好学。但计算器的出现宣告，以上说法只能显示出想象力的缺乏。没有任何一台计算器懂算术，计算器做算术时，只是在改变电流电压的分布，但依然得到了准确的答案。可见拥有一种能力并且发挥出这种能力，并不需要以理解这种能力为前提。丹尼特把这叫作“图灵奇怪的推理倒置”。

讲图灵，是为了方便大家理解达尔文。19 世纪的罗伯特·麦肯齐·贝弗利（Robert Mackenzie Beverley）精辟总结了达尔文理论的要点：“经由一种奇怪的推理倒置，他似乎认为，在创造性技能的所有成果中，绝对无知完全有资格取代绝对智慧。”这正是达尔文想要的。有理解力的人类不是由全知的神创造出来的，而是从完全无理解力的自然界演化出来的。

丹尼特进一步判断，普通人之所以认为意识现象很神秘，并相信整个世界有一个创造者，是因为他们不由自主地把人的特征投射到了整个世界。他提醒读者好好关注“休谟奇怪的推理倒置”：我们只观察到了 A 后面跟随着一个 B，从来没有观察到是 A 导致了 B。但我们断言，A 导致了 B。休谟解释说，这是因为我们多次看到 A 后面跟着 B，到了后来，我们一看到 A 就产生了关于 B 的期待。我们把这个主观期待投射成了客观因果。不要问为什么会产生这个期待。进化论会讲出一个残酷的真相：没有产生出这种期待的生物，要么已经灭绝，要么不是人类，因为它们不会因果推理！而且，当初的生物产生出这种期待，只是一种偶然。所以，进化需要时间！

不过，丹尼特比休谟走得更远。在常识中我们以为自己拥有的那些特征，其实并不真的拥有。看到天上强烈的闪电，闭上眼睛你会发现，自己依然能够看到那道闪电。但是，那道闪电早就过去了，你的视网膜上、你的大脑里也没有那道闪电。但显然你看见了什么。要是那道闪电不在天上，不在视网膜上，不在大脑里，那一定是在你的心里。由于在你的心里，所以别人自然看不到。这样想着，笛卡尔二元论又回来了。丹尼特回答得很干脆，你的相关能力、你的判断、你的意愿和你的情感反应，让你以为那道闪电存在于你的主观世界里。

然而，不只是已经消失的闪电不存在，内在的甜味等类似的感受质统统不存在，它们只是一种良性幻觉，或者说，是一种“用户错觉”。看到了就是看到了，尝到了就是尝到了，除此之外没有更多的东西。甚至包括我们自己，都是用户错觉的一部分。玩手机时，我们会在 App 用户界面上操作，这个界面并不提供真实的运行过程。但有了用户界面，我们就可以在利用 App 的功能时不必了解具体细节。类似地，有了我们和我们的意识内容这些用户界面，我们就可以更方便地生活，而不必去了解包括我们心灵在内的全部身体跟外部世界互动的具体细节。

理解这本书，会让你变得深刻

读者不应该指望一篇序言就把整本书的内容总结完备，就像观众在观影前不会想要去看剧透。《从细菌到巴赫再回来》不是一本可以轻松读完的书。但理解这本书，会让你变得深刻，哪怕你不赞成书中的观点。

丹尼特是一个跨学科学者，他被誉为当代的伯兰特·罗素。他的书一贯旁征博引，生物学、化学、人工智能、物理学……这些学科内容给他的写作提供了丰富的素材，同时也给读者增加了阅读的困难。但无论如何，他的书值得阅读，值得一读再读。无论是一个唯物主义者，还是一个唯心主义者，都应该读一读他的书。作为一个唯物主义者，读一读他的书，会增强唯物主义信念的信心。作为一个唯心主义者，读一读他的书，会知道自己的竞争对手现在强大到什么程度。

象中有真

刘畅
中国人民大学哲学院副教授

初识丹尼特

二十年前的一天，我到埃克·冯·萨维尼（Eike von Savigny）教授家汇报论文选题。那时我刚开始在比勒菲尔德大学读博，萨维尼是我的导师。我谈起我的思路：我们看到一个物体，总要以看到这个物体的颜色为前提；不过，我们对物体的视觉感知，并不能还原为对一堆颜色马赛克的感知……我正准备滔滔不绝下去，萨维尼挥手打断我，问："真的吗？就不能想象你虽然看到了那个物体，却没看到它的颜色吗？"我吃了一惊，思忖一番，再次确认这不可能。"啊！"萨维尼标志性的、机智中夹带着狡黠的笑容在他脸上蔓延开来。他找来两张扑克牌，面朝下扣在桌上，让我闭上眼睛，把牌分别交到我手里，然后让我目视前方，向两侧伸平胳臂，前后微微移动两张牌。“你看到视野边缘有两样东西在晃动吗？但你看得到它们的颜色吗？”

这个小小的实验把我震撼到了。我的确看到有两个物体在晃动，甚至能分辨那是两张扑克牌。但我看不到、至少无法确认它们的颜色，也分辨不出那是黑桃、红心还是人头牌。然而无疑，我看到了它们。

这是我第一次遭遇丹尼尔·丹尼特。萨维尼引用的，就是丹尼特在《意识的解释》中所举的例子。萨维尼把他读过的这本书送给我，向我保证，读一读肯定会有启发。感谢萨维尼教授，我之后的阅读也印证了他的话。

丹尼特这样解析扑克牌的例子：

> 我们的周围视觉（peripheral vision，除开盲点周围两到三度以外的所有视觉）就有这种令人震惊的缺陷，而通常我们对此都不了解，这是因为，我们的眼睛与电视摄像机不同，并不是静止地瞄准世界，而是做着毫不间断的且大多未被注意的视觉标签游戏，不断标记出视野里可能引起兴趣的东西。我们的眼睛或者平稳地追踪，或者**飞快地跳视**，为我们的大脑提供高清晰度的信息去了解任何暂时占据视网膜中央凹处的东西（眼睛中央凹处的分辨力比视网膜的周边区域约高 10 倍）。[①]

---

① 《意识的解释》，丹尼尔·丹尼特著，苏德超、李涤非、陈虎平译，北京理工大学出版社，2008 年版，60–61 页。

我们能从中感受到丹尼特的风格：清晰明快，娓娓道来，运用简单直观的例子讲解科学道理，一针见血地点明我们常会落入的哲学错觉。与一般的哲学著作比，他的书更有些像科学读物；与一般的科学读物比，他的书又更具穿透性的洞见。

二十年后的今天，中国读者对丹尼特早已不再陌生。他的许多代表性著作——如《意识的解释》《直觉泵和其他思考工具》都已翻译为汉语出版。我常惊讶于学生对丹尼特的熟悉程度。这自然得益于丹尼特自带的读者亲和力。丹尼特既是个博学的智者，又是讲故事的好手。他从不拿玄奥抽象的哲学术语或逻辑证明为难读者，相反，他有一项本领，能把复杂缠绕的论证讲述得像探险故事般妙趣横生。如果你希望了解认知科学的最新进展，又或者对打破砂锅问到底的哲学思辨更感兴趣，我都乐意把萨维尼当年给我的推荐语转发给你：读一读丹尼特，肯定会有启发！

科学知识与哲学反思

你手中的这本书是丹尼特的一部最新著作。在书中，丹尼特要为他跨越半个多世纪的思考作一个总结，并立下承诺，为这些问题给出“迄今为止最好的科学理论草图与基石”。

丹尼特把自己的工作设定在哲学与科学的交叉领域。不过总体上讲，丹尼特勾画的理论蓝图出自更宏观层面的哲学思辨，而不是科学内部的细节考证。哪怕你对相关学科缺少专业性知识，也不妨碍你顺畅地阅读本书。你将开启的是一段不断向自己的思维惯性发起挑战的心智之旅，沿途也将对生物学、心理学、神经科学、计算机科学等林林总总的科学园地予以纵览。旅程开始前，准备好你的好奇心就足够了。

科学向我们提供确定的知识，哲学则为我们已经具有的知识提供更系统的反思。奥古斯丁有句名言：“时间是什么，没人问我时我本明白，有人问我，我要解释，我却茫然不解了。”奥古斯丁的感慨，让我们体味到哲学问题的一些典型特征。奥古斯丁和霍金都问“时间是什么”。但两人所问的是全然不同的问题。奥古斯丁问的是“没人问我时我本明白”的“时间”，是坐落在我们的基本理解中的“时间”。我们在一阶上早明白了“时间”这个词的意思，才会在二阶上追问“时间是什么”，寻求对此的解释。相反，只有在当代物理学额外创制的术语框架中，我们才可能明白霍金谈起所谓“时间”时，谈的到底是什么。就此而言，霍金不单是提供了我们原本不存在的知识，他是通过提出我们原本不存在的问题，从而“创造”出这类知识的。在本书涉及的所有主题上，哲学和科学的处置方式也有类似的不同。

维特根斯坦有个与奥古斯丁遥相呼应的比喻：同一条道路，从这头走时你认得清你的出路，从那头走，你却认不出你的出路了。这类对熟知之事的迷茫，往往构成了哲学反思的起点。越是尽人皆知的概念——比如“时间”，比如丹尼特所要讨论的“心智”“意识”，在哲学上就越是深奥难解。也可以借维特根斯坦的另一个道路比喻来看哲学和科学的差别：哲学的场域在我们世代居住的老城，其中布满错综的小巷、广场和各时期改建的房舍；各门科学的场域则是沿老城四周规划、开发出来的，在那里，道路宽阔笔直，带我们去向未知的远方。

先从细菌到巴赫，再回来

本书中，丹尼特所要处理的核心议题可以分为两方面：第一，生命是怎样从细菌一步步演化出像巴赫这样强大的人类心智的？第二，人类的心智又是如何可能提出和解答这个难题的？我们会发现，这两个问题有某种自旋式的结构：其中任何一个问题的解答，似乎都要以另一个问题的解答作为前提。我们要以怎样的方式进入这个问题的怪圈呢？

像书名提示的，丹尼特推荐的次序是：先“从细菌到巴赫”，然后“再回来”。这意味着对自己的心智现象加以反思时，我们首先要做的是从第一人称视角中跳脱出来，进入第三人称视角，把自上而下的解释倒转为自下而上的解释。

他的思路大致可以总结为步步推进的三个“推理倒置”：首先，达尔文提供了第一个推理倒置。自然界中的所有生命现象，无一不是有赖于一套“无须理解亦能胜任”的自然选择机制产生的。我们不必诉诸“智能设计”的假设，就可以为生命的起源和演化给出合理的解释。心智是自然演化的结果，不是万物存在的成因。接下来，在对人类心智的理解上，图灵为我们提供了第二个推理倒置。丹尼特把人脑比作图灵机。任何复杂的信息处理过程，最终都可以分解为一连串由“如果－那么”构成的简单指令。同样，每一个神经元也不需要理解自己在做什么，但上百亿个神经元组合在一起，就让人脑具有了复杂强大的功能。那么，当我们从第三人称视角返回到第一人称视角，又如何解释我们具有的种种生灵活现的意识体验呢？为此，丹尼特又推荐了第三个推理倒置——休谟的推理倒置。甜味、红色这样的意识经验，本身并不是事物真实具有的性质，而是我们基于习惯投射到客观世界的。意识，归根到底只是我们的一种“用户错觉”。大脑是一部装配有用户界面的机器，在这个虚拟的意识界面上，我们可以完成对自身的控制，而不必了解硬件层次的具体细节。

对丹尼特的问题解决方案，我感觉既有赞同，也有不满。我非常乐意接受丹尼特的自然主义立场：作为自然界的一员，人类之所以发展出了心智、意识，并不来自神秘的超自然力量的干预。要解释意识是怎么来的，我们需要的是自然演化的解释，而不是“机械降神”式的解释。我不同意丹尼特的，是把意识层面的自主活动还原为功能层面的自发活动。坦率地讲，我认为丹尼特解答的是“意识从何而来”，而不是“意识是什么”。

托马斯·内格尔在许多问题上都持有与丹尼特针锋相对的立场。在各自的著作中，他们都向对方发起过尖锐的批评。但本书的封底，我们会读到内格尔热诚的推荐语：“丹尼特总是很好的伙伴……他的写作充满智慧和优雅。”君子和而不同。这也是哲学思考中我们本该保持的豁达态度。

很大程度上，内格尔也道出了我对丹尼特的感受。只是对我而言，丹尼特首先是先行者和引路人。的确，丹尼特留下了许多值得后来者参照的路标，不过我们的路，终究还得我们自己来走。

接下来，我会试着给出几个逆向的路标。反者道之动。读者正反参照，或许更有帮助。

我的反应与大脑的反应

我赞成丹尼特：我们做出的一切有意识的反应（例如你拿起这本书，例如你看到这句话，理解这句话），都要以脑神经系统的反应作为物质基础。但丹尼特的观点还要更进一步：心智即大脑。而在这一点上，我会有些不同意见。

我们不妨先从概念上，对自主的、有意识的反应和自发的、无意识的反应做个区分。我们身体上发生的许多反应都不是自主的，而是自发的。比如，免疫系统能侦测到病原体的入侵，并自发地做出一系列复杂精妙的反应。所有的免疫反应都是在无意识层面进行的。我们不能意识到病原体，因而也不能对免疫系统的反应加以自主的控制。在无法自控的意义上，与其说是我在对病原体做反应，不如说是我的免疫系统在对病原体做反应。我们的呼吸，多数情况下也是一种自发反应。但有所不同的是，我们能意识到我们的呼吸。从而，我们也能自主地关注自己的呼吸，调整自己的呼吸。可以说，意识为我们提供了一个自主控制、自由选择的反应空间。对于纯粹自发的生命活动，这个空间是不存在的。

丹尼特把人的自主反应等同为人脑的反应，例如："人类大脑是如何在只有局部能力的情况下，获得全局理解的？"但在最朴素的意义上，当然是我在理解，而不是我的大脑在理解。虽然我同丹尼特一样愿意强调，当我写下这句话时，当你读到这句话时，你我的大脑必定经历了一系列神经生理过程，而我们之所以能对这句话做出有理解的反应，也必定有赖于包括大脑在内的整个身体的协调运作——但我想这并不妨碍我们承认，神经系统的所有反应，就像免疫系统的所有反应一样，是自发的、无意识的。你能控制你的双手合上这本书吗？如果你能自如地做到这一点，那么恰恰在这个意义上，这是你有意识的反应。如果你拒绝这样做，这一样是你有意识的反应。你能以这样的方式控制你的大脑做或不做什么反应吗？当然，在间接的意义上你能做到。就像我若是故意吞下一瓶大肠杆菌，也一样能间接地导致我的免疫系统做出反应。但我们的大脑显然不在这种意义上就是有意识的。

至少在我看来，我们接受下这个朴素的判断，不意味着我们就要因此假定在肉身之外，还有一个名曰“自我”的神秘幽灵，一个端坐在内心剧场的小人儿，来充当意识的主体。在一个意义上，诚如尼采所言，我不多不少就是我的身体。但在另一个意义上，是我在思考，而不是我的身体或身体的哪个器官在思考，是我在做出有意识的反应，而不是大脑。

整体是部分的原因

为说清这其中的微妙差别，让我们回到亚里士多德，看看他对两类“原因”的区分。一种意义上，部分是整体的原因；另一种意义上，整体是部分的原因。亚里士多德把前一种叫做“质料因”，把后一种叫做“形式因”。以著名的“忒修斯之船”为例：雅典人为纪念忒修斯，一直保留着载他出征克里特岛的古船。之后的岁月，人们不断用新木板替换船上腐坏的木板。假定，有一天船上所有的旧木板都被新木板取代了。那还是同一艘船吗？——历史上，这被称作“忒修斯之船悖论”。

区分形式因和质料因，可以帮我们解决这个“悖论”。我们这样回答：一种意义上是，一种意义上不是。这不再是同一艘船，**因为**构成船的木板不再是同一堆木板了——这是基于质料因的回答。但这又是同一艘船，**因为**船的结构没有变，船在更广大的关联整体中所扮演的角色也没有变——它仍执行着船的功能，仍服务于纪念忒修斯的目的。这是基于形式因的回答。两类原因解释相互补充，并行不悖。

但亚里士多德主张，形式因是首要的，因为形式决定了一个事物本质上是什么。“质料终究要退居次席，因为它根本来讲是不可理解的：在每一个层次的组织上，我们能理解的都是原理或形式。”[①] 通常所说的“四因”中的其余两个——动力因和目的因，则可以理解为形式因的不同方面。

现在，我们可以这样解说**我**和**我的身体**的区别：从质料的、物质构成的角度看，我就是我的身体，犹如船就是船板的总和。我做出的任何有意识的反应，不多不少就是我的身体的反应。从形式的、概念理解的角度看，我却不等同于我的身体，犹如船不等同于船板的总和。后一种意义上，要知道不同于我的身体的“我”是什么，就像要知道“船”是什么一样，只有在周遭世界的关联中，在一个更广大的整体中，才能找到答案。在形式因的解释中，“我”是作为整体的构成环节得到理解的，依赖的是对关联的综观。从质料因的角度，“我”则被视作身体、肉体，以至一堆物质材料的组合，有待从物质构成的方向来做出分析。

---

① 《理解的欲求：亚里士多德哲学导论》，乔纳森·李尔著，刘玮译，北京大学出版社，2021年，31页。

是谁或什么在做出有意识的活动？丹尼特对此的思考一直在两个选项间摆荡——要么，是笛卡尔意义上的作为精神实体的灵魂；要么，是作为物质实体的大脑。他的态度很坚决：前一个选项是错误的，因而后一个选项是正确的。

但这两个选项似乎都不大对头。若换个角度看，两派的思路其实如出一辙：两方都是从实体或质料因的角度来设想“我”是什么的。用有点拗口的话讲，两派都把“我”解释成了作为整体的我的某种构成部分。

生命体不是机器

近代以来，人类系统地发展出了对构成事物的质料予以深入探究的新方法，这就是自然科学，核心是物理学。科学的认知方式从根本上改变了我们的世界图景。先是科学家，然后是哲学家，都越来越倾向于单从质料构成上来理解何为真实的存在。形式因被从客观的物质世界中剥离出来，归为主观的认识形式。这类总体的思想倾向，可以称作“质料主义”（materialism）。主观与客观、心灵与物质，由此裂开了一道鸿沟。其典型体现是笛卡尔的心物二元论。特伦斯·迪肯（Terrence Deacon）谈起这段历史，把这种分裂形象地称作“笛卡尔伤痕”。

丹尼特可以视作机械质料论的一位当代代表人物。本书中，他系统地应用“机器”隐喻：生命体、大脑、生命及文化的演化、基因、模因、语言等，无不被比作机器或由机器参与的工程。这恐怕不只是出于修辞上的直观或方便。丹尼特的理论目标，就是要从总体上对生命、心智、文化给出一套功能–机制式的解释。

不过，“机器”这个概念有个独特的吊诡之处。一方面，机器及其部件不需要理解自己在做什么，一套无目的的、自动运作的机制，就能保证机器的正常运转。另一方面，只要机器以正常方式运转，似乎就自动具有了某种功能和能动性。用丹尼特的话来讲，机器似乎是“无须理解亦能胜任”的典型。

但我们得对“机器具有功能”这个说法做更细致的考察。功能总是达成目的的手段。如果一类活动是无目的的，就谈不上这类活动有什么功能。抛起的石头会因为地球的引力落回地面，但谈不上地球有吸附石头的功能。磁铁有吸附铁块的功能，而那是因为我们把磁铁用作了我们吸附铁块的工具。撇开人对机器的使用，一台孤零零的机器不可能具有“功能”，它甚至压根不是一台“机器”。单是质料层面的物质–能量传递，并不构成功能。质料因只负责说明功能得以实现的底层物理机制，形式因——机器在我们的生活整体中所扮演的角色——才回答了它的功能是什么。

生命体不是机器。因为生命活动具有内在的目的——即生命体自身的持存。丹尼特也强调目的因对理解生命的重要意义，但正因为如此，把生命体比作机器，这第一步就是带有强烈误导性的。机器没有内在的目的，在它的一系列物理运动中展现的“能动性”只是假象。扫地机器人没电时，也能“主动”跑去充电，但准确地讲，那只是自动的操作，而不是主动的反应。它只是被动执行着我们指派给它的任务。是我们利用了本无目的可言的物理机制来实现我们的目的，而不是机器人自己生出了目的。

生命活动具有了在单纯物理过程中并不存在的形式因。或者说，生命活动具有了真正的整体性和个体性。作为整体的生命体有其目的，因而作为构件的组织、器官、细胞才有其功能。着眼于此，我们有理由把心脏比作泵血的机器，把血液循环系统的自动运作方式视作一种机制。但一般谈不上一个生命体本身有什么功能。因为生命活动的目的就是生命自身。在这个意义上，生命体是区别于所处环境的独立个体，它以自身的持存为目的，能动地做出趋利避害的反应。

物理的空间是无中心的、均质的、数学化的，因此，从中挑出什么作为一个“对象”，只取决于我们的主观“立场”；但如詹姆斯·吉布森（James J. Gibson）所言，生命的空间是环绕着生命体以嵌套的方式层层展开的，这其中，部分与整体、小与大、内与外、近与远存在质性的差别。

我赞同丹尼特的自然主义观点：有目的性的生命现象是从无目的性的自然物质活动中涌现出来的。但丹尼特借他的机器隐喻导向的结论却是：生命活动中的“目的性”就像机械运作中的“目的性”一样，是我们外加到、投射到生命体上的；所谓“目的因”，不过我们主观选取的“设计立场”的副产品。由此，生命现象在自然宇宙中激起的层层波澜被熨平了，一切重又被还原到单一、平坦、刚性的物理空间中。

视角转换

在书中的“笛卡尔引力”一节，丹尼特举了两个让我倍感亲切的例子：一个是鸭兔图，一个是内克尔立方体。恰巧，我的博士论文也是围绕维特根斯坦对这组图例的讨论展开的。同一张图，我们可以选择把它看作鸭子，也可以选择把它看作兔子。丹尼特以此类比从第一人称视角向第三人称视角的转换。而我们已经知道，他最终的目标，是要把有意识的、自主的反应还原为无意识的、自发的反应。

不过，鸭兔图的值得玩味之处首先在这一点上：不论我们选择从哪一种视角看，这种不同视角间的自由选择和切换，本身是自主性活动的典型特征。相比之下，生命体的自发反应总带有某种刻板性、机械性。事实上，我们常借此分辨一种反应是自发的还是自主的。自主的反应千人千面，自发的反应千人一面。因此，像细菌这样的简单生命体的反应，一方面更像人，一方面当然更像机器。

自发反应自带的机械性，使得我们对这类反应的科学探究成为可能。只要掌握了它背后的运作机制，我们就能对这类反应给出更普适也更精确的科学预测。将自主层面的反应还原到自发层面来处理，是科学解释的一般模式。不过，尽管普适、精确是我们对科学理论的期许，这却未见得是对我们自身的期许。依照柏格森的观察，机械性、刻板性恰恰是一种人类行为让我们觉得滑稽可笑的原因。正常情况下，有意识的反应就是千人千面的。作为有理解力的主体，人们总力图以更自主、更灵活的方式展开自己的行动。

视角的自由转换，仅作为自主的反应才是可能的，于是丹尼特所要回应的问题便是：我们是要基于自主反应与自发反应的这一差别来否认这一差别吗？假如意识整体上是一种错觉，那么我对“意识整体上是一种错觉”的判断又是不是一种错觉呢？我又如何可能在这团整体性的错觉之中来摆脱这种错觉？无疑，我们是没办法把这个疑问交给一百亿个神经元来解答的，它们不理解这些。如丹尼特强调的，它们什么也理解不了。

意识本身不是一种视角，而是为视角转换敞开了一个可能性的空间。丹尼特把他所谓的“第一人称视角”与“主观”的意识经验等同起来的做法，从一开始就疑点重重。即便第一人称视角与“主观”、第三人称视角与“客观”存在莫大的关联，我们也不可能简单通过否弃意识的真实性来获得“客观”的认识。并非从意识经验中跳脱出来，我们才能达到客观。恰恰相反。总得有个我在看，才谈得上我是看得客观，还是看得主观。

真相

从一种自然主义的观点看，意识现象是从生命现象中自然涌现的，正如生命现象是从物质现象中自然涌现的。假定如此，涌现的过程又是如何发生的？涌现出的“新奇”属性又是什么呢？前一个问题，我们得交由科学家以自下而上的方式予以解答。后一个，则是哲学家有责任反思的课题。

丹尼特建议的思路是：我们要经由前一个问题的解答来回应后一个问题。简单讲，他给出的解答是：高等动物的大脑为自己配置了一个用户界面，而意识，就是这个界面让我们产生的用户错觉。而我愿给出的解答则正好相反：意识为我们敞开了真相的空间。或者说，意识创造了对真相加以理解的可能性，在这个可能性的空间中，我们才得以分辨真与假。

生命体活动在一个由目的因驱动的空间中。但生命体的目的与形式是自然演化的结果，而非生命体的自主选择。生命体直接在物质层面与环境互动，而无须理解自己为什么这样做，自己所做的是些什么。与此不同，人类有意识的活动是由形式因驱动的。换言之，我们的行动之所以称得上是自主的，首先在于我们理解我们为什么这样做，我们所做的是什么——在一幅由我们所理解的种种事情组织而成的整体图景中，我们展开我们的行动。也正因为如此，我们才可能自主地选择行动的目的，哪怕这个目的已经完全超出了功利性的考量。就此而言，意识不是生命体的一项功能，至少不只是。无意识的自发反应负责照管我们肉身的生死，我们的心智则负责分辨是非、善恶、真假，并以此为理由，规划我们的人生。因为有了意识，我们才成为能追求真相的动物。

在亚里士多德那里，自然的秩序是给定的，一样事物在自然秩序中所占据的位置是给定的，因此，形式因也是给定的。这类对事物“所是”的理解，今天也被叫做“本质主义”。不过在今天的许多哲学家看来——也包括我在内，事物的本质并不是现成摆在那里的，是我们的理解确定了事物的所是。

请注意，是“我们”的理解，而不只是“我”的理解。我对一样东西是什么的理解很可能是主观的。而判定我的理解是否主观的标准，是我们的规范性理解。维特根斯坦举过这样的例子：我很可以把餐叉当成这个，当成那个（比如当成剔牙的工具），但我唯独不能把餐叉当成的东西，就是餐叉。它本身**是**餐叉，所以我才不可能把它**当成**餐叉。餐叉是什么，不取决于我的主观“立场”，但也一样不取决于它的物质构成。我们对餐叉的规范性使用决定了餐叉客观上是什么。

在《无法还原的象》中，陈嘉映先生写道：

> 真相是说：无论你怎么看它它都是那个样子。然而，没有看，就没有样子。①

的确如此。在意识的空间中，在我们的理解中，才有了“象”。而“象中”，才“有真”。

①《无法还原的象》，陈嘉映著，华夏出版社，159 页。

大脑如何实现其“魔力”

多年来，我一直在思考并撰写有关提出以下问题的重要性的文章，即“心智是如何进化的？”在这个过程中，我发现了许多盲点和偏见，正是这些盲点和偏见使意识科学变得如此困难。《从细菌到巴赫再回来》试图表明，即使在我们获得有关上述进化问题的详细答案之前，当我们认真对待我们的“祖先”中存在单细胞生命形式（细菌和古生菌）这一事实时，我们所采用的视角也向我们展示了如何避免这些在我们思考自己的心智时诱导我们的错误。

第一个错误是约翰·塞尔（John Searle）的建议：

"始终坚持第一人称视角。"[①] 这是一个巨大的错误，因为我们通过内省（第一人称视角）收集到的证据导致我们对大脑中正在发生的事情持有有限和扭曲的观点，并且使得我们不可能提出和回答"意识的困难问题"（the Hard Question of Consciousness）："然后会发生什么？"假设有人问苹果手机是如何工作的，并被告知"不要看手机内部！只要研究用户界面就可以了！"那么，这个人就会觉得，手机似乎具有神奇且难以解释的力量。我们知道，我们所体验到的一切都是大脑中神经元、星形胶质细胞和其他细胞之间数十亿次相互作用的产物，但是在我们找到一个对这些过程如何产生大脑用户错觉的第三人称解释之前，我们都无法构建一个关于意识的理论。当然，我们要从内省的信念开始（这些是意识理论必须解释的数据），但我们必须认识到我们在这方面的权威是有限的。大多数所谓的意识理论都简短地描述了"我"如何"访问"各种经验内容，但没有谈到这个"我"是什么以及它能做什么。

第二个错误是认为胜任能力是通过理解能力产生的，这种观点是本末倒置的。理解能力是胜任能力的产物，而胜任能力的产生并不需要理解能力的参与。基于自然选择的进化通过试错法发现了诸多设计，并在没有理解能力的情况下采用了最有胜任能力的设计。理解能力是逐渐显现出来的。我们的数十亿细胞都具有能动性（agency），即执行其"日常工作议程"的有限能力，这一奇怪的想法是构建关于以下情况的假设的关键——它们如何能够以某种方式协调彼此的活动以创造出有意识的人类行动者。

① Searle, John, "Author's Reply" to the critics of his "Minds, Brains, and Programs", in *Behavioral and Brain Sciences* (September, 1980): 417–58.

第三个错误是认为只有生物才能通过自然选择进化。病毒没有生命，但是在经历了疫情之后大家都知道，病毒肯定是基于自然选择而进化的。模因也是如此，文化实体（例如文字、想法、方法、旋律等）充满了我们的心智，并赋予了我们区分人类心智和其他动物心智所需的所有力量。正如博·达尔博姆（Bo Dahlbom）所说：“你不能仅凭双手做木工，也不能仅凭大脑思考。”一旦认识到我们是许多进化而来的“装备”的受益者这一事实——我们不必为自己发明这些“装备”，也不必完全理解这些“装备”，我们就能看到词语及其“后代”如何可以增强我们的认知能力了。

这本书概述了一种意识理论，该理论首次解答了大脑如何实现其“魔力”的难题。不少科学家和哲学家的工作也正在催生出更雄心勃勃、更详细的意识理论，他们包括：尼克·汉弗莱（Nick Humphrey）、安迪·克拉克（Andy Clark）、基思·弗兰基什（Keith Frankish）、斯坦尼斯拉斯·迪昂（Stanislas Dehaene）、克莱尔·萨金特（Claire Sargent）、凯瑟琳·埃金斯（Kathleen Akins），以及我在塔夫茨大学的同事雷·杰肯道夫（Ray Jackendoff）和迈克尔·莱文（Michael Levin），还有许多其他人，他们都以某种方式看到了：进步取决于达尔文提出的“奇怪的推理倒置”。

丹尼尔·丹尼特

2024 年 1 月 15 日

前 言

心智的进化

如果你要问我是从何时开始认真思考人类心智进化的，恐怕要追溯到1963年，那时我在牛津大学攻读硕士学位，对进化和人类心智都知之甚少。在那个年代，哲学家们不需要懂科学，即便最杰出的心智哲学家对心理学、神经解剖学以及神经生理学等方面的诸多成果也基本漠不关心。而事实上，认知科学和神经科学这类专业名词出现的时间也并不久远。1956年，被约翰·麦卡锡（John McCarthy）称作人工智能的新兴产业开始引起人们的注意，但当时很少有哲学家接触过电脑，因为那时的电脑总是在一个由相关技术人员看守的带空调的“牢房”里神秘地嗡嗡作响。

因此，对于像我这样未经过任何该领域相关训练的业余爱好者来说，现在正是一个获得该领域相关知识的最佳时机。就一个哲学家而言，如果他能针对人工智能领域的研究工作提出一些适当的问题，而不是告诉相关研究人员为什么其研究项目在原则上是不可行的，那么这位哲学家显然会成为一个令人耳目一新的存在。就这样，一批具有开拓性的优秀的研究人员接纳了我，并为我提供了一些非正式指导，提示我需要密切关注哪些专家、认真研读哪些书籍。可能由于我不是他们的同事或者他们所指导的研究生，因此他们对我的一些十分天真的误解给予了格外的宽容。

如今，已经有几十甚至几百名青年哲学家在认知科学、神经科学和计算机科学方面受过扎实的跨学科训练，水平自然比我高出许多。其中有一些是我的学生，甚至是我学生的学生。而与我同时期的其他哲学家通常受过比我多得多的专业训练，他们在跨学科的道路上走得更远。他们有优秀的学生团队，其团队成员无论是作为跨学科的哲学家，还是作为在哲学上训练有素且拥有自己的实验室的科学家，都一直在学术前沿不断取得进展。他们都是专业人士，相比之下我仍然是个业余爱好者，但现在可以算是个见多识广的业余爱好者了，并且被邀请到世界各地开展讲座、参加研讨会及访问实验室，使我有机会继续学习，收获到的乐趣也超出了我对学术研究生活的预期。

我希望这本书能成为我接受过的相关指导的回报。这本书的主要内容就是我学到的东西，尽管其中很多内容还带有猜想性和哲学性，且还有待进一步考察。我认为，这是迄今为止关于“我们的心智是如何产生的”“大脑是如何奇迹般地完成诸多工作的”，尤其是“如何在思考心智和大脑关系时避免落入那些诱人的哲学陷阱”等问题的最好的科学理论草图和基石。这样的豪言壮语当然会饱受争议，但我热切期待能与哲学和科学方面的专家，以及极具洞察力的业余评论者切磋与互动。

在我的很多书的写作过程中有很多人向我提供了帮助，在这里，我要着重感谢为本书的构思提供了帮助的仁人志士，但他们无须对其中因无法说服我而出现的错误承担任何责任。感谢我于 2014 年 5 月组织的关于文化进化的圣塔菲研究所工作组的所有成员，他们是：休·布莱克莫尔（Sue Blackmore）、罗伯特·博伊德（Robert Boyd）、尼古拉斯·克莱迪耶（Nicolas Claidière）、乔·亨里奇（Joe Henrich）、奥利弗·莫林（Olivier Morin）、皮特·里彻森（Pete Richerson）、彼得·戈弗雷－史密斯（Peter Godfrey-Smith）、丹·斯珀伯（Dan Sperber）和金·斯特瑞尼（Kim Sterelny），以及圣塔菲研究所的其他成员，尤其是：克里斯·伍德（Chris Wood）、坦莫伊·巴塔查里亚（Tanmoy Bhattacharya）、戴维·沃尔珀特（David Wolpert）、克里斯·穆尔（Cris Moore）、默拉里·盖尔－曼（Murray Gell-Mann）和戴维·克拉科夫（David Krakauer）。同时还要感谢 Sybilla Hesse 基金会的路易斯·戈德布特（Louis Godbout）对研讨会的支持。

再者，我在塔夫茨大学的学生和参加过 2015 年春季研讨会的几位旁听生审读过早期草稿中的大部分章节，他们是：艾丽西亚·阿米乔（Alicia Armijo）、爱德华·比彻特（Edward Beuchert）、戴维·布拉斯（David Blass）、迈克尔·戴尔（Michael Dale）、尤菲·杜（Yufei Du）布伦丹·弗莱格－戈德斯坦（Brendan Fleig-Goldstein）、劳拉·弗里德曼（Laura Friedman）、埃丽莎·哈里斯（Elyssa Harris）、贾斯提斯·孔

（Justis Koon）、鲁内科·洛弗尔（Runeko Lovell）、罗伯特·马泰（Robert Mathai）、乔纳森·穆尔（Jonathan Moore）、萨万娜·珀尔曼（Savannah Pearlman）、尼古拉·雷内多（Nikolai Renedo）、托马斯·瑞安（Tomas Ryan）、郝万（Hao Wan）、奇普·威廉姆斯（Chip Williams）、奥利弗·杨（Oliver Yang）和丹尼尔·克劳德（Daniel Cloud），其中克劳德参加了研讨会并在会上阐释了其新书的内容。还有琼·韦尔盖斯–吉夫拉（Joan Vergés-Gifra）、埃里克·施利塞（Eric Schliesser）、佩帕·托里比奥（Pepa Toribio）和马里奥·桑托斯·苏萨（Mario Santos Sousa），以及聚集在西班牙赫罗纳大学幸福小组的其他成员，我曾作为"当代思想导师费拉特·莫拉"活动的客座讲师在那里度过了紧张的一周。安东尼·格雷林（Anthony Grayling）及其在伦敦新人文学院召集的师生也为我提供了另一个测试平台，我在这本书出版前的4年时间里，通过这个平台为能够更清楚地表述书中的想法尝试了各种版本。

此外，有一些人竭尽全力地帮助我整理手稿，改变我的想法，指出其中的错误，并敦促我采用更清晰的表达方式，他们是：休·斯塔福德（Sue Stafford）、默里·史密斯（Murray Smith）、保罗·奥本海姆（Paul Oppenheim）、戴尔·彼得森（Dale Peterson）、费里佩·德·布里加德（Felipe de Brigard）、布赖斯·许布纳（Bryce Huebner）、伊诺克·兰伯特（Enoch Lambert）、安伯·罗斯（Amber Ross）、贾斯延·琼格（Justin Junge）、罗莎·曹（Rosa Cao）、查尔斯·拉特科夫（Charles Rathkopf）、罗纳德·普莱纳（Ronald Planer）、吉尔·沈（Gill Shen）、狄龙·鲍恩（Dillon Bowen）、肖恩·辛普森（Shawn Simpson）。还有一些人给我提出了一些尤其让我受益的建议，他们是：史蒂芬·平克（Steven Pinker）[1]、雷·杰肯道夫、戴维·黑格（David Haig）、尼克·汉弗莱、保罗·西布莱特（Paul Seabright)、马特·里德利（Matt Ridley）、迈克尔·莱文、乔迪·阿祖尼（Jody Azzouni）、马腾·布德雷（Maarten Boudry）、克里斯·多莱加（Krys Dolega）、弗朗西斯·阿诺德（Frances Arnold）和约翰·沙利文（John Sullivan）。

与我之前的书《直觉泵和其他思考工具》（*Intuition Pumps and Other Tools for Thinking*）[2]一样，诺顿出版社的编辑德雷克·麦克菲利（Drake McFeely）和布伦丹·珂里（Brendan Curry）要求我在撰写这本书时也要尽最大可能做到言简意赅，有时还要做一些必要的删减，跟那些没有经过职业编辑指导的书相比，这本书的最终成品能给读者带来更统一、更高效的阅读体验。约翰·布罗克曼（John Brockman）和卡廷卡·马特森（Katinka Matson）一直都是出色的文学代理人，他们为全世界众多作家提供服务，给出专业建议和鼓励，使作家身心愉悦，当然还包括增加其著作的销量。认知研究中心的项目协调员特雷莎·萨尔瓦托（Teresa Salvato）一直在帮助我处理学术生活中的所有后勤事务，使我有足够的时间可以尽情写作和研究，他在图书馆里为我查找相关书籍和文章，编纂索引，这些工作为这本书带来了直接的助益。

---

① 当代思想家、世界顶尖语言学家和认知心理学家。他的代表作《理性》《当下的启蒙》《思想本质》《语言本能》《心智探奇》《白板》的中文简体字版已由湛庐引进，其中《理性》由浙江教育出版社出版，其余 5 本由浙江科学技术出版社出版。——编者注

②《直觉泵和其他思考工具》中文简体字版已由湛庐引进、浙江教育出版社出版。该书集世界著名哲学家丹尼尔·丹尼特 50 年思考之精华，化繁为简、返璞归真，为你借助直觉的力量，不用数学就能思考最难、最复杂的问题。——编者注

最后，我要感谢我的妻子苏珊。半个多世纪以来，她一直是我的支柱、顾问和评论员，以及最好的朋友，也是我在人生的浮沉中依然能顺利前行的坚强后盾，所以我必须为她在我们共同的事业中所作的贡献点赞！

目 录

第三部分 彻底颠覆我们的思想

FROM BACTERIA
TO BACH AND BACK

第一部分

倒置我们的世界

FROM BACTERIA TO BACH AND BACK

01 从细菌到巴赫的心智之旅

欢迎进入丛林

心智是怎么来的？同时，心智又是如何提出这个问题并给出答案的？简单来说，心智通过不断进化和创造思考工具，最终通过这些思考工具认识到心智是如何进化的，甚至知道这些思考工具又是如何使心智知道心智是什么的。那么，思考工具是什么？最简短的答案首先是口语；其次是阅读、写作和算术；最后是导航和制图、学徒制实践，以及我们发明的所有可用于提取和处理信息的具体设备，如指南针、望远镜、显微镜、照相机、计算机、互联网等。这些思考工具相应地用自身具备的科学和技术填补了我们的生活，使我们能够知道很多其他物种无法知道的事情。我们知道这个世界上存在细菌，但狗不知道、海豚不知道、黑猩猩也不知道，甚至细菌自己也不知道。

我们的心智与众不同，它能通过思考工具理解什么是细菌，而人类也是迄今为止这个世界上唯一拥有一套经过精心设计而成的思考工具的物种。

这是一个简短的答案，本不应该引起争议，但其细节中却隐藏着一些令人惊讶甚至令人震惊的含义，这些含义还未被充分理解或重视。从最初那个不起眼的关于人类是遵循物理定律的物理对象的假设，到对我们有意识的心智的理解，这是一条穿过科学和哲学丛林的曲折之路。这条道路上充满了经验上的和概念上的难题，对于如何处理这些难题，很多专家之间存在着巨大的分歧。我在这些灌木丛和泥潭中挣扎了 50 多年，终于找到了一条道路，可以使我们得到一个令人满意且满足的，关于我们的心智的“魔力”是如何在没有任何魔力的情况下实现的解释，但这条道路既不直，也不易走。这不是唯一的道路，但正如我希望展示的那样，它是迄今为止最好的、最有希望的。它确实要求每个人都放弃一些宝贵的直觉，但我认为我终于找到了一些方法，能使抛弃这些“显而易见的真理”的行为不仅变得可以忍受，甚至令人感到愉悦：这会在某种程度上打破你的惯性思维，使你对正在发生的事情产生一些惊人的新观点。但是你必须放弃一些对很多人来说很重要的想法。

多年来，一直有许多杰出的思想家不赞同我的提议。对于我们的新尝试，我希望能有人继续保持这种批评的态度。但现在，我开始在我的道路上结交良师益友，我提出的具有里程碑意义的观点也得到了新的支持，还有一些激发各种奇怪的推理倒置的新主题，我会邀请你与我同行。阅读过我早期作品的人可能会对其中的某些内容比较熟悉，但这些构思已经得到了稍许完善、巩固和修订，比之前有了很大的提升，可以充当抬举更大重物的起重机。[①] 我的新想法与过去的一样都是违反直觉的，而根据我多年来不时地试图说服人们但又常常失败的经验，我知道如果不循着我提出的那条曲折之路去思考这些观点，你很难能领悟其中的奥秘。下面我将给出一份警示列表，显示的是你在我提出的道路中可能遇到的一些思维陷阱，希望你不要一次性碰见所有陷阱。

- 达尔文奇怪的推理倒置；
- 没有推理者的理由；
- 无须理解亦能胜任；
- 图灵奇怪的推理倒置；
- 信息是值得窃取的设计；
- 有关达尔文主义的达尔文主义；
- 野生神经元；
- 奋力繁殖的语词；
- 文化进化的进化；
- 休谟奇怪的推理倒置；
- 意识是用户错觉；
- 后智能设计时代。

“何谓信息是值得窃取的设计？难道你不知道克劳德·香农（Claude Shannon）的通信数学理论吗？”“野生神经元？是与驯化神经元相对应的吗？”“你是认真的吗？意识是种错觉？你在开玩笑吧？”

① 丹尼特在《直觉泵和其他思考工具》中具体介绍过起重机这一思考工具。——译者注

有越来越多的志同道合的理论家、见多识广的科学家和哲学家基本同意我的大多数观点，并且对我的观点的形成做出过重大贡献，这使我一直葆有勇气，也不认为自己会是那个最终陷入困惑的人。当然也存在这种可能，就是我们这群富有冒险精神的热血人士在相互欺骗，但在做出裁决之前，先让我们看看真实情况如何。

我知道，人们在第一次接触这些奇怪的想法时，很容易直接忽略或摒弃它们，因为我自己也常这样做。这会让我想起那些有着明显回溯性解决方案的谜题，人们一开始总会仓促地做出判断去否定它们："不可能是那样的。"甚至不加考虑就盖棺论定，认为它们毫无希望。① 对于一个经常指责他人把缺乏想象力误认为是对必然性的洞察的人来说，承认自己在这方面有失误是很尴尬的。但在偶然发现了解决问题的新方法，甚至把这些新方法耐心地展示出来之后，我渴望能尽快把这些新方法用于解决那些与心智有关的大谜题。我将在下文中依次阐述上述 12 个思维陷阱，以及使其具有合理性的背景。粗略地说，因为我发现其中一些想法很难被这样直接辩护：只有当你看到了它们的价值时你才能领悟，但只有当你领悟了它们时，你才能去应用它们；所以，你必须从部分阐述开始描绘想法，直到看到其实际效用，然后才能回过头来把重点说清楚。

---

① 我最喜欢的一个例子是：一天晚上，有 4 个人来到河边，河面上有一座狭窄的一次只能容纳两人通行的桥。因为是晚上，他们必须使用手电筒才能顺利过桥，但只有一只手电筒。已知甲能在 1 分钟内过桥，乙能在 2 分钟内过桥，丙能在 5 分钟内过桥，丁能在 8 分钟内过桥。当其中两个人一起过桥时，必须以过桥速度更慢的那个人为准。问题是：这 4 个人能在 15 分钟内全部过桥吗？

这本书讨论的重点是 3 个艰难的想象力练习，它们是：

- 追随达尔文和图灵，将我们的世界倒置过来；
- 将进化论发展成人工智能设计；
- 把我们内在的心智外化出来。

我们要在前 5 章中打好基础，这样才能为下一项壮举保持住我们的想象力。在接下来的 8 章中，我们将从倒置的视角深入研究思维和语言进化中的经验细节。这使我们能够提出新的问题并给出新的答案，由此为最难懂的倒置奠定基础，即从新的视角看看意识是什么样子。

这是一条具有挑战性的路线，但在有些部分我会回顾熟悉的材料，以确保人们的想法是一致的。那些比我更了解这些话题的人，如果愿意的话可以先说出自己的观点；你们也可以根据我的处理方式来判定在自己不太了解的话题上应该相信我多少。现在，让我们开始吧。

鸟瞰旅程

生命在这颗星球上已经进化了近 40 亿年。在大约前 20 亿年里，生物进化的主要目标是优化维持自身稳定性、能量获取和繁殖的基本系统，此时的生命载体只有相对简单的单细胞实体细菌，或它的近亲古生菌，即原核生物。然后，一件惊人的事情发生了，两个经过数十亿年独立进化已具有各自的能力和习性的不同原核生物发生了碰撞。数十亿年间，这样的碰撞一直在发生，但至少有一次，两个细胞间发生的不再是相互摧残，而是一个细胞最终吞噬了另一个细胞，将其转变成了自己的能量和构成原料。换句话说，就是一个细胞吃掉了另一个细胞。至于谁吞没谁，纯属运气。胜利者得以继续存活，同时它还会发现，相比之前的孑然一身，现在的自己有了更好的适应性，也就是说，它在一些重要方面的能力更强了。

这可能是技术转让的首个成功案例，是一个两个不同的实体经过亿万年的探索和发展，结合后变得更强、更好的案例。我们几乎每天都能看到谷歌、亚马逊或通用汽车在吞并一些小型初创公司，以获取它们在技术上的创新和能力，以及与那些大型公司相比，小公司更容易取得研发上的进展，而正是这种策略的原始开发让进化迈出了它的第一大步。随机合并不一定总会有这样的效果。事实上，它们通常不会产生这样的效果，但进化就是这样一个取决于放大几乎从未发生过的事件的过程。例如，基因突变发生的可能性几乎为零，10 亿次复制中也未见得能出现一次突变，但进化正是取决于这样的突变。不仅如此，绝大多数的突变要么是有害的，要么是中性的，那种偶尔出现的“好的”突变几乎从未发生过。但进化就取决于这种极为罕见的事件。

物种的形成是一个极为罕见的事件，当一些成员与其“父母”群体分离，并在基因空间游走形成了一个新的基因库时，一个新物种就形成了，而我们这颗星球上存在过的数百万甚至数十亿个物种，都是从这样的物种形成事件开始的。每个谱系中的每一个新成员的诞生都是物种形成事件的潜在开端，但物种形成几乎从未发生，在 100 万次新生中也找不到 1 例。

在刚刚的那个案例中，一个细菌与一个古生菌间的一次偶然碰撞引发的罕见进步改变了它们的生命进程。由于适应性更强，这个联合体会比竞争对手的繁殖能力更强，而且每当它以细菌的繁殖方式分裂成两个时，这两个子细胞都会各自包含一个之前被吞噬细胞的后代。自此，它们以共生的方式结合在一起，开启了进化史上最有成效的一段经历。这就是内共生，因为其中一名成员在另一名成员的内部，这不同于小丑鱼与海葵或者地衣中真菌或藻类的那种并列的外共生关系。于是真核细胞诞生了，它比其原种（如原核细胞）拥有更多的运行成分，因此更具多样性。① 随着时间的推移，这些真核生物会变得越来越大、越来越复杂，也会变得更有能力、更加优秀。不难发现，真核生物对应的英文单词 eukaryotic 中的 eu 跟那些意味着美好的词，如悦耳对应的英文单词 euphonious、颂词对应的英文单词 eulogy 和优生学对应的英文单词 eugenics 中的 eu 的指示相同，都代表着“好”的意思。真核生物是使所有多细胞生物形式成为可能的关键因素。粗略地说，所有我们肉眼可见的物体都是多细胞真核生物。我们是真核生物，鲨鱼、鸟类、树、蘑菇、昆虫、蠕虫，以及其他动物和植物也是真核生物，都是原始真核细胞的直系后代。

这场真核生物革命为另一场伟大的变迁铺平了道路，即超过 5 亿年前的寒武纪大爆发（Cambrian Explosion）， 它见证了大量新生物形式的“突然”到来。接着便是我所说的麦克雷迪大爆发（MacCready Explosion），该名取自已故的伟大且有远见的工程师保罗 · 麦克雷迪（Paul MacCready），

① 2015 年，英国进化生物学尼克 · 莱恩（Nick Lane）对真核生物的内共生起源的故事进行了一次有趣的更新和修订，我在过去约 20 年间一直在传播这个故事。现在可以确定的是，就像我常说的那样，一个细菌和一个古生菌就是亚当和夏娃，而不仅仅是两个不同的细菌。

他是游丝信天翁号（the Gossamer Albatross）的创造者，也是惊世奇人之一。寒武纪的多样化发生在约 5.3 亿年前，持续了几百万年，而麦克雷迪大爆发发生的时间距今只有约 1 万年，大约是 500 个人类世代。根据麦克雷迪在 1999 年给出的推测，1 万年前，在人类农业的萌芽阶段，世界上的人类人口及其家畜和宠物的总数量，仅占陆生脊椎动物生物量的 0.1%左右。这里所说的陆生脊椎动物不包括昆虫、其他无脊椎动物，以及所有海洋动物。根据麦克雷迪的估计，这个数据现在已经上升至 98%！ 其中牛的数量占了很大比重。且麦克雷迪对这一惊人发展的思考值得一提：

> 数十亿年来，偶然在这颗独一无二的星球表面绘制了薄薄的一幅生命之画，这幅画复杂、不可思议、美妙又脆弱。后来，我们人类在人口数量、技术和智力上突然崛起，似乎成了一切的主宰：画笔已由我们掌控（MacCready，1999）。

在我们这颗星球上也发生过其他相当突然的变化，如大规模灭绝，其中就包括约 6 600 万年前的导致恐龙灭绝的白垩纪—古近纪灭绝。但麦克雷迪大爆发无疑是地球上发生的最快的主体生物变化之一。这种快速变化一直在持续，而且变化速度越来越快。我们可以拯救或毁灭地球上的所有生物，这是其他物种都无法想象的。似乎很明显，麦克雷迪的三要素，即人口、技术和智力的顺序被颠倒了。首先是人类用自己的智力创造了包括农业在内的技术，而在技术的加持下，人口开始暴涨。**正如我们将要看到的，进化通常是由协同进化的循环和扭转交织而成的，令人惊讶的是，我们所谓的先天智力其实同时取决于我们的技术水平和人口数量。**

人类的心智与其他所有物种的心智都有着显著的不同，人类的心智最强大且更全面。于是，“我们是怎么拥有如此卓越的心智的？”这一问题的答案开始引起人们的关注。英国生物学家达西·汤普森（D'Arcy Thompson）有一句名言，“一切都是这样，因为它本来就是这样”（D'Arcy Thompson，1917）。一旦你开始追问与人类意识有关的一系列谜团、“谜题”或“悖论”，并试图回答这些问题，它们便会自动消失。我特意提到这一点是因为有些人对这个问题感到惊讶，然后便以一句“这是个无法被解开的谜团”或者“只有神明才能做到”来回答。当然，也许他们最终是对的，但考虑到最近我们已掌握了那么多尚未被使用过的思考工具，就此投降为时尚早。当然，这也许只是一种防御性措施，而不是失败主义的举措。有些人热衷于说服怀有好奇心的人远离那些富有吸引力的谜团，却没有意识到解开一个谜团比只是凭空地幻想更迷人。有些人认真地研究了科学解释但并不赞同，因为在他们看来，与分析缜密且有预见性的科学故事相比，古代神话中的炙热战车、无敌战神、蛇卵孵化出的世界、邪恶咒语和魔法花园更让人兴奋，更值得人们关注。我们无法取悦所有人。

当我们试图回答“为什么会有心智”时，那种对神秘事物的热爱会强有力地阻碍想象力在寻求答案的过程中发挥作用，而且就像我之前所说的那样，我们的探索之路是曲折的。不得不多次回到之前悬置的问题上，因为不了解相关背景我们就无法回答这些问题，而要了解相关背景我们又必须有一些相应的思考工具，但在弄清楚这些工具的来历之前，我们又无法确定它们的可靠性。一张草图的诸个细节就是通过这样的循环不断得到填充的，但只有当我们到达了一个可以使我们回顾和看清楚所有部分是如何组合到一起的有利节点时，这张草图才具有说服力。

侯世达（Douglas Hofstadter）[①] 在自己的著作《我是个怪圈》（*I Am a Strange Loop*）中描述了这样一种心智，它是在处理循环、扭转和自我补给的周期性过程中形成的，它能对反思给出积极的反馈，以便提醒人们重新评估，从而形成新的结构，包括新的想法、幻想、理论，同时能创造更多的思考工具（Hofstadter，2007）。阅读侯世达的这本书时，你的想象力犹如坐上了过山车，你会了解到很多不可思议的真相。我在本书中要讲的故事则是一个更大的奇怪循环过程，它是由过程组成的过程，且只是通过分子（由……构成的原子构成）产生了像侯世达、巴赫和达尔文那样的心智。由于任务是周期性的，所以我们必须从中间的某个地方开始，然后不断反复几次。这项任务之所以困难，是因为它与其他学科，如宇宙学、地质学、生物学和历史学等学科的科学研究过程不同，在这项任务中，人们总是过于关注答案是什么，以至于他们很难让自己客观地考虑那些备选答案。

例如，一些读者可能已经因我刚刚提出的一个论断默默摇头了。我断言，人类的心智与其他所有物种的心智有着显著的不同，通常人类的心智水平更高、更全面。我真的有偏见吗？或者，我真的是一个认为人类的心智比海豚、大象、乌鸦、倭黑猩猩，以及最近才被发现并受到赞誉的具有认知能力的其他聪明物种都要高级得多的“物种沙文主义者”吗？这不就是“人类例外论”（human exceptionalism）这种谬论的一个赤裸裸的例子吗？一些读者可能已经准备把这本书扔了，另一些读者可能开始为我这种立场上的不正确倾向惴惴不安。

---

① 闻名世界的认知科学家，他的《表象与本质》一书十分深刻，丰富了我们对心智的理解。该书中文简体字版已由湛庐引进，浙江科学技术出版社出版。——编者注

而在我看来，一个有趣的现象是，“人类例外论”在相反的立场上引起了同样的震怒。一些科学家和许多动物爱好者将“人类例外论”视为一种最严重的缺乏科学性的智力犯罪，是持有“这个星球上所有的‘愚蠢’动物都是供人类使用和享乐的”这一由旧时代遗留下来的观念的不光彩的痕迹。他们指出，构成我们大脑的神经元跟构成鸟类大脑的神经元其实没有什么不同，而且很多动物的大脑跟人类的大脑一样大，它们以其种群特有的方式发挥着与人类同等水平的聪明才智。你越是研究野生动物的实际情况和行为，就越能欣赏到它们的才华。另外一些思想家，尤其是艺术、人文和社会科学领域的思想家，认为拒绝“人类例外论”是短视的、教条主义的，是科学主义最黑暗的一面，他们认为人类的心智当然要比最聪明的动物的心智高几个数量级。他们指出，除了人类，其他动物都不能创造艺术、写诗、提出科学理论、造宇宙飞船、在海洋中航行，甚至使用火。这引起了一片哗然，反驳者提出，园丁鸟会搭建精巧雅致的鸟巢，黑猩猩有很高的政治敏感度，以及鲸鱼、大象和候鸟都有高超的远航能力，夜莺歌声优美，长尾黑颚猴和蜜蜂都有自己的语言。而对此的回应是，与人类艺术家、工程师和科学家相比，这些动物身上的才艺是微不足道的。

几年前，① 我创造了“浪漫主义者”（romantic）和“扫兴者”（killjoy）这两个用来形容这场关于动物心智的讨论中展开激烈辩论的双方的术语[1]。

---

① 本书是对半个世纪以来关于这些主题的研究成果的总结，常规的学术引用惯例要求在页面上多次出现像（Dennett，1971，1991，2013）这样的括注，但大量的自引用会传递错误的信息。我的思想是在数百位思想家的影响下形成的，因此我尝试将关键性来源归于他们提出的、得到讨论的想法。同时，为了方便对这些论点的发展过程感兴趣的人查阅，我将自己对这些论点的扩展放在了注释中。

我最深刻的关于动物智力的两级反应的经历发生在一次关于动物智力的国际科学研讨会上，一位杰出的研究人员以相同程度的热情同时扮演了浪漫主义和扫兴两种角色：“哈！你竟然认为昆虫蠢！让我来告诉你它们有多聪明！思考一下这个结果……”不久之后他又说：“所以你认为蜜蜂非常聪明？让我来告诉你它们有多么愚蠢！它们就是些无脑的小机器人！”

我们需要和平！我们会看到，争论双方各有对错。人类不是我们有时自认为的神一样的天才，动物也不见得有多聪明。而这个世界毕竟还算仁慈，人类和其他动物都有各自擅长的能力，使其能“出色地”应对各种挑战。人类心智特有的有效性在于，一旦我们看到事物的发展机制，就可以开始理解它了。

为什么我们要如此关心这一点？它只是人类悬而未决的众多问题中的一个，也不需要马上去解决，但这不妨碍我们对其做出一个简短的概述：虽然对这一问题的关注可追溯至数千年前，在某些方面甚至可追溯至几百万年甚至几十亿年前，但它们开始作为一个对象被关注和思考，进而作为一个话题被提出是在 17 世纪现代科学诞生之时。因此，我将以此为切入点，讲述这个版本的故事。

笛卡尔伤痕

是的，我们有灵魂，但它是由许多小机器人组成的！

——朱利奥·乔雷各 1997 年在米兰对我的专访的标题

17 世纪法国的科学家、哲学家勒内·笛卡尔，有充分的理由对自己的心智印象深刻。笛卡尔将心智称为“思维实体”（res cogitans）或思考着的事物，经过审慎的思考，他认为这是一种具有神奇力量的东西。如果真的有人有资格敬畏自己的心智，那么一定就是笛卡尔。他无疑是有史以来最伟大的科学家之一，主要研究数学、光学、物理学和生理学，而且他还创造出了有史以来最有价值的思考工具之一，即“笛卡尔坐标系”，使我们能在代数和几何之间进行转换，为微积分打下基础。而且我们也可以借助这一坐标系描绘出几乎所有我们想要研究的事物，从土豚的生长到锌的期货。

笛卡尔提出的其实是一种原始的万物理论（TOE, theong of everthing），这是一个典型的大统一理论（GUT, Grand Unified Theory），它在被公开发表时使用的是一个略显自负的标题《世界报》（*Le Monde*）。笛卡尔的这一理论试图解释一切，从行星轨道、光的本质到潮汐，从火山到磁体，以及为什么水能形成球形水滴，击打燧石产生火的原理是什么，等等。他的这套理论基本都是错误的，但却惊人地将所有事物都整合到了一起，即便现在来看，都非常合理。牛顿在其著作《原理》（*Principia*）一书中提出了一套更好的物理学，明确驳斥了笛卡尔的理论。

笛卡尔并不认为只有自己的心智是奇妙的，他认为所有正常人的心智都是奇妙的，人类拥有着其他任何动物都无法比拟的技艺，而且其水平是任何可想象到的机械装置无法企及的，无论这些装置多么精密和复杂。所以他得出结论，**人类的心智不是像肺或脑那样的物质实体，而是由第二种不必遵守物理学规律的东西构成的，这就是我们所知道的二元论（dualism）的观点，通常被称为笛卡尔式二元论。心智不是物质和物质不可能是心智**的观念不是由笛卡尔最早提出的。几千年来，对于善于思考的人来说，心智显然并不像是这个“外在”世界的存储柜。我们共有的知识来自教会的指示，根据教义，我们每个人都有一个非物质的不朽的灵魂，它依附并控制着我们的物质身体。但正是笛卡尔将这种缺省假设（default assumption）提炼成了一个建设性“理论”：非物质的心智，是我们直接通过内省感知到的有意识的思考着的事物，它以某种方式与物质大脑进行交流，大脑为其提供所有输入信息，但没有任何理解或经验的成分。

自笛卡尔以来，二元论的问题在于，从来没有人能在不违反物理定律的情况下给出令人信服的解释，来说明心智与身体之间的这些假设性交互式事务是如何发生的。现在，我们有了两个备选答案，一是这是一场激进到无法用言语描述的科学革命。这是一个很实用的答案，因为评论家随时都能站出来发表意见。二是宣称有些事物已超出人类可理解的范围，是不解之谜。如果你没有任何想法，想快速退出这个话题，这个答案也很实用。但正如我几年前说过的，即使二元论往往被视为你可以将对手推至绝境的悬崖，那些还留在高处的人仍有很多未完成的任务，以构建出一个不是变相的二元论理论[2]。实际上，自17世纪以来，“心智与物质”之间的神秘联系一直都是科学家和哲学家交锋的战场。

已故的英国生物物理学家弗朗西斯·克里克（Francis Crick）是DNA双螺旋结构模型的共同发现者，是历史上最伟大的科学家之一。他在其最后一部著作《惊人的假说》（*The Astonishing Hypothesis*）中论证了二元论是错误的这一观点（Crick, 1994）。克里克指出，心智就是大脑，是一个与其他生物体内的一样，没有什么神秘附加物的物质器官。当然，克里克不是第一个公开否定二元论的人；近一个世纪以来，虽然科学家和哲学家并未对此达成一致意见，但否定的声音也是普遍存在的。

事实上，同领域中有很多人会反对克里克的这个观点，因为这个假设并不新奇，它本来就是数十年来我们所采用的研究假设！但它所包含的否定内容倒是挺让人惊讶的，就像有人告诉你黄金不是由原子组成的，或者火星上不存在万有引力定律一样。既然生物和繁殖都可以用物理化学的术语来解释，那么为什么还会有人认为意识会使宇宙显著分化呢？所以，克里克的这本著作并不是为科学家和哲学家写的，他知道二元论在非专业人士中仍然有很强的吸引力。很显然，对于他们来说，不仅他们的个人想法和经验的组织媒介在某种程度上不只是科学家在其大脑中发现的神经元放电序列（neuronal spike trains），而且否定二元论还会带来一些可怕的后果：比如，如果“我们只是机器”，那自由意志与责任会怎样？如果我们只是大量蛋白质和其他分子根据化学和物理学规律不断搅拌出来的混合物，那生活的意义何在？如果道德准则只不过是由我们耳朵之间成群的微生物纳米机器挤压产生的，那它们又如何产生值得敬畏的不同的评判标准呢？

克里克竭尽全力想使这个“让人惊讶的假说”不仅是可理解的，而且能被公众所接受。然而尽管他的文笔清晰且精湛，行文气宇轩昂，但始终没能取得什么突破性进展。我想这在很大程度上是因为，尽管他的书名是惊人的，但他低估了这个假设引发的情绪动荡。对于非专业人士来说，克里克是一个优秀的科学解说人，但这一领域中的教学问题不是通常所说的吸引和抓住那些将信将疑且缺乏勇气的非专业人士的注意力，以及让他们学到一些数学知识。当与意识有关的话题出现时，最难的任务是抑制焦虑和怀疑的情绪，因为这些情绪会诱使包括很多科学家在内的人歪曲我们知道的信息，并先发制人地对他们隐约看到的危险想法进行打击。此外，在这个话题上，每个人都是专家。人们可以冷静地接受专家关于钙的化学性质或者有关癌症微生物细节的指导，但认为自己对于自身意识体验的性质有着特有的个人权威，可以一票否决任何不可接受的假设。

不过，克里克并不孤单。还有其他许多人也在不断尝试编织自己的解释，其中最优秀的当属人类学家和神经学家特伦斯·迪肯所说的“在现代科学诞生时，将心智从身体中剥离的笛卡尔伤痕”（Deacon，2011）。他们的成果大多数都是引人入胜、翔实且有说服力的，但始终不能让人们完全信服。在整个学术生涯中，我在这项专题上花费了半个世纪的时间，写了十几本著作和数百篇文章来解决这一谜题中各个方面的难题，但始终未能帮助众多读者摆脱谨慎的不可知论，转向更加坚定的信念。但我并不气馁，我要重整旗鼓，完整地讲述这个故事。

为什么我认为这值得一试？第一，我认为我们在过去20多年中取得了巨大的科学进步；之前很多不准确的直觉如今已经可以被研究得清晰、透彻的细节所取代。我计划很大程度上根据近期研究者提供的各项实验和理论成果来进行论述。第二，我认为自己现在对束缚我们想象力的各种潜在阻力已经有了更好的认识，我计划在解释的进程中揭露并消除它们的危险性，让怀疑者可以开始认真对待一个有关他们自己心智的、科学的唯物主义理论的前景。

笛卡尔引力

多年来，我在“战场”上来回跋涉，慢慢地我意识到有各种强大的力量在扭曲人类的想象力，当然也包括我自己的想象力。它们先把我们拉向一个方向，然后把我们拉向另一个方向。而一旦学会了观察这些力量，你会发现，事物突然间开始以一种新的方式呈现。你可以识别出引导你思考的力量，然后设置警示随时提醒自己，并设置缓冲区保护自己，这样你就能在有效地抵抗它们的同时利用它们，因为这些力量不只能造成扭曲，它们也可以增强想象力，将你的思维推入新的轨道。

回想起三十多年前那个寒冷的、漫天繁星的夜晚，我与我在塔夫茨大学的一些学生站在一起仰望天空，而我的朋友、科学哲学家保罗·丘奇兰德（Paul Churchland）则在指导我们如何看出黄道平面，也就是如何观察天空中其他可见的行星，同时想象它们和我们所在的星球一起在同一个看不见的平面上绕着太阳旋转。这会促使你仰起头，并提醒你太阳一定在你身后。刹那间，方位一一对应，你看到了！① 当然，我们早就知道行星在太阳系中的运行状况，但在保罗帮助我们看到它之前，这只是一部分惰性知识。受这件事情的启发，我打算给大家展示一些会让你大开眼界，实际上会打开思维的经验，希望借此能将你的思维推到一些崭新的、令人欢欣鼓舞的地方。

我将最初的扭曲之力称为笛卡尔引力。其实，这个力量还衍生出了多种其他力量，在下文中我会以不同的形式不断展示给你，直到你也能清晰地看

① 丘奇兰德在其于 1979 年出版的著作《科学实在论与心智的可塑性》（*Scientific Realism and the Plasticity of Mind*）中给出的操作指南和图解可以帮助你获得这种愉悦感。

到它们。事实上，人们对它们最显而易见的表现形式非常熟悉，并且已经过于熟悉了，因为我们总是认为自己已经对它们了如指掌。但显然它们被低估了。我们必须转到它们背后，跳到它们之外去观察它们，看看它们是如何塑造我们的思维的。

让我们首先回顾一下克里克给出的那个“让人惊讶的假说”。那些一点也不为这一假设感到惊讶的人，通过提醒我们想起已取得的成就来增强我们的自信心，这些成就包括完美地解决了大量的谜题，充分地验证了各种发现，确切地证实了一些现代理论，以及提出了如今人们都欣然接受的唯物主义科学。仔细想来，自笛卡尔以来的几个世纪里，人类的确在探索与发现的过程中取得了惊人的成就。我们知道了原子是如何构成的，化学元素是如何相互作用的，植物和动物是如何繁殖的，微观病原体是如何繁殖和传播的，大陆是如何漂移的，飓风是如何产生的，等等。我们知道了人类大脑的组成成分与我们所解释的其他事物的组成成分相同，我们也知道了人类处在一个可追溯到生物起源时期的进化谱系之中。既然我们能解释细菌的自我修复过程、蝌蚪的呼吸机制，以及大象的消化系统，那么我们为什么不能通过同样不断进步、持续自我提升的强大科学力量去阐释智人有意识的思考运行机制问题呢？

这是一个反问句，在面对反问句时，试着努力回答而不是被吓倒，是我们需要习得的一个好习惯[3]。意识问题会比自我修复、呼吸或消化等问题更有挑战性吗？如果是，为什么？也许是因为它看起来那么独特、那么私人，且对于我们每个人来说其可获得性速度是如此之快，这在某种程度上完全不同于我们生命体中的任何其他现象。如今，即使你不知道任何相关细节，也不难想象出呼吸过程的机制。我们都知道在呼吸过程中，我们吸入的是由不同气体混合而成的空气，呼出的是人体不能利用的二氧化碳。不管怎样，肺部都必须通过过滤获取所需的氧气，并排出废物，即二氧化碳。呼吸的大致原理都不难掌握。相比之下，我们很难对“闻到一块饼干的香味就突然想起童年时的某件事情”这种意识现象给出如此机械性的解释。“让我成为一部怀旧的机器！”“什么？那身体各部分该怎么做？”例如，即使最教条的唯物主义者也会承认，对于大脑活动是如何形成怀旧、渴望或者强烈的好奇心的，他们只能给出一些模糊不清的程式化想法。

很多人可能都会承认，与其说克里克提的是一个让人惊讶的假说，不如说这是一个令人瞠目结舌的假设，是一个让人们只能挥手表示希望如此的假设。尽管这样，这一假设仍然为人们提供了一个值得捍卫的立场，以便反驳那些持不同意见的、自封为科学研究意识思想捍卫者的人，认为他们的问题在于不断遭受的屈辱性失败。人们认为这些人是自恋的，所以他们会说：“我拒绝使我这高水平的心智成为科学陷阱的俘虏！”他们也是充满恐惧的：“如果我的心智只是我的大脑，我就不用对它负责了，生活没有意义！”他们又是充满蔑视的：“这些头脑简单的科学主义还原论者！他们不知道自己在欣赏意义世界方面还差得远！”

上述判断通常是合理的。这些捍卫者不时会发出一些可悲的抱怨之声，但刺激到他们的也并非毫无根据的幻想。那些认为克里克的假说不仅令人惊讶而且让人反感的人正在进行重要的探索，他们中也不乏反二元论的哲学家和科学家，他们完全接受唯物主义，正在努力寻找介于二元论和唯物主义之间的更好的理论，使意识科学能取得一些切实的进展，且免于陷入两边的任何一种状态。但问题是，他们对这个理论的描述通常是错误的[4]，它往往被夸大成了某种深刻的形而上的东西。①

他们的这种感受是一种思维方式，是一种过度习得的习惯，它深深植根于我们心里，否认或者放弃它都是不可想象的。能说明这一点的一个迹象是，随着科学家越来越接近与意识相关的一系列问题，他们作为“另一方”所表现出的自信的科学态度开始动摇，而且他们很快就会发现自己不自觉地开始采用捍卫者回避的观点。我会从一开始就用隐喻的方式描述这个动态过程来构建一个简单的框架，以建立起一种对于正在发生的事情的更少隐喻、更明确和真实的理解。

假设未来的心智解密者（mind-explainer）是以自己的心智为出发点的。她正站在位于笛卡尔星球的家中，独自沉思着前面的任务，并以“第一人称视角”（frist-person point of view）看待外部宇宙。从这个有利的视角来看，她可以借用所有熟悉的家具保持自己的方位，笛卡尔引力就这样将她锁定在了“来自内部”的以自我为中心的视角里。她的独白可能与笛尔儿如出一辙：“我在这里，是一个有意识的思考着的事物，我对自己心智中的想法非常熟悉，我比任何人都更了解这些想法，因为它们是属于我的。”于是，她不得不成为自己家园的捍卫者。

① 几年前，我与尼克·汉弗莱研究了当时被称为多重人格障碍的问题，我们发现，即使对于我和尼克来说，也总有一种夸大既重要又不可思议的事的不可控制的冲动。我推测，当我们人类遇到某些确实奇怪又让人忐忑不安的事物时，会过于夸张地向自己描述当下的感受的这种冲动，也许是源于一种潜意识里的欲望，想时刻提醒自己谨记那些不容忽视和务必查清真相的事。

同时，对意识进行科学探索的人带着各式仪器、地图、模型和理论，满怀信心地从远方向笛卡尔星球走来，开始展开征服行动。

然而，她离得越近，就越觉得不自在，因为她发现自己正在被拽入一个原本应该避开的方向，但这股力量实在太强大了。当她降落在笛卡尔星球上时，发现自己突然转向了第一人称方向，虽然双脚已落地，但此时却无法够到或使用随身携带的工具来完成任务。在接近笛卡尔星球表面时，笛卡尔引力几乎是无法抗拒的。她是怎么到达那里的？令人困惑的最后一刻倒置是怎么发生的？顺便说一下，奇怪的倒置是这本书的一个重要主题。笛卡尔星球上似乎存有两个相互竞争的方向，第一人称视角的捍卫者和第三人称视角的科学家，这很像两种看待哲学家最喜欢的错觉，即鸭兔错觉（见图 1–1）和内克尔立方体（见图 1–2）的方式。你不可能同时站在两个方向上。

图 1–1 鸭兔错觉示意图

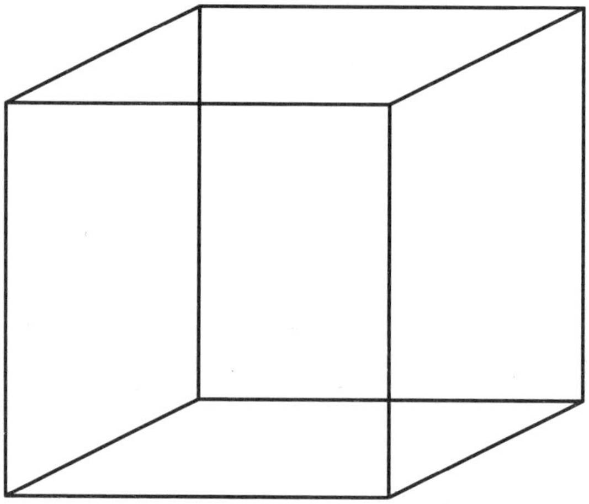

图 1–2 内克尔立方体示意图

笛卡尔引力引发的问题通常被称为“解释鸿沟”（Explanatory Gap, Levine, 1983），但在我看来，以这个名字为基础进行的讨论都是徒劳的，因为参与讨论者总是将它看作双方之间存在的巨大分歧，而不是他们的想象力方面的偏差。他们可能只看到了所谓“鸿沟”，却没有看到这个问题的实质，因为他们从不追问“它是如何形成的”。我们有充分的理由将这条鸿沟视为一种想象力扭曲器（Imagination-distorter）加以重新认识，这样我们就能学会如何安全地跨越它，或者其他同样的事物，并最终使它消失。

笛卡尔引力与物理学上的引力不同，它不是按事物的质量和与其他大质量物体的接近程度等比例地作用于事物的；它是以在内容上与在维持生物生存方面发挥特权作用的其他思想的接近程度，成比例地作用于事物的思想或表征的。其中的意义会逐渐变得清晰，然后我们便可以抛开这种隐喻的说明方式，把它当作我们已经不再依赖的、已经爬上去了的梯子。笛卡尔引力的概念到目前为止只是一个隐喻，但是我通过这个隐喻的名字所指代的现象却是完全真实的，它此时是一种会长期扰乱（偶尔有益）我们想象力的破坏性力量，与物理学中的引力不同，它本身就是进化而来的一种现象。为了对其进行理解，我们需要知道它是如何以及为什么会在地球上出现。

要回答这个问题，我们需要对同一段历史进行多次考察，每次都能注意到新的细节。我们常常会低估扭曲我们想象力的那些力量的强度，尤其是当我们面对那些“不可否认的”、无法调和的见解时。这不是说我们不能否定它们，而是我们不愿否定它们，甚至不愿试着否定它们。针对那些种族沙文主义、人类例外主义、性别歧视中的容易识别的力量多加练习，能让我们在工作中认识到更多不易察觉的力量。在下一章中，我会简要介绍这颗星球上的生命开端，然后为接下来的故事给出一个初步的没有多少细节的概述，同时也能解决读者在接触这个概述时可能会想到的第一个反对意见。我将进化的过程看作设计的过程，或者研究和开发的过程，但这种适应主义或逆向工程的观点却一直遭受着无谓的怀疑。正如我们将要看到的那样，与普遍的看法相反，适应主义依然很好地存在于进化生物学中。

FROM BACTERIA TO
BACH AND BACK

02 在细菌和巴赫之前

为什么是巴赫

为了对我们的历史有一个合理的认识，事实上我们必须回顾细菌出现之前，即以任何形式存在的生物出现之前的时期，因为亿万年来使生物持续存在的一些必要之物为我们解释人类心智的特征提供了重要的启示。在讲这个故事之前，先暂停一下，请大家注意一个词——“巴赫”。我本可以选择“从古生菌到莎士比亚”“从大肠杆菌到爱因斯坦”，或者“从原核生物到毕加索”为题，但“从细菌到巴赫”读起来似乎更有韵味。

我考虑过的所有拥有卓越心智的候选人都是男人，怎么会这样？这真是要一头栽倒在起跑线上了！我真的想一开始就让很多读者疏远我吗？我在想什么？事实上，我这么做是有目的的，我想向大家提供一个相对温和且简单的示例，来说明我们在讨论的笛卡尔引力这种多样化的引力。如果你因为我的天才名单上全是男性而怒不可遏，那就好了，这意味着你不会忘记我已经借走了你的耐心，我会用这本书的后面内容偿还。发怒，就像恐惧或愉悦这样的激烈情绪一样，它会提高你记忆中的某些相关内容的显著性，因此你会对使自己感到不安的事情难以忘怀。就这一点而言，我请你尽量克制先发制人的冲动。在整个“旅途”中，我们需要找出那些令人不安的事实，同时避免过早沉溺于解释或反驳。虽然我很高兴有的读者不仅能密切关注我的动态，甚至还超过了我，但我更希望你能静待时机，多给我点时间，不要试图用你的预感打断我冷静、客观的陈述。

所以，让我们暂时停下来，先回顾一些简单的事实，把解释和反驳留待以后进行。一个明显的事实是，虽然的确有许多才华横溢、成就斐然的女性，但她们很多都没有达到亚里士多德、巴赫、哥白尼、狄更斯、爱因斯坦那样的标志性地位；我可以轻松地再列举出十几位这种级别的男性，但你也可以试着想出一位伟大的、可以轻易取代这些男性中的任何一位的女性思想家，来扮演标题中的那个象征性角色。我最喜欢的女性思想家有简·奥斯汀（Jane Austen）、玛丽·居里（Marie Curie）、阿达·洛夫莱斯（Ada Lovelace）和亚历山大城的希帕蒂娅（Hypatia）[①]。也许真的有一些突出的候选人被我忽视了，但时间会证明一切。

时至今日，世界上还没有出现过女性天才巨星。如何解释这一事实？由

① 世界上第一位女性数学家。——编者注

于政治压迫？自我实现的性别歧视预言，剥夺了年轻女性可以用来激励自身的榜样？是几个世纪以来的媒体偏见？是由基因决定的？先不要急于下结论，即使你认为答案已经显而易见，但我并不这样认为。我们很快就会发现，虽然基因在人类心智发展史中扮演着非常重要的角色，但远没有很多人想象的那么重要。基因可以解释动物的基本能力，但它解释不了天才！此外，我试图表明的是，那种把人类社会的伟大功绩归功于其中某些成员的创造性才华的观点，有些落后了。**人类文化本身比任何天才群体都更容易孕育出辉煌的创新性成果。这是通过文化进化过程实现的，就像所有个体思想家一样，文化进化过程是人类卓越成就的“作者”。**

“自然选择的进化可能在我们理解人类文化方面发挥着基础性作用”，这一观点本身就会让有些人，甚至是一些非常明智且有思想的人心生厌恶。他们认为人类文化是超凡脱俗的，是让人类区别于野兽的神奇天赋，是抵御正在逐渐形成的还原论，抵御基因决定论及他们认为自己在当代科学中看到的庸俗主义的最后堡垒。而且，作为对这些“文化秃鹫”的回应，一些固执的科学家将所有“文化”诉求都视为自带神秘气息，甚至略显诡异的事物。

现在，我必须请求“双方”都保持耐心。事实上，有一个中间地带可以同时公正地对待人文和科学，并解释人类文化是如何通过文化的基本单位模因（meme）[①]的进化过程而产生和运行的，模因可以像病毒入侵人体一样入侵人类的大脑。是的，模因的提出未见得是一个糟糕的想法，它会在本书中

① 最早由理查德·道金斯在《自私的基因》中提出。道金斯将文化传承的过程类比成生物学中的进化繁殖过程，而模因则是文化传承的基本单位。道金斯讲述基因与生命进化过程关系的著作《基因之河》已由湛庐引进、浙江人民出版社出版。——编者注

得到应有的评判。双方阵营中那些对模因概念嗤之以鼻的学者将会看到，除了被那些无法接受模因的人不加批判地支持的、经不起推敲的“反驳”之外，还存在一些比较优秀的针对模因的反对意见。这些好的反对意见使模因的概念得到了进一步的改良。

那么，我要站在哪一边呢？想要用这些术语确定这个问题框架的读者并没有抓住重点。这种夹杂着欢呼声、嘶嘶声和旁观者的怂恿的两极分化的景象，仅仅是我试图让所有人都能看见和消除的力量的一个明显的第一次表现。科学家、哲学家和非专业人士的思维将面临更微妙、更具潜在性的压力。现在请回到我第一次看到这个故事时。

为什么研究生命起源以前的世界会像下棋一样

像细菌那样可以自我繁殖的最简单、最早期的生命形式，已经是一种设计精妙、极其复杂的自我维持系统（self-maintaining system）。如此说来，难道我想做的不只是帮助和安慰持智能设计观点的人？的确如此。但像我这样一个坚定的唯物主义者、无神论达尔文主义者，在宣称最早的可繁殖的生命形式是精心设计的结果时，是怎么做到面不改色、心不跳的呢？稳住，先别开枪。

智能设计师喜欢用著名的“鸡和蛋”问题就消除生命起源的“悖论”向我们发起挑战，即自然的进化直到可繁殖的个体出现之时才能开启，否则就没有后代来继承那些最好的设计；但即便最简单的繁殖也十分复杂，几乎不可能是偶然出现的。[①] 所以有人声称，没有智能设计师的帮助，进化根本无从开始。但这是个经不起推敲的论证，我们会看到，它完全是一种误导与缺乏想象力的结合。而我们也必须承认这样一个真正引人注目的事实，那就是第一种能可靠地进行自我繁殖的分子混合物绝对是一项“工程”奇迹，它由成千上万的复杂部件组成。

对于探索生命起源的研究人员来说，这是一个直接的挑战，如果没有奇迹，第一次繁殖如何实现？ 这或许要归功于一位来自另一星系的智能设计师，但这种想法只会使问题的提出更加滞后，且更难以得到解决[1]。前进的道路很明确，从一个有生命的、可繁殖的事物的最低形态入手，即从它一定能做到的所有事情开始进行逆向工程，清点出一份可用的原材料清单（它们通常被称为前生物化学原料分子），然后弄清楚可能性事件按部就班地而非奇迹般地聚集在一起的顺序，所有必要部件以这样的顺序聚集在正确的位置，进而完成了这项工作。请注意，这份列出了事物必须做的事情的极简清单，是一个功能列表，而不是一个部件和材料列表。捕鼠器必须能捕捉老鼠，开罐器必须能打开罐头，一个生物必须能获取能量并完成时间足够长的自我保护或自我修复才能繁殖。

这样的一个生命体是如何产生的？如果你能回答这个问题，你就赢了，如同在国际象棋中一招制敌。这是一项艰巨的任务，虽然还有很多鸿沟需要填满，但因为每年都会出现鼓舞人心的突破，人们对能够完成这项任务，完胜这场比赛信心满满。事实上，可能存在多种从非生物中产生生物的方式，

① 在本书中，会有许多关于人类智能设计的内容，但对最新一轮神创论宣传中的智能设计几乎不会有所涉及，如今它已经不值得再被费力反驳。

而在找到更好的解释方法之前，只要能找到一种值得科学界支持的方式，就可以永远压制住那些“原则上不可能”的起哄声。然而，就算只找到一种方式也是异常艰难的，研究人员不得不相信，即使生成最终产品所必须调用的创建过程完全是盲目和无目的的，最终得到的产品本身也不仅复杂，而且在其功能方面也是极其有效的，堪称一项杰出的设计。人类聪明的逆向工程师需要集思广益才能弄清楚这个事物是如何组装起来的。诺贝尔生理学或医学奖得主杰克·绍斯塔克（Jack Szostak）是近年来相关领域中的一项最大突破的主要研究人员之一，他的一篇评论完美地阐释了这种观点（Powner, Gerland, & Sutherland, 2009）。

在本书中，我将利用逆向工程的观点，假设每一个生物都是不带神奇色彩的物理过程的产物，这些物理过程将所有元素逐渐聚集在一起，并持续地对它们进行提炼，最终形成我们观察到的工作系统或者某个假设里的一个中间系统，这个系统可以作为一块朝着我们所知道的现存生物显著进化过程中的踏脚石。我们可以在回顾中看到，过程的级联进行了变化和调整，成了新兴系统设计中的改进之处。我们在彻底击败对方的路上。我们取得进展了吗？在严格意义上的繁殖系统出现之前，起作用的进程只有原始进化、半达尔文主义、自然选择的适当进化的部分类似物。这些过程提高了各种成分组合出现并持续存在的可能性，有利于原料分子集中，最终引发了生物起源。一个生物必须能捕获足够的能量和材料，并在足够长的时间里抵御住自我毁灭，以创造一个足够好的自身复制品。逆向工程的思考方法在生物学领域普遍存在，在生物起源的科学研究中也是必不可少的[2]。它总是涉及一些最优性考虑，如能生成 x 的最简单的化学结构可能是什么？或者，现象 x 是否足够稳定以支撑过程 y？

在一篇极具影响力的文章中，进化生物学家斯蒂芬·杰伊·古尔德（Stephen Jay Gould）和理查德·列万廷（Richard Lewontin）创造了“过分乐观的范式”（Panglossian paradigm）一词，这是一个被蓄意滥用的术语，使生物学适应主义看上去是依赖于假设的方法论原则，即假设一个有机体的所有部件都是有益的，除非被证明并非如此（Gould & Lewontin, 1979）。也就是说，有机体的各部件都有自己要发挥的必要作用，如泵血、提高移动速度、抵御感染、消化食物、散热、吸引配偶等。这个假设正是在逆向工程视角之下被建立起来的，根据此假设，所有生物都是由各具功能的部件有效地组合而成的。当然，也存在一些公认的例外。比如，某些原本对一事物有用而现在已经慢慢退化的特征，还有一些特征没有实际的功能，但会随机发挥一些重要作用。

古尔德和列万廷的玩笑是一幅可回收的漫画。在《坎迪德》（*Candide*）中，伏尔泰把哲学家莱布尼茨塑造成邪恶滑稽的漫画人物潘格罗斯博士。莱布尼茨坚持认为，我们的世界是所有可能的世界中最好的。在潘格罗斯博士过于丰富的想象力中，没有奇事、没有畸形、没有灾难的大自然不能被视为具有某种作用，也不能被视为好事，而应被视为仁慈的神明为我们这些完美世界的幸运居民所作的安排。例如，性病“在这个最好的世界里是不可或缺的；因为如果哥伦布没有在访问西印度群岛时染上这种会损害生育且显然与大自然的终极目标相悖的疾病，我们也不会有巧克力和胭脂虫红颜料”（Gould & Lewontin, 1979）。莱布尼茨的研究者会坚持认为，伏尔泰的这种戏仿行为对莱布尼茨极不公正。这有一定的道理，但这一点暂且不谈。古尔德和列万廷对这个想法的再次引用，是对在生物学领域使用最优性假设的不公正的讽刺吗？是的，它有两个副作用。第一，一些进化论恐惧者会将他们对适应主义的攻击误解为对自然选择理论的驳斥；第二，这让许多生物学家不仅开始审视自己的语言，而且开始审视自己的思维，好像逆向工程只是某种他们应该尽量避开的非法伎俩。

那些研究生物起源的人会忽略针对他们方法上的“潘格罗斯”式的批判，因为他们知道自己的这种战略性假设有助于引导他们的调查走出徒劳无功的徘徊状态。针对不能产生作为必要组成部件的目标结构的化学反应研究是没有意义的。诚然，这种策略存在风险；正如绍斯塔克指出的，多年来，研究人员一直错误地认为，直接结合显然是将核酸碱基与核糖结合起来的最好、最有效的方法，但他们忽略了一条相对迂回的路径，即核糖核苷酸能从一个常见前体中生成，而不涉及很多看似必要的中间步骤。

在国际象棋中，弃兵（gambit）是一种放弃原有之物的策略，这看似是后退了一步，但目的是改善当下的处境以便向前迈出更好的一步。当一个人试图推算其对手会做什么时，往往很难发现这种策略，因为对手并没有那么愚钝，他们一开始就似乎被剥夺了可以被安全地忽略的招数。忽略迂回但富有成效的路径有着同样的风险，这也为生物学领域的逆向工程师带来了困扰。因为正如弗朗西斯·克里克在阐述其所谓“奥格尔第二定律”（Orgel's Second Rule）时所说：“进化比你更聪明。”包括前生物化学进化在内的盲目的、无目的性的进化，以一种不可思议的方式揭示了异乎寻常的解决问题的方案，但这既不能成为存在智能设计师的依据，也不是放弃逆向工程的理由，因为那意味着我们得彻底放弃探究；而这是坚持和改进我们的逆向工程游戏的基础。就像下棋一样，不要放弃；要从错误中吸取教训，在想象力的加持下继续探索，并且时刻谨记，无论你的假设多么合理仍然有被否定的风险，你应该认真地去求证它。

下面是一个关于生物起源的可能的“弃兵”的例子。最初人们很容易认为，根据当时地球上的条件，第一个有繁殖能力的生物一定是最简单的生物。因为首先要制作出你能想到的最简单的复制因子，然后在此基础上进行构建。但这绝非必要条件。我认为，更有可能的情形也许是，一个相当复杂的、高消耗的、形成缓慢的戈德堡式的偶然的失物集合才是第一个真正的复制因子，然后经过不断的滚动复制，这个笨拙的复制因子在与其他同类的竞争中被反复简化。那些最让人迷惑不解的魔术之所以能达到如此效果，是因为观众从不去想象魔术师为了达到这种效果而进行的漫长的铺垫过程。如果你想对魔术师实施逆向工程，你需要经常提醒自己，他们不会感到遗憾，会不厌其烦地为了收获些许微弱的效果付出惊人的努力。同样，大自然也不怕丢脸，也没有预算的限制而且它有的是时间。

谈论生物起源这个缓慢且不确定的过程中的改善或进展，并不是沉溺于某种在科学上没有地位的违背社会常规的价值判断，而且想承认任何生物对稳定性和效率都是有要求的。如果你愿意的话，可以想象生物化学家正在研究如何制造世界末日装置或可自我复制的死亡射线这样的极其可怕的东西。这些研究仍然要受制于他们能想象到的路径。然后，他们很可能会惊叹于自己最终设计出的优秀作品。稍后，我将对逆向工程在生物学领域的预设和影响展开更多讨论。在这里，我希望那些直接或间接被说服，认为古尔德和列万廷对适应主义的反对宣传是毁灭性的人，先不要过早地否定我的方案。与他们那篇著作广泛引发的观点相反，适应主义依然存在，而且发展得很好；只要在实施逆向工程时适当地注意风险和责任，它依旧是在生物学领域进行研究和发现的捷径，也是在生物起源的前生物化学的严苛环境中获得发现的唯一道路。①

接下来，我想通过更哲学的思考方式将生物起源现象看作理由的起源。自然界中有设计吗？或者只是表面上看起来像设计？如果我们认为进化生物学是一种逆向工程，这是否意味着生物各部件的排列是有理由的？是谁的理由？或者说，存在没有给出理由之人的理由，以及没有设计师的设计？

① 尼古拉·雷内多(Nikolai Renedo)提醒我说，古尔德和列万廷在其著作中传达的主要信息是"注意弃兵"，这对任何适应主义者来说都是一个很好的建议。然而，如果这真的是古尔德和列万廷的意图，那他们并未能将此信息传达给他们的受众，无论是普通受众还是科学领域的受众，这些受众认为这降低了作为进化思维的核心特征的适应主义的权威性。

FROM BACTERIA TO BACH AND BACK

03
理由的起源

是目的论的终结还是重生

人们常常认为，达尔文推翻了亚里士多德影响深远的学说，即世界上的一切事物都有它们存在的意图，从“只要目的正当就可以不择手段”的层面上来说就是有它们存在的“目的”，或者就像法国人所说的“一个存在的理由”。

亚里士多德提出了我们可能想问的关于任何事物的 4 个问题：

1. 它由什么构成，或它的质料因（material cause）是什么？
2. 它的结构是什么，或形式因（formal cause）是什么？

3. 它是如何开始的，或动力因（efficient cause）是什么？
4. 它的意图是什么，或目的因（telic cause）是什么？

因为希腊语中的第 4 个原因为单词 telos（目的），我们由该词引申出了“目的论”（teleology）这一术语。科学常常提醒我们，目的论早已被成功淘汰，而我们认为达尔文对此功不可没。正如马克思评价达尔文的《物种起源》时说的那样：“这不仅是对自然科学中‘目的论’的第一次致命打击，而且还根据经验阐明了它的合理的意义。”

但仔细观察仍能发现，马克思在面对两种始终受到维护的观点时有些举棋不定：

> 我们应该把自然科学中所有的目的论公式都剔除出去。

或者：

> 既然我们可以在没有行为和智能创造者等方面的古代思想的帮助下“凭经验解释”自然现象的“合理的意义”，那么我们也可以用新的后达尔文目的论取代过时的目的论。

时至今日，我们仍然能在很多颇有思想的科学家的实践和观点中看到这种模棱两可的态度。一方面，生物学家会习惯性地和经常性地提及觅食和领地标记等行为的功能，眼睛和鱼鳔等器官，核糖体这样的亚细胞“机器”，克雷布斯循环（Krebs cycle）这样的化学循环，以及运动蛋白和血红蛋白这样的大分子。而另一方面，一些有思想的生物学家和生物学哲学家又对这类说法感到不安，他们坚持认为，所有这些关于功能和目的的讨论实际上都只是某种简略的、便于使用的隐喻，严格来说，这世界上根本没有功能、目的和目的论。在这里，我们看到了另一种由笛卡尔引力引发的可以扭曲想象力的力量。笛卡尔的思想如此诱人，为了抵制它的诱惑，一些人认为我们应该遵循节制原则，即一旦面临被诸如灵魂、精神或亚里士多德的目的论等这些前科学概念“感染”的风险，应立即隔离。这通常是个不错的原则，外科医生切除肿瘤时，也会同时切除其周围很大一片“边缘”组织。

少许宣传就能让人们保持警惕。目的论者中的顽固派被冠上了“达尔文主义偏执狂”（Darwinian paranoia，Francis，2004；Godfrey-Smith，2009）和“阴谋论者”（Conspiracy theorists，Rosenberg，2011）的骂名。当然，有一种中间立场理应得到辩护，这种立场禁止某些目的论的过分操作，但允许对功能进行更为严肃的和限制性的讨论，哲学家已经提出了很多这样的观点。我一般的看法是，很多科学家认为这种理智的中间立场是得当的，他们已经在早年间读过的一些书或文章中找到了充分的相关证据。但据我所知，能够有效论证此观点的经典文本并不存在，[①] 而且很多科学家一边不负责任地暗示自己正在研究的事物的功能，一边坚称自己从未身陷目的论。

① 尽管生物学家和哲学家在如何为功能设限这一问题上一直存在分歧，但他们经常撰写关于功能讨论的文章。这里存在着这样一个共识，即进化着的深思熟虑对大自然的功能产生了这样或那样的影响，并且与历史上的及当前权限有关的事实也确定了人工制品的功能属性。来自生物学家和哲学家的最佳作品，被收录在了艾伦（Allen）、贝科夫（Bekoff）和劳德（Lauder）于 1998 年发表的著作中。

我在更深层次上想发挥的作用是，不希望给神创论者和智能设计群体提供帮助和安慰。提到大自然中的目的和设计，显然为他们提供了一半的理由。所以一些人认为，最好严令禁止针对这类主题的讨论，因为严格说来，生物圈内没有事物是设计出来的，设计品只出自人类工匠。大自然生成如器官和行为等这样的复杂系统的方式与工匠的方式截然不同，我们不应该用同一种语言去描述它们。因此，理查德·道金斯（Richard Dawkins）提出了有机体的设计特征（Dawkins, 1996），并且他在《祖先的故事》（*The Ancestors' Tale*）中说，“达尔文的自然选择所引发的对于设计的错觉竟如此严重”（Dawkins, 2004）。我不同意这种一味地过度紧缩的态度，这可能会适得其反。几年前，在一家酒吧里我无意中听到了一些哈佛医学院的学生在感叹细胞内蛋白质转运机制的复杂性，其中一个学生惊呼道：“看看这些奇妙的设计，怎么还会有人相信进化论呢！”其他几个也若有所思地点头称是。为什么会有人这么想？进化论者并没有为大自然的错综复杂所累，他们陶醉其中！近年来，发现并解释支配着细胞生命的细胞内部复杂系统的是进化微生物学的辉煌成就之一。但从上述几位学生的言论中我们发现，人们普遍认同的一个主流观点是，进化生物学家不愿“承认”或“接受”大自然中存在着明显的设计成分。人们应该更明白事理一些，尤其是医学生！

在这方面，维也纳天主教大主教克里斯托夫·顺伯恩（Christoph Schönborn）就深受“智能设计”蛊惑者的误导，否定自然选择理论，理由是它无法解释所有的设计。在 2005 年 7 月 7 日的《纽约时报》上刊登的一篇题为《寻找大自然中的设计》（*Finding Design in Nature*）的专栏文章中，顺伯恩说道：

> 天主教虽然把地球生物发展史中的许多细节留给了科学，但仍宣称，人类的智慧凭借理性可以轻松且清晰地洞悉自然世界和生命世界中的目的和设计。从共同祖先的意义上理解进化可能是正确的，但新达尔文主义意义上的，没有指导、没有计划的随机变异和自然选择的进化却不是。任何否定或试图为生物学中的设计的强有力的证据辩解的思想体系都是意识形态，而不是科学。

我们想打哪场仗？我们是想让普通人相信，他们并没有真正看到生物学的每个尺度上都有非常明显的惊人设计，还是更愿意说服他们相信达尔文理论表明的是可能确实存在没有智能设计师的设计？我们已经让全世界相信原子不是不可分割的，地球是绕着太阳转的。为什么还会在“向学生证明存在没有设计师的设计”这样的教学任务中退缩呢？因此，我要再次为以下主张辩护：

> 生物圈充满了设计、目的和理由。我所说的“设计立场”可以通过使用相同的假设预测和解释生命世界的各种特征，当在我们对由聪明的人类设计师制造的人工制品实施逆向工程时，这种假设也能很好地发挥作用[1]。

在尝试理解、解释和预测现象时，我们会采用以下三种不同但密切相关的策略或立场，即物理立场、设计立场和意向立场（Dennett，1971，1981，1983，1987）。**物理立场是风险最小但最有难度的；这种策略需要你按照物理定律将问题所涉及的现象视为物理现象，用你努力获取的对物理学的理解去预测接下来会发生什么。设计立场仅适用于解释被设计出来的且具有功能**

和意图的事物，无论是人工制品、生物还是它们的组成部件。意向立场主要适用于那些旨在利用信息实现其功能的事物。意向立场的工作原理是将事物视为具有合理性的主体，让它们拥有“信念”、“欲望”和“理性”，并预测它们会理性行事。

通过自然选择实现的进化本身并非一种被设计出来的事物，也不是一个有意图的主体，但它表现出来的好像是这样，它占据的是智能设计师空出的位置。自然选择的进化其实是“发现”和“跟踪”事物以某种方式而非另一种方式被安排的理由的一系列过程。进化过程揭示的理由和人类设计师发现的理由之间的主要区别是，后者通常但不总是代表着设计师的心智，而前者通常是在人类探索者首次成功地对大自然制品完成逆向工程之后发现的。道金斯在其著作《盲眼钟表匠》（*The Blind Watchmaker*）中恰如其分地点明了这些过程明显矛盾的本质：一方面，这些过程是盲目的、无意识且无目标的；另一方面，它们却产生了大量的经过设计的实体，其中很多成了合格的技工，如筑巢者、结网者等，还有少数成了设计师和建造者，也就是我们。

进化过程逐渐使意图和理由得以呈现，就像色觉在进化中产生从而使颜色开始存在一样。**如果我们理解了有理由的人类世界是如何从一个没有理由的简单世界发展而来的，我们就会看到意图和理由就像颜色和生命一样真实。**坚持认为达尔文已经抛弃了目的论的思想家为了一致性可以补充说，科学也证明了颜色和生物本身的非现实性。一切都是由原子构成的，并且原子没有颜色，也没有所谓生命。仅由没有颜色、没有生命的事物组成的聚合物，怎么能通过叠加生成有颜色、有生命的事物呢？这是一个最终应该且也能得到解答的反向句。现在，我要为这样一种观点辩护，即蛋白质、细菌、树木、动物，以及人类的行动都是有理由的；当然，还有颜色、弗吉尼亚州和生命等都是真实存在的。

“为什么”的不同含义

也许看待大自然中普遍存在的、真正的理由的最好方式是思考一下“为什么（why）”的各种不同含义。“为什么”这个词在英语中有很多不同的含义，我们可以通过“为了什么”（what for？）和“怎么来的”（how come？）这对常用短语来区分其中最容易被混淆的两个含义。

> “你为什么把你的照相机递给我？”问的是，“你这样做是为了什么？”
>
> “冰为什么会浮在水面？”问的是，“什么样的形成方式使冰的密度比液态水的密度低？”

“怎么来的”寻求的是对现象做出解释的一个过程叙述（process narrative），但不包括对其意图进行说明。“天空为什么是蓝色的？”“为什么沙滩上的沙子按粗细来区分？”“为什么会有地震？”“为什么冰雹会伴随着雷暴？”“为什么泥巴干掉时会开裂成那样的纹路？”，以及“为什么涡轮机叶片会失灵？”有些人可能很想把“冰为什么浮在水面”这样的问题看成是为无生命的世界中的这一特征寻求一个为了什么的理由（很可能是上帝的安排）。比如，我猜是上帝想让鱼能在冰层下的水里存活才这样安排的，否则如果池塘是自下而上结冰的，鱼就很难存活了。而一旦得到一个物理学或者化学上的关于“为了什么”的问题的答案，我们难免会像偏执狂那样想知道得更多。

现在比较以下 4 个问题：

1. 你知道行星是球形的理由吗？
2. 你知道滚珠轴承是球形的理由吗？
3. 你知道小行星不是球形的理由吗？
4. 你知道骰子不是球形的理由吗？

reason（理由）这个词出现在这 4 个问题中，至少对于我来说听起来没有任何问题。但是问题 1 和问题 3 是无法得到关于出现这一现象的理由的，因为没有理由；对于这样的问题，我们从答案中能得到的是形成这一现象的原因或过程叙述。不幸的是，在某些情况中，reason（意为“理由”）这个单词可以被理解为 cause（意为“原因”）。你可以用过程叙述来回答问题 2 和问题 4，如：“好吧，滚珠轴承是在某种车床上制造的，它把金属制成这种形状……而骰子是用立方体模具铸成的……”但这些都不是 reason。

有时人们会混淆这些不同的问题，我于 1974 年在西密歇根大学与一位狂热的斯金纳行为主义者卢·迈克尔斯（Lou Michaels）进行过一场辩论，其中有过一次令人难忘的交流。我在 1978 年《头脑风暴》（*Brainstorms*）上发表了一篇论文，题为《没有皮肤的斯金纳》（*Skinner Skinned*），而迈克尔斯在反驳中表达了一种特别大胆的行为主义思想，我对此的回答是：“但你为什么这么说，卢？”他的回答是：“因为我之前这样说的时候得到过肯定。”我需要他给出的是一个理由，也就是 what for（为了什么）；而我得到的是一个有关这个观点 how come（怎么来的）的过程叙述。这是有区别的，斯金纳主义者曾尝试消除这种区分，但失败了。这个失败的结果应该能使具有实证主义思想的科学家认识到，如果执意消除 what for（为了什么）的话，他们会在理解上付出巨大代价。

第一章开头的两句话是：“心智是怎么来的？同时，心智又是如何提出这个问题并给出答案的？”这两句话寻求的是一个过程叙述，我之后会说明这一点。但这个过程叙述，同时还能回答“为了什么”这一问题是怎么来的，以及“为了什么”这一问题的提出是为了什么。

“为什么”的演变：从“怎么来的”到“为了什么”

自然选择的进化是以“怎么来的”为始，以“为了什么”为止的。我们从一个没有生命的世界开始，在那个世界里，没有任何理由，也没有任何意图，但仍有一些过程在发生：行星在旋转、有潮汐、有冻结和解冻、有火山爆发，以及无数次的化学反应。其中一些过程在机缘巧合下还会生成其他一些过程，直到我们发现某些“点”（不是一条亮线）可以用作解释有些事物按照现在的方式被安排的理由。为什么我们会认为这些“点”是适用的，以及我们是如何进入这种心智状态的？耐心点，很快就能看到答案。

人类互动的一个核心特征，同时也是人类物种特有的特征之一，就是我们总是要求对方解释自己，为他们的选择和行为做出辩解，然后在“为什

么？”的递归循环中判断、赞同和反驳他们的答案。孩子们很早就会进入这种提问游戏，而且常常会因入戏太深不断考验着父母的耐心。“你为什么锯木板？”“我在做一扇新门。”“你为什么要做一扇新门？”“这样我们出去的时候就可以把房门锁起来。”“我们出去的时候你为什么要把房门锁起来？”“为什么不能让陌生人进来拿走我们的东西呢？”“为什么我们会有东西？”我们都能流畅地进行这种相互的理由—检查活动，这证明了它在我们生活中的重要性，在这种理由—检查活动中做出适当反应的能力是我们的责任感的根源（Anscombe，1957）。那些不能解释自己或无法被他人提出的理由所打动的人、那些对别人的劝解“充耳不闻”的人，会被公正地判定为责任感低下，会因此受到法律的区别对待。

我们并非每时每刻都在要求彼此给出行动的理由并不断对其进行评估，尽管这样做的确有利于协调人类活动，引导年轻人顺利进入成年人的角色，以及构建人们相互评价的准则。这种行为习惯对人类的生活十分重要，我们很难想象没有此类行为习惯的其他社会性物种该如何和睦相处，如海豚、狼和黑猩猩。在没有告知少年儿童他们所在位置的情况下，他们该如何“得知自己的所在位置”？大象如何解决“何时该继续前进或接下来该去哪里的分歧呢”？那些表示赞成或反对的微妙的本能信号就足以应对这些问题，我们还应该记住，没有其他物种会像人类这样需要进行复杂的合作行为。

匹兹堡大学的哲学家威尔弗里德·塞拉斯（Wilfrid Sellars）将这种相互间寻找理由的活动描述为对“理由的逻辑空间”（the logical space of reasons）的不断创造或构造，这激发了以罗伯特·布兰顿（Robert Brandom）和约翰·豪格兰（John Haugeland）为首的匹兹堡的一代哲学家在这一领域展开详细的探索（Sellars, 1962）。被允许的行动是什么，为什么？新的要素是如何进入这种空间的，以及越轨行为会得到怎样的处理？理由的空间会受到规范的约束，也会受到我们对事物发展方式的相互承认的约束，这是开展给出理由这个游戏的正确方式，而非错误方式。当出现错误时，只要有理由，就有某种正当理由和纠正的可能性存在的空间和需求。

这种“规范性”是行为准则的基础，理解给出理由的正当方式的能力是理解社会生活应该如何发展的先决条件。这种做法及其规则为何产生，以及如何产生？它不是一直存在，但现在已然存在了。它是怎么以及为了什么形成的？匹兹堡的哲学家的问题是“事情是怎么变成那样的”，但他们还没有完全解决这一问题，我们还需要通过自己对给出理由游戏的谨慎推测，来补充他们的分析。

我会试着证明，匹兹堡的哲学家因为忽视了这部分问题而使他们没有提及两种不同类型的规范及其相关修正模式之间的区别，我将这两种规范称作社会规范和工具规范。匹兹堡的哲学家赞许并重点分析了社会规范，它关注的是在交流与合作实践中产生的社会规范，因此豪格兰将社会成员的“吹毛求疵”称为进行纠正的力量（Haugeland, 1998）。而工具规范关乎的是质量控制和效率，可以说，这是由市场力量或自然失误显示出来的工程规范。善行和好工具之间的区别能很好地说明这两种规范的不同。一次善行的实施方式可能并不合时宜，甚至无法实现意图；而一件好工具也可能是一件有效的酷刑工具或邪恶的武器。我们可以在负面案例中看到同样的对比，如顽皮与愚钝之间的区别。人们可能会因为你的顽皮而惩罚你，但是自然更可能会无意识地惩罚你的愚钝。我们会看到，我们需要这两种规范去创造一种新的思考方法，以此来辨别大自然中的理由。

理由鉴定并没有像色觉和颜色那样与理由共同进化。理由鉴定是比理由更晚、更高级的进化的产物。

只要有理由，就会引出这样一个隐含的规范，即真正的理由总被认为是好的理由，是能证明相关要素合理性的理由。而像“怎么来的”这样的问题是不需要理由为其提供辩护的。例如，在对一个新研发的人工制品实施逆向工程时，我们可能会问为什么角落里有一个显眼却似乎“毫无用处”的旋钮。它的存在可能只是为了发挥在光线照射下形成一个阴影和改变人工制品的重心等并不显著的功能。在我们了解到其他情况之前，我们预计设计师一定有充分的理由设置这个旋钮。也可能曾经有一个充分的设置这个旋钮的理由，只是后来失效了，而生产商因忘记了这一细节，才使这个旋钮被保留了下来。这一旋钮是残留物，是没有功能的，只是因为制造流程未及时得到修改才得以继续存在[2]。

同样的预期驱使我们不断对生物实施逆向工程的探索，生物学家常常允许自己随意谈论所谓“大自然的意图”是什么，或当在“挑选”一些令人费解的生物特征时，“进化的打算”是什么。[①] 毫无疑问，生物学家的这种习惯性做法是对其他人设计和制造的人工制品实施逆向工程的直接产物，本身

① 例如，生物学家雪莉·蒂尔曼（Shirley Tilghman）在 2003 年的沃森讲座（Watson Lecture）中说道：“但很明显，当你观察这两个被比较的基因组的任何一部分时会立刻发现，进化确实很艰难，它保存下来的基因组比我们通过基因及与其密切相关的调控元件能解释的基因组要多得多……当非常关注这些 DNA 片段时，科学家应当有机会试着理解进化的打算。”

也是人类会为自身活动寻找并给出理由的社会制度的直接产物。正如很多生物学家猜测的那样，这可能意味着这种习惯性做法是一种过时的前科学思维的残留物；或者，这也可能意味着生物学家成功开创了逆向工程向生活领域的延伸，利用大自然赋予我们的思考工具去发现世界上真实的模式，这些模式可以被看作其他真实模式存在的理由。为了捍卫后一种说法，我们需要看看进化本身是如何开始的。

向前和繁殖

在《达尔文的危险思想》（*Darwin's Dangerous Idea*）中，我把自然选择看作一个算法过程，是一个排序算法（sorting algorithms）集，这些算法本身是由生成 - 测试算法组成的，运用的是生成阶段的随机性（伪随机性、混沌）和测试阶段的某种无意识的质量控制，获胜者因拥有更多的后代而获得晋级的机会。这一连串的生成过程是如何进行的？我在上一章已经指出，生物起源的实际过程仍未可知，但我们可以一如既往地通过关注一系列可供选择的渐进的修正过程来驱散一些迷雾。

前生物或非生物世界并不完全是一种到处充斥着随机产生的运动中的原子碎片的混沌状态。特别是在许多时空维度上都表现出了周期循环现象，例如季节、昼夜、潮汐、水循环，以及在原子和分子水平上进行的数以千计的化学循环[3]。我们可以把这些循环看作算法中的“do 循环”（do-loop），即在“完成”某种积累、移动或排序任务后再次返回起点，然后不断重复，以此逐渐改变着世界中的各种条件，从而提高新事物生成的可能性。凯斯勒

（Kessler）和沃纳（Werner）在2003年的《科学》杂志上阐述过这样一个著名的有关非生物的例子。

石圈景观给人们留下了非常深刻的印象，对于人们来说它极不可能只是石头随意散落形成的。它看起来像是“人造的”，这不免让人想起安迪·高兹沃斯（Andy Goldsworth）的那些优雅的户外雕塑；但它的确是北极斯匹次卑尔根群岛上成百上千次无目的的冻融循环形成的自然的结果。

几个世纪以来，新英格兰的农民都知道，每年冬天霜冻都会把“新茬儿”的石头推运到土层表面，他们要先搬走这些石头才能开始犁地和播种。如今，我们仍然能在田野的边缘看到新英格兰的经典“石墙”在重新绿化过的田地上延伸，但它们从来都不是为了将任何事物放进来或放出去而存在的；它们不是真正的墙，而是由大大小小的石块堆积成的一条狭长的，被缓慢移动到耕地边缘的石埂。它们显然是人们经过深思熟虑、有意图地努力建造出来的。而具有讽刺意味的是，如果农民不移动这些石头，那么在经过多次冻融循环后，它们可能会形成上文中提到的“地面图案”现象之一（如石圈景观），这种图案不一定总是圆环的，可能是多边形的，也可能会形成迷宫或者其他图案。

凯斯勒和沃纳用一种算法模型解释了这一过程。该模型可以通过改变石头的大小，土壤的湿度、密度、温度和冻结的速度，以及山坡的坡度等参数，来产生这些不同的分选效应（Soring effects）。到此为止，我们对石圈是如何在它们出现的地方存在已经有了非常清楚的了解，如果有人在看到这些石圈时将其视为一个“为了什么”的问题进行解答，认为这一奇观的背后一定有个带着意图的创造者，那么他肯定是错误的。

在非生物世界中，许多类似的循环都在同时但不同步地发生着。循环中还有循环，且各有不同的重复周期，以此“探索”着化学可能性的空间。这是一系列多样化的并行运行过程，有点像工业中的大规模生产，在不同的地方以不同的生产速度生产着很多不同的零件，然后把它们组装在一起，只是这种非生物世界中的大规模生产是完全没有计划和动机的。在非生物世界中不存在差异繁殖，但的确出现了各种各样的差异持留性，某些部件的临时组合比其他组合持留的时间更长，因此有更多的时间对其进行修正和调整。简而言之，富人会变得更富，尽管他们未必能把财富传给子孙后代。因此，差异持留性必须以某种方式逐渐转化为差异繁殖。化学组合的差异“幸存”的原达尔文算法可以产生自动催化反应循环，进而产生差异持留性的一种特殊情况，即差异复制，这是一种非常特殊的情况，是一种通过增殖扩大自身优势的爆发式类型！它生成了许多近似的持留者，这些持留者可以“探索”世界上的更多角落，这肯定与任何一两个持留者所能“探索”到的世界有所不同。

广告词“钻石恒久远”确实有点儿夸张，钻石的持留性的确非常好，比其一贯的比较对象要好得多。但它的持留性是通过其随时间线性下降的属性来建模的，如星期二的钻石跟它的母钻石无异，星期一的钻石也是如此，等等。它不是成倍变化的。但它会积累变化，如磨损，或者逐渐形成一层变硬的泥土包浆等，这些或多或少都会影响它的持留性。像其他耐用品一样，钻石会受很多循环的影响，不少 do 循环都会以这样或那样的方式作用于它。但通常说来，这些影响不会长时间积累，而是会被后来的影响所抵消，但有时也会恰巧形成一道屏障，一道能产生额外的保护作用的壁或膜。

在软件世界中有两种公认的现象，即意外之喜（serendipity）及与之相反的冲突（clobbering）。前者是指两个不相关的过程因为偶然碰撞产生让人惊喜的结果的现象，而后者是指产生破坏性结果的碰撞。不管为了什么，防止冲突的壁或膜都具有特别好的持留性，可以保障内部循环（一种 do 循环）的运行不受干扰。所以我们看到了膜在容纳化学循环方面的工程上的必要性，包括克雷布斯循环及成千上万的其他循环在内的这些化学循环共同创造了生物。丹尼斯·布雷（Dennis Bray）于 2009 年出版的《湿件》（*Wetware*）就是了解细胞中的化学循环的算法视角的一个很好的资源。即使是最简单的细菌细胞，也有一种由高效且精致的化学网络组成的神经系统。但在前生物世界中，膜和 do 循环恰到好处的结合是怎样产生的呢？有人说："一百万年也不会碰到一次！"很好，但一亿年能碰到一次吗？只要发生一次，就能点燃繁殖的导火索。

我们回到这个过程的早期，那时持留性逐渐转化为增殖，我们看到一些之前并不存在却突然开始激增的元素，于是不禁会问："为什么在这里就看到了这些不可能的事物？"这是一个意义双关的问题！现在，既有一个针对"怎么来的"这类问题的过程叙述性答案，也有一个针对"为了什么"这类问题给出正当理由的答案。我们所面临的情况是，只呈现出了一些化学构造，但没有化学上可能的替代品，而且我们所关注的是在当地环境中比同时期的替代品具有更好的持留性的构造。在出现具有复制能力的构造之前，必须先存在具有持留能力的构造，这种构造要足够稳定，以便能在足够长的时间内不断进行自我修缮。

当然，这种能力并没有多起眼，但这正是达尔文学说所需要的不太花哨的、只是近似于能力的某种事物。我们正在目睹的是一种靠系统算法“自动”将非功能剔除，只呈现各种功能的过程。当我们接触到一种正在繁殖的细菌时，会发现那里已经充满了功能性技巧。换句话说，各种部件所呈现出的形状和顺序都是有理由的。我们可以对繁殖中的个体实施逆向工程，判断其优劣之处，并给出判断的依据。理由就这样诞生了。令人欣慰的是，这是格伦·阿德尔森（Glenn Adelson）恰当地将达尔文主义称为达尔文主义的一个案例，即我们看到，种种理由逐渐从种种仅作为原因的事物中显现出来，也就是说“为了什么”是从“怎么来的”中产生的，两者间没有“根本”的界线（Godfrey-Smith，2009）。所以，没有第一种母亲不是哺乳动物的哺乳动物，即原初哺乳动物（Prime Mammal）；也没有通过使某种生物比其他“对手”更善于生存来帮助其存活的生物圈的第一个特征，即原初理由（Prime Reason）[4]。

因此，**自然选择是一个自动的理由发现者，在世世代代不息的生命过程中“发现”、“认可”和“关注”理由。这一惊人言论试图提示我们，自然选择没有心智，它本身也没有理由，但仍然有能力完成“设计改进”任务。**现在来看下，我们是否真正明白其中的深意。

假设有一个包括很多变种的甲虫种群。在这个种群中，有的十分擅长繁殖，但大多数没有这一特点。我们针对这些擅长繁殖的甲虫，向大家提出问题：为什么它们的繁殖能力高于平均水平？这是一个意义双关的问题，它问的可能是“这种情况是怎么形成的”，也可能是“形成这种情况是为了什么”。在大多数情况下，答案中都没有出现理由；不知道这种结果是好是坏，都只是运气使然。在这种情况下，我们只得到了关于“这种情况是怎么形成的”这类问题的答案。

然而，如果存在一个情况的子集，一个可能非常小的子集，其中包含着一个针对“形成这种情况是为了什么”这类问题的答案，这个不同之处恰好产生了影响，那么那些情况就有了一个共同的萌芽，你可以将此视为一种原始理由。过程叙述解释了情况是怎么形成的，同时指出了为什么这些情况比那些情况更好，以及为什么它们能在竞争中胜出。“让最好的个体获胜”是“进化竞赛”（evolution tournament）的口号，获胜者为了变得更好会更直接地强调使自己“变得更好”（being better）的理由。在每一代和每一个谱系中，只有部分“参赛选手”能够成功繁衍后代，而下一代中的每个个体要么只是幸运，要么是幸运地获得某种天赋。你可能会说，获得某种天赋的个体是出于某种原因被选择的，但更准确的说法应该是出于某种理由被选择的。这个过程通过一个盲目追踪理由的过程，以及创造有用途但无需被了解的事物来说明功能的积累。间谍小说中著名的“须知原则”在生物圈也通用：有机体无须知道为什么继承而来的天赋会对自己有利，而自然选择本身也不需要知道自己在做什么。

达尔文明白这一点：

> 从某些方面来看，“自然选择”这个词并不恰当，因为这个词常常意味着有意识的选择，但稍微熟悉一下就可以避免其中的误导成分。没有人会反对化学家谈论“选择亲和性”；当然，一种酸在与碱结合时没有比生命条件在决定是否选择或保存一种新形态时有

> 更多的选择余地。为了简洁起见，我有时会将自然选择称为一种智慧的力量，就像天文学家把万有引力说成是一种支配行星运动的力量一样。我也常常把大自然拟人化，因为我发现避免这种一语多义的情况真的很难；但我的意思是，自然只是许多自然法则的总和及产物，而自然法则只是确定了的事件序列（Darwin，1868）。

所以，早在理由的阐释者，也就是我们人类出现之前，理由已经存在了。我将通过进化追踪到的理由称为“自由浮动的理据”（free-floating rationales），这一术语显然已经刺痛了某些思想家的神经，他们觉得我是在胡思乱想[5]。当然不是！自由浮动的理据这一概念并不比“数字”或“重心”更可怕或更有问题。在人们发明算术的表达方法之前，立方体就有 8 个角。在物理学家构思出推算方法之前，小行星就有重心了。理由早在推理者出现以前就已经存在了。有些人觉得这种思考方式是令人不安的，也是不够“健全的”，但我不会拒绝采用它。相反，我希望在这里能平息他们的恐惧并说服他们相信，在理由被人类研究者或其他心智表达或阐释之前，我们都应该积极地去谈论那些由进化揭示的理由。① 可以参考彩图 2 和彩图 3 中惊人相似的构造。

蚁冢和高迪的圣家族大教堂在形状上非常相似，但在起源和构造上却完全不同。蚁冢的构造和形状有其形成的理由，但建造了蚁冢的白蚁却无法阐

① 那些对我的这种不妥协持怀疑态度的哲学家可能会去读托 T.M. 斯坎伦（T. M. Scanlon）于 2014 年发表的著作《实在地看理由》（*Being Realistic about Reasons*），其主要内容是针对那些无视行为的工程学方面的理由，而专注于其道德方面的理由的人会面临的问题进行的全面的、详尽的调查。

释这些理由。没有可以规划这个构造的白蚁建筑师，也不会有任何一只白蚁知道它们为什么要将蚁冢筑造成这样。无须理解亦能胜任。同样，高迪的杰作的构造和形状也有其形成的理由，但这些主要是高迪的理由。高迪有自己的理由去创造这种形状的建筑；而白蚁建造出那种形状的蚁冢也是有理由的，但白蚁并不懂这些理由。树木为何如此分支是有理由的，但从一个无可辩驳的意义上来说，树木并没有理由。海绵的行为是有理由的；细菌的行为也有理由；甚至病毒的行为也有理由。但它们并不懂这些理由，它们也不需要懂。

我们是唯一的理由阐释者吗？这个问题非常重要，但在回答之前，我要为自己提出的思考方法的转换设置一个更广泛的情节背景。到目前为止，我认为达尔文没有消灭目的论，而只是将其自然化了。但这一结论并没有得到应有的广泛接受，而且一种不明确的过于拘谨的态度使得一些科学家对设计和理由避而不谈。理由的空间是在人类给出理由的实践活动中形成的，它受社会或伦理规范及起重要作用的行为标准的约束，如判断顽皮与愚钝之间的差异的行为标准。生物学领域的逆向工程是判定—给出理由这一过程的产物。

我们通过对生物是经过一连串的前生物循环逐渐出现的进行解释，可以看到从“为了什么”到“怎么来的”的进化。自由浮动的理据是很多特征存在的理由，虽然可能会出现十分出色的设计，但它们也不以智能设计师的存在为前提。例如，蚁冢有那样的特征是有理由的，但与高迪不同的是，它们并不懂或不会阐释理由，白蚁优秀的设计不是智能设计师的产物。

FROM BACTERIA TO BACH AND BACK

04 两种奇怪的推理倒置

达尔文和图灵是如何打破魔咒的

在达尔文之前，对世界给出统一解释的是传统而不是科学。宇宙中所有的事物，从最高级的人到最卑微的蚂蚁、卵石或雨滴，都是由上帝创造的。上帝是无所不能、无所不知的智能创造者，而世界上处于第二位的崇高事物与他极为相似。以上观点可以被称为自上而下的创造理论，而达尔文用自下而上的创造理论取代了它。19 世纪的一位达尔文理论评论家罗伯特·麦肯齐·贝弗利[1]生动地阐述了这一点：

① 30 多年来，我一直把这位作者错认成了罗伯特·贝弗利·麦肯齐，感谢诺顿负责核查的工作人员为我指出了错误。

> 对于这种理论，我们必须得有一个绝对无知（Absolute Ignorance）的设计师，以便我们可以将其解释为整个体系的基本原则，即：要想创造出一架完美出色的机器，我们并不需要知道如何去造。细加检讨，不难发现，该命题凝练地表达了进化论的宗旨，只言片语就说出了达尔文先生的所有想法：经由一种奇怪的推理倒置，他似乎认为，在创造性技能的所有成果中，绝对无知完全有资格取代绝对智慧（Absolute Wisdom）。

这确实是一种“奇怪的推理倒置”。时至今日，贝弗利表达的这种怀疑仍然能在大部分人中引发反响。

当我们转向理解达尔文自下而上的创造理论时，我们可以把所有创造性的设计工作比喻为在我所定义的设计空间里的提升。正如我们在第 3 章中看到的，这种设计工作必须从第一个原始的复制因子开始，经历一波又一波的自然选择，逐渐形成各种形式的多细胞生物。这样的过程真的能够产生我们在生物圈中观察到的所有奇迹吗？自达尔文以来，怀疑论者一直在努力证明，通过这种费力且不明智的途径根本无法创造出那一个又一个的生命奇迹。他们一直在寻找某种有生命但不可进化的事物。我将这种现象称为“天钩”（skyhook），这是一种来源于神话的假想装置。你可以将它挂在天空中，用它来吊起滑轮或其他你想提起来的一切事物（Dennett，1995）。在没有原型的支撑下，天钩漂浮在设计空间的高处，这是智能创造的一种特殊行为的直接结果。但怀疑论者在一次又一次的尝试中发现的并非一个神奇的天钩，而是一台精妙的起重机，是设计空间中一个非奇迹的创新。它能使我们更有效地探索设计的可能性，并在设计空间中完成更有影响力的提升。内共生就是一种起重机，它将简单的单细胞提升到了一个非常复杂的层面，多细胞生命自此开始蓬勃发展。性也是一种起重机，它搅动了往日平静的基因池，从而更有效地通过自然选择盲目的试错过程完成取样。语言和文化也是起重机。作为进化的新产物，它们为越来越聪明但也不是奇迹般聪明的智能设计师开辟了更广阔的可能性空间。如果进化的研发工具库中没有语言和文化这两样工具，就不会出现带有萤火虫基因的夜光烟草。这些都不是奇迹，就像蜘蛛网和河狸的坝一样，它们都是生命之树的果实，但如果没有智人和文化工具的帮助，它们就没有可能出现。

当我们越来越多地了解使这一切成为可能的生命纳米机制时，就可以欣赏第二个推理倒置，它是由另一位杰出的英国人艾伦·图灵（Alan Turing）在达尔文的推理倒置完成近一个世纪后完成的。贝弗利这样总结图灵奇怪的推理倒置：

要成为一台完备且美观的计算机，它并不需要知道算术是什么。

在图灵发明计算机之前，早已有成百上千的“计算机”被雇用来进行科学及工程计算。这些“计算机”是人，而不是机器。其中很多是女性，很多拥有数学学位。他们都是知道算术为何的人类，但图灵的一个伟大洞见是，他们其实不需要知道这些！图灵指出，“计算机在任何时刻的行为都是由其看到的符号和其当时的‘心智状态’决定的”（Turing，1936）。这种“心智状态”（图灵用引号特别标示了这一词），是一组极其简单的“如果－那么”（if-then）指令；这组指令会告诉计算机下一步要做什么，接下来要进入什么样的“心智状态”，以及不断重复这一系列动作，直到出现“停止”指令。

图灵表明，设计出符合以下条件的机器是可能的：绝对无知、无心智，但能遵循可以机械执行的指令，且完美地进行算术运算。更重要的是，他发现如果指令包括条件分支（如果－那么指令，如“若你看到0，用1替换它并向左移动；若你看到1，则保持原样向右移动，然后变为状态*n*”），那么这些机器就可以按照指令确定的无限复杂的路径进行运算，这赋予了他们一种可以做任何计算的非凡能力。换句话说，可编程数字计算机是通用图灵机，它能模拟任何特殊用途的数字计算机，只要遵循使该计算机得以实现特殊用途的一组软件指令即可。[①]你不需要重新组装你的智能手机，就能让它执行新的任务；只需要下载不同的应用程序，它就能变成一部星星识别器、翻译器、手动计算器，或者一部拼写检查器，等等。图灵创造了一个信息处理的巨大设计空间，他预见了一条从绝对无知到人工智能的可穿越之路，预见了设计空间里一系列的提升步骤。

很多人无法接受达尔文奇怪的推理倒置，我们将这些人称为神创论者。他们仍在寻找“天钩”，即生物圈中的“不可还原的复杂性”特征，这些特征不可能是通过达尔文主义的过程进化而来的（Behe，1996）。更多人出于极为相似的理由，也无法接受图灵奇怪的推理倒置。他们执意认为，仅通过物质过程是无法形成心智的奇妙之处的，心智即便不算真正的奇迹，也应该是自然科学无法解释的某种神秘存在。他们不想让笛卡尔伤痕得以愈合。

---

① 明确这一说法的专业术语“丘奇－图灵论题”是由逻辑学家阿隆佐·丘奇（Alonzo Church）提出的，他指出“所有有效的程序都是图灵可计算的”，当然，其中很多程序是无法使用的，因为它们的运行时间太长了。由于我们对什么是有效的计算机程序或算法的理解不可避免地直观，因此这个论题无法得到证明，但它仍然得到了普遍的接受，这使得图灵可计算性通常被视为对有效性的可接受的操作性定义。

这是为什么呢？可能是由于一些不太体面的动机，如恐惧、骄傲，以及对未解之谜的不该有的爱。还有另一个理由，那就是达尔文和图灵都声称自己发现了一个确实会扰乱人类心智的事物，即无须理解亦能胜任的现象。那么这个理由针对的是“怎么来的”，还是“为了什么”呢？贝弗利愤愤地称这种现象为没有智慧的创造性技能！显而易见，这有违我们在教育方针和实践中奉行的那个神圣理念，即理解是最重要的能力来源。我们送孩子上大学，是为了让他们全面了解这个世界的运行方式，这会让他们终身受益，使他们能从我们反复灌输给他们的理解力价值库中不断提高各种能力。为什么现在不再重视死记硬背的学习方式？因为我们看到，让孩子们理解一个主题或方法，是使他们掌握这个主题或方法的方式，难道不是吗？这是唯一的还是最好的方式？我们看不上那些不知道要点是什么，只知道照着模板填空的死记硬背之人；我们嘲笑那种认为数字绘画工具可以培养有创造力的艺术家的想法。我们的座右铭是：

> 理解了，自然就能胜任！

请注意，在这一问题上，不仅有一点意识形态在起作用。如今，我们已经非常熟悉对我们神圣原则的一些灾难性误用。比如“新数学”，它试图先教授孩子们集合理论和其他抽象概念，而不是让他们多练习加减法、乘法表、分数，以及像长除法或用 2、5、10 计数这样的简单算法，但失败了。

武装部队是世界上极为有效的一种教育性组织，它能通过大量的“训练和实践”，将普通高中生培养成可靠的喷气发动机机械师、雷达操作员、领航员和其他技术型专家。在适当的时候，从灌输于这些实践者身上的能力中会产生各种有价值的理解力。因此我们有很好的经验证据表明，能力并不总是依赖于理解，它有时是理解的先决条件。达尔文和图灵所做的设想是对这种观点最极端的表达，即世界上所有的才能和理解，从根本上来说都来自无须理解的能力，随着时间的推移，这些能力会复合成越来越强的能力系统，因此会形成越来越全面的理解系统。这的确是一种奇怪的推理倒置，它推翻了前达尔文时代中“心智在先”的创世观点，取而代之的是一种“心智在后”的创世观，即通过漫长的进化，世界最终产生了我们这些智能设计师。

我们对无须理解亦能胜任的怀疑是有原因的，这些原因不是理由。没有理解就不可能并不合乎道理，我们之所以感觉它是对的，是因为我们的心智已经被塑造成以那样的方式思考。达尔文打破了这种思考方式的魔咒，之后图灵再次将其打破，提出了一个更新颖的观点，也就是将传统秩序倒置，从一连串的能力中建立理解，就像基于自然选择的进化无须理解自己在做什么，就能生成更出色的内部安排、器官和直觉。

达尔文奇怪的倒置与图灵奇怪的倒置之间有一个很大的区别。达尔文展示了如何通过没有智能参与的级联过程创造出色的设计，但图灵的级联系统则是由图灵这样一位绝顶聪明的设计师设计而成的。可以说，达尔文发现了基于自然选择的进化，而图灵发明了计算机。很多人认为，智能的神必须设置好所有相关条件，基于自然选择的进化才会发生，而图灵似乎在计算机领域扮演着同样的角色，他为物质的、无生命的、无理解能力的计算机设置好基础概念，使得计算机可以作为通过有点类似进化的过程形成理解的场所，而这个过程就是由计算的基本构件配制而成的一系列设计改进。

难道图灵的智能设计师角色不是缩小而是扩大了达尔文奇怪的倒置的范围吗？是的，接下来我会重点解答这一问题。比较简短的回答是，图灵本身就是生命之树的一根枝丫，他或具体或抽象的人工制品与蜘蛛网和河狸的坝一样，都是盲目的达尔文主义的过程的间接产物。所以，其中没有根本上的大跨越，从蜘蛛网、河狸的坝到图灵和图灵机是一系列连续的发展，不需要什么天钩。尽管如此，这中间仍存在一条很大的鸿沟需要填补，图灵的制造方式毕竟与蜘蛛和河狸的制造方式迥然不同，我们需要针对这种差异给出一套很好的进化方面的解释。既然无须理解亦能胜任的现象如此富有创造力（连夜莺都能被轻松设计出来），为什么我们还需要理解（能够设计出对夜莺和计算机的颂歌）？为什么要出现人类的理解，这种理解又是如何出现的？让我们来做一个鲜明生动的对比。

如果说白蚁在没有设计图和老板要求的前提下能建造出坚固、安全、恒温的蚁冢是无须理解亦能胜任的一个范例，那么高迪就是一个近乎完美的智能设计师范本（当然，白蚁女王更像是皇冠上的宝石而非老板）。他是神一样的老板，从一开始就用图纸、蓝图，以及饱含激情和明确理由的宣言将自己武装了起来。他设计的圣家族大教堂是自上而下的创造的典范，很难被超越。但现存于伦敦科学博物馆的图灵最早设计的计算机 Pilot ACE 也许能击败它获得头筹。作为首批真正可用的计算机之一，Pilot ACE 于 1950 年在英国国家物理实验室（NPL）正式投入使用，在独创性、复杂性和所费成本方面，与圣家族大教堂不相上下。这两个伟大作品的创造者都必须说服他人投资和支持自己雄心勃勃的设计，而两人都提前绘制了详尽的图表，并为自己的作品因何可以获得支持给出了解释。所以，对高迪和图灵来说，最终的实际结果取决于他们心智中对设计目的及所有部件存在理由的先验表征。[①] 在这些人工制品的实际建造阶段，施工人员无须对作品有什么理解，他们对自己劳动的意义知之甚少。当然，理解是分散的：高迪不需要像泥瓦匠那样去了解如何混合砂浆、雕刻石头，图灵也无须成为焊枪高手或真空管制造专家。这种专业知识和理解的分散是人类创造性项目的一个标志。虽然它对早期人工制品来说未必重要，但对当今的高科技人工制品来说是至关重要的。一个工匠可以独立制作矛，甚至制造皮艇、木车、茅屋，了解设计和建造的各个方面，但无法独立制造出一部收音机、一台汽车或一座核电站。

只要仔细观察几个人工制品的例子及我们为制造它们而发明的技术，就会明白从无知的细菌到巴赫的路上有哪些中间站，但在此之前，我们仍然需要引入一个源于哲学的术语，这个术语已被扩展到多个科学领域和工程行业。

本体论和常识映像

ontology（本体论）这个词来自希腊语，意为“事物”。在哲学中，它指的是人们认为存在的一组“事物”，或者由某种理论定义或假设存在的一组事物。你的本体论里有什么？你相信有鬼魂吗？如果相信，那么鬼魂就会与桌子、椅子、歌曲、假期、雪等一样，存在于你的本体论中。事实证明，

① 高迪于 1926 年去世，但他留下的图纸、说明和模型仍然是圣家族大教堂建造至完工的参照资料；图灵也是在 Pilot ACE 完成之前就离开了 NPL，但他留下了制造说明，使得 Pilot ACE 能够完成。

将术语“本体论”扩展到其基本含义之外，并将其用于表示动物能够识别和对其做出适当行为的“事物”集合（不管我们是否可以准确地说动物具有信念），或者将其用于表示更近代的计算机程序必须处理的“事物”集合（不管我们是否可以准确地说计算机具有信念），都是非常实用的。假期不在北极熊的本体论中，但雪在，海豹也在。雪可能不在海牛的本体论中，但舷外发动机螺旋桨、海草、鱼和其他海牛在。你车里的全球定位系统（简称 GPS）可以规划汽车何时走单行道、何时左转和右转，可以捕捉限速信息以及你汽车的当前速度（如果速度不为零，它可能不会让你输入新的目标地址），但其本体论中还包括一定数量的卫星，以及这些卫星之间的往返信号。这些信号跟你没关系，却是 GPS 正常运行不可或缺的。

GPS 的本体论源于程序员的智能设计，其研发过程可能包含着大量的试错以及对不同方案的尝试，人们在这个过程中会发现并解决可能存在的问题。北极熊或海牛的本体论是在遗传进化和个体经验错综复杂的纠缠中形成的。海牛的本体论中可能有海藻，就像人类婴儿的本体论中有奶头一样，它们是千百年来的基因设计产物。那些本体论中包含舷外发动机螺旋桨的海牛，是从经验中获得这一本体论要素的。我们人类有各种各样的本体论。有些人相信女巫的存在，有些人相信电子的存在，有些人相信形态共振，还有人相信有喜马拉雅山雪人①。但有一个巨大的本体论核心是所有正常人类从小就共享的，人类在 6 岁时就几乎可以掌握它。

威尔弗里德·塞拉斯于 1962 年将这种本体论有效地命名为“常识映像”

① 又被称作夜帝（Yeti），指生活在喜马拉雅山中的未知生物。——编者注

（manifest image）。想想我们生活的世界，它充满了植物、动物、家具、房子和汽车……以及色彩、彩虹、日落、声音、发型、本垒打、金钱、问题、机会、错误等。我们很容易就能正确识别、指出这些琳琅满目的“事物”，或对它们产生爱意或恨意，在许多情况下甚至可以操纵或创造它们。（即便我们不能创造日落，但我们仍可以在适当条件下用水和一点聪明才智创造出一道彩虹。）所有这些都是我们在日常生活中用来锚定我们的互动和对话的事物，简单地说就是，**我们日常用语中的每一个名词都有一种它所指代的事物。在这个意义上，“映像”是“常识的”：它是显而易见的，人人都知道它对所有人都是显而易见的，并且人人都知道前述的一点。它们伴随着我们的母语存在，它们就是我们所知的世界。**①

塞拉斯指出，与常识映像相对应的是“科学映像”（scientific image）。科学映像由分子、原子、电子、引力、夸克等组成，可能还包括暗能量、弦、膜等。但即便是科学家，在他们醒着的大部分时候也是通过常识映像来构思正在发生的事情。“请把铅笔递给我”作为一种比较典型的交流方式，依赖于常识映像。它包括：使用这些映像的人及其需求、欲望，以及其视觉、听觉、理解和行动的能力；铅笔特有的识别标记，如尺寸、重量和用途；许多其他的事物。制造一个能够理解并满足这一请求的机器人绝非易事，当然，如果你只想制造一个仅“理解”一些语句的机器人，那另当别论。

---

① 事实上，塞拉斯区分了“对‘世界里的人’的前科学的、不加批判的、朴素的概念……即所谓的‘原始’映像”（Sellars，1962）和塞拉斯所说的常识映像，后者是原始映像的“改良或复杂版”。在这种区分中，塞拉斯主要想强调的是，哲学家几千年来一直在对朴素的概念进行批判性反思，所以常识映像绝不仅是一种民间的形而上学。

科学映像是你必须在学校里学习的东西，大多数人（非专业人士）只能获得非常粗略的科学映像知识。如今，常识映像中的世界和科学映像中的世界是截然不同的，就像两个不同的物种，但它们曾经在一个“人人皆知”的祖先世界中融合或交织在一起，那个世界包括所有当地的动植物、武器、工具、住所和社会角色，也包括妖精、神灵、瘴气和咒语（它们既可以给你的人生带来厄运，也可以保证你狩猎成功）。

我们的祖先逐渐学会了应该从本体论中剔除哪些“事物”，引入哪些新的类别。女巫、美人鱼和妖精消失了，原子、分子和细菌出现了。早期的原科学思想家，如亚里士多德、卢克莱修，以及后来的伽利略，在进行研究时并没有明确区分日常生活本体论（常识映像）和科学本体论，但他们大胆地提出了新的事物类型，其中最有说服力的一类被人们接受。现代科学的一项主要任务就是在创建科学映像的本体论时，纠正其中一些极为诱人的错误。

与“本体论”一词不同，“常识映像”和“科学映像”尚未从哲学领域迁移到其他领域，但我正在尽最大努力输出它们，因为它们在我看来早已成为澄清“我们的”世界与科学世界之间关系的最佳方式。前科学时代的常识映像从何而来？塞拉斯专注于人类或社会的常识映像。我们是否应该将这一概念扩展到其他物种？从广义上讲，其他物种也有本体论。那么，它们是否也有常识映像，它们的常识映像与我们的常识映像有何不同？这些问题对我们的探究非常重要，因为要理解达尔文奇怪的推理倒置是一个多么伟大的壮举，我们就需要理解达尔文倒置的是什么，以及它是如何倒置的。

让电梯实现自动控制

我们不妨从最简单之处着手，一起来看看一个与意识甚至生命都无关的例子——一台控制自动电梯的电子设备。

在我年幼时，电梯里还配有专门的电梯操作员，他们每天随电梯上上下下，手动控制电梯在相应的楼层停下，让乘客出入。那时，他们通过操作一根很奇怪的手柄，使其顺时针或逆时针转动来使电梯上升或者下降。使电梯准确地停靠在某一楼层需要一定的技术，那时的电梯总是会停得比楼层地面高或者低一些，所以操作员常常会在乘客出入时提醒大家多注意脚下。

先到哪一层、到了要说些什么，以及怎样开电梯的门等，都需要按规则严格执行。所以操作员要接受训练，记住这些规则并不断练习，直到把它们彻底变成自己的第二天性。这些规则本身是由设计师经过多年的苦思冥想才制定出来的，他们在此期间还会对其进行大量的微调和改进。

假设电梯的操作过程已经基本固定下来，设计师留下了一本详细的规则使用手册，只要按照上面的规则正确操作就能成为优秀的电梯操作员。

我在网上找到了这样一本古老的规则手册（见图 4–1），它是由美国陆军出版的，这并不奇怪，因为美国陆军在当时的训练和实践中都起着开创性作用。

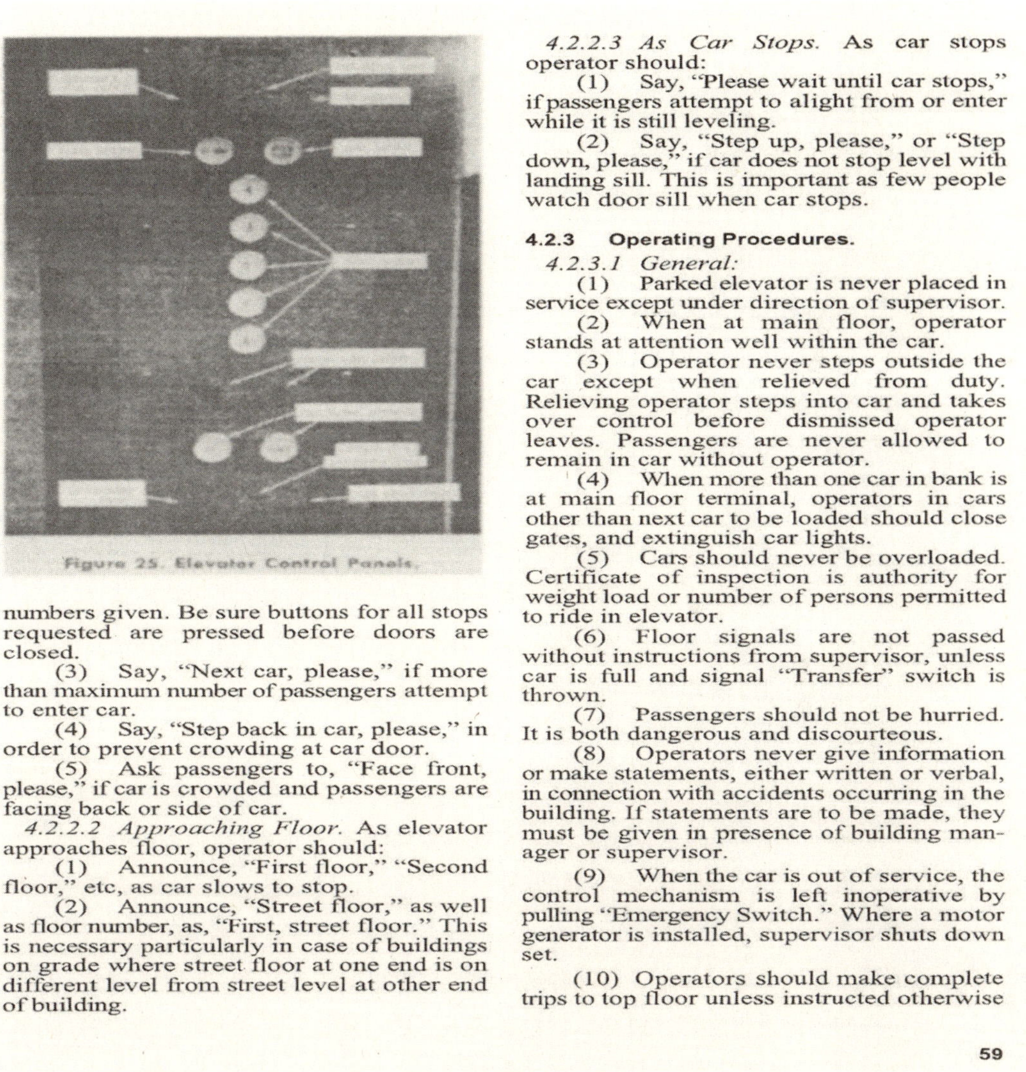

Figure 25. Elevator Control Panels.

numbers given. Be sure buttons for all stops requested are pressed before doors are closed.

(3) Say, "Next car, please," if more than maximum number of passengers attempt to enter car.

(4) Say, "Step back in car, please," in order to prevent crowding at car door.

(5) Ask passengers to, "Face front, please," if car is crowded and passengers are facing back or side of car.

4.2.2.2 Approaching Floor. As elevator approaches floor, operator should:

(1) Announce, "First floor," "Second floor," etc, as car slows to stop.

(2) Announce, "Street floor," as well as floor number, as, "First, street floor." This is necessary particularly in case of buildings on grade where street floor at one end is on different level from street level at other end of building.

4.2.2.3 As Car Stops. As car stops operator should:

(1) Say, "Please wait until car stops," if passengers attempt to alight from or enter while it is still leveling.

(2) Say, "Step up, please," or "Step down, please," if car does not stop level with landing sill. This is important as few people watch door sill when car stops.

4.2.3 Operating Procedures.

4.2.3.1 General:

(1) Parked elevator is never placed in service except under direction of supervisor.

(2) When at main floor, operator stands at attention well within the car.

(3) Operator never steps outside the car except when relieved from duty. Relieving operator steps into car and takes over control before dismissed operator leaves. Passengers are never allowed to remain in car without operator.

(4) When more than one car in bank is at main floor terminal, operators in cars other than next car to be loaded should close gates, and extinguish car lights.

(5) Cars should never be overloaded. Certificate of inspection is authority for weight load or number of persons permitted to ride in elevator.

(6) Floor signals are not passed without instructions from supervisor, unless car is full and signal "Transfer" switch is thrown.

(7) Passengers should not be hurried. It is both dangerous and discourteous.

(8) Operators never give information or make statements, either written or verbal, in connection with accidents occurring in the building. If statements are to be made, they must be given in presence of building manager or supervisor.

(9) When the car is out of service, the control mechanism is left inoperative by pulling "Emergency Switch." Where a motor generator is installed, supervisor shuts down set.

(10) Operators should make complete trips to top floor unless instructed otherwise

59

图 4-1　电梯操作员手册的其中一页

想象一下，如果一个简单的计算机程序可以接管操作员的所有控制任务，那会发生什么。这种情况其实已经出现了，各种各样的自动机械设备正在逐渐替代工作技术含量较低的操作员。但我们现在要假设的是，电梯从由人工控制一下子变成了完全由计算机系统来控制。

假设电梯制造商现在召集了一个软件工程师（程序员）团队，将电梯操作员使用的规则手册交给他们，并交代道："这里写了我们想要的性能规范。我们需要你们做出一个计算机程序，它需要像最好的电梯操作员一样遵循手册中的所有规则。"程序员会通读规则手册，列出所有必须做的动作，以及执行或禁止这些动作的条件。

在这个过程中，他们会进一步明晰规则手册中的一些条目。例如，如果通过内置传感器能确保电梯准确地停靠在设定的高度，他们就可以消除操作员每到达一层时都要说的"请抬脚"或"注意下台阶"这样的提示性话语，取而代之的可能是在电梯轿厢里播放的一段简单录音，如"……层到了，请注意脚下"。

规则手册上有关于一次允许多少乘客乘坐电梯的说明，程序员必须解决这一问题。比如，是否需要给轿厢安装一个旋转门，以便程序可以记录上下电梯的人数？但这并不是个好主意。对电梯上的所有乘客进行称重的计量方法似乎更好、更容易操作，对乘客造成的干扰也更少。需要思考的是，这会对电梯的本体论带来哪些改变？它包含的不再是"乘客"或"乘员"这样的可数名词，而变成了像"货运"或"货物"这样的不可数名词。这就相当于电梯会一直自问"有多少货物"而不是"有几位乘客"。

我们会注意到，北极熊不会去数有多少片雪花，它只知道有或没有积雪；食蚁兽用舌头成片地舔食蚂蚁，而不会像食虫鸟类那样追逐单个的飞虫。值得注意的是，正如我们不需要猜测电梯有什么样的意识就可以区别出它具有不同的本体论，我们可以将动物视为具有不同本体论的存在，而不必解决它们是否会意识到自己的本体论的问题，或简单地将它们看作从可以被逆向工程师或正向工程师解释为具有本体论的设计中获益的存在。

回到针对电梯本体论的讨论。它可能因为某些目的依赖于“货物”，但它仍然需要追踪那些必须适当给出回应的个别请求，如来自外部的“向上”和“向下”的请求，电梯需要“停在 5 楼”、“停在 1 楼”或“保持开门状态”的内部要求。为了安全，电梯还需要自我监控，定期检查自己的各种“器官”，看看它们是否能正常工作，是否处于它们应有的状态。当按钮被按下时，工作灯点亮；当完成按钮指示的任务或遇到其他问题时，灯会熄灭。受设计限制，控制器奏效的程度各不相同，但那些被设计成对干扰或故障疏于防范的控制程序肯定是无法长久运行的。在一个如大型办公楼或酒店大厅这样有多部电梯的公共大厅里，电梯间的互联或一个负责统一调配的主控制器就会显得至关重要。将电梯设计成能够使用“指示性”参照，如可以辨别彼此之间的相对位置，会简化和加强各电梯之间的“合作”，并消除无所不知的主控制器的作用。

在编写最新形式的控制方案时，伪代码非常好用。伪代码是一种混合语言，它介于人类的日常语言和要求更高的源代码系统之间。一段伪代码类似如下文字：

"if CALLFLOOR> CURRENTFLOOR，THEN ASCEND UNTIL CALLFLOOR = CURRENTFLOOR AND STOP; OPENDOOR. WAIT..."①

一旦我们的计划在伪代码中得以呈现，且似乎就是我们想要的，伪代码就有资格被转换成源代码。源代码是一种更加结构化、更加规范的操作系统，并包含对变量、子程序等项目的明晰定义。但源代码仍然很容易被人类破译，毕竟它本身就是由人类编写的，因此如果你知道如何查找源代码，就可以非常明晰地看到规则手册中的规则和术语。以下两个特点会让这一过程变得更加容易：第一，为变量和操作选择的名称通常要直接显示它们要表达的意义，如CALLFLOOR（呼叫楼层）、WEIGHTSUM（重量总和）、TELLFLOOR（报楼层）等；第二，程序员可以在源代码中添加由括号括注的注释，即插入说明，告诉源代码的其他人类读者自己的想法及各个部分的功能。在编写程序时为自己添加注释是十分明智的，因为你很容易忘记一行代码的具体作用。在你回过头来修正其中的错误时，这些注释也会非常有用。

源代码必须非常严格地按照一定的语法精心编写，每个编码和标点符号都要按正确顺序排列，因为源代码最终要被输进编译器程序，由编译器程序将其转换为可供实际机器或虚拟机器执行的基本操作序列。编译器程序无法通过一条源代码猜测程序员的真实意图，源代码必须准确地"告诉"它应该执行什么操作。但编译器程序可能有多种执行任务的方式，并能够根据具体情况，从中找到最有效的一种方式。

① 此处的意思为："如果呼叫楼层＞当前楼层，那么上升，直到呼叫楼层＝当前楼层并停下；开门；等待……"——编者注

是且可以是可验证的，并且在许多情况下都毫无疑问能得到证实。

回到我们的正题——电梯，它已成功实现自动化。

也就是说，一个真实的人，而非那个比喻意义上的小人儿，已经被机器取代。而且机器与人类操作员遵循着同样的规则。但真的如此吗？并不是，两者只是近似地遵循着同样的规则。电梯是一个很好的中间案例，它介于以下两者之间：一个在言行上必须遵守规则的人，他记住了这些规则并会在脑海中查询它们；“服从”某些方程式的行星，这些方程式简洁地描述了行星运行的轨迹。人类也时常处于这样一种中间状态，当我们在实践过程中将明确的规则内化或常规化时，这些规则可能会被我们抛弃甚至忘记。比如在英语单词的拼写中，我们会将 i 写在 e 前，除非它位于 c 之后，或者在如 neighbor 和 weigh 中，发音近似于 a 时。还有一种情况是，人类在某种程度上在遵循着一些尚未得到明确规定的规则。比如一些不断向语言学家提出挑战的英语语法规则。今天的语言学家仍在竭尽全力编制一版最清晰且全面的语法“规则手册”来说明如何使用英语，但对人类来说，一个以英语为母语的 10 岁少年在某种程度上已经内置并调试好了一套非常优秀的、可执行的目标代码，可以很好地完成表达和理解语言的任务。

在开始讨论动物的心智之前，让我们再看一些人工制品的设计例子，这有助于我们更清楚地看到进化在“设计”有能力的动物时都解决了哪些问题。

橡树岭和 GOFAI 的智能设计师

很多年过去了，一些有关第二次世界大战的秘密仍有待揭开。如今，艾伦·图灵在布莱切利园破解德国恩尼格玛密码（Enigma code）的英雄壮举如今虽然得到了应有的歌颂，但仍有一些细节因为过于敏感而无法得到公开。莱斯利·格罗夫斯（Leslie Groves）将军在曼哈顿计划中所发挥的重要作用，只有研究原子能工程史的学生才可能充分了解。从 1939 年 8 月物理学家列奥·西拉德（Leo Szilard）基于爱因斯坦口述所写的一封信被送到时任美国总统的罗斯福的办公桌上，告知他制成原子弹这种武器的可能性，到 1945 年 8 月 6 日在广岛投下第一颗原子弹，仅用了 6 年时间。开始的 3 年主要是进行基础研究和“概念证明”工作，几乎所有早期参与其中的人都清楚他们的目标。1942 年，格罗夫斯被任命为后来被称为曼哈顿计划的项目负责人，在此后紧张的 3 年里，进一步的研发工作与精炼武器级铀这项艰巨的新任务交织在一起。数千名工作人员被招募、培训并投入工作，他们的主要工作是操控新机器，以分离出同位素铀–235，该物质只占前一步提炼出的铀–238 的约 1%。

在曼哈顿计划规模最大时，有超过 13 万工作人员全职参与，但只有极少数人知道自己在做什么。真的是无须理解亦能胜任！保密原则得到了最大限度的执行。在位于美国田纳西州橡树岭的速成城市的气体扩散工厂 K–25 中，成千上万的工作人员 24 小时不间断地关注表盘、按下按钮、推动杠杆以完成任务。他们掌握着货真价实的专业知识，却对任务本身毫无理解。正如广岛原子弹事件发生后这些工作人员的反应所示，他们那时并不知道自己制造的是飞机部件还是潜艇的曲轴箱油，抑或是其他什么东西。让我们来思考一下，如何才能创建一套培训系统，把这些工作人员培训成专家却不必向他们透露要成为哪方面的专家？这对保密水平的要求可谓是空前绝后的。当然，格罗夫斯和相关计划人员都需要对这个项目有足够的了解。他们是精明的设计师，对任务的具体要求有详细且准确的理解，因为只有具备这种理解，他们才能创造出没有理解的工作人员亦能胜任的工作环境。

该项目无疑证明了以下一点：在对很独立的工作任务几乎没有理解的情况下，人们也有可能非常可靠地高度胜任相应的工作岗位。据我所知，时至今日，曼哈顿计划的全体工作人员的理解权限分配仍是需要严密保守的秘密。负责 K–25 基建的工程师和建筑师在几个月的时间里就建成了当时世界上最大的建筑。显然，他们中的一些人必须知道某些高度专业化的管道是用来做什么的，但屋顶、地基和门的设计师则无须知道这些。令人兴奋的是，就在格罗夫斯及其团队竭尽全力设计这套允许成千上万个人在无须对工作任务有多少理解的情况下就能胜任的系统时，大西洋彼岸的图灵和他的团队也用自己的聪明才智设计了一个系统，这个系统可以使电子设备取代那些毫无头绪的小人儿。几年后，一些科学家和工程师利用图灵发明的无须理解亦能胜任的模块，创建了充满冒险精神的人工智能领域，而他们中的大多数人为上述开创性的战时项目作过贡献。

图灵曾于 1950 年预言，到 20 世纪末或 21 世纪初，“文字的使用和普遍的教育观点会发生巨大的变化，人们将能坦荡地谈论机器思维”。这个领域中的早期成就是辉煌的，充满着机会主义、天真和乐观主义，也有人可能会觉得这其中还充满着傲慢的气息。人工智能理应既具有视觉能力，又具有思考能力，所以我们首先要设计一台能看到东西的机器。20 世纪 60 年代中期，麻省理工学院开启了“暑期视觉计划”（summer vision project），试图在一个暑假的时间里“解决视觉问题”，随后逐一解决更困难的问题。但结果并不尽如人意。以现在的标准来看，早期人工智能研究工作所依赖的“巨型电子大脑”不仅非常小，而且速度慢得可怜。这些限制导致的一个负面影响就是，效率成了一项优先级很高的追求目标。没有人愿意去费心创建一个需要数天时间才能处理完一组现实输入的计算机模型，尤其是如果人们的目标是利用计算机前所未有的高速度来处理现实世界中实时出现的各种问题。

早期人工智能，或称有效的老式人工智能（Good Old-Fashioned AI，GOFAI）采用的是一种“自上而下”的唯智主义（intellectualist）方法。这种方法是：用计算机可以通过推理机（inference engine）操作的语言写下人类专家所知道的内容，然后由推理机根据其“巨大”记忆库中存储的经过精心整理的、关于世界的各种知识，对这些内容进行处理，推导出制订明智决策所需的定理，并适当地控制人工智能体的肢体或其他效应器。由此可见，我们可以将GOFAI看作一种不断创建笛卡尔式的事物的练习，看作一位记忆中储存着无数建议的理性主义专家（他可以从相关公理中得出结论，并尽可能有效地发现他关于世界的知识中的矛盾，而他所有的理解都包含在自己的这种能力中）。那么，一个智能主体除了是一个知识渊博的理性存在（可以足够快地思考，利用其记忆库中的建议，为应对任何突发事件提供行动计划），还能是什么？这在当时看来是个好主意，而对该领域的一些研究人员来说，它现在依然很不错。[①]

① 人工智能大师道格拉斯·莱纳特（Douglas Lenat）的 Cyc 项目是对创建这种人工智能的持续尝试。经过数百个被称为 Cyclist 的编码器（CYChst）历时 30 年努力，它的记忆库中已有超过 100 万个手工定义的概念。

对速度和效率的重视要求早期人工智能研究首先解决“玩具问题”（toy problem）[①]。很多有关“如何巧妙地缩小规模”的问题或多或少得到了解决，而且这些问题的解决方案已经在对控制器要求不高的受限环境中得到了应用，比如电梯、洗碗机、炼油厂、飞机，它们还被应用于医疗诊断、游戏，以及其他需要进行调查或互动的严格受限领域，如机票预订、拼写检查、语法检查等。我们可以将这些设计视为格罗夫斯及其精英设计师团队所创造的高度绝缘系统的间接产物，它们坚持须知原则，并依靠设计师的理解来设计由子系统组成的系统；这些子系统具有预见功能，完全具备它们处理可能面临的问题所需的能力。早期的人工智能设计师虽然才华横溢但也不是无所不知，而且时间有限，所以他们限制了每个子系统必须接受和处理的输入的范围和种类，并创建了可容纳数千个庇护工场的程序，以保护在那里工作的低能特才之人（子程序）。

人们在解决“玩具问题”的过程中得到了很多启发，许多好的实践和技术因此得到发明或改进，更重要的是，这一过程还使人们认识到设计一个自由奔放、想象力丰富、思想开放的人类大脑是多么困难。虽然人们仍然梦想着造出手工编码、自上而下组织的、官僚主义式高效的万事通或会行走且至少会说话的百科全书，但随着项目规模越来越清晰，人们已经注意到一种有益的策略转变——使用海量大数据，以及数据挖掘、“深度学习”等新的统计学模式发现技术，以更加自下而上的方式获取必要的信息。

对于这些发展，我将在后文中做更详细的说明。我们需要认识到的一点是，这些年来，计算机在运算速度和规模上的迅速提高为探索出一种“浪费

---

① “玩具问题”指是那些专为初学者准备的并无实际意义的练习。——编者注

的”、“无意识的”、更少“官僚主义的”、更类似于进化的信息提取过程开辟了新的前景，而且这一进程目前已取得非常显著的成果。得益于这种新的视角，我们现在可以更详细地思考以下一个问题：控制着细菌、蠕虫和白蚁的相对简单的生物系统是如何通过自下而上的、盲目的、野蛮的自然选择过程进化而来的。换句话说，我们想看看在没有格罗夫斯的理解和远见的情况下，进化如何将毫无头绪的操作员组织成高效合作的团队。

自上而下的智能设计行之有效。提前计划、阐明问题、细化任务、明确每一步的理由——这一策略对发明家和问题解决者来说是显而易见的，并且在人类努力奋斗的各个领域，从科学、工程到政治运动、烹饪、农业、航海，有无数远见和独创性的胜利都证明了它的有效性。在达尔文之前，这一策略被视为完成设计的唯一方法，不可能存在没有智能设计师的设计。但事实上，这种自上而下的策略对世界上的设计所起的作用远没有人们所想的那么大。“创造性技能的伟大成就”至今还未实现。达尔文奇怪的推理倒置和图灵进行的革新性倒置是同一发现——无须理解亦能胜任的两种表达形式。理解远非所有设计都必然源自某种神力，它是无须理解的系统，即自然选择与无意识计算所产生的新兴效应。这对想法早已被证明是毋庸置疑的，但在某些方面却依然引人疑虑、让人沮丧。而我在本章中的目标之一就是消除这些疑虑和沮丧。神创论者不可能在生物体的内部运作中找到注释代码，笛卡尔主义者也不可能在“所有理解都发生的地方”找到非物质的思维实体。

FROM BACTERIA TO BACH AND BACK

05 理解的进化

被设计来处理可供性的动物

动物当然是通过自然选择完成自身设计的，但这种对进化论充满信心的宣言并未对这一过程做出任何解释。更具体地说，进化是如何做到这些的呢？我们从前文中的电梯控制器及其他同类产品的设计中得到的启发之一是，更清晰地认识到研发过程与由自然选择主导的进化过程有多么不同。正如我们看到的，程序设计师用来测试和运行自己方案的计算机本身就是智能设计的产物，计算机的初始结构模块功能集包括算法和条件分支，需要所有潜在程序员以自下而上的方式构思他们的任务。在解决问题的过程中，他们试图在构建的解决方案中体现自己对问题的理解。

有人可能会问："不然还会怎样？"这类智能设计是从一个目标开始自上而下运行的，虽然在开发过程中这个目标可能会得到改进，也可能会被抛弃，但设计师使用他们所知道的一切来指导自己寻找为自己设定的设计问题的解决方案，也包括次要问题、更次要问题等的解决方案。进化则与此相反，没有目标，没有预先设定的问题，也没有对任务的理解，它盲目且无意识地混淆了已经创造出的东西，盲目地尝试复杂的调整和变化，同时保留那些被证明是有用的，或者至少不是明显有害的。

那么，像数字计算机这样的精密且智能的机器能够通过自下而上的自然选择进化生成吗？这一问题有些让人无法想象，甚至很难让人认真对待。一些思想家因此得出结论，认为既然一台计算机或计算机上运行的程序无法靠进化生成，那么人类的心智也不可能仅仅是自然选择的产物，而关于人工智能的愿景也终究是难以实现的。英国著名数学家和物理学家罗杰·彭罗斯（Roger Penrose）就是其中的代表人物[1]。为了进行论证，我们假设基于自然选择的进化不能直接进化出有生命的数字计算机，比如图灵机树或图灵机乌龟等。但是存在一种间接的方法，即先由基于自然选择的进化出人类心智，然后由人类通过智能设计创造出《哈姆雷特》、圣家族大教堂、计算机及其他许多奇迹。这种自展过程（bootstrapping process）乍一看不可思议，甚至有些自相矛盾。难道莎士比亚、高迪、图灵不是比他们的大脑产物更伟大、更辉煌的"作品"吗？从某些方面看，他们当然是，但他们的大脑产物也具有一些没有他们根本不会存在的特征。

假如你降落在一个遥远的星球上，并沿着它的海岸线寻找生命迹象，那么是发现一只蛤蜊还是发现一只蛤耙（见图 5-1）更让你兴奋？蛤蜊有数十亿个复杂的运动部件，而蛤耙只有两个粗糙的组装部件，但它必定是某种生物的人工制品，这使得它比蛤蜊更能引起你的注意。一个缓慢且盲目的过程怎么能构建出一个单靠缓慢且盲目的过程无法独自创造出的事物呢？如果这个问题在你看来只是一个反问句，根本无须作答，这表明你依然受制于达尔文已经打破的魔咒，还没有掌握他“奇怪的推理倒置”。现在让我们来看看它有多么奇怪和激进，根据这个推理倒置，一个没有智能设计师的过程可以创造出能设计事物的智能设计师。这让我们有机会理解，没有智能设计师的过程是如何创造出了能设计事物的智能设计师的。

图 5-1 蛤耙

中间步骤是很有启发性的。为什么说蛤耙是人工制品呢？因为它的简单性意味首它要依靠其他事物才能克服热力学第二定律，而且这种简单性作为以下事物而持续存在：元素原子以奇异的并列形式所构成的均匀且对称的集合体。有些事物可以聚集和改进这些原子集合，有些事物则会使这些原子集合复杂化。

让我们再次回到简单的有机体上。雅各布·冯·于克斯考尔（Jakob von Uexküll）关于有机体的"环世界"（Umwelt）概念中预先提出了每个有机体都有其本体论（在电梯意义上）的观点，环世界由对有机体良好生存至关重要的所有事物组成（von Uexküll，1934）。与此密切相关的还有心理学家詹姆斯·吉布森提出的可供性（affordances）概念，即"环境给动物带来的好处或坏处"（Gibson，1979）。可供性是有机体在环境中获得的有价值的机会，包括食物、交配对象、可以来回穿梭或向外看的开口、隐藏自身的洞穴、赖以生存的事物等。

冯·于克斯考尔和吉布森都对意识（在一些尚待定义的意义上）是否存在于一个由可供性构成的环世界中这一问题保持沉默。但由于冯·于克斯考尔的研究案例主要包括变形虫、水母和蜱，很明显，他和吉布森一样，更感兴趣的是描述有机体所面临的和解决的问题，而不是有机体在其内部实施这些解决方案的方式。太阳是蜜蜂的本体论，其神经系统被设计成可以利用太阳的位置开展活动。变形虫和向日葵的环世界中也包括太阳，但因为没有神经系统，它们会利用其他组织结构根据太阳的位置做出适当的回应。

所以，工程师有关电梯本体论的概念是我们一开始就必须讨论的。我们可以在之后再讨论一个有机体的本体论或者它的谱系是否、何时或者为什么能在某种意识中显现出来，而不仅仅是隐含在其内部机制的设计反应中。换句话说，有机体可以成为隐含着本体论设计特性的受益者，但其本身却并不以任何更深刻的意义（有意识、半意识或无意识）展示这些本体论，例如鸟喙的形状及其解剖学上的其他一些辅助特征，暗示了这种鸟以坚硬的种子、昆虫或鱼类为食，因此我们可以将坚硬的种子、昆虫和鱼类视为不同鸟类的环世界，同时也将这些视为仅基于解剖特征可以确定的物种特定的可供性。当然，如果可行的话，通过行为学研究证实这种暗示是更加明智的。鸟喙的形状在任何有吸引力的意义上都不能代表它喜欢的食物或获取食物的方式。

古生物学家用这种方法推理出了灭绝物种的捕食偏好和其他可能的行为，但很少有人会注意到，这是以人们对化石生物的设计做出的适应性假设为前提的。请思考进化生物学家尼尔斯·埃尔德雷奇（Niles Eldredge）提到的 D. 费舍尔（D. Fisher）所做的关于鲎游泳速度的研究。埃尔德雷奇引用这个例子是想说明，相比“为了什么”这样的以最优假设为前提的适应性问题，给出“发生了什么”，即“怎么来的”这样的历史性问题才是一种更好的策略[2]：

> （费舍尔关于古代鲎游得有多快的结论）依赖于“在一定限度内越快越好”这样一个非常标准的关于“什么是好的”的适应主义假设。侏罗纪鲎游得更快这一结论取决于这样一个前提，即根据它们的形状，如果以一定角度游就可以达到最大速度，并且它们会以一定角度游以达到最大速度。所以……费舍尔需要的是一种完全没有争议的，其实是默许的最优性考虑，以完成对 1.5 亿年前所“发

生事情”的所有推测（Dennett，1983）。

请注意，生物学是逆向工程，而逆向工程在方法上依托于最优性考虑。所以“这个特征有或者曾经有什么益处”是总会被提及的问题；如果没有这个问题，逆向工程就会陷入困境。

我在本书开头部分已经提到过，细菌不知道自己是细菌，但它们当然还是以细菌特有的方式对其他细菌做出反应，并且能够躲避、跟踪或追踪自己在环世界中辨别出的事物，且无须明白自己在做什么。细菌存在于细菌的本体论中，就像地板和门存在于电梯的本体论中一样，只是细菌的结构比电梯要复杂得多。就像电梯的控制线路被设计成那样是有理由的一样，细菌内部的蛋白质控制网络呈现出一定的方式也是有理由的。在这两种情形中，为了能有效地处理遇到的问题，有关内部机制的设计都在不断优化。① 两者的主要区别在于，电梯线路的设计是由智能设计师完成的，他们会对问题进行描述并提出合理的解决方案及理由。而在细菌的“研发史”上，没有任何可以透露大自然的意图的源代码和解释。但这并不能阻止进化生物学家将功能分配给某些进化特征，如蹼足是为了在水中产生推动力；而同时又将其他特征解释为大自然的错误，如一头双头小牛。这就像文学编辑在面对已逝作家的作品时，不必依赖该作家文字中存留的自传性信息，就能把一些反常的段落解释为故意误导，而把另一些解释为排版错误或记忆失误。

① 当提到自然选择的“足够好”的产品时，使用“优化”一词存在很多争议。自然选择的过程不能“考虑所有的事情”，而且总是在重新设计的过程中，所以它不能保证找到任何特定设计问题的最佳解决方案，但它做得非常好，通常比那些为最佳设计而努力的聪明的人类设计师要好。

软件开发是人类开拓的一个相对较新的领域。虽然软件开发还处于起步阶段，但许多缺陷和小故障已被发现并纠正，并且人类还创建了一套新的编程语言的“巴别塔”，同时还附带一系列能使软件开发工作变得更加轻松的编写工具。尽管如此，编程仍是一门“艺术”，即便最好的供应商发布的商业软件也总会出现“漏洞”，需要在购买后不断通过更新升级进行修复。为什么软件调试一直未能实现自动化，从一开始就消除掉那些耗费巨大的错误呢？即使那些对软件的用途有着深刻了解的最聪明的人类设计师，能仔细检查在最严格控制的实践条件下生成的经过注释的源代码，也仍会发现调试代码是一项艰巨的任务（Smith, 1985, 2014）。

调试不能完全实现自动化是有理由的，“什么才能算得上漏洞”取决于软件的所有用途，包括次级用途和次次级用途，并且至少为了实际的用途，对这些用途进行详细说明以便将其与理想的自动调试系统匹配，这与预先编写调试过的代码的任务是一样的。① 为强大的系统编写并调试代码是迄今为止对人类想象力进行的最严峻的挑战之一，而且一个出色的程序员一旦设计出一种可以减轻编码工作负担的新工具，人们马上就会对编码的创建和测试能力产生更高的期待。这样的现象在人类活动中并非前所未有，音乐、诗歌和其他艺术总是会给潜在的创作者提供可能“动作”的开放空间，一旦有了现成的可用音乐符号、文字和颜料，这些可能的“动作”就不会减少，艺术创作也不会随着添加了合成器、MIDI 文件，经过文字处理、拼写检查，以

① 传奇软件设计师查尔斯·西蒙尼（Charles Simonyi）是 Microsoft Word 的主要创建者，他致力于创建其所谓的“意向软件”已超过二十年，这一项目在理想情况下也许能解决意向性问题或者其某个有价值的子集。一支软件工程师团队认真工作几十年无法获得成果的事实足以说明其难度。

及百万色和高分辨率的计算机图形而变得常规化。

大自然如何调试它的设计？由于没有源代码或注释可供阅读，因此大自然无法在卓越的智能解释指导下进行调试；**大自然的设计必须通过一种极为挥霍的方式得到修正，它不断生成和测试无数变体，且不经检验就会直接淘汰失败者。这种方式不一定能得到全局的最优设计，但局部可获得的最优版本会得到蓬勃发展，接下来的测试会不断筛选出优胜者，为下一代一步步提高门槛。**[①] 正如道金斯于 1986 年出版的著作的那个令人难忘的书名所强调的，进化论是《盲眼钟表匠》，鉴于它的研发方法，进化论的各种成果难免充满了机会主义的、短视的成分，但其过程又是迂回、曲折且有效的，难道不是吗？自然选择设计的特点之一是它充满了漏洞，在计算机程序员看来，设计缺陷只有在一些极不可能的条件下才会出现，在有限的研发过程中从未遇到过这种极端条件，因此还没有经历过几代人参与的修补或修复。生物学家非常擅长将他们正在研究的系统置于这种极端条件下，利用各种极端挑战查看系统何时何地会发生故障，以及为什么会发生故障。

当对一个有机体实施逆向工程时，生物学家常常发现的是如由未经训练的程序员编写的“代码杂烩拼盘”，几乎无法被破译。如果我们努力破译这套代码，通常会看到，当设计师寻找解决问题的最佳方案时，往往目光短浅，从不会发现那些非典型的可能性。他们在想些什么？当我们针对大自然母亲问出同样的问题时，答案总是一样的，那就是什么都没想。她没有任何想法，尽管如此她还是可以蒙混过关，拼凑出一个如此有效且需存至今的设计，而

① 进化论探索的是“相邻的可能性”（adjacent possible，Kauffman，2003）。

且在一个要求苛刻的世界中击败了所有竞争对手，直到聪明的生物学家出现才揭露了她的一些缺陷。

比如超常刺激（supernormal stimuli），这是在许多有机体内发现的一种设计缺陷。动物行为学家尼科·廷伯根（Niko Tinbergen）在1948年、1951年、1953年和1959年分别对海鸥进行的观察实验中发现，它们的感知/行为机制中有一种奇怪的偏好。成年雌性海鸥的喙上有一个橙色的斑点，它的幼雏会本能地啄食这个橙色斑点，从而刺激母亲反刍来喂养自己。如果这个橙色斑点变得更大或更小，更鲜亮或更不明显，情况会怎样呢？廷贝亨的研究表明，海鸥幼雏会更愿意啄更大、更鲜亮的橙色斑点纸模，也就是说超常刺激引起了超常行为。廷贝亨还表示，产下浅蓝色、灰色斑纹蛋的鸟类更喜欢坐在一个亮蓝色的有黑色圆点的假蛋上，但这个蛋实在太大，它们不断坐上去，又滑下来。

很多优秀的程序员对此反驳道："这不是一个漏洞，而是一个特征！"而且这种情况可以被认为是超常刺激。只要鸟类的环世界中没有"狡猾的"生物学家故意用人工设备去挑战它们，这个系统就能良好运转，使有机体的行为几乎总是能集中在处理重要的事情上。整个系统的自由浮动的理据显然足以解释客观存在的意图，因此大自然母亲非常明智，不会在一些万无一失的事物上浪费精力，以免种种诡计会被识破。这种"设计哲学"在大自然中是无处不在的，并为一个物种可以利用另一物种的设计捷径的"军备竞赛"提供了机会，也在设计空间中引发了一种对抗策略，使两个物种不断发展出更好的防御和进攻能力。雌性萤火虫停靠在地上，看着雄性萤火虫在空中飞舞，闪烁着光芒，同时渴望得到雌性萤火虫的回应。当雌性萤火虫做出选择并通过闪烁回应时，雄性萤火虫便冲下来与其交配。但是这种巧妙的速配系统会被另一属种的萤火虫 Photuris 的入侵，它会伪装成一只与雄性萤火虫同属的雌性萤火虫，诱使这只雄性萤火虫扑向自己，随即吃掉它。Photuris 喜欢能发出更长、更强闪烁信号的雄性萤火虫，于是雄性萤火虫开始进化出更短的求偶信号（Lewis & Cratsley，2008）。

更高级的意向系统动物：理解的出现

无论是在研发方法上，还是在大自然最小、最简单的产品，即设计精良的运动蛋白、校对酶、抗体及其所激活的细胞上，都展示出了无须理解亦能胜任的大自然法则。那多细胞有机体呢？理解是何时出现的？从细小的杂草到巨型红杉树，植物都明显展示出了很多有聪明加持的能力，它们会诱骗昆虫、鸟类和其他动物帮助它们繁殖，会与共生生物结成有用的联盟，会探测珍稀水源，会追踪太阳，会保护自己免受各种捕食者，如食草动物和寄生虫的侵害。有人甚至声称，某些种类的植物在受到攻击时会顺着风向散播遇险信号，警示附近的同类可能有被捕食的危险，收到信号的植物就能预先增强防御机制，提高毒性或产生气味，以此击退捕食者或引诱共生生物击退捕食者（Kobayashi & Yamamura，2003；Halitschke et al.，2008）。这是一系列非常缓慢的反应过程，需要借助延时摄影才能看出其中各种行为的正当性，但就像单细胞的微观行为一样，这一系列行为都有明确的理据，只是当事者无须理解。

在这里，我们看到了双重归因标准（double standard of attribution）的情

况。如果不把这些有组织的过程看作行为，并像解释人类行为那样解释这些过程，那么我们几乎不可能及时描述和解释这些过程，因此我们需要通过引入理由并假设它们是在诸如感知监控之类的事物的引导后，获取触发、调节或终止响应的信息的。而当我们开始这样做的时候，似乎不仅要归因于行为展现出的能力，而且也要归因于我们对这种行为能力的理解。为了更好地理解植物、细菌，我们会对它们进行拟人化。这不是智力犯罪。我们将它们的动作称为行为，将行为能力归因于有机体，通过引入理据来解释它们的存在，这些理据可用于说明有机体在“生存斗争”中依靠这些能力获得的益处。我想说的是，我们采取这种我所说的意向立场是正确的。唯一的错误在于将理解归因于有机体或其组成部件。幸运的是，在植物和微生物的情况中，常识的介入阻断了这种归因。我们很容易就能理解它们的运行机制是如何在没有任何心理干扰的情况下发挥作用，使它们具有这些能力的。

我们可以说，那些拥有惊人能力但无须理解其中理据的有机体都是独具天赋的。它们是天赋的受益者，而这些天赋不是通过个人探索和实践获得的。甚至还可以说，它们有幸享有这些天赋，但不是从上帝那里获得的，而是来自基于自然选择的进化。如果我们的想象力需要一些辅助，我们可以借助于过去将机器人视为没有心智的机械装置这一刻板印象，将植物看作没有理解能力但有生命的机器人。存在这样一种预测，这种对植物的看法将在一百年后会被视为一种可笑的生物中心主义的守旧思想，是对 21 世纪仍然存在的机器人的一种偏见。

关于这一话题，我们可以回顾一下 20 世纪最普遍的对 GOFAI 的反对意见：

> 程序表现出所谓的智能只是程序员的智能，也就是程序员的理解，程序不能理解任何事物！

我打算采纳这一说法并做出调整，但并非赋予任何人或任何事物以理解力：

> 树木、海绵、昆虫身上表现出所谓的智能不是它们自己的智能；它们只是按照精巧的设计在正确的时间做出了明智的举动，虽然这些设计非常出色，但设计师和它们一样，对此都没有任何理解。

反对 GOFAI 的人认为，他们对所谓智能机器的批评只是在陈述一些显而易见的事实，但如果将观察对象换成动物，我们可以看看它们会发生怎样的情绪牵引（emotional tug）。我猜大多数读者对我们的观察结果都很满意，即植物和微生物只是天赋异禀，它们被赋予了各种经过精心设计的能力，但对其他方面一无所知；而一旦对“高等”动物也持有同样的看法，我就变成了一个讨人厌的反派，成了一个让人扫兴的家伙。

很多人都认为，当我们将讨论转向动物，尤其是转向像哺乳动物和鸟类这样的“高等”动物时，在描述和解释能力的过程中归因理解的诱惑要大得多，而且很多人坚持认为这种做法并无不妥之处。动物确实知道自己在做什么。看看它们有多聪明！好吧，如今我们已经牢牢掌握了无须理解亦能胜任的概念，让我们来重新考虑这一令人舒适的观点。目前，地球上所有生物的总重量，即生物量中大约有一半以上是由细菌和其他单细胞“机器人”组成的，剩下部分的一半以上则是植物“机器人”。然后是昆虫，包括所有蠢笨的白蚁和蚂蚁，它们的总量大大超过了麦克雷迪所提出的庞大的人类的总量。我们和我们驯养的动物总量大约占陆地脊椎动物生物量的98%，但这只是地球上生物的一小部分。在我们证明某些有机体个体确实能在某种意义上理解自己在做什么之前，无须理解亦能胜任是这个星球上绝大多数生物的存活方式才应该是默认假设。这样一来，问题就变成了，何时及为什么有机体的设计开始等同于或以巧妙地方式融合它们生存机制的自由浮动的理据，我们需要重塑关于这个问题的想象，因为我们通常的做法是假设在任何有理据的情况下，“高等动物”对此都会有某种理解。

这里有一个特别引人注目的例子。伊丽莎白·马歇尔·托马斯（Elizabeth Marshall Thomas）是一位知识渊博且富有洞察力的动物（包括人类）观察者，在她的著作《狗的秘密生活》（*The Hidden Life of Dogs*）中，她根据自己的想象提出了狗对自己的生存方式有着明智的理解：“出于一些狗知道但我们不知道的原因，许多狗妈妈不会与自己的儿子发生交配，这其中有着狗知道但我们不知道的理由。”毫无疑问，它们在本能地抵制近亲繁殖，这可能主要以气味为信号，但没有人知道是否还有其他因素，这是未来研究的一个主题。但有人认为，狗比我们更能洞悉它们表现出的本能行为和性情的理由，这种观点简直是异想天开。我相信她知道的更多，但我的看法是，她很自然地犯了一个错误，她只是延伸了普遍的假设，而不是对狗特殊的自我认知提出某种大胆的建议。这就像是一位来自火星的人类学家写道：“许多人在困倦时打哈欠，在看到熟人时扬起眉毛，这些行为的背后有人类知道但我们不知道的理由。”做出这些行为是有理由的，是“为了什么”的理由，但不是我们的理由。你可能因为某个理由假装打哈欠或假装扬起眉毛，如故意释放出某种信号或假设与偶遇的一位魅力四射的陌生人相识；但在正常情况下，你并不会意识到自己做了这些动作，因此你也不可能知道自己为什么会这样做。我们仍然不知道我们为什么会打哈欠，当然狗在这个问题上并没有领先于我们，尽管它们跟我们打着一样的哈欠。

那么，对于动物身上更明显的故意行为呢？布谷鸟是一种不筑巢的巢寄生鸟（brood parasites）。雌性布谷鸟会偷偷把卵产在一对其他鸟类寄主的巢中，让不知情的养父母来孵化和哺育它。通常情况下，雌性布谷鸟会将寄主巢中的卵滚落一颗，以防养父母发现数量有变化。布谷鸟的卵比寄主的卵孵化得更快，一旦布谷鸟的雏鸟破壳而出，它就会不遗余力地把剩余的寄主的卵踢出鸟巢，而这是为了最大限度地享用养父母的哺育。关于布谷鸟雏鸟这种行为的视频让人看得不寒而栗，它向我们展示了有能力且有效率的杀戮行为，但我们没有理由认定它们在做出这些行为时有法律意义上的那种故意犯罪的意图。布谷鸟雏鸟不知道自己在做什么，但它是自己行为的受益者。

那没有偷窃行为的鸟类是怎么筑巢的？观察一只鸟筑巢是一种令人着迷的体验，毫无疑问，其中涉及高超的编织技术，甚至缝纫技术（Hansell，2000）。它们需要控制鸟巢的质量，也会在筑巢过程中进行少量的学习。人工孵化的鸟，虽然从没见过其他鸟筑巢，但在需要筑巢时仍能用现有的材料筑造出一个专属于其品类的合格鸟巢，所以这种筑巢能力应该是本能的，而且它们的筑巢能力到下一个筑巢季还会有所提高。

筑巢的鸟类有多少理解力？研究人员通过改变可用材料和干扰条件来对此展开研究，旨在探索这些鸟类会有多少才能和远见卓识（Hansell，2000，2005，2007；Walsh et al.，2011；Bailey et al.，2015）。考虑到进化只为研发过程中遇到的挑战提供条件，我们可以预测，人工入侵鸟类环世界的内容越新颖，鸟类越无法恰当地理解这些内容，除非鸟类的谱系是在高度多样化的选择环境中进化而成的，这种环境会迫使自然选择去选定那种不是完全与生俱来的，而是具有高度可塑性和相应学习机制的设计。有趣的是，当所处环境随着时间推移不再具有足够的稳定性来确保自然选择能为下一代“选择”出最佳设计时，自然选择会在下一代的设计中保留一些不固定的因素以实现更好的效果，这就像是根据购买者的偏好和使用习惯，以多种不同方式进行配置的笔记本电脑。[①] 学习可以弥补自然选择未完成的部分，个体会从所处的世界中提取信息，且能利用这些信息进行局部改进，在整体的生命历程中获得自身优化。我们很快就会对这条理解之路进行更加深入的研究，但在这之前，我想先多探讨一些涉及自由浮动的理据的行为的例子及其含义。

你可能看到过瞪羚在草原上被捕食者逐赶的视频，并注意到一些瞪羚在试图逃脱时会跳得很高。这就是所谓的弹跃（stotting）。瞪羚为什么要弹跃呢？这显然是有好处的，因为弹跃的瞪羚很少会被捕获和吃掉。这是一个被仔细观察过的因果规律，但它需要一个针对“为了什么”这类问题的解释。但不管是瞪羚还是追逐它们的捕食者，其细胞中的蛋白质和类似蛋白质的转运机制都不足以说明为什么会存在这种规律性。要找到答案，我们需要引入进化论的一个分支，即高成本信号理论（Zahavi，1975; Fitzgibbon & Fanshawe, 1988）。最强壮、速度最快的瞪羚会通过弹跃向追捕者彰显自己的健康状况，发出信号让它们知道：“别追我，我很难抓；把你的注意力放

① 我该怎样谈论以没有远见、能够或无法预测任何事情而闻名的进化？我们可以借助这样的说法，即高度可变的环境无法提供有关未来环境的信息给自然选择无意识地利用，以便非常便利地在进化上使用意向立场（详见第 6 章）。

到我那个不会弹跃的同类身上吧，拿它做美餐对于你来说容易得多！”追捕者会认为这是真实的、难以伪造的信号，进而放过做出弹跃的瞪羚。

这是一种交流行为，也是一种只有自由浮动的理据存在的行为，因为瞪羚或狮子都无须领会其中的理由。也就是说，瞪羚可能完全不在意为什么必要时弹跃是有好处的，而狮子可能完全不理解为什么做出弹跃的瞪羚相对来说是没有吸引力的猎物，但如果信号不够诚实、成本不够高，它就不可能在捕食者和猎物之间的“军备竞赛”中得到延续。如果进化尝试的是一种“廉价”的信号，比如摇尾巴，那么每一只瞪羚，无论强壮还是羸弱都可以释放这一信号，那么它就不会引导狮子对此做出反应，所以瞪羚不会采用这样的信号。这种分析似乎过分怀疑并低估了瞪羚和狮子的智力，但正是这种对逆向工程原理的严格应用，才使得布谷鸟、白蚁和细菌的行为得到了解释。那么，归因的规则必须是，如果能够在不诉诸理解的情况下解释观察到的能力，就不必沉迷于过分的拟人论（anthropomorphism）。归因理解只适用于那些更智能的行为。但很明显，由于弹跃显然不是更复杂的物种间或物种内用于很多主题交流的系统中的一个元素，很难找到能用得上理解的地方。如果你觉得这个结论过于可疑，可以试着想象一些能证明你的观点的实验。

实验如何能支持关于理解的判定？通过展示动物可以做到我们这种理解者能做到的行为变化。弹跃是一种吹嘘或炫耀，我们可以这样做，但如果出现使这种行为适得其反或更糟的情况，我们也可以虚张声势或克制住吹嘘或炫耀的冲动。我们可以针对不同的受众调整炫耀，或者进行一些明显夸张的吹嘘，以表明我们并不是认真的，只是在开玩笑。诸如此类。瞪羚能做到这些吗？在以新颖的方式使弹跃变得不合时宜的情况下，它能否避免做出弹跃？如果是这样，这就是可以表明它对其行为的理据有一些最低限度的理解的证据。

另一种完全不同的自由浮动的理据支配着会假装受伤的地面筑巢的鸟类，比如笛鸻。笛鸻会耷拉着一个翅膀来假装受伤，以此诱使捕食者离开它的巢穴。而且在引诱捕食者不断远离自己巢穴的过程中，它会一直保持自己位于对方的捕猎范围之外。地面筑巢的鸟类普遍有这种“分散注意力的表现”（Simmons，1952；Skutch，1976）。这看起来是对其他鸟类的欺骗，也通常被认定为一种欺骗行为，目的就是愚弄捕食者。我们可以根据道金斯于 1976 年提出的“独白”（soliloguies）这一有用的解释策略，为笛鸻设计这样一段独白：

> 我是一种低筑巢的鸟，我的雏鸟在这样的巢中无法受到充分保护，除非我分散捕食者的注意力，否则在附近的捕食者很快就能发现它们；捕食者可能会因为想抓住并吃掉我而分心，但前提是它认为自己确实有机会能抓住我，而它也不是傻瓜。只有我给出能证明自己真的不能飞的证据，它才能坚定能抓住我的信念。我可以通过假装翅膀断了等方法给出这样的证据。

多么老练啊！这不只关乎目标，还包括关于期望的信念，以及一个关于捕食者合理行动的假设和基于这个假设的计划。严格说来，任何一个长着羽毛的“骗子”都不太可能有这种心理表征。对于鸟的“想法”的一种更现实的独白应该是这样的：“捕食者来了，我突然有种强烈的想跳那愚蠢的断翅舞的冲动，我想知道为什么？”但即便是这样的反思能力，我们也很难保证一只鸟能真的具备真的理解能力。就像电梯一样，那只鸟只是被设计成能做出一些重要的辨别，且能在正确的时间做正确的事情。早期的研究人员有充分的理由认为，复杂的独白很难真的被看作对鸟类思维的描述，他们更倾向于认为鸟类的那些行为根本不是故意的，而是一种惊慌失措下的表现，实际上是一种具有吸引捕食者注意这种有益的副作用的阵发性行为。但这过于低估鸟对形势的把握能力了。

里斯托（Ristau）曾对笛鸻做过一些巧妙的实验，将一个毛绒浣熊玩具固定在一辆遥控玩具车上，并证实笛鸻会通过观察捕食者的视线方向密切监视其注意力，一旦觉察到捕食者可能放弃攻击，它就会将自己的伤势伪装得更加严重，好让捕食者更接近自己（Ristau，1983，1991）。当然，一旦捕食者离笛鸻的巢穴已有一段距离，它便会择机飞走。笛鸻不需要知道自己这种行为背后的整个理据，但它确实能认识到这套理据中暗指的一些条件，并对其做出适当的反应。笛鸻的这种行为既不是像“膝跳反射”这种从祖先那里继承来的一种简单的反射，也不是它运用理性思维形成的计策，而是由进化设计出的一套附带着可变因素的常规行为，会对具体情况做出反应，上文中复杂的独白捕捉到的这种设计的理据中的细节丝毫没有夸张的成分。

自由浮动的理据回答了逆向工程中的问题，即为什么会这样安排常规行为？如果反感拟人论，我们可以通过使用引号来假装用不那么“心智主义”的术语回答这个问题。比如：笛鸻的常规行为是不断做出“引人注目的”行为，其成功与否取决于捕食者可能的“目标”和“感知”，旨在吸引捕食者不断“靠近”自己，从而远离巢穴；通过“监视”捕食者的“注意力”，同时不断调整自己的行为以维持捕食者的“兴趣”；笛鸻通常能成功地使自己的雏鸟免于被捕食。但这番冗长的解答相比独白中意向立场式的表达，只是表面上看起来更“科学”；这两种解释从相同的特征入手，以相同的最优假设为前提，且基于同样的信息支持。进一步的实证研究中可能会揭示出更合适的敏感性，同样可能被揭示出的还有这种拼凑式策略中的一些弱点。一些证据表明，笛鸻“十分清楚”，当一头奶牛靠近时，它不会假装受伤，而是冲向它使它远离自己的巢穴，而不是引诱它。如果笛珩看到捕食者的注意力已经被另一只受伤的鸟或其他抵抗力弱的猎物吸引，它是否能抑制住假装受伤的冲动？戴维·黑格提出过一个更巧妙的建议：

> 人们可以想象，一只真的断了翅膀的鸟试图逃跑，但它想让捕食者以为：“这只鸟只是表现得像断了翅膀，但其实并不容易被捕捉到，它附近一定有一个巢穴。”如果捕食者真的开始寻找巢穴，说明捕食者刚刚已经把这只鸟的行为看作一个文本，但它误解了这只鸟的动机。捕食者对这个文本的解读是“错误的”，但这对于这只鸟来说是“正确的”。文本成功实现了鸟的意图，也使捕食者聪明反被聪明误（Haig，2014）。

黑格毫不掩饰地谈到了这只鸟的动机和意图，以及捕食者对“文本”的“解释”，他认识到，为进一步的实验和观察想出这些不同的时机取决于我们是否采用了意向立场，但同时也要意识到，在将动物（或是植物、机器人或计算机）诠释为拥有理由和推理能力的事物与将理据归结于大自然之间，存在着一种得体的、渐进式的协调，那就是由自然选择的无意识设计显露出的自由浮动的理据。

只有当捕食者把这种假装受伤的信号理解为无意的行为而不是某种信号时，这种行为才能达到预期的效果；无论鸟类还是捕食者能否像我们一样理解这些情况，这都是真实的。这种被捕食者抓住的风险使得这种会伪装的鸟类承受着要做出更逼真表演的选择压力。同样，蝴蝶翅膀上那些逼真的“眼点”的存在，是因为捕食它们的生物通常视觉特别敏锐，尽管蝴蝶只是其欺骗性装备的无知受益者。这里面仍然存在眼点的欺骗性理据，而且说它存在是指，它在某一范围内具有预测性，因此是可解释的（Bennett, 1976）。我们有时无法注意到这一点，因为我们可以预测的对象是显而易见的，例如在一个以蝙蝠而不是鸟类为捕食者的环境生态位中，我们就不会认为那里的飞蛾有眼点，因为任何有理智的欺骗者都知道，在近视者和盲人面前，视觉上的花招根本没用。

理解是有程度之分的

现在是时候重新探讨我一直不断提到的“无须理解亦能胜任”这一概念了。认知能力通常被认为是理解的结果，但我不遗余力想证实的是，这一众所周知的假设其实非常落后：能力是第一位的。理解不是能力的来源，也不是能力中的活力成分，理解由能力组成。我们已经考虑过那种在调动自身能力方面特别熟练的系统可能具有少许理解力，但这可能会使得理解被误解为一种可分离的元素或现象，是由不断提高的能力以某种方式发展而来的。

将领悟力或理解力看作某种单独的、独立的、精神上的奇迹的观点十分古老，且已经过时。想想笛卡尔的思维实体、康德的纯粹理性批判（Critique of Pure Reason）、威廉·狄尔泰（Wilhelm Dithey）的理解（Verstehen），Verstehen这个词在德语中表示理解，而就像所有德国名词一样，一旦它被大写并由皱着眉的人从口中说出，就会在很多人的思想中召唤出遏制还原论和实证主义的壁垒，用人文主义替代科学。

尤里卡效应（Eureka effect）助长了这样一种错觉，即理解是一种附加的、可分离的心理现象，它超越了一系列相关能力，包括在适当的时候行使其他能力的元能力。尤里卡效应，也被称为顿悟时刻，指的是你突然意识到自己确实理解了迄今为止一直困扰着你的某些事情的愉悦时刻。这种心理现象是完全真实的，心理学家对此已经研究了几十年。这种突然形成理解的经历很容易使人们将理解误解为一种体验，就像如果你突然发现自己对花生过敏，你会认为过敏很像是一种感觉。所以一些思想家坚称，不存在没有意识的真正的理解。哲学家约翰·塞尔是其中最具影响力的一位。如果你已经认为是意识将世界一分为二的，不管它究竟是什么，事物要么有意识要么没有意识；意识没有程度之分，当然也只有具有意识的生命才能产生真正的理解。机器人、胡萝卜和细菌都是没有理解力的；牡蛎是否具有理解力我们还不知道，因为这完全取决于牡蛎是否有意识，如果它们没有意识，那么即便它们具有高超的能力，也是完全没有理解加持的能力。

我认为我们最好放弃这种思维方式。这种近乎神奇的理解概念在现实世界中没有效用，也毫无用处。但理解和不理解之间的区别仍然很重要，我们可以通过久经考验的达尔文渐进主义观点来解决这种困境，这种观点主张理解是有程度之分的。一个极端是细菌对它所响应的群体感应信号的理解（Miller & Bassler，2001）和计算机对“ADD”相加指令的些许理解；而另一个极端是简·奥斯汀对人类情感状态中的个人与社会力量相互作用的理解和爱因斯坦对相对论的理解。但即使拥有最高水平的能力，也很难保证理解是全面的。在任何心智中，对于某一概念或主题的精通，总是伴随着未被理解的含义和未能识别的预设。所有的理解都是某种意义上的理解。

我曾经在位于伊利诺伊州的费米实验室给几百位世界上最优秀的物理学家做过一次演讲，我承认我对爱因斯坦的著名公式 $E = mc^2$ 仅是一知半解。我可以做一些简单的代数学改述，说出每一个术语的含义，并大致阐明发现这一公式的重要意义，但老谋深算的物理学家轻而易举就能看出我对这个公式某些部分的内涵根本没有理解。我们教授都很善于通过测试去考查学生仅有的些许理解。然后我问讲台下有多少听众理解了，当然，几乎所有人都举起了手，只有一个人跳起来喊道："不，不！我们理论物理学家才是理解它的人，实验主义者只是认为自己理解罢了！"他说得有道理。就理解而言，我们都依赖于某种专业权威，指望专家能深刻地、"完全地"理解我们每天遇到的那些一知半解的难解概念。事实上，正如我们将会看到的，语言对人类智能的一个很关键的贡献是，它能够如实传递我们只是些许理解信息的能力！

人类是这个星球上理解力最高的物种，当我们试图理解其他物种时，会倾向于根据我们的经验来模拟它们的理解力，富有想象力地将充满智慧的映像填充到动物的大脑中，就好像它们是穿着毛皮大衣的奇形怪状的人。比阿特丽克斯·波特综合征（Beatrix Potter syndrome）并不只存在于儿童文学中，我认为地球上所有文化中的民间故事和童话故事里都有会交谈、会思考的动物存在。我们这样做是因为，大致来说，这是有效的。无论由此引证的理据是自由浮动的，还是在我们预测对象的大脑中明确展示出的，意向立场都是有效的。如果一个儿子从他的父亲那里学会了如何判断猎物的习性，以及如何让它们放松警惕，那么他们二人都在将这些动物视为能斗智斗勇的智者。但意向立场的成功并不取决于这是否能真实地反映出动物的大脑中正在发生的事情，除非动物的大脑中发生的一切都已经完全有能力检测环境中的信息，并能对这些信息做出恰当响应。

意向立场为心智提供了“规格说明”，将实施放在了后面。这一点在国际象棋的计算机案例中表现得尤为明显。“让我成为一个国际象棋程序，不仅知道规则，能跟踪所有的棋子走棋，还能发现机会，识别开局策略，期望对手做出明智动作，能合理地评估棋子的价值并随时注意到陷阱。如何做到这一点，那是你的问题。”在与人类棋手打交道时，我们同样采用的是这种不明确的策略。在国际象棋比赛中，很少有人会努力去预测或猜测对手的详细想法；我们认为她能看到当时所有可见的事物，能注意到所有变化带来的重要的可能影响，能对我们的走棋动作做出适当的响应。

我们会理想化每个人的思维，甚至理想化自己找寻理由的方式，并乐于把灵光一现的聪明推理归因于自己。我们倾向于将我们的选择行为，如下棋、购买行为、躲避打击等行为看作在正确的时间做出的正确举动，而且我们可以很容易地向自己和他人解释我们是如何提前规划的，但当这样做的时候，我们可能经常会凭空捏造出一个自由浮动的理据，并将其粘贴到我们的主观经验中。当被问到“为什么你会这样做”时，最诚实的说法应该是“我不知道，它就那样出现了”，但“辉格史观”（whig history）常常给我们带来了极大诱惑，让我们难以满足于“怎么来的”，还想努力去寻求“为了什么”。①

当我们对构成理解的能力进行建模时，可以通过连续应用计算机科学中的被称为“生成和测试”的策略对其做出象征性示意，区分出 4 个等级。在第一个最低的等级中，我们发现的是**达尔文式生物**（Darwinian creatures），它们的能力是被预先设计且是固定的，是由基于自然选择的进化的研发创造出来的。它们生来便“知道”自己会“知道”的一切；它们有天赋但不是学习者。每一代成员身上都会出现新的变异，然后这些变异会在大自然中接受测试，优胜者会在下一轮繁殖中被更频繁地复制。

接下来是**斯金纳式生物**（Skinnerian creatures），它们除了拥有天生的习性，还具有调整自己的行为以应对“强化需求”的关键习性；所以它们或多或少能随机产生新的行为，以应对世界上的各种测试；那些通过给予正面奖励或消除令人厌恶的刺激（疼痛或饥饿）而得到强化的习性，在未来类似的情况下更有可能被重新激发。那些天生容易错误地标记积极刺激和消极刺激，且倾向于逃离好东西而追寻坏东西的不幸变异，会很快把自己推向毁灭，无法留下后代。这就是“操作性条件反射”（operant conditioning），美国行为主义心理学家 B. F. 斯金纳（B. F. Skinner）指出的其对于达尔文进化论的呼应，生成和测试在个体生命过程中不断发生，但它们不需要比自然选择本身更多的理解（唉，唯心主义！）。在许多情况下，通过操作性条件反

① 辉格史观这一术语指的是将历史解释为一个进步故事的做法，这非常有代表性地论证了导致历史解释者享有特权的一系列事件的合法性。对于用这一术语去类比进化生物学中的适应主义是否真的合适，请参阅更多资料（Gronin，1992；Griffiths，1995）。

射来改善设计的能力显然是一个体能增强的特征，但也存在风险，因为有机体必须像进化一样，在残酷的世界中盲目尝试自己的选择，而且可能在学会一些东西之前就已经屈服了。

更能说明问题的是下一个等级，即**波普尔式生物**（Popperian creatures），它们能从世界中提取并随时保存各种不利于自身生存的信息，这样一来，它们就可以运用这些信息测试各种假设性行为，就像科学哲学家卡尔·波普尔（Karl Popper）曾经说过的那样："它们让假设代替自己去死"。最终，它也必须在现实世界中生存，但其首选行为不再是随机的，因为这些行为已经在内部环境模型中的生成和测试竞赛中得到了验证。

最后一个等级是以心理学家理查德·格雷戈里（Richard Gregory）命名的**格雷戈里式生物**（Gregorian creatures）。格雷戈里强调了思考工具在为思想家提供他所说的"潜在智力"方面的作用。格雷戈里式生物的环世界里有各种各样的思考工具，既有抽象的，也有具体的，如算术、民主制、双盲研究、显微镜、地图和计算机等。一只被关在笼子里的鸟每天都可以通过放在笼子底座上的报纸看到与人类看到的一样多的词语，但这些词语不是鸟的环世界中的思考工具。

只有达尔文式生物是"天性的"，它们是精巧且不需要理解的设计受益者。我们可以通过将其置于由进化设计的新颖条件变体中来揭露它们的无知，你会发现它们什么也学不到，只能无助地挣扎。斯金纳式生物一开始就具有某种"可塑性"，在它的一些未被完全设计的行为中存在着某些可选择性；它们通过在生活环境中不断试错来学习，并且天生偏爱那些能带来"强化”效果的尝试。它们不需要理解为什么自己现在更喜欢这些久经考验的行为，这得益于简单的设计改进的棘轮，让它们形成了一套属于自己的便携式的达尔文选择过程。

波普尔式生物会在突然行动之前先进行观察，并会根据大脑中以某种方式储存的关于世界的信息来测试可能的行动。这看起来更像是理解，因为选择过程需要它既要对信息敏感，又要具有前瞻性，但波普尔式生物不需要理解它如何或为什么会进行这种预测试。而无论你是否理解，“创造有关世界的前瞻性模型”，并利用这些模型进行决策和调整自己行为的“嗜好”无疑是这种生物具有的一个好习惯。除非你是一个非常善于自省的孩子，否则你在“不知不觉”中就会采用波普尔式生物的前瞻性模式，而且在意识到这一点之前，你早已从中获益。**只有在格雷戈里式生物身上，我们才能发现对思考工具有意识的引入和使用，它们能系统地探索问题的可能解决方案，并试图对心理搜索进行更高层次的控制。显然，只有我们人类才是格雷戈里式生物。**

这正是人类例外论会成为热点的原因所在，浪漫主义者和扫兴者之间就哪个物种或哪个动物个体表现出了多大程度的理解存在着严重分歧（见第1章）。如今，研究动物智能的学者普遍给出的结论是，最聪明的动物并非“恰好”是斯金纳式生物，而是波普尔式生物，它们能弄清楚自己被观察到的某些聪明的行为，但这仍是一种试探性结论。鸦科动物（包括乌鸦、渡鸦和它们的近亲），海豚和其他鲸类动物，以及灵长类动物（如猿和猴子），是迄今为止被调查过的最令人印象深刻的野生动物，而狗、猫和鹦鹉则是人类宠物中表现最出色的。它们具有探索性行为，例如它们会了解地形，通过不断地做地标来减轻记忆负担，并将便于使用的周边局部信息储存在大脑中。它们无须知道自己行为的理据，但会因此受益，减少了不确定性，提高了自身的预测力量，它们的设计体现着“三思而后行”这样的自由浮动的理据的座右铭，从而提高了它们的能力。事实上，它们不理解自己这种理解的根据，但这并不妨碍我们将其称之为理解；**人类在面对新奇事物时也常常处于同样的无知状态，不知该如何做出判断，但理解的标志正是运用我们的经验教训去处理世界中的新事物和新课题的能力。**

有些动物，就像人类一样，似乎有一个类似于内部工作室的地方，它们可以在这里自行理解自己一出生便已有的特质。我认为，单个有机体有一个便携式的，比野蛮的试错法更强大的设计改进的观点，是大众对于理解的核心认识。它不依赖于任何有关意识体验的假设，尽管意识体验是一个尽人皆知的修辞，是对基本概念的一种意识形态上的放大。现在，我们正在慢慢摆脱这种思考习惯，这在一定程度上可归功于弗洛伊德对无意识动机和其他心理状态的倡导，也可被归功于认知科学对知觉推理、记忆搜索、语言理解等无意识过程的精细建模。无意识的心智不再被视为一种“术语上的矛盾”（contradiction in terms）；提出一切问题的显然是有意识的心智。今天的难题是，如果无意识过程完全有能力执行与知觉和控制有关的所有认知操作，那么“意识，如果真的存在，它又是为了什么而存在的？”

总而言之，动物、植物，甚至微生物都具有适当应对生存环境中可供性的能力。所有这些能力都有自由浮动的理据，但有机体不需要领会或理解它们就能从中受益，也不需要意识到这些理据。在有更复杂行为的动物中，所表现出的多功能性和可变性可以证明，将关于行为的理解归因于自由浮动的理据是合理的，理解被视为一种独立的天赋，以及能力的来源，而不是一种能力的体现。

在第二部分中，我会将重点放在关于格雷戈里式生物进化的讨论上，它们是思考工具的反思性用户。这一发展是认知能力的一次巨大飞跃，使人类处于一个独特的生态位，但就像所有进化过程一样，它也必然是由一系列不可预见的或无意的步骤组成的，并且“完全”理解是后来才出现的，直到近来才处于引领地位。

FROM BACTERIA
TO BACH AND BACK

第二部分

从进化到智能设计

06

什么是信息

1 001 个字比一幅图更有价值。

——约翰·麦卡锡

欢迎来到信息时代

如果有人告诉你，你生活在分析时代，那你可能会好奇，什么样的分析会受到人们的推崇，是心理分析、化学分析、统计分析还是概念分析？可见，存在多种不同的“分析”。同样，有专家说我们生活在“信息时代”，人们似乎也都同意这个观点，但很少有人注意到这个词也有多种不同的含义。哪个信息时代？是兆字节和带宽的时代？还是智力和科学发现、鼓吹和虚假信息、普及教育和挑战隐私的时代？上述语句中所包含的两种信息的概念是密切相关的，在讨论中常常会不可避免地交织在一起，但我们仍可以将它们区分开来。思考以下几个例子：

- 大脑是一个信息处理器官。
- 我们是信息处理者。——心理学家乔治·米勒（George Miller）
- 信息存在于光中。——詹姆斯·吉布森
- 神经系统的任务是从环境中提取信息，以调节和指导有效行为。
- 我们被淹没在了信息的海洋里。
- 我们已经无法再掌握我们的个人信息。
- 美国中央情报局的任务是收集敌方的信息。
- 人工情报（Humint）是指人类特工在与他人的秘密互动中收集的情报或信息，这比通过卫星监视和其他高科技手段获取的信息重要得多。

克劳德·香农的通信数学理论被誉为信息论的科学支柱，它为我们深陷其中的所有信息的讨论奠定了基础，并使其合法化，但其中一些讨论涉及信息的一种不同概念，香农的理论只是间接地处理了这一概念（Shannon, 1948; Shannon & Weaver, 1949）。香农的理论本质上讨论的是，世界上各种事物不同状态间的统计关系：从状态 B 的观察数据中（原则上）可以收集到关于状态 A 的哪些信息。这要求，状态 A 必须与状态 B 之间有某种程度的因果关系，这种因果关系可以在丰富性等方面有所不同。

香农发明了一种测量信息的方法，它独立于信息的内容，正如对液体体积的测量独立于被测量的液体。想象一下，一个吹嘘自己拥有很多夸脱和加仑的人，当被问到是很多夸脱油漆、葡萄酒、牛奶，还是汽油时，却给不出答案。香农的理论提供了一种将信息分解为统一数量单位的方法，如比特、字节和兆字节，这彻底改变了所有存储和传输信息的系统。这证明了计算机数字化信息的能力，但就像葡萄酒无论是否装在容量统一的瓶子里，都是有价值的一样，信息不通过数字化就可以被存储、传输和处理，比如大脑中的信息。

我们现在生活在一个数字时代，LP 留声机唱片、模拟广播、固定电话和电视传播早已被 CD、DVD 和手机取代。但事实上，信息时代诞生得更早，在人们开始写东西、画地图以及用其他方式记录和传播那些他们无法在头脑中清晰记忆的有价值的信息时就已经开始了。或者我们还可以把信息时代的开端往前推得更早，推至人们开始说话和传递积累的知识、历史和神话时。或者更公平地说，信息时代应该始于 5.3 亿年前，那时生物的视力已在寒武纪时期得到进化，行为和器官就开始在对从光线中收集到的信息做出快速反应方面展开了一场创新“军备竞赛”。或者我们也可以坚持认为，信息时代始于生命的起源时期，即使最简单的繁殖细胞也能存活下来，这要归功于它身上有那些可以通过辨别自身和周围环境中的差异而发挥作用的部件。

为了将这些现象与我们当前关注的信息编码系统区分开来，我将把它们视为语义信息（semantic information）的实例，因为我们是通过具体说明与之相关的事件、条件、对象、人、间谍和产品等来识别我们在特定场合感兴趣的信息的。能表示这种意义的还有其他术语，但“语义信息”最为恰当。“汤姆很高”这一信息是关于汤姆和他的身高的，“雪是白色的”这一信息是关于雪和它的颜色的。这些是语义信息的不同项，不能说是“信息位”，因为“位”虽然是个完美的单位，但属于香农的另一个术语的意义。甚至在写作普及之前，人们已经发明了可以提高对语义信息控制的方法，他们会用韵律、节奏和乐音将有价值的表达方式锚定在记忆中，这是我们今天依然会遇到的记忆辅助符号。例如，人们会用 Every Good Boy Deserves Fudge[①] 来代表高单谱表上的 5 个音符，用 HOMES[②] 来代表美国的五大湖，以及用 My Very Educated Mother Just Served Us Nachos[③] 来代表从太阳开始往外数的太阳系八大行星顺序。

香农将语义信息从 *A* 点移动到 *B* 点的这项任务简化和理想化了，将其分解为发送方和接收方（注意，这是两个理性主体），它们之间有一个通道和一个预先建立或商定的代码，这是经过许可的信号字母表和集合。这一通道容易受到干扰传输、降低信号质量的噪声的影响，其任务是实现能克服这些噪声的可靠传输。在香农提出他的理论时，已经可以很好地理解一些可以实现这一目标的设计了，比如美国海军在语音无线电传输中使用的 Able Baker Charlie Dog Easy Fox…字母系统，可以最大限度地减少英语中的押韵字母 Bee、Cee、Dee、Eee、Gee、Pee、Tee、Vee 和 Zee 等之间的混淆。后来它于 1955 年被大西洋公约组织（NATO）的语音字母表 Alpha Bravo Charlie Delta Echo Foxtrot…系统所取代。

通过将包括日常用语中的词语在内的所有代码转化成只包含 0 和 1 两种符号的二进制代码，香农说明了如何无限地降低噪声，以及用二进制数位的

① 这句话的意思是“每个好孩子都应该得到软糖”，代表高音谱表上的 E、G、B、D、F 这 5 个音符。——编者注

② HOMES 是美国五大湖的英文首字母缩写，分别是 Huron（休伦湖），Ontario（安大略湖），Michigan（密歇根胡），Erie（伊利湖）和 Superior（苏必利尔湖）。——编者注

③ 这句话的意思是“我受过良好教育的母亲刚刚给我们上了玉米片”，分别取自太阳系八大行星的首字母缩写，分别是 Mercury（水星）、Venus（金星）、Earth（地球）、Mars（火星）、Jupiter（木星）、Saturn（土星）、Uranus（天王星）、Neptune（海王星）。——编者注

缩写比特（bits）来精确地测量编码、解码和降低传输速度方面的成本。就像猜谜游戏《二十问》（*Twenty Questions*）只允许提出是或否的问题一样，所有信息传输都可以被分解为二进制决策，是或否、1 或 0，而且可以以比特为单位，通过测量消息中心的（香农）信息量来计算复原消息所需的此类决策数量。“我在想一个介于 0～8 的数字。它是什么？”那么，在《二十问》游戏中，你要问多少个问题才能确定这一问题的答案？不是“是 0 吗、是 1 吗、是 2 吗……”这样的 8 个问题，而是只需要问 3 个问题：是 4 或比 4 大？是 6 或比 6 大？如果第一个的答案是否，可换作是 2 或比 2 大？它是 7 吗？是，是，是 = 111 = 7（在二进制记法中 111=7）。这也就是说，确定一个介于 0 和 8 之间的数字需要 3 比特。一个字节是 8 比特，一兆字节是 800 万比特，所以发送一个 2.5 兆字节的单色位图文件，你需要玩两千万个问题的游戏：第一个像素是白色的吗

香农的信息论对于人类文明来说是一次巨大进步，因为语义信息对于我们来说非常重要，我们希望能有效地使用它们，可以完整地存储、移动、转换、分享或隐藏它们。用于传送信息的人工制品比比皆是，如电话、书籍、地图、食谱，而信息论本身就是作为研究这些人工制品重要特征的一种人工制品而产生的。虽然一开始它被视为一门工程学科，但后来被证明，它对于物理学家、生物学家和其他不关心信息产品特征的人来说，也是有用的。我们会简要讨论香农信息论的一些进一步的应用，但语义信息才是我们的主要讨论对象。

香农的助记诀窍及其衍生物不仅擅长将信息从一个主体发送给另一个主体，而且有助于将信息从当下的主体“发送”给未来时空中的该主体。存储

器可以被视为一个信息通道，就像电话线一样会受到噪声的干扰。原则上，数字化可以用由 3 个、4 个、17 个或 100 万个不同信号的字母表来完成，或以我会在后面章节中介绍的其他方式完成，但有不少理由可以使我们相信，二进制编码在大多数情况下是具有优越性的，且总是有效的。任何事物都可以用 0 和 1 或 0、1、2 以及其他的方案进行编码，虽然不尽完美，但足以达到令你满意的精确程度。二进制代码在物理上更容易实现操作，如开 / 关、高电压 / 低电压、左 / 右，因此尽管由二进制代码组成的辅助代码之间仍然存在竞争，但二进制代码本身已经成功沉淀为一项优秀的人类技术。顺便提一下，用于打印字符的 ASCII 码已经被 UTF8 超越，这是以 ASCII 作为子集的代码；用于网站建设的 HTML，使用的是两种不同的颜色代码：HEX 码和 RGB 三联码。

如今，将光、声及其他携带语义信息的物理事件转译或转换成二进制比特串格式（可直接作为香农式信息进行测算的格式）已是一项成熟的技术。并且有很多种类的模拟数字转换器可以连续拍摄和模拟某些物理事件中的变化，如撞击麦克风的声波、撞击数码相机像素的光线、温度变化、加速、湿度、pH 值、血压等，可将其转换成一个这样或那样的比特串。这种装置类似于在神经系统的外输入边缘完成转导的敏感细胞，如眼睛中的视杆和视锥细胞、耳朵中的毛细胞、热传感器、感受损伤疼痛的伤害感受器、肌肉上的拉伸传感器，以及为包括自主神经系统在内的神经系统提供营养的各种内部监测细胞。

大脑中发生转换的不是比特串，而是神经元放电序列的转换，电压差在神经元之间的传递比计算机中比特串的传递速度慢数百万倍。1943 年，神经科学家沃伦·麦卡洛克（Warren McCulloch）和逻辑学家沃尔特·皮茨（Walter Pitts）提出了这种神经信号可能的运作方式，那时还没有投入使用的数字计算机。根据他们提出的方式，当一个神经元的放电序列到达另一个神经元时，产生的效果要么是兴奋性的（是！），要么是抑制性的（否！）。如果接收神经元有一个阈值机制，可以将“是”的票数相加并减去“否”的票数，然后根据净值结果触发自己的信号，就可以对一个简单的逻辑函数进行计算。举个简单的例子，这个函数可以是一个“和门”（AND-gate）、“或门”（OR-gate）或“非门”（Not-gate）。如果细胞的阈值可以通过其输入和输出历史中的某些事物得到升高或降低，那么一个神经元就可以“学习”到一些能改变其局部行为的东西。根据麦卡洛克和皮茨的证明，基于对其输入的逻辑运算，这些单元能连接成网络或通过“训练”来表示任何命题。

这种理想化的设想实在鼓舞人心，但也是有史以来最伟大的过度简化之一。虽然事实证明，相互作用的真实神经元比麦卡洛克和皮茨定义的“逻辑神经元”复杂得多，但他们证明了一个通用的表征－学习－控制网络的逻辑可能性，这个网络由执行简单的、不含神秘成分的、不需要理解的任务单元组成，这是一种仅仅由能胜任的部件组成的理解者。从那时起，计算神经科学的目标就是确定在多样化的更复杂的网络中，哪种是在神经系统中运行的。到目前为止，秀丽隐杆线虫的118个变种的302个神经元接线图即将完成绘制，人们正在从单个的神经元到神经元的活动水平上理解其运行方式。美国人脑连接组计划（Human Connectome Project）希望能绘制出我们大脑中数百亿个神经元的同样详细的示意图，欧盟人脑计划（Human Brain Project in Europe）也希望能“在超级计算机上模拟完整的人类大脑”。但这些大型项目还都处于起步阶段。大脑当然不是一台运行二进制代码的数字计算机，但它仍然是一种计算机，我将在后面的章节对此作进一步的说明。

幸运的是，在微观程度较低的水平上理解大脑的计算结构方面已经取得了很多进展，但在关于单个神经元连接和活动的极为复杂的细节问题上，这些研究还未涉及。这些细节问题可能是因人而异的，与在秀丽隐杆线虫中发现的严格一致的情况不同。例如，得知当看向面孔时，发现包含着数百万神经元的大脑中的一小块特定区域在看到面孔时会特别活跃，是一个有价值的突破（Kanwisher, 1997, 2013）。我们知道，与面孔有关的信息在某种程度上是由梭状回面孔区中的神经元活动支配的，但对于这些神经元的具体活动是什么、是如何进行这些活动的，我们还不甚了解。

“信息”这个术语在认知科学领域无处不在，在其他学科领域中也如此，但它并不是香农定义的信息。在提出一种可以将各种可能性的集合数字化的编码（不一定是二进制的 0 和 1 方案）方案之前，没有可以区分信号和噪声的依据，也没有测量信息量的方法。在未来的某一天，我们可能会发现一个关于神经系统中的传输的自然解释（natural interpretation），它可以为正在被传输、运行和存储的内容、编码形成的以比特为单位的带宽或存储容量提供一个量度，但在此之前，我们在认知科学中使用的信息的概念都是语义信息，即被识别为与特定事物有关的信息，如面孔、地点或葡萄糖等。

换句话说，今天的认知科学家大致处于进化理论学家和遗传学家在 DNA 结构得到分析前所处的位置，他们知道与身体部位的形状和行为等表型特征有关的信息正在以某种方式通过“基因”代代相传，但是他们没有双螺旋的 ACGT 代码来提供一个香农式的量度，以测量有多少信息可以通过基因遗传从父母传递给后代。一些思想家可能深受 DNA 研究的启发，认为神经系统中也一定存在某种类似 DNA 编码的编码，但我并未发现与此相关的有力证据，反而很快会看到，这种设想疑点重重。语义信息（我们必须从此开始的信息概念）在以下意义上显然独立于编码信息，即两个或多个观察者可以从没有共享通道的偶遇中获取相同的语义信息。① 下面是一个稍显刻意的例子：

> 雅克在特拉法尔加广场上枪杀了他的叔叔，继而被舍洛克逮捕。这则消息汤姆是在《卫报》上读到的，鲍里斯则是在《真理报》上读到的。雅克、舍洛克、汤姆和鲍里斯都有着不同的经历，但有一件事情却是他们所共知的：他们都知道一个法国人在特拉法尔加广场上杀了人。他们都没有说过这句话，即便是“对自己”也没说过；我们还可以猜测，他们的脑中也没有浮现过这一命题，即便浮现过，各自的理解也会不尽相同。而他们确实都知道，一个法国人在特拉法尔加广场上杀了人[1]。

我们该如何描述语义信息

模拟数字转换器在我们的生活中无处不在，在现在几乎所有的信息传输中，对它的普遍采用已被视为理所当然，这在使香农的数学信息概念和我们

① 朱利奥·托诺尼（Giulio Tononi）提出了一种将意识作为“综合信息”的数学理论，它以一种新颖的方式运用香农信息论，并且对于有关性的作用非常有限：它测量一个系统或机制拥有的关于其自身先前状态——即其所有部分的状态的香农式信息量。据我了解，托诺尼的理论预设了一个数字编码系统，但不一定是二进制的编码系统，因为它具有可数的输出状态。

日常的语义信息概念相纠缠方面发挥了重要作用，尽管对此我们曾经多次提醒。如果将人行道上的一张五彩纸屑的高分辨率照片分解为 800 万像素，其大小可能是亚当·斯密（Adam Smith）的《国富论》的文本文件的 10 倍，后者可以被压缩为 2 兆字节。根据使用的编码系统（GIF 或 JPEG、Word 或 PDF）用比特来衡量的话，一幅画“抵得上千言万语”，但对这句话更好的理解是，千言万语难尽一幅画要表达的意境。这种理解能被形式化吗？语义信息可以被量化、被定义或被理论化吗？

著名科幻小说作家和科学作家罗伯特·安东·威尔逊（Robert Anton Wilson）曾提出耶稣单元（Jesus unit），并将其定义为耶稣在世期间已知科学的信息量。科学信息是语义信息的一个子集，它不包括与谁住在哪里、某人的长袍是什么颜色、古罗马犹太总督彼拉多的早餐是什么等有关的所有可用的语义信息。按照这一定义，公元 30 年只有一个耶稣的科学信息，根据威尔逊的研究，直到 1500 年后的文艺复兴时期它的数量才翻了一番。到 1750 年，这个数量又翻了一番，为 4 个耶稣，并在 1900 年达到 8 个耶稣。到了 1964 年，有 64 个耶稣，上帝知道在这段时间内到底积累了多少耶稣单元。幸好这种单位名称没有流行起来，虽然威尔逊将信息爆炸这一主题戏剧化是正确的，但目前尚不清楚用于测量科学信息的尺度或量度是否会比同行评审期刊的页数，或者在线期刊中的文本和数据的兆字节等精确但不相关的量度有所改进。

牛津大学哲学教授卢西亚诺·弗洛里迪（Luciano Floridi）在其于 2010 年发表的启蒙读本中，将经济信息区分为任何值得研究的事物。一个农民会花时间和精力去数清他的奶牛，检查井里的水位，并记录农场工人的劳动效率，这是明智的做法。如果他不想亲自做这些管理工作，也应该雇人来做。这可以帮助他了解他的产品、原材料、竞争对手、资金情况和所处的位置等，这都是些显而易见的类别。他也可以搜集有关市场和发展趋势的公共信息，购买竞争对手的产品样品来对其进行逆向工程，对自己的产品进行其他测试，或者尝试从事工业间谍活动。商业秘密是一类具备完善法律架构的信息，可能会被不经意地泄露或丢失，而专利法和版权法则对其他人使用由个人或大型机构的研发所开发的信息的行为进行了限制。经济信息是有价值的，有时甚至价值斐然，保存信息及保证信息不被竞争对手窥探的方法反映了自然界为同样的目的进化出的方法。

数学博弈论是另一项杰出的战时创造（von Neumann & Morgenstern, 1944）。它首次强调了向对手隐藏自己的意图和计划的最重要价值。拥有一张扑克脸并不只是为了玩扑克，因为过于透明对于任何必须在这个残酷的世界中参与竞争的个人或组织来说都是致命的[2]。简而言之，生存取决于信息，而且取决于不同的、不对称的信息，即我知道一些你不知道的事情，你也知道一些我不知道的事情，而我们的幸福正取决于对这种状态的维持。即使是细菌，甚至是无生命的病毒，在与具有入侵性和好奇心的竞争对手展开的军备竞赛时，也会使用能隐藏和伪装自己的诡计。①

现在，我们可以暂时将语义信息定义为值得获取的设计，同时暂时不

① 例如，埃博拉病毒模仿一个凋亡的细胞片段，以便让自己被吞噬细胞（垃圾收集）细胞“吃掉”，从而搭上一个安全的便车，让它在体内四处传播（Misasi & Sullivan, 2014）。有许多病毒和细菌伪装和模仿的例子得到了充分的研究，生物技术专家现在正在复制这种策略，掩盖纳米人工制品，否则会被免疫系统攻击。

明确“设计”这个词语的含义，只采用我在第 3 章中探讨的一点，即就智能设计而言，没有设计师的设计是一个真实且重要的类别。设计总是包含这样或那样的研发工作，现在我们可以说这是一种使用有效的语义信息，并通过某种适当的方法调整自身各部件来改进某事物的发展前景。有机体通常会通过摄取能量或物质，如食物、药物、新外壳等来改进自己的前景，但这些都不是设计上的改进。相反，它们只是在为现有的设计补充能量或进行重组。[①] 作为一个主体，你可以通过掌握一些有价值的事实来改进自己的设计，比如去哪里钓鱼好、你的朋友是谁。学会如何制作鱼钩、如何躲避敌人或吹口哨则是另一种设计钓鱼。**我们的一切学习行为都是针对与生俱来的设计进行的有价值的补充或修订，这既包括学习什么，也包括如何学习。**

有时信息也会成为一种负担，可能会成为个人充分利用现有设计的一种干扰，在这种情况下，我们通常得学会自我保护，确保自己不受这些不需要的知识的影响。例如，在双盲实验中，我们会竭尽全力不让实验参与者和研究者知道所处的环境条件，这样就能避免实验参与者产生偏见行为及观察者的主观诠释。这个例子很好地说明了，我们会用来之不易的对知识进行反思的能力去改善我们未来收集知识的能力。

我们已经发现人类理性的一些局限性，比如我们在某些情况下会无意识地受到过多信息的左右，但也会利用这些知识来创建纠正这一缺陷的系统。

---

① 假设在某些生物中，更大的牙齿是一种设计上的改进；所需的原材料和将原材料移动到适当位置的能量不算语义信息，但完成这种重新设计的开发控制确实很重要。

还有一种非常少见但更戏剧性的无用知识，那就是随机地向射击队中的一些射手发放空弹夹或装有蜡制“假弹”的弹夹，并让他们知道这是一项原则性操作，这样一来所有的射手都不必再去承受因自己的行动导致他人死亡这样的负担。很少有人会注意到的一个事实是，随机地向一些射手发放空弹夹会消除使他们在某些情况下选择反叛、将枪口对准指挥官的冲动。如果你知道自己拿到的是一颗实弹，你就有机会做出明智的理性选择。你无法使用自己没有的信息。

那么那种可能会累积的错误信息，以及那些被有意灌输给你的虚假信息呢？乍一看，这些现象看起来似乎只是我们提出的定义的简单反例，但我们很快就会看到，事实并非如此。“语义信息”和“设计”的定义在循环定义中相互关联，但这是一个良性而非恶性的循环，因为其中的某些过程可以被视为研发过程，在这个过程中，环境的某些方面以某种方式被筛选出来，然后被利用来改进某些突出的集合和系统的设计，使其在某种意义上能更好地为将来的蓬勃发展、持续和繁殖作好准备。

因此，语义信息是“产生差异的区别”。弗洛里迪指出，是 D. M. 麦凯（D. M. MacKay）创造了“语义信息”这个短语，后来格雷戈里·贝特森（Gregory Bateson）及其他人将其阐述为“产生差异的差异”（Floridi，2010；Bateson，1973，1980）。麦凯也是一位杰出的理论家，他与图灵和香农，以及冯·诺伊曼（von Neumann）、约翰·麦卡锡等一起从第二次世界大战激烈的研究竞争中脱颖而出。他是一位先驱信息理论家、物理学家、神经学家，也是哲学家，尽管他有很深的宗教信仰，但仍是我心目中的英雄之一。① 我对语义信息的定义接近于他在 1950 年提出的“作为可证明表征性活动的正当性的一般信息”的定义（MacKay, 1968）。麦凯当时的研究重点其实就是我们现在所说的香农式信息，但他大胆地从更根本的语义层面上对信息进行了明智的观察，并将其定义为决定形式的因素，它远离任何狭义上的表征，同时又适当地保留了正当性或有价值的主题。

如果信息是能生成差异的区别，我们还需要回答这些问题，即与谁之间的差异？何人得益？谁会因此受益？这样的问题应该总是由适应主义者提出的，而答案往往出人意料[3]。正因如此，我们日常生活中的经济信息才能与生物信息紧密联系在一起，并被统一在语义信息的保护伞之下。正是这一点使我们不仅要将错误信息和虚假信息定性为两种不同的信息类型，而且是依赖的甚至是寄生的信息。错误信息只有在一个被设计为传递和依赖有用信息的系统背景下才会出现。一个有机体忽视可能会损害另一个有机体的设计的差别，那么它就没有被误导，即使这个差别会以某种方式存在于有机体的神经系统中。

英国女诗人史蒂维·史密斯（Stevie Smith）在自己的诗中写道，“不是挥手，而是求救”（Smith，1972）。海滩上挥手回应的旁观者被误导了，但头顶上空盘旋的海鸥却没有。我们不能被我们没有能力区分的差别所误导。提出“何人得益？”这样的问题时，能为理解什么是虚假信息提供很大的帮助。设计虚假信息是为了使一个主体可以为了自身利益利用另一主体的

① 比例俱乐部（The Ratio Club）由剑桥大学神经学家约翰·贝茨（John Bates）于 1949 年创立，成员包括麦凯、艾伦·图灵、格雷·沃尔特（Gray Walter）、I.J. 古德、威廉·罗斯·阿什比（William Ross Ashby）和霍勒斯·巴洛（Horace Barlow）等。想象一下他们的会议会是什么样子！

辨别系统，这个系统本身旨在获取有用信息和使用这些信息。这也是埃博拉病毒的设计被看作一个伪装案例的原因。

对此，哲学家金·斯特瑞尼提出过一个重要的反对意见：

> 人类是具有代表性的喜鹊类物种，想想人类会捕食的动物群和植物群多么丰富就知道了。人类自然史中的大部分信息都没有实用价值。一旦大脑里或大脑外的信息存储变得便宜，人类的喜鹊习性就会成为适应性的，因为事先很难判断哪些零碎信息会成为有价值的信息。但这并不能改变这样一个事实，即其中大部分并不会成为有价值的信息（Sterelny，2015）。

接着，他声称人们所知道的大多数信息都带有“自适应惰性”（adaptively inert）。但这并不重要，因为它们的存储成本很低，而确实重要的是那一小部分是真的重要。

抛开“比特”这个词的误导性用法不谈，我基本认同这一观点，但有一个附加条件，那就是即使是随着每天涌向我们的信息流印在我们的脑海中的水沫渣滓也有它的实用性。这些渣滓一般的信息之所以会留存下来，是因为它们是由广告商、宣传人员和其他主体设计来留存在受众脑海中的，这些人的利益是通过在其他人的心智中建立起可实别的前哨来实现的。正如斯特瑞尼所说，大部分渣滓般的信息会被留存下来，是因为在我们的无意识评估中，它们总有一天会具有某种适应性。无论是真实的还是虚构的，具有真正的“摄影式记忆”的人，正在遭受一种衰弱性异常状态的困扰，其大脑正在承受着比无用信息更沉重的负担。[1]

基于自然选择的进化会产生大量信息，它会自动地从完整的、装备齐全的有机体表型与其周围环境之间的相互作用中提取微量信息（不是“少量”）。这是通过使更好的表型比不受偏爱的表型更频繁地繁殖自己的基因来实现的。[2] 久而久之，由于这些与信息的接触，设计被“发现”并逐渐得到改进。研发（R&D）就这样发生了，设计因为不得不在一次次的差异化繁殖中“为自己买单”而得到改进。达尔文主义谱系中的生物通过调整自身形式“学习”新技巧。然后它们确定成型，完成了局部设计空间中的一次有价值的提升。斯金纳式生物、波普尔式生物和格雷戈里式生物在它们的生存过程中也是以同样的方式通过与环境的接触来了解自己的，使自己成为更加有效的主体，这要归功于它们可以用来处理各种各样的新事情的信息，包括开始能更加了解自己的新方法。富人越来越富有。然后，越富有的人越富有。它们不断用自己的信息来改进以下信息，即它们改进自己所获得的信息时使用的信息，这些所获得的信息是通过设计来提升可获取信息量的系统来获取的信息的。

---

① 科学极大扩展了我们发现具有影响力差异的能力。孩子可以通过计算树的年轮来了解树的年龄，进化生物学家可以通过计算 DNA 的差异来了解两只鸟在几百万年前拥有共同的祖先，但这些关于持续时间的信息并没有在树或鸟的设计中扮演任何角色。这些信息对它们没用，但对我们有用。

② 斯特林·科尔盖特（Stirling Colgate）和汉斯·齐奥克（Hans Ziock）捍卫了“被选择的信息”的信息定义，这当然与我的定义相一致，但为了使其适合他们考虑的情况，必须允许对“被选择”一词做更宽泛的理解。

这种有用信息的概念是第 5 章中提到的吉布森的可供性概念的衍生品。我会扩展他对这一概念的阐述，使其不仅涵盖植物和其他非动物进化者的可供性，还包括人类文化中的人工制品。吉布森提出“信息在光中”，动物是通过“获取”信息来感知世界的。① 想想从树干上反射来的和紧紧抓着树干的松鼠身上反射来的阳光。对于树和松鼠来说，光中的潜在信息是一样的，但这棵树没有能力通过其谱系中的早期研发从光线中获取与松鼠一样多的信息。树确实可以通过光合作用利用光能生成糖，而研究表明，树及其他植物也能对光携带的信息做出相应的反应。例如，它们可以利用光线信息确定是否发芽、停止休眠、落叶，以及确定何时开花。②

如果你愿意，我们可以继续考虑一些潜在效用的案例，如假设一个拿着链锯的人正在逐渐逼近，有眼睛的有机体都能看到，但树却看不到。眼睛对于树来说没有任何用处，除非树也有某些利用信息的方法：若不是逃跑和躲起来，也许是将一根沉重的树枝落在伐木工的身上，或者分泌黏液使链锯无法工作。如果行为收益就在身边，那么光线中的信息可能会在某天“激发”树木逐渐发展出视力！这不太可能会发生，但这种不太可能的趋同是进化的核心。在进化中必然存在一种会生成差异的差异，哪怕只有某些事物以某种方式依赖着它。如前所述，自然选择的进化尤其善于在大海里捞针，当这些“针”冒险做出回应时，这些回应者会在这种隐形模式中受益。正如生命的起源取决于在正确的地点和时间获得了正确的“原料”分子那样，种群的变

---

① 众所周知，吉布森不仅忽视了内部机制如何完成这种信息获取的问题，而且他似乎常常否认此处有任何难以回答的问题。激进吉布森主义者的口号说明了一切：“这不是你大脑中的事物，而是你的大脑在于其中的事物。”我并不赞同这种观点。

② 感谢金·斯特瑞尼和戴维·黑格让我注意到这些事实。

异中也必须有原料，并且这些原料中恰好包含着一些未得到充分利用的、多余的或残余的，以及尚未表现出的功能的特征，这些特征恰好是可遗传的，同时又能与世界中那些潜在的有用信息共变。①

并非所有“原则上可能”的事物都会自动地变成现实，但是如果将其置于漫长的时间和大量的周期循环中，在某个区域内就很可能会碰巧出现一些可获得妙招的路径，虽然这种幸运的事情并不总是会发生[4]。这就是为什么那个看似合理的“假设的故事”只是有待证实的备选解释之一（Gould & Lewontin，1979）。在成千上万的进化论假说中，每一个得到充分证实的假说都是以一个有待证实的故事开始的。就像大多数有机体至死没有后代一样，大多数还在构思阶段的“假设的故事未曾获得得以复制和传播的资格。适应主义的过失之处不在于它对进行进化生物学研究必须采用的“假设的故事”的构思，而在于它不加批判地复制和传播了这些未经适当检验的假设的故事。

设想一个比“长眼睛的树”实际些的例子，如灿烂的秋叶。这是树木中的适应机制吗？如果是，它有什么好处？人们通常会认为这不是一种适应机制，而只是落叶在枯萎凋零时发生的化学变化的一种没有功能性的附带结果。当阳光减少时，叶子会停止生成叶绿素，随着叶绿素逐渐被分解，叶子

① 即使在分子水平上也会出现有用的信息。戴维·黑格在他引人入胜的论文《社会基因》（*The Social Gene*）中充分利用了主体视角，直至他所谓的“战略性的基因”概念。正如他所指出的，“分子起源能够区分分子自身和非常相似的分子，这极大地扩展了基因可用的策略，并使大型多细胞体的进化成为可能”。当没有可利用的信息时，基因就无法以比偶然性更高的概率来叛逃或结成联盟，这是大自然对行刑队原则的预期。

中存在的其他化学物质，如类胡萝卜素、类黄酮和花青素开始出现，以反射剩余的光。然而今天，尤其是在新英格兰地区的人会因为非常重视秋天里的树叶鲜亮的色彩，而不自觉地先砍掉其他树种，只留下那些叶子颜色比较注目的树种，使其可以再繁殖一季，从而促进最令人印象深刻的树木的存活和繁殖。拥有颜色鲜亮的树叶已经算是新英格兰北部地区树木对外部环境的一种适应机制，如果还不能直接测量的话。这就是适应的开始，所有人都无所察觉，但自然选择过程“注视”着一切。落叶树在秋季落叶的时间有很大不同。在新英格兰，橡树的暗褐色叶子是最后凋落的树叶，它在枫树的叶子落光后很长一段时间才会凋落。在人们有意或无意地发挥他们不可忽视的选择效应的环境中，任何能使某种枫树的叶子推迟凋落的化学变化，都会成为一种适应机制。

现在，请进一步发挥一下想象力，假设这种推迟凋落的能力本身能耗很高，而且只有周围有人欣赏这些叶子的颜色时才是有价值的。这时，可以形成能监测是否有人的探测器的进化现象可能会出现，当然这种器械更可能是一个信息素嗅探器，而不是一只初级的可以监测是否有人的眼睛。这将是树木谱系向自我驯化迈出的一步。一旦后代被偏爱，繁殖被我们有意促进或阻止，我们就会像棕榈树和鳄梨树那样踏上成为一种驯化物种的道路。作为开启契机的动作不一定是我们有意识的、经过深思熟虑的、明智的选择的结果，当然树木也是如此。事实上，我们可以完全无视那些可与人类长期共存的其他谱系，它们不属于人类，或不受人类青睐，但可以与人类一道蓬勃发展。臭虫和老鼠都能与人类长期共存，杂草也是，更不用说那些栖息在我们身体里的数以万亿计的微生物了。如果可能的话，它们会在你看不到的地方飞行，适于生活在人体的里面、表面或周围。

在所有这些例子中，与有机物如何更好地适应环境有关的语义信息都是被无意识地从世代循环中收集而来的，需要注意的是，这种信息不是在生物体可能存在的神经系统，甚至是 DNA 中直接被编码的，而只是类似于语用含义的事物。语言学家和语言哲学家使用语用学（pragmatics）这个术语来指代那些不是由语词的语法和“词汇”含义来承载的，而是通过特定话语的环境，实际上就是话语的环世界来传达的含义的相关方面。

假设我冲进一所房子，对里面的人大喊一声：“烧些开水！”这是一个祈使句，一些人可能会因此推断我想喝杯茶或其他热饮，另一些人则可能会进一步推测我在这里就像在自己家一样很自在，或者我可能就是这所房子的主人。但对于只会一种语言的那个匈牙利人来说，她只能推断出我说的是英语，而真正的知情人会立刻捕捉到这样的信息，那就是我最终决定用蒸汽来打开信封，偷看一封本不是寄给我的信。一个犯罪事件就在眼前了。能从事件中收集到什么样的语义信息取决于收集者已经积累了的信息。了解到有些人是说英语的，这会给你的世界观带来一个有价值的更新，而这样一个设计上的改进可能会在将来的某一天产生巨大的回报。了解到有人可能会犯罪，对那些能充分利用它的人来说也是非常有价值的。在这种相互作用的基础上，每个人能取得的局部设计改进是截然不同的，通过仔细观察以声波或语句为表现形式的信号的结构，就能提取其中的语义信息的观点是一个巨大的错误。而所有这些不同的经验教训没有相关代码。

同样，能在繁殖期“学会”筑造悬挂式巢穴的鸟类 DNA 中没有描述自己的巢穴或筑巢方式的代码序列，而是由“然后依次附着上赖氨酸、苏氨酸、色氨酸……”这样的可生成不同种类的蛋白质对应的命令序列，或

“嗡 – 嗡 – 嗡，数到三”这样少量的可用作计时器的“垃圾”DNA，以及只是“巴拉巴拉巴拉”这样的一种基因寄生物或其他垃圾 DNA 组成的。无论如何，不要指望能将任何密码子序列“翻译”为“巢穴”、“细枝”、“找到”或“嵌入”。不过，由于这种鸟从父母那里继承了一系列特殊的密码子，而且其进化中的系统在先前的进化过程中已经“学会”了解释这些密码子的方式，筑造悬挂式巢穴的技术得以从父母那里传至后代。后代会从父母那里继承一个附带着可供性的本体论的常识映像，并且在出生时就已经为区分出对自己最重要的事物作好了准备。对热水壶案例中需要知道多少才能“完全”理解那句话的真正含义进行反思，是一个很好的方法，有助于我们领会通过 DNA 将默会知识代代相传是多么难以理解的一件事。

语言学家和语言哲学家已经提出了似乎可以在某种程度上降低以上困难难度的区分，其中有表达命题，如“烧点开水”；有暗示性命题，如“我要用蒸汽打开信封”；有由言语行为证实的命题，如“他说的是英语”。[1] 然而我认为，我们应该尽量避免将语言学中的这些类别强加于 DNA 信息传播的语言学研究，因为它们只是在一定程度上断断续续地、回顾性地发挥着应有的作用。进化总是把“漏洞”变成“特征”，把“噪声”变成“信号”，而这些类别之间的模糊界限是不可选择的；自然选择机会主义的开放式结果正是取决于这一点。事实上，这正是达尔文奇怪的推理倒置的关键所在。神创论者会反问：“DNA 中的所有信息从何而来？”而达尔文的答案很简单：“来自数十亿年来由噪声到信号的逐渐的、漫无目的的、没有神秘色彩的转变。”如果要创建新的“编码”，必须（碰巧）从一开始就要具有增强适应

① 感谢普莱纳的建议。

性的效果，因此传递语义信息的能力不能依赖于事物本身作为代码元素的先天资格。

据我所知，目前没有可以用来衡量任何特定信号“携带”多少语义信息的特殊标准，无论这种信号是来自祖先的遗传信号，还是来自感官体验的环境信号。正如香农所论证的，信息总是与接收者已经知道的事物相关，尽管在模型中我们能“固定”信号和接收者的边界，但在现实生活中，这种与周围环境之间的边界是有通透性的。我认为，我们将不得不将就着使用训练有素的挥手动作，这依赖于我们对于日常生活中通过说话和行事与人类同胞进行如此多的交流的方式的熟悉程度。是的，训练有素的挥手动作。可能没有任何可以测量语义信息的算法，但我们可以依赖假设的本体论，即可以提供有机体的环世界的本体论，建立足够多的临时结构以不断接近我们感兴趣的信息内容。当然，我们每天都在以一种粗糙但尚能使用的方式通过我们的人类范畴和本体论来对动物会区分的范畴、动物的活动，以及动物害怕的、喜欢的、躲避的和追求的事物进行严格控制。例如，如果我们打算设置一个陷阱来捕捉狡猾的浣熊，我们会密切关注可能对浣熊产生影响的差异。气味显然是一个需要担心的范畴，但设置陷阱的方式也需要注意，要使动物在接近陷阱时，除了入口之外，还能看到（在它看来）一条可以独自逃生的路线。如果我们想引诱浣熊进入陷阱，我们需要从化学上识别那些需要被掩盖或驱散的气味，但可独自逃生的路线的印记不能被轻易简化为一个简单的公式。

我们需要尽量克制自己，不要像许多理论家那样去假设一个有机体如果能对捕食者、猎物、危险、领地、母亲、配偶进行分类，那么他们必须有一种“思想语言”，其中包含着区分这些范畴的术语。如果DNA不需要任何“筑造”和“巢穴”这样的术语就可以将如何筑造巢穴的信息传递给后代，那么这种不可思议的事情为什么不能由神经系统完成呢？①

所有基于自然选择的进化都是设计上的修改，且在大多数情况下是设计上的改进，或者至少是设计上的维护。如果把维护器官及其功能的成本考虑在内，那么这些器官及其功能的丧失也应该被看作一种改进。洞穴鱼类放弃视力的行为被认为是种成本削减行为，任何一位公司高管都会告诉你，这是设计上的改进。**不要去获取和维护那些不会给你带来回报的事物。**生物学家通常把“学习”自己世代相传的本能行为的有机体看作同一世谱系，这是有根据的，因为所有的学习都可以类似地被看作对自我的再设计，这一过程被默认为设计上的改进。我们将获得技能和获得事实信息视为学习，这始终需要你通过自己已有的能力和知识对获得的事物进行质量控制。遗忘通常不能被看作一种学习，就像丢弃通常也不会被认为是设计上的改进，但有时这的确能被视为某种进步，如洞穴鱼类的例子。能力并不总是越多越好。残余物和抛弃物之间的合理区别在于，残余物是指被无意或意外地从甲板上或船舱中冲走的货物，而废弃物是指故意被扔到船外的货物。摆脱会危害一个人的福祉的信息或习惯的有意识的头脑清洗过程并不罕见，这有时会被称为故意忘却。②

---

① 科尔盖特和齐奥克的定义还有一个我明确否认的条件：“为了有效地选择信息，信息必须被存储（写入）；否则无法决定选择什么”。这完全取决于“存储（写入）”的含义。我想说的是，有关筑巢的信息在鸟类谱系中存储和传输，但没有写下来（作为有关筑巢的信息）。正如保罗·奥本海姆（通过私人信件）提醒我的那样，F. C. 巴特利特（F. C. Bartlett）的经典著作《记忆》（*Remembering*）警告不要将记忆视为检索已存储在大脑中某个位置（“记忆”）的某些东西。

② 罗伯特·马泰（Robert Mathai）指出，进化遗忘功能从来都不是真正的废弃物。随着时间的推移，这些废弃物逐渐变得像废品。它并不是被有远见地抛弃的，但它被冲入海中被证明是一件好事，因为这拯救了这艘船。

语义信息对于它们的携带者来说并不总是有价值的。一个人不仅可能承受着很多无用的事实带来的负担，一些特殊的信息还可能会给他带来某种情感负担，但进化并不关心你的情感负担，它只在乎你能否比竞争对手生出更多的后代。语义信息定义中的实用程序连接不会因此被消除，但会变得复杂。口袋里装满金币可能会让一个强壮的游泳者溺水，这是一个不可否认的事实，但这丝毫不会损害金币的价值。尽管如此，将语义信息定义为值得获取的设计似乎与这样一个事实是相悖的，那就是每天涌入我们脑海中的大量语义信息都没什么价值，实际上反而是一种烦人的负担，会使我们的控制系统产生阻塞，使我们无法专注于应该开展的工作。

但是，我们可以通过指出信息处理系统的存在本身正是依赖于信息的设计价值，来证明一开始用于构建它们的消耗的合理性，进而将定义中的这个“漏洞”转化为一个“特征”。在适当的条件下，一个信息处理系统，如一双眼睛或耳朵、收音机、互联网，就会被几种噪声利用或寄生，即那种纯粹无意义的“随机”出现的白噪声（如静电在信号弱时对晶体管收音机造成的干扰），以及对接收者来说无用甚至有害的语义信息。互联网上的垃圾邮件和网络钓鱼电子邮件很明显是这种白噪声的例证，但尘埃云和墨鱼故意释放的墨汁则不是。是否为恶意项目取决于它们是否会影响接收者对媒介的信任程度。从伊索寓言中我们知道了有个总是谎称“狼来了”的男孩在不久后便失去了人们对他的关注和信任。比如无毒的蛇身上会伪装性地长出有毒蛇类的斑纹，这是一种类似于寄生的贝茨拟态（Batesian mimicry），不用付出生产毒药的成本就可以享受它带来的好处。但当采取这种模仿手段的蛇的数量超过真正有毒的蛇的数量时，伊索的道德准则就开始产生效用了，这样的欺骗性信号就会失去效力[5]。

任何信息传输媒介或通道都可能引发骗术和侦查间的军备竞赛，但在有机体内，信息传输通道往往是高度可靠的。由于所有“政党”都有着共同的命运，是生死与共的关系，因此信任就占据了主导地位（Sterelny，2003）。当然还存在着一些有吸引力的例外情况，对此感兴趣的读者可参阅黑格关于基因组印记的阐述（Haig，2008）。

错误总是会有的，这是因为系统总会出现一些小的故障或磨损，而且系统也会在设备不足的环境中出现误用的情况。这就是为什么妄想和错觉在认知神经科学中会有那么丰富的证据来源，这也暗示了正常情况下有机体赖以生存的是什么。人们常常能看到，大脑在知觉方面发挥着过滤、抛弃或无视除了能给感觉器官带来冲击的能量流以外的所有值得关注的特征它会提炼和保留有用信息的精华，把所有噪声都排除在外。能量流中的所有非随机性都是一种真实的模式，这对于某些可能的生物或主体来说是潜在的有用信息，可以用来预测未来。任何主体所在世界中的真实模式的一个小的子集都包含着主体的环世界，即可供性集合。对于主体来说，这些模式是其本体中应该含有的事物，是应该被关注、跟踪、区分和研究的事物。对于相关主体来说，能量流中的其余真实模式只是噪声[6]。

尽管我们不是神，但我们在认知上确实比其他生物更胜一筹，从我们的视角出发，可以看到世界上存在着与某些生物的生存密切相关的语义信息，但这些生物自身没有可用于捕捉这种语义信息的“装备”。这些信息确实就在光中，但不是为它们而存在的。

商业秘密、专利和版权

到目前为止，我的主张是：

- 语义信息是有价值的，错误信息和虚假信息是默认情况的反常或依附性歪曲。
- 语义信息的价值是相对于接受者而言的，无法通过非人为的方式测量，但可以通过经验主义的测试来验证。
- 任意的特定情节或项目所携带或包含的语义信息也无法通过有效的单位来测量，但在局部境况中的量大致相当。
- 语义信息无须被编码即可传输或保存。

当我们转向人类的“经济”信息，并开始思考人类社会将这些主张融入其法律和习俗的方式时，所有这些主张都得到了阐明和支持。

以一个窃取商业秘密的案例为例，假设你有一个竞争对手名为 United Gadgets，他们开发了一个小部件，它是功能强大的新型 strimpulizer 的内部组件，被密封在一个无法被 X 射线穿透的机械外壳内，而砸开或溶解这个外壳的过程又必然会毁坏里面的那个小部件。这确实是一个被保守得很好的秘密。你费了很大力气才在 United Gadgets 里安插了一个内线，而这个内线最终也找到了这个还没有被装进去的小部件。马上就要完成任务了！但现在如何把信息送出去呢？通过块范法做一个阴模是个好办法，但阴模太重了，不便于携带。图纸、照片或设计图也是很好的目标，但因为安保系统很严格，且无线电信号也受到了严密监控，这些资料也很难被找到并发送出去。

例如，一份英文版经过加密的设备制造说明书，可能隐藏在一条不起眼的信息、一份杂乱无章的通信录或一份健康保险的选项中。

另一个系统方程是 CAD-CAM（用于计算机辅助设计和制造的系统）文件：将小部件放入计算机辅助断层扫描机中，以此获得可匹配 3D 打印机的高分辨率体层扫描文件。从分辨率来看，这可能是在极限情况下制作原子级复制品的理想方法，这可能是被哲学家和支持心智传递的其他狂热爱好者热衷的一种幻想。这种极限转化的一个优点是它能显示出文件中的小部件的最详细的规格，这个文件的大小因此可以通过比特来测量。你可以在一个只有几百万字节的文件中清晰地说明这种小部件的准确信息。现在我们说的是一个小部件，明天就可以是整个世界。广义上说，我们可以在一个宇宙位图中完整地（存疑）描述整个宇宙，这一观念是物理学中各种推测性的但有吸引力的推论的核心。当然，它不会停留在大的旧原子上，而是一个针对近况的相对“低分辨率”的方法。香农信息论确实允许这种应用，比如“原则上”（事实上也并非遥不可及）准确说明某一蛤蜊周围以立方米为单位的海洋中有多少香农式信息，但它没有说明这些信息中有多少是这只蛤蜊的语义信息，可能是少量且难以观察到的。①

回到上述盗窃小部件的例子上来。适当的高分辨率 CAD-CAM 文件可以被存储在能保证文件信息完整性的微型数字存储设备上。但如果你的间谍不

① 我创造了术语 Vast（大写的 V）作为 Very much more than ASTronomically 的缩写，代表有限但几乎难以想象的大数字，比诸如自大爆炸以来的微秒数乘以可见宇宙中电子数这样的天文量要大得多（Dennett，1995）。巴别图书馆有限但广阔，消失是它的倒数（就像无限小与无限的关系）。

能按要求进行体层扫描，那么他只能紧张地对这个小部件进行简单的研究，不断掂量它，感受它的重量，看看它的形状，闻闻它的味道，等等。然后以某种方式记住它的形状，通过大脑将这些信息传出去。请注意，这是大多数秘密的转移方式，人们通常会先细心观察它，然后记住它。如果你能把小部件带出来，也许窃取信息的最佳方式就是把这个小部件借出来带回家，以你喜欢的方式对其进行仔细检验，并记录相关信息，这样你就能做出一个符合自己要求的副本，然后将其返还给 United Gadgets。你得到的都是自己需要的信息。

你的间谍对完好无损的小部件了解得越多，他从 United Gadgets 必须传输或转移到你公司研发部门的香农式信息就越少。也许他一眼就能看出，输出孔的大小和形状是这些境况中唯一需要关注的创新点。这是在这种情况下值得采用间谍活动的设计改进的唯一机会。这个例子让我们更清楚地了解到了语义信息和香农式信息之间的关系。事实上，香农关于发送者和接收者的理想化规范的前提是，发送者已经在大海中找到了接收者最在意的针。找到针和检测可以利用的模式是在后台完成的工作，而不是模型的一部分，接收者的任务是为接收到的事物找到合适的用途，即使这些研发是在为所有的信息传输“付费”。

假设你的间谍成功地完成了任务。你获得的信息使你能够改进自己的 strimpulizer 设计，并提升了你的产品的市场份额，使你的公司可以经营下去。United Gadgets 后来发现你的设备不是靠自己的努力完成的，便愤然起诉你，或更糟的情况是你会因从事工业间谍活动被捕。毫无疑问，你确实窃取了那个小部件的设计，即使原告无法确切地查实你是如何窃取的。如果小部件很特别，那么仅凭设计复制（即使有些改进和变更），这种案例也能被制定为剽窃。事实上，如果 United Gadgets 从一开始就预料到会发生剽窃事件，那么明智的做法是在设计中加入一个独特但无功能的旋钮、凹坑或插槽，如果你的版本中也有这个无功能的设计，那么这将成为证明你剽窃的最有力证据。这是百科全书长期以来用于捕捉竞争对手非法复制其词条的策略，如果对方的书中出现了与自己的书中大致相同的关于虚构的动物、诗人或山峰的描述，那么它就很难对此做出解释，比如在谷歌查找 Virginia Mountweazel（防止侵犯版权的虚假条目）的细节。这里请注意，这种能暴露实情的信息只有在原始接收者不将其看作带有某种意图的预设信号时才有巨大的效用（比如会假装受伤鸟类发出的信号），与此同时抄袭者无意间“发送”回了一个自我毁灭的消息，其中包含着它非法复制原件的信息。

这些规律以及主体间相互作用的这些战略模式，取决于哪些信息得到了复制，而不只是多少信息得到了复制，因此虽然香农量度可以作为一个限制条件下的应用，但它却无法解释策略和反策略自由浮动的理据。于生物系统中寻找能暴露实情的信息在生物学的很多领域都有应用，即使我们还没有详细地了解到信息是如何“被编码”或得以体现的，也能得出这种信息必然存在的结论。例如，我的同事迈克尔·莱文（Michael Levin）一直从事简单的意向系统模型的开发，这是一种将“模式化系统视作原始认知主体的形态发生模式（Levin，2014; Friston，Levin，et al.，2015）。神经元不是唯一具有“学识”和“日常工作议程”的细胞，我在第 8 章会说明这一点。

我想我们能从专利法和版权法中学到另外一课。制定这些法律是为了保护设计，在这种案例中，设计是由智能设计师，即人创造的。通常情况中，设计师就是人，并且设计需要时间、精力和一点智慧。除非你是一个十足的用应用反复试错的缺乏想象力的苦干家，否则这种研发方法若不经历漫长的进化，几乎不会结出什么有趣的果实。这种设计通常是很有价值的，因此保护这些设计的创造者或所有者的法律是合理的。

这种法律都有一些很突出的特点。首先，你必须证明你的创意是有效用的，以至于可以获得专利。其次，你必须证明你是该设计的首个提出者。这个设计要多有用、多具原创性呢？这就是法律中不可消除的略而不证之处。例如，加拿大的专利法不保护所有不够新颖的创意，只要符合条件中的任意一个，这种创意就会被认定为已经有预期的、不足以作为专利得到保护的。其中两个条件是：

> 可能会传达出使解决同一问题的人一定会说出“它给了我我想要的”这样的话的信息的预期。
>
> 可能会向一个有普通知识的人提供能使其马上意识到这个创意的信息的预期。

我们不该为专利法会有这样一个尴尬的定义问题而感到惊讶。新颖性与一般的语义信息一样，在很大程度上直接取决于相关方的能力。在蠢货之都（The Land of the Dunces）中，你可以为将一块砖当作门挡而申请专利，而在工程师的天堂，一个由阳光驱动的飞行房屋可能被视为现有知识和实践微不足道的延伸。“有着普通学识的人”“随即”能看到的东西会随着普通知识随时随地发生变化。

你可以为与一个流程、一个小装置、一个工具或一个方法相关的一个想法申请专利，而无须实际构建一个产品原型，尽管实际上构建这样一个产品原型更能有效地支持你的草图和描述。你无法对想法进行版权保护，只能对想法的特定表达形式进行版权保护。一首歌会受到版权保护，但一个四音符序列通常是不受版权保护的。试想如果贝多芬今天还活着，他可以对自己的《第五交响曲》（*Ta-ta-ta-DAH*）的前四个音符申请版权保护吗？NBC 是否为其三响音阶申请了版权，或它只是一个商标，一种不同的受法律保护的信息项目？书名本身不受版权保护，但一首短诗是受版权保护的。那么这个呢：

这首诗，
简短且生硬。

毫无疑问，它在本书的版权保护范围内。但当其作为一部独立的“文学作品”时它是否受版权保护，我还不清楚。尽管版权法已经过多次修订，但这个令人烦恼的问题依然存在。书籍与文章、音乐与绘画，以及制图、雕塑、编舞和建筑，只要它们有一些固定的表达形式就可以受版权保护。被录制的表演中即兴创作的爵士独奏曲无法受到版权保护，同样无法受到版权保护的还有未经录制和未被拍成电影的舞蹈表演。这符合科尔盖特和齐奥克对信息的定义，但这似乎只是由法律的证据要求驱动的，而不是由书面“存储”信息的自然要求驱动的。绰号为“大鸟”的美国音乐演奏家查理·帕克（Charlie Parker）无法对他的独奏申请版权保护，但许多萨克斯管演奏者和其他听过他演奏的爵士音乐家都深受其影响，也就是说：有价值的语义信息已从帕克的演奏流向了他们的表演，而对于那些无法从帕克的演奏中获得可用启示的听众来说，这些信息不会产生什么有益的影响。你不能对一个想法或发现申请版权保护，但“应该在哪里划定界限”？正如法官勒尼德·汉德（Learned Hand）曾经说过的那样：“显然，没有任何原则可以说明模仿者何时可以超越对‘想法’的简单复制和对其‘表达形式’的借用，因此决策必定是具有临时性的。”

有趣的是，在考虑某个作品是否具有版权时，实用性或功能性与创作之间是相对立的关系，因为版权旨在保护“艺术”创作，而“艺术”创作必须在“概念上”与在更严苛的情况下可受专利法保护的功能性考量相分离。这是一个有趣的不完整的“功能”概念，因为美学效果在绝大多数情况下都是功能性的。这让我想起了一些早期进化论者因为缺乏远见对达尔文关于性选择的观点的抗拒，因为在他们看来这一观点错误地暗示了“美的感知可以发挥功能性作用”。这显然行得通。女性已经进化出了更高的识别未来配偶的良好特性的能力，而男性则进化出了更加令人印象深刻的表现力，从美学上来说这只不过是作秀。成功交配是生活中必选的一次冒险，它是终点，是目标，并且无论其持有者要花费什么成本或承受什么负担，到达终点需要付出的代价都是功能性的。① 版权法试图将功利主义功能与美学功能区分开来，同时也有充分的法律理由可以尝试做出一个明确的区分，但正如汉德对“想法”与“表达”之间的差别的观察那样，也有充分的理论理由将其看作一项

① 我发现有些人抵制一个相当明显的自由浮动的理据，即人类在选择配偶时，为什么是男性进行代价高昂的自我展示，而女性对其进行评估，即不对称的父母投资。在雌性通常比雄性为每个后代投入更多时间和精力的物种中（产生卵子而不是产生精子，哺乳、孵化、抚养等），雌性在接受配偶时应该更加挑剔。雌性只能产下一定数量的卵，也只能产下一定数量的幼崽，如果选择与二流雄性交配，可能会浪费大部分或全部的生育能力，而选择与二流雌性交配的雄性只损失了一点点宝贵的时间，并且总是可以制造更多的精子。在父母投资大致相等的物种中，雄性和雌性的外表和行为几乎相同。

临时性任务。

当我们转向文化进化时，会遇到大规模的这种无代码传输。我经常会说，带有辐轮的四轮载重马车不仅可以把粮食或货物从一个地方运送到另一个地方，还把带有辐轮的四轮载重马车这个绝妙的想法送到了别的地方[7]。但马车传递给路上的狗的想法（信息）不会比阳光将与正在接近的伐木工相关的信息传递给树的更多。首先你要知道的是，你必须先具备很多可用的能力，才能运用这些信息，而这些信息就在驶过的交通工具里。留给我们的一个任务就是，去理解为何我们人类比任何其他物种更善于从环境中获取信息。

我们真的更善于从环境中获取信息吗？如果用获得启示的数量来衡量我们在这方面的技艺，那毫无疑问确实如此。除了那些人类与哺乳动物共享的事物，比如喝的水、吃的东西、躲藏的洞、走的路等之外，还有所有我们可识别的、熟悉的人工制品。五金店是一个物资博物馆，有数百种不同的扣件、开瓶器、封口器、吊具、挖掘工具、平滑器、拉手、抓手、切割工具、书写器、存储器等，它们在合适的环境中都能得到识别和使用，即便在我们使用预先设计和预制的部件即兴发明和构建新的可用物的新环境中也是如此。格雷戈里对智能和设备的思考启发我将一类生物命名为格雷戈里式生物。他强调，使用一把剪刀不仅需要智力，而且这把剪刀还能极大地开发使用者的可用能力，从而也提高了他们的“智力”水平。这些工具，如寄居蟹的壳、鸟类的巢穴、河狸的水坝，都是获得性设计改进的事物，不属于我们扩展后的表型（Dawkins，1982, 2004b），我们能够识别并充分利用这些工具的一般天赋是通过基因传递的表型特征。

我有时会提示我的学生，基于自然选择的进化只不过是“普遍的剽窃”，如果某个事物对你有用，就去复制它，然后使用它。所有对你所复制的事物进行设定的研发现在都会成为获得的赠品的一部分，你不必“另起炉灶”也能增加自己的“财富”。这就是大自然数十亿年来一直在做的事情，提炼、阐明和传播数十亿种良好的设计特征到地球的每个角落。如果没有几乎难以想象的复制量，这种巨大的创造力是不可能实现的。对于我们来说，大自然的好把戏是违法的，而且这么说也有一个很好的理由，那就是语义信息的创建是昂贵且有价值的，所以未经授权的复制是种盗窃。值得注意的是，这不是一个自由浮动的理据。第一部关于专利和版权（以及商业秘密和商标）的法律是在对其必要性进行了广泛的、明确的和理性的辩论和讨论后得以制定和颁布实施的。它们本身就是智能设计的产物，旨在保护其他智能设计。

香农式信息为我们提供了如何从噪声中识别信号，以及测量容量和可靠性的数学框架。它阐明了研发必定会发生的所有物理环境，但研发本身，如开发可用于提炼矿石、找到针的模式检测“设备”，是一个我们现在才开始以自下而上的方式去理解的过程。到目前为止，我们已经能够撇开语义信息在物理学意义上的体现方式，单独地对用于各种目的，如为理性选择提供信息，引导、开发更好的捕鼠器，控制电梯等所需的语义层面的信息进行推理。正如控制论之父诺伯特·维纳（Norbert Wiener）所说，“信息就是信息，而不是物质或能量。不承认这一点的唯物主义是无法在今天继续存在的”（Wiener，1961）。

FROM BACTERIA TO BACH AND BACK

07 达尔文主义空间：一段插曲

思考进化的新工具

达尔文在《物种起源》的第 4 章提要中提到过通过自然选择理解进化的基本框架。它是值得反复讨论的。

> 我认为有机体在漫长的岁月里，在经历不同的生存条件的过程中，其组织的几个部分很可能会发生根本性变化。如果每个物种在某个时期、季节或年份都以几何级数迅速增长，那么它们彼此间会为了生存而展开激烈的斗争，这是毋庸置疑的。不同有机体之间的关系及它们各自与生存条件之间关系的无限复杂性，会导致它们在结构、体质和习惯上产生对自身有利的无限多样性，人类就以同样

> 的方式获得了很多有用的变异，所以我认为若没有出现过对每个生物体自身福祉有用的变异，这其实是非常奇怪的。而如果真的出现了对任何有机生物有用的变异，那么具有这种特征的个体在生存斗争中一定有存活下来的最佳机会。根据强有力的遗传原则，它们将倾向于繁衍具有相似特征的后代。为了简洁起见，我将这种保留原则称为自然选择。

多年以来，这种深刻的见解经过不断完善和概括，逐渐形成了各种更精简的表述。其中最简单、通用和清晰的一种表述是生物哲学家彼得·戈弗雷－史密斯提出的三个条件（Godfrey-Smith, 2007）：

- 某种群成员的特征发生的变异；
- 由上述变异引发的不同的繁殖率；
- 上述变异是可遗传的。

无论何时，只要这三个条件都存在，不管该种群是有机体、计算机程序还是其他任何以某种方式生成自身副本的事物，自然选择的进化都是必然结果。虽然为时已晚，但我们仍可以说，达尔文通过自然选择发现了进化的基本算法，这是一种可以在不同材料或媒介中被执行和“实现”的抽象结构[1]。

下面，我们将着眼于由文化的自然选择引发的进化，涉及的文化项目包括词语、方法、仪式和风格等，以此来帮助我们思考这个有潜在危险的话题。我将介绍一种我认为特别有价值的思考工具，即戈弗雷－史密斯在其著作《达尔文主义种群与自然选择》（*Darwinian Populations and Natural*

Selection）中提出的“达尔文主义空间”（Godfrey-Smith, 2009），这个工具将有助于我们在完成这个棘手任务的过程中找到方向。

我们可以说，上述三个条件定义了达尔文自然选择的本质，而自然选择的经典例子也是恰如其分地可以用于说明该理论在实践中的作用的。但达尔文对思想的最重要的贡献之一是他对本质主义的否定。本质主义是一种古老的哲学学说，它声称每种事物、每个自然类（natural kind）都有其本质，这是它们成为某种事物的充分必要条件的集合。达尔文指出，不同的物种在历史上由一系列变异联系在一起，这些变异是逐渐形成的，所以根本没有能将它们清晰、明确地划分开来的原则性方法，比如把恐龙分在左边、把鸟类分在右边那样的法则。那么达尔文主义本身呢？它是否有本质？它和不知不觉间与非达尔文主义的解释相融合的变体是一类的吗？那些不能作为达尔文进化论经典范例的现象呢？此类范例有很多，而且戈弗雷－史密斯向我们展示了如何组织它们，这样一来我们就可以清晰地看到它们之间的差异和相似之处，甚至是对这些差异和相似之处的解释。

例如，所有进化中的实体都需要从其父母那里“继承”，或者说是复制某些事物，但有些复制形式的保真度很低，会造成很多失真或丢失的情况，而另一些复制形式则可以生成近乎完美的副本。我们可以想象，在简单的 x 轴上按照从低保真复制到高保真复制的顺序排列出不同情况。

(0,0)________________________________ x

……传闻……速记……黑胶唱片……DNA……数字文件……

进化依赖的是高保真复制的存在，而不是完全复制，因为由错误复制引发的突变是所有新奇事物的最基本来源。数字复制技术是适用于所有实际用途的完美技术，比如你复制一个 Word 文件，不管复制出多少副本，它们与原始文件都是完全相同的。不要期望能通过突变实现好的或坏的积累。DNA 能近乎完美地进行自我复制，但如果没有那偶尔的错误（可能是十亿分之一的核苷酸出了错），进化就会停止。

另一个关于变异的例子是，一个种群中的不同成员间的适应能力的差异可能取决于"运气"或"天赋"或两者的结合。在一个选择性的环境中，大多数没有繁殖的主体在获得交配机会之前会被闪电击中，那么在这种情况下，进化无法在实力的差异上发挥作用。我们可以在另一个轴上列出不同的运气和天赋的结合体，并注意到正如复制"噪声"（低保真复制）会阻碍进化的研发一样，环境"噪声"也是如此，比如雷击和其他事故会将原本有价值的候选人从繁殖竞赛中剔除。我们还可以添加第三个维度，画一个有 x 轴、y 轴、z 轴的立方体结构，并在上面定位各种现象。可惜的是，我们大多数人无法周全地想象出四个或更多维度，因此我们不得不止步于三个维度，一次只能看到三种变异，根据我们的目的在图表中交替使用它们。

通过这些三维阵列，我们可以展示出完全达尔文主义的现象、准达尔文主义的现象、原始达尔文主义的现象，以及模糊边界之外的完全不属于达尔文主义的现象的现象。这样一来，我们可以很清晰地看出这些现象间有哪些相似之处和哪些差异，这非常有助于我们思考进化。我们不会明确区分完全的伪达尔文主义的现象和具备自然选择的三个"基本"特征的现象，而是巧妙地设置了一个梯度，这样一来我们可以根据这些现象与达尔文主义的现象的近似度将其置于这个梯度上。然后，我们可以通过寻找可以解释这些现象如何以及为什么会出现的协调和相互作用，来确定达尔文的理论是否适用于中间情况。戈弗雷－史密斯提醒我们，“进化过程本身就是进化的产物”，它是逐渐出现和逐渐转变的结果。简而言之，戈弗雷－史密斯的“达尔文主义空间”为我们提供了一件有价值的工具，可以帮助我们坚持和进一步阐述我们“关于达尔文主义的达尔文主义”，这是格伦·阿德尔森（Glenn Adelson）的至理名言。

在下文的所有的三维图形中，0（完全不是达尔文主义的）和 1（最大限度接近达尔文主义的）之间的数值被视为有效维度，可以看到，“最典型的达尔文主义”现象出现在右上角，在三个维度上都是最大值（1，1，1），而那些完全不具有代表性特征的现象都在（0，0，0）点。我们可以任意选择三个可变特征，将它们分配给三个维度，即 x 轴、y 轴和 z 轴。如图 7-1 所示，表示遗传保真度的 H 值在 x 轴上从左到右排列，而如果保真度太低，无法在有噪声的情况下保持信号，那么进化将不会发生；有用的突变可能会出现，但在自然选择成功地将其传递至后代之前，它们可能已经消失在噪声中了。即便其他维度的数值显示都接近 1，我们也仍会在左侧面附近看到一片“差错成灾”（见图 7-1）。正如我在上文中所指出的，如果保真度是完美的，进化也会因缺乏新的变异而停滞，所以典型案例应该非常靠近右侧面，而不是完全与右侧面重合。垂直的 y 轴表示的是连续性或者“适应性地形的平滑度”。自然选择是一个循序渐进的过程，它取决于盲目地迈出的“小步”，以及是否具备能使这一“小步”在平稳或平滑的斜坡上完成的选择性环境，在任何方向上向侧面倾斜的一小步在适应性上都是向上、向下或中性的一小步，所以尽管盲眼钟表匠没有前瞻性，但可以通过一系列小步来“爬山”并攀登至顶峰。它将在特别平滑的适应性地形中到达那唯一的顶峰，即总体最优，并在有多个峰值的地形图中到达局部最优。当地形“崎岖不平”时，进化几乎是不可能的，因为这种情况中的小步与改进，甚至维持当前的适应性之间没有相关性。

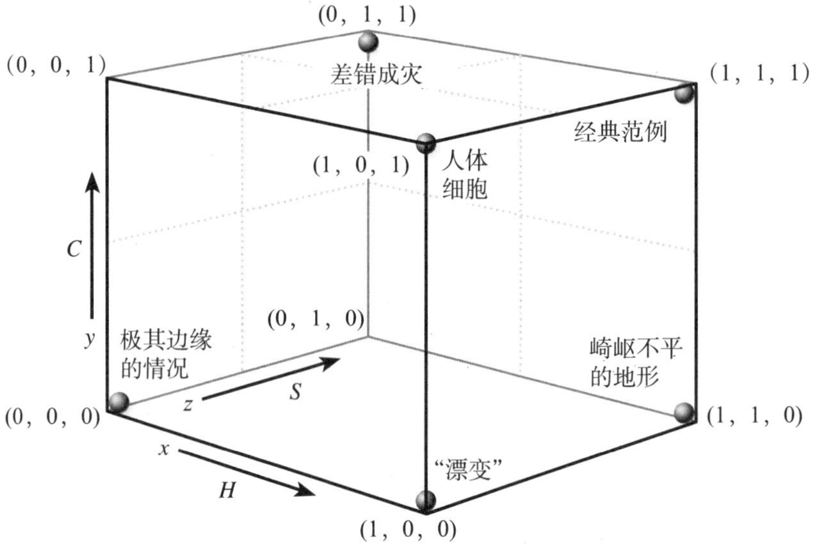

H：遗传保真度
S：变成现实的适应性差异对“内在属性”的依赖
C：连续性（适应性地形的平滑度）

图 7–1　基于三个维度的达尔文主义空间

在 *z* 轴上，戈弗雷－史密斯设置了参数 *S* 表示对“内在属性”的依赖，用它来表示运气与天赋构成的维度。在网球比赛中，优秀的运动员往往凭借自己的能力和实力获得晋级；而在掷硬币比赛中，决定比赛结果的只是运气而非选手的内在属性，获胜者在复赛中再次击败那些失败者的可能性并不比其他参赛选手大。在基因“漂移”中（尤其是在“抽样误差”相对较大的小种群中），种群中“胜出”的特征并不比其他选项更好；但运气恰好在一个方向上积累，从而使这一特征在该种群中被固定了下来。例如，在一群兔子中，有几只兔子的灰色皮毛比其他兔子的皮毛颜色更深，而这几只皮毛颜色更深的兔子有的在公路上被车踾死，有的溺水而死，最后一只也在准备交配时从悬崖跌落而死，事情就这样毫无原因地发生了，更深的灰色皮毛的基因随着最后一只携带者的死亡而被彻底地从局部基因库中删除了。

达尔文主义空间最有价值的特征之一是，它帮我们看到了“去达尔文化”的现象，在这种现象中，一个在典型的达尔文主义条件下世代进化的谱系，进入了一个新的环境，其未来将由一个不那么达尔文主义的过程决定。图 7–1 中的人体细胞就是这种情况的很好的例子。这些细胞都是以独立个体的身份存活的单细胞真核生物，即“微生物”或“原生生物”的直系后代。这些远祖生物都是典型的达尔文主义生物（1，1，1），完全符合三个特征。目前构成你身体的细胞是前一代细胞的直系后代，即它们的“子细胞”，而前一代细胞本身是更早期的细胞的后代，如此可以追溯到卵子和精子在受孕时结合形成的受精卵。当你处于子宫内和婴儿期的发育过程中时，细胞会增殖出远超最终形成器官所需的数量，而一个选择过程会无情地剔除多余的细胞，留下能发挥各种作用的优胜者，失败者则作为繁殖下一代的原材料被回收再利用。这种现象在大脑中尤为明显，在那里有很多全新的神经元有机会进行有效连接，例如成为从视网膜上的某一点到视觉皮层上相应的点之间的路径的一部分。这很像一场赛跑，许多神经元试图循着像面包屑一样的分子线索，从 *A* 长到 *B*。那些先到达的就赢了，并且活了下来，而其他的则走向死亡，沦为下一波发育的原料。

那么获胜者是如何“知道”怎样才能从 *A* 到 *B* 的呢？它们并不知道。这与在掷硬币比赛中获胜是一样的，全凭运气。许多神经元都在努力尝试生长，但大多数都以失败告终，只有那些建立了正确连接的会存活下来。存活下来的细胞可能在“本质上”跟它的对手一样强，速度一样快，它们只是恰好在正确的时间出现在了正确的地方。所以，将大脑中的神经元连接起来的发育过程是去达尔主义的变体，这个过程进化出了 10 亿年前联合形成多细胞生物的真核生物。值得注意的是，在基因漂变中，一种特征由于纯粹的运气被固定（如人体细胞），这种现象在图中也显示为低坡。人体细胞被选择靠的是地段、地段、地段，正如房地产经纪人所说，但是基因漂变的赢家靠的只是运气。基因漂变会与进化同时存在，因此它不是去达尔主义的例子。

图 7–2 描绘的是另一个戈弗雷 – 史密斯的达尔文主义空间的示例。在这个例子中，*x* 维度上的是 *B*，表示的是瓶颈：在极端情况下，繁殖是不是通过各种各样的收缩将一个细胞释放出来的？从父母体内的数万亿个细胞中脱颖而出的一个精子和一个卵子结合在一起孕育出了你，共同揭开了你这一代的序幕。相比之下，一个水牛群可以简单地通过一分为二形成两个水牛群，然后通过同样的方式形成四个水牛群，或者一对水牛可能会以某种方式被孤立，而后组建起新的水牛群，而这个新水牛群的遗传多样性要低得多。海绵的任何一部分被掰下来后都可以成为一块新的小海绵，在某种程度上它比畜群具有更高的完整统一性，更具独立性。一棵橡树具有很高的完整统一性，但同时也具有一个繁殖瓶颈，那就是橡子，但就像一般的植物那样，它也可以通过将嫩枝插入泥土中来实现繁殖。然而，人类目前还无法通过从耳

朵或脚趾上切下一小块来进行繁殖。我们在图中三个维度上的数值都很高。白杨树林很有趣，它们通过根系在地下相连，所以它们并没有构成遗传个体，而更像是很多巨型连体同卵双胞胎，一种能覆盖整个山顶的单个“植物”。

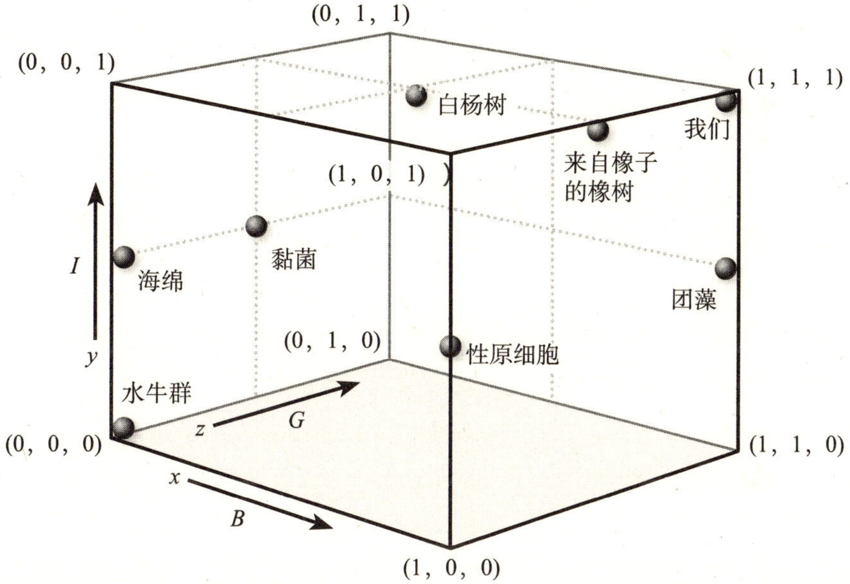

B：瓶颈
G：生殖特化（胚胎 / 体细胞）
I：完整统一性

图 7–2 其他维度组成的达尔文主义空间

图 7–3 是生命起源的达尔文主义空间示意图，我在前三章中已对此进行过详细的阐述。它一定是从前达尔文主义到原始达尔文主义，再到达尔文主义的一系列推进过程。

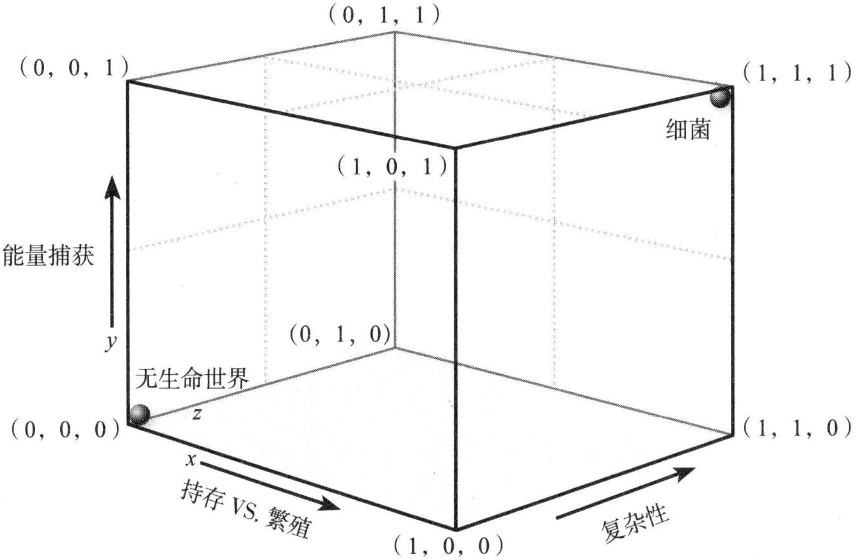

图 7-3　生命起源的达尔文主义空间示意图

当我们讨论位于示意图右上角的细菌时，我们可以看到完全意义上的繁殖、能量捕获和很高的复杂性。悬而未决的问题是达到这种程度的可能的路径是什么。我们可以绘制出各组成部分，如膜、代谢和复制机制等的轨迹，并观察其中哪些是首先连接在一起的，哪些是后期添加或改进的。当然，也可以在其他维度上进行绘制，其中大小和效率可能也是两个重要的维度。如我在第 2 章中所述，近似复制的第一种事物或集合也许是相对较大的鲁布 - 戈伯格装置，这种装置很稳定，足以使自然选择修剪或简化出高效且体形小的细菌。此时，在达尔文主义空间中列出相关实例还为时过早，如果古生菌或其他东西被证明是第一种明显的达尔文主义繁殖者，那么我将细菌置于右上角也可能会产生误导。

文化进化：达尔文主义空间倒置

接下来探讨的是达尔文主义空间在文化进化现象中的应用，与解释和辩护相关的细节将在后面表述。

我将生长与繁殖的对比置于图 7–4 的 *x* 轴上。白杨树林通常只是长出了更大的“身体”，而不是繁殖出了“后代”。这是近似的“只是生长”，也是近似的“繁殖”。蘑菇也是如此。但我不知道是否有某种动物可以通过自我复制进行繁殖，生成连体双胞胎，而不是通过通常的方式来繁殖。我用 *z* 轴表示内部复杂性，用垂直的 *y* 轴表示文化进化与基因进化。也许还会存在中间现象，我们会在下文看到。

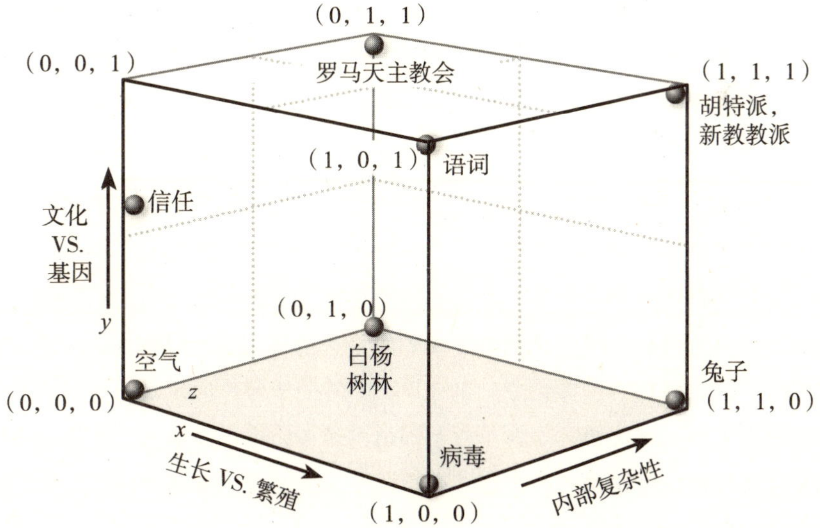

图 7–4　宗教中的达尔文主义空间

与白杨树林一样，黏菌也是差异繁殖与差异生长共存的，它们只会变得越来越庞大，而不会分裂出新的个体化的后代。在文化领域，罗马天主教会似乎一直在不断发展壮大，它在16世纪产生过一些壮观的分支，但此后却很少形成新的分支。相比之下，胡特派（Hutterites）[2]被设计成每当一个团体足够大时才分离出其子团体（Wilson & Sober, 1995）。宗教或宗教团体是大型的、复杂的社会实体。语词（words）则更像病毒，它是简单且没有生命的，只有依赖其宿主才能进行繁殖。不要误以为所有病毒都是有害的，相对于那些有害病毒，我们体内还有数百万种明显无害的病毒，有些甚至对我们是有益的，甚至是必不可少的。

信任基本上可以算是一种文化现象，毫无疑问它是由我们的基因推动的；而且就像我们呼吸的空气一样，直到我们将其耗尽，它才会表现出似物性（thinglike）。信任在很大程度上是文化进化的产物，就像我们呼吸的空气是数十亿年来基因进化的产物一样。生物在刚出现时是厌氧的，不需要氧，大气中几乎没有氧，而生物一旦进化出光合作用，就开始将氧以 CO_2 和 O_2 的形式释放到大气中。这个过程持续了数十亿年，高层大气中的一些 O_2 被转化成了 O_3，即臭氧，如果没有臭氧，致命的辐射会直达地球表面，我们将无法存活。6亿年前，空气中的氧含量仅是现在氧含量的10%，可见尽管变化缓慢得难以察觉，但随着时间的推移，变化也是巨大的。我们可以将大气层视为进化发生的选择性环境中的一个不易改变的特征，但实际上它也在进化，是地球上出现较早的进化产物。我们大概可以把这些现象称为生物和文化上的“大气层”，进化在其中得以发生，这些现象自身不会繁殖，但它们会出现局部的兴衰，并以非达尔文主义的方式随时间进化。

图 7–5 所示的是另一种预演。在此图中，我倒置了之前的达尔文主义空间图的两个极点。最标准的达尔文主义现象在（0，0，0）角，而绝对的非达尔文主义的现象，即智能设计（与宗教无关）的案例在右上角。

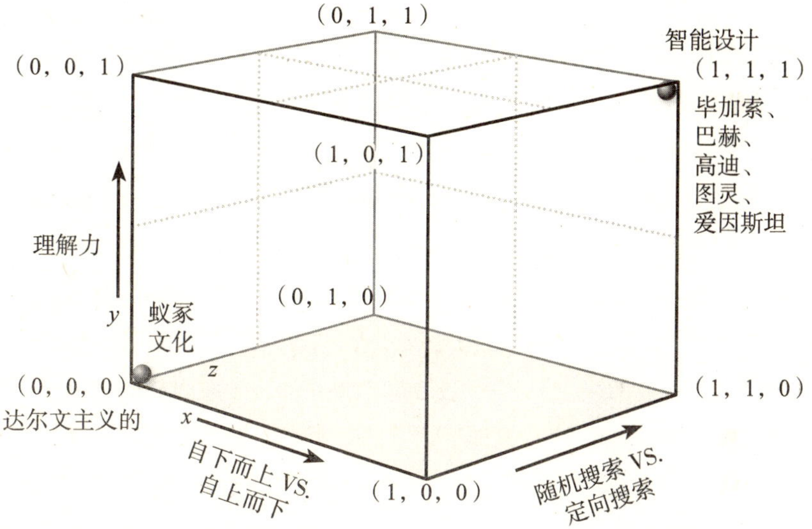

图 7–5　倒置的达尔文主义空间中的达尔文主义现象（0，0，0）和智能设计（1，1，1）

我捍卫的主张是，人类文化一开始就完全是以达尔文主义的方式展开的，随着时间的推移，人类文化中的“无须理解亦能胜任”以类似于白蚁筑造蚁冢的方式让位于各种有价值的结构，然后逐渐完成去达尔文化，变得越来越具有理解力，越来越具有自上而下的组织能力，从而能越来越有效地探索设计空间。简而言之，**随着人类文化的进化，它以自身的进化成果为食，以更强的方式利用信息，不断提高自身的设计能力。**

图 7–5 的右上角，是智能设计的极限。事实上，我们都希望能有一个神一般的智能设计师以自上而下的方式给予我们这些凡人天赋，但事实上这是不可能的。其实，所有真正的文化现象都处于中间地带，其中包含着不完全的理解和探索，以及很多中等程度的协作。

我之所以把毕加索放在智能设计的极点，不是因为我认为他比其他天才更聪明，而是因为他曾说过："我不是在探索，我是在发现！"这是天才的完美自夸，更具体的表述有："我不必反复试验！我不必一路攀爬以登上整个设计之峰的顶端。我只是每次都能跳到珠穆朗玛峰的顶端！我能理解一切，甚至能理解自己的理解力！"这当然是胡扯，但仍有启发性。在毕加索的例子中，这是一个赤裸裸的谎言。他经常针对同一个主题画出数百幅不同的草图，然后不断地在设计空间里摸索，直到他找到一个自认为不错的停歇点。他是一位非常伟大的艺术家，但他的部分天赋在于他选择签售如此多的尝试性作品，而不是将它们丢弃。

对于文化进化方式的进化及其在创造我们的心智方面的作用，还有很多需要探索的地方。就像生命的起源一样，这是一个尚未得到解决的问题，也是一个很难回答的问题。人类的心智在某些方面与其他生物的心智非常不同，就像生物与非生物之间的差异一样，即使是在我们与黑猩猩之间找到一条通往共同祖先的可行道路也是一项艰巨的任务。这其中不乏相互矛盾的假设，但我们总会根据自己的判断考虑最优假设。语言、协作、工具制造、取火、投石、对抗式采集或贸易等，哪一项是最早出现的？我们当然知道没有关于这个问题的万能答案，但这里面应该有一个由很多相互作用的影响因素协同进化的过程。但时至今日，我们仍是唯一的爆发性地发展出文化积累的物种，同时任何被用来解释我们为什么（包括怎么来的和为了什么）有文化的推测性故事，都必须对为什么只有我们有文化做出解释。文化对于我们来说显然是个“妙招”（Good Trick），但视力和飞行显而易见也是妙招，它们在不同的物种中也进化过多次。但是什么阻碍了其他进化中的谱系发展出如文化一样的妙招呢？

FROM BACTERIA TO BACH AND BACK

08 由大脑组成的大脑

自上而下的计算机和自下而上的大脑

细菌能够感知与自身相关的梯度变化，也能辨别一些重要的差异，使它在自己熟悉的小世界中自在地捕获茁壮成长和繁殖所需的物质和能量。植物和其他固着生物会将细胞组织成较大的、可执行特定任务的“奴隶军团”，同时也会保护和喂养它们，使其可以发挥监测器、加速器和控制生长器等的作用，且不需要在能使生物自由移动而不会发生误撞的远端知觉系统上进行“投资”。快速控制是可移动生物的关键能力，因此这类生物必须有中枢神经系统。请注意，尽管植物已经有复杂的信息传输系统，能根据所处环境的变化不断调整自身，但它们的传输系统是分布式的，而不是集中在任何一种神经枢纽上。大脑是控制中心，可以迅速且适当地处理可移动生物的可供性，包括机会和风险。

正如我们所注意到的，大脑被自然选择设计出了，或者可以说可靠地开发出了提取完成控制任务所需的语义信息的功能。昆虫通常天生便具有一套发育完全的能力，它们的祖先在不断进化的历史进程中已将其“前程”设置好了。卵生鱼在成年以前没有时间学习游泳，也没有父母去教它们，它们必须具有与生俱来的游泳“本能”。一头刚出生的角马几乎一落地就得马上跑起来，基本没有机会探索这个世界和了解其中的奇迹；如果它跟不上自己所在的角马群就死定了。与这种早成性生物相对应的是，其他哺乳动物和鸟类都具备成为晚成性生物的条件。根据设计，它们可以在漫长的初生期享受父母的喂养和保护，并且它们可以不必通过基因遗传，以及在危险世界中进行毫无保护措施的反复试验就能获得语义信息。即便它们是纯粹的斯金纳式生物，也可以尝试一种风险性相对较低的学习环境，这种学习环境是父母为了安全起见为它们选择的（无须多少理解亦能胜任）。大脑以某种方式发展着自身的能力，包括获得和磨炼出其他能力所需的元能力。

在对设计赋予大脑的一些专门的提取语义信息的方法进行研究之前，我们必须先要考察大脑与充斥我们世界的各种计算机之间存在着多大的差异。以前由人脑执行的控制任务现在已经由计算机取代，从电梯到飞机，再到炼油厂，计算机已经可以执行多种任务。图灵的理论上的构思是由冯·诺伊曼的序列存储程序计算机实现的，这种计算机在过去几十年间呈现出了指数级增长，如今已经占据了地球上的每个角落，并已将自己成千上万甚至数百万的后代送入太空，这是历史上最被广泛使用的大脑产物。香农、图灵、冯·诺伊曼、麦卡洛克和皮茨卓越的理想化设想，使得机器的信息处理能力实现了爆发式增长；因此，今天人们普遍认为，大脑应该是某种形式的有机数字计算机，而且不久后，代表着人工智能发展水平的硅基计算机将会在“创造性技能的所有成就”方面超越大脑。这是对贝弗利的愤怒指控的呼应，即达尔文认为“绝对无知”也可以起到同样的作用。我认为贝弗利已经遭到了驳斥。基于自然选择的进化的绝对无知确实不仅能创造出雏菊和鱼类，还能创造人类，而人类又具有发明城市、理论、诗歌、飞机和计算机的能力，紧接着，计算机又可以在原则上实现创造能力比其人类创造者更高的人工智能。

但是，最初得到开发的、由图灵和冯·诺伊曼的奇妙机器 GOFAI 执行的人工智能很难成为一个能完成这种重大任务的软件，而且作为基础性硬件的冯·诺伊曼机及其数十亿后代，①也被证明可能不是最好的平台。我们在第 4 章中已经提到，图灵发明的计算机是执行自上而下的设计的理想工具，他也是自上而下的智能设计师的代表。电梯控制系统工程是一种自上而下的问题解决方案，程序员会首先了解它的“规格说明”。这样一来，他们就可以用自己的智慧来预测可能出现的困难，通过想象来模拟电梯的整个工作过程，寻找正面的和负面的启示。电梯在上下运行的过程中，何时会停下来接位于中间层的乘客？当电梯接到同步发出的请求时应该怎么做？在什么情况下它会在负载状态下向着相反方向运行？程序设计师是波普尔式生物，他们会在离线情况下展开假设，但同时也是格雷戈里式生物，会使用一系列思考工具增强自己的能力，他们使用的编程语言堪称一绝。编程语言值得称道之处在于，一旦你开始用 Java、C++ 或 Python 语言清晰地写出你的设计，编

① 当然，人造物的谱系与生物的谱系不同，但两种谱系的研发之间的相似之处是惊人的，这是稍后章节的主题。

译程序就能接受它，并用机器语言创建一个可以被执行的文件。[①] 因此，计算机程序设计不完全是一种自上而下的设计，而更接近一种自上至中间再至下的设计；除非你正在编写的是一个新的编译器，否则像机房这种设计“底层”的微不足道的细节是可以忽略的对象。

在基于自然选择的进化中，没有类似这种“便于设计师”的事物，但正如多年前赫伯特·西蒙（Herbert Simon）在其精彩的小书《人工智能科学》（*The Sciences of the Artificial*）中指出的那样，复杂的可进化系统，即几乎所有可进化的有生命的系统，都依赖于按谱系进行的组织方式：由具有一定稳定性的、独立于它们所属的较大系统的部件组成，而这些部件本身又是由具有相似稳定性的部件组成的，这种稳定的部件也有其子部件。一个结构或一个过程只需要被设计一次，便可以被重复使用，它不仅可以在生物体及其后代之间被重复使用，也可以在生物体的发育过程中于其体内被重复使用。正如理查德·道金斯所观察到的，基因就像计算机中的一个工具箱子程序。

> 美国苹果公司的个人消费型计算机Mac中有一个例程工具箱，存储在只读存储器（ROM）或启动时永久加载的系统文件中。这样的例程工具箱有成千上万个，每个例程都可以执行一个特定的操作，在不同的程序中，它们可能会以略有不同的方式一遍又一遍地

① 编译型计算机语言和解释型计算机语言之间的区别曾经非常突出，但在这里并不重要，而且当今大多数语言都是混合语言。编译后的程序将整个源代码程序作为输入，并生成可执行的机器语言程序作为输出。解释性语言实际上在每条指令组成后立即对其进行编译（有时称为“即时编译”），允许程序员在编写每条语句时测试其执行情况，以有时较小的成本使最终程序效率的开发变得非常友好。Lisp 最初就是一种解释性语言。

> 重复执行相应的操作。例如，名为 Obscure-Cursor 的例程工具箱会将光标从屏幕上隐藏起来，直到下次移动鼠标时为止。在电脑的后台，每当你开始打字，Obscure-Cursor“基因”就会被调用来使鼠标光标消失（Dawkins, 2004）。

这种等级制的系统性在大自然中随处可见，它存在于基因组及由基因组指导的发育过程中。生成椎骨的子例程可被多次调用，这样我们就能形成一条像蛇一样的脊椎；有第六根手指的人，其体内参与手部发育的子例程被多执行了一次，这是一个很常见的突变；一旦生成眼睑成为一个已完成调试的程序，它就可以在整个动物世界中被广泛使用。因此，基于自然选择的进化确实有点像源代码，源代码有相对简单的指令，从而可以触发一系列的后续指令，来完成一些“模块化”的任务，但它都是用“机器语言”编写的，只要被调用就能被执行，它不需要被编译，读者也无须通过记忆辅助工具来理解。发育中的有机体近似理解其基因的指令的方式，与冯·诺伊曼机近似理解其机器语言的指令一样，是种对这些指令的近似的服从。

大脑中的竞争和联盟

基于自然选择的进化包含着创意和对模块的大量使用，但与计算机程序不同的是，它不是自上而下的研发过程，而是自下而上的研发，即达尔文的奇怪倒置。此外，大脑在很多方面不同于数字计算机。最常被提及的是三个方面的差别，虽然在我看来它们并不重要。

- **大脑是模拟的，而计算机是数字的。**这一说法是否正确取决于你对“模拟”的定义。如果它在这里指的不是仅使用 0 和 1，或者开和关的二进制，那么可以说大脑是模拟的；但大脑很可能会在其他方面被证明是数字的。任何具有等价类的信号的有限符号集都是一种数字化，比如把 A，a，a，A，a 等全部计算为 A。这是一种数字化的信号，我会在下一章对其进行说明，这种数字化是语言的一个非常重要的特征。
- **大脑是并行的。**大脑可以同时进行数百万次的“计算”，这些计算分布在整个大脑结构中；而计算机是串行的，它是一个接一个地执行简单的指令，是一个连续的可以通过令人眼花缭乱的速度弥补其局限性的单文件计算流。也存在并行结构的计算机，它们主要被应用于一些特殊领域，但应用于闹钟、烤面包机和汽车等设备中的计算机都是串行结构的冯·诺伊曼机。你很可能有上百台冯·诺伊曼机，它们就隐藏在你的各种智能电器里，按要求执行一些耗能少且不需技巧的任务。所以，在一种可以被批量生产的芯片上接入一台完整的计算机比不断设计各种专用硬件要廉价得多。的确，大脑的结构大体上来说是并行的，如大约有 100 万个通道的视觉系统，但大脑最令人惊叹的活动大多是连续的，在所谓的意识流中，观点、概念或思想不是在单一的队列流动中被提出的，而是通过某种冯·诺伊曼瓶颈产生的。你可以在一个并行结构上模拟一个虚拟的串行机，正如我在《意识的解释》(*Consciousness Explained*)中所展示的那样，大脑就是这么做的，你也可以根据自己的要求在串行机上运行虚拟的并行计算机，但运行速度会受到影响。大脑在结构上大体上可以被认为是并行的，是因为控制生存风险对速度是有要求的，但现在的冯·诺伊曼机的“运动部件”的基本循环时间比神经元的响应时间快数十亿倍，所以它们有可以快速执行特定指令的速度。近年来，人工智能研究人员已经开发出了可以不那么精确地模仿大脑中神经网络的联结主义网络，事实已经证明，这种网络非常擅长学习辨别图像中的事物的方法，以及我们的大脑擅长的其他类型的模式识别方法，而且毫无疑问，它们展示出了并行处理方式的威力（见第 15 章），但其实这些网络完成的并行处理基本都是通过常规串行的冯·诺伊曼机模拟的。冯·诺伊曼机是通用的模拟器，可以模拟所有体系结构。尽管存在严重的瓶颈，但如今速度极快的冯·诺伊曼机仍可以假装自己是并行处理指令的神经网络，并且速度已经快到能使它们可以赶上，甚至超越设计自己的那些并行处理指令的大脑[1]。

- **大脑是碳基的，如蛋白质等；计算机则主要是硅基的。**从目前来看，这是正确的，但纳米技术人员已经在用蛋白质制造计算机方面取得了惊人的进展，而且细胞内的蛋白质网络似乎也确实在做计算（Bray，2009）。在我完成这本书的创作时，还没有人证明，潜在化学方面的差异使碳具有某种优势。

再来看下一个：

- 大脑是活的，而电脑不是。

对此，有的人可能会像我曾说过的那样说人造心脏不是活的，但它能发挥心脏该有的功能。髋关节、膝盖或肩膀的替代物都不一定是活的。你可以通过适当地连接两端，用没有生命的金属线替换或剪接听觉神经。为什么不是大脑的其余部分？大脑中是否存在某种异常特殊的部分，大脑只有在这部分是活的情况下才能具有功能？人工智能领域中具有权威性的初步假设始终是，任何活的器官实际上都只是一种非常精密的碳基机械，可以被一个具有相同输入 – 输出功能的非生物替代品逐步地或一次性地替代，这种替代品会在相同的时间框架内通过相同的输入执行所有的且只执行相同的操作，同时不丢失任何数据。如果大脑是一个分泌胆汁或净化血液的器官，那么工作部件的化学性质和物理性质将非常重要，也许很难找到可作为替代品的合适的材料，但大脑是一个信息处理器，且信息是中性的。只要接受者具备获取相关信息的技能，任何事物都能传达警告、爱的宣言或承诺。

然而，在我们探索心智是如何发挥作用的过程中，生物的一个特征可能非常重要，特伦斯·迪肯在他那本难懂但非常重要的著作《不完整的自然：心智如何从物质中产生》（*Incomplete Nature: How Mind Emerged from Matter*）中对这一点进行了阐述（Deacon, 2012）。按照迪肯的观点，我一直将恰如其分的变化描述为精妙的简化，这已将理论推入了设计空间的错误区域长达半个世纪甚至更长时间[2]。香农定理的贡献在于将信息的概念从热力学和能量的概念，以及前面提到的物质中抽象了出来。信息是与电子、光子、烟雾信号，以及塑料磁片中的磁性区域或微小凹坑有关的信息。传输和转换信息需要能量，毕竟这不是魔术，但我们能将对信息处理的理解与任何需要能量的深思熟虑隔离开来。开创了控制论这个领域，并发明了“控制论”（cybernetics）这一术语的是诺伯特·维纳。他取用了希腊语中的动词κνβερνα΄ω（kybernao），意思是“引导”或“控制”，英语单词 govern（管理或控制）正是由此衍生而来。维纳指出，虽然控制者，如船舶、城市、机构或者一个炼油厂的控制者需要在某些接口如推动方向舵、发出命令或调高温度时使用能量，但运行控制系统本身所需的能量是随意的，且并没有多少。正是这种计算过程与物理控制的力学的隔离，使得现在我们可以用由电池供电的智能手机，再加上功能足够强大的传感器和效应器来完成艰难的工作，使控制几乎所有的事物成为可能。在你用智能手机远程发送无线电信号来打开沉重的车库门时，你的智能手机的电池只会被消耗很少的电量，而由微弱信号控制的电动机则需要消耗相当大的电量来完成工作。迪肯承认，正是这一点使我们一直在探索的所有高科技智能设计都得以蓬勃发展，但他坚持认为，将信息处理与热力学隔离开来的做法，会把我们的理论局限在一个从根本上来看是寄生的系统中，即变成了依靠用户来提供能量、结构维护、解释说明和存在的理由的人工制品。相比之下，生物是自主的，而且它们也是由自身具有某种自主性的生物细胞组成的。

人工智能领域的研究人员可能会振振有词地回应道，他们有意推迟对诸如能量捕获、繁殖、自我修复和无限制的自我修正等现象的研究，希望能通过先弄清楚学习和自我指导这种具有不完全的自主性的纯粹的信息现象，来简化相关研究并从中受益。没人会想通过使国际象棋计算机从三明治和软饮料中获取能量来使其设计复杂化，因为这要求它不仅可以监控自身的时间分配，还要监控自身贮备的可用能量的消耗。国际象棋的人类棋手必须能控制得住自己的饥饿感，能承受得了屈辱、担忧、厌倦等情绪，但是计算机则可以泰然自若地处理这些负担，不是吗？是，但也要付出巨大代价。迪肯指出，为了使计算机不必承受此类负担，系统设计师创建的系统既脆弱又易受攻击，且完全依赖于操作员，比如它们无法自我修复，只能应对设计师预先测试过的偶发情况。①

① 注意到会下棋的计算机不能做好的一件事就是放弃无望的游戏，这可能非常有趣！当一切都失败时，他们的人类操作员通常被允许进行干预，因为该程序没有羞耻感。

迪肯坚持认为，这会造成很大的影响。是这样吗？在某些方面，我认为确实如此。在 20 世纪 70 年代 GOFAI 的鼎盛时期，我观察到人工智能程序通常都是脱离实体的、“卧床不起”的天才渴望者，只能通过阅读和书写的文字进行交流。即使是计算机视觉方面的工作也通常是通过单个不可移动的摄像机“眼睛”来完成的，或者只需将静态图像加载到系统中，就像将图片加载到笔记本电脑中一样，这是一个没有任何“眼睛”的视觉系统。一个具身移动机器人使用感觉“器官”来在自己的世界中定位自己，它会发现有些问题更难，而另一些问题更容易。1978 年，我写了一篇简短的评论，题为“为什么不是整只鬣蜥？”。在其中，我主张从被破坏了的人类微能力（回答有关棒球的问题、玩跳棋）转向尝试对一个完整的、自我保护的、捕获能量的机械动物的计算架构进行建模，越基础的动物越好。你必须在某个地方体现出你的简单性，人工智能很难。动物可以是虚构的，如果这能让任务变得更容易的话——例如三轮火星鬣蜥。

一些机器人专家接受了这一挑战。例如，欧文·霍兰（Owen Holland）启动了 SlugBot 项目，试图制造一种机器人，可以从粮田里捕获蛞蝓并消化它们，以产生为其计算机芯片供电所需的电力，该项目催生了其他巧妙的设计。这是能量捕获功能，但是自我修复和自我维护功能呢？对这些和其他生命条件的研究已经进行了几十年，创造出了“动画”和“纳米机器人”，它们将基本生命过程的各种极其简化的版本实例化了，但没有人像迪肯声称的那样接受“整个鬣蜥”的想法：在它们的指挥中心，这些人造生物仍然依赖 CPU 芯片（冯·诺伊曼硬件），即使它们模拟的是并行架构。迪肯声称，重要的是，大脑由细胞组成，这些细胞本身就是具有目标的自主行动者，其中最主要的目标是保持活力，这会产生进一步的目标，例如找工作和寻找盟友。迪肯坚持用活体神经元制造大脑（或大脑替代品），这乍一看可能像是某种浪漫主义，实际上是蛋白质沙文主义——离生机论有致命的一两步，但他的理由是基于事实且令人信服的。

我们可以用一个现象来说明迪肯的观点，即大脑极强的可塑性。如果大脑的某一区域受损，那么邻近区域通常（并非总是）能迅速且优雅地承担起受损组织的职责。如果一个区域未被充分利用，那么它周围的组织很快就会将那里的细胞纳入自己的组织来处理自己的任务。通常，被破坏的神经元不会像皮肤细胞、骨细胞和血细胞等其他细胞那样被换掉。神经元“再生”依然主要是生物工程师的梦想，不是神经系统的一般特征。所以，在很多实验中观察到的神经可塑性一定是因为这些神经元被重新分配了新的任务或根据需要承担了额外的工作。是否有一位“人事部门总经理”可以想出新岗位的职责描述，并从上层神经元到下层神经元逐一发出指令？计算机科学家埃里克·鲍姆（Eric Baum）在《思想是什么？》（*What is Thought？*）中将这种安排方式称为“政治控制”（politburo control），并指出这种自上而下的处理复杂任务的方式不是大脑的方式。经济学家已经证明了为什么中央计划经济不如市场经济有效，而这也是为什么自上而下的中央计划体系结构是无效的大脑组织方式。

正如机器人学家罗德尼·布鲁克斯（Rodney Brooks）所观察到的那样，目前数字计算机的硬件基本上依赖的是数百万或数十亿个完全相同的元素，它们是原子水平上的完美克隆体，因此它们总能按照预定要求做出响应，就像机器人那样！工程师已经成功地发明了一种能用数百万个相同的触发器打印微型计算机电路的技术，每一个触发器都可靠地存储着一个0或1，直到上层发来快速“翻转位元”的指令。它们是计算机的终端运行部件，没有任何个体特征和偏好。相比之下，神经元各有各的不同，它们有多种非常明确的结构类型，如锥体的、篮状的、纺锤形的等，但即使同一种结构类型的神经元，彼此之间也存在差异。如此多样化的个体是如何被组织起来完成各种事情的？靠的不是官僚主义的等级制度，而是自下而上的竞争激烈的联盟。

神经元、骡子和白蚁

神经元和构成我们身体的其他细胞一样，都是可以独立生存的单细胞真核生物的驯化后代，它们在单细胞生物残酷的世界里作为野生动物自食其力。法国遗传学家弗朗索瓦·雅各布（Francois Jacob）有句名言：每个细胞都梦想变成两个细胞，但神经元通常无法拥有后代。就像骡子一样，它们有父母，但它们自身无法生育，所以它们的“至善”在于仅在去达尔文主义的生态位上存活。它们必须通过劳作来获取所需的能源，如果它们还没有完全得到运用，就会被分配一些杂活。

这种观点的不同版本已在认知科学的几个不同的分支得到了蓬勃发展，它们说服我放弃了长期以来一直捍卫的立场，所以我想强调一下我的这一转变。我在如何处理小人儿诱惑（homunculus temptatiom）方面的想法已经发生了改变，我有一种几乎无法抗拒地在大脑中安装一个“小人儿”的冲动，让他作老板，成为管控者，同时也是快乐的享受者和痛苦的承受者。在《大脑风暴》一书中，我描述并捍卫了经典的 GOFAI 策略，多亏了威廉·G. 莱肯（William G. Lycan），这个策略后来被称为“小人儿功能主义”（homuncular functionalism）。我用一个委员会取代了小人儿。

> 人工智能程序员是从一个被有意描述的问题开始工作的，因此他们会直接将计算机拟人化：如果他解决了这个问题，他会说他设计了一台可以（例如）理解用英语表达的问题的计算机。他的第一个，同时也是最高层次的设计是将计算机分解成多个子系统，每个子系统都被有意地赋予了专门的任务；他设计了一个由评估部分、记忆部分、鉴别部分和监督部分等组成的流程图。这是一个复仇的小人儿。每个小人儿会依次被解析成更小但更重要的小人儿，不过此时的小人儿已没有之前的小人儿聪明。当达到下面这一层次时，即这种小人儿只不过是加法器和减法器，他们只需要依靠智能就能选出两个数字中较大的那个时，他们已经沦为“可以被机器取代”的工作人员（Dennett, 1978）。

我始终认为这是一种正确的思考大脑工作方式的方法，但我也惋惜并拒绝接受“委员会”和“机器”这两个术语中的一些含义。委员会这个术语会让人想到合作制官僚主义，其中包含着清晰的报告关系，这是委员会的一种由经典认知科学模型的言简意赅的流程图增强后的形象。尽管这种报告关系承载了自上而下运行的 GOFAI 的梦想，但它也暗示了一种非生物学的工作效能。但图灵奇怪的推理倒置依然完整：在我们最终的分解级联中，我们获得的要素的任务是不可变更的和程序化的，因此这些要素“可以被机器取代”，就像图灵那勤奋的人类计算机一样。神经元中最简单的运动部件，如运动蛋白和微管等，实际上是无动机的自动机，就像《魔法师的学徒》（*The*

Sorcerer' s Apprentice）中行进的扫帚一样，但这数十亿个神经元，比我们想象中的忠顺的职员具有更多的进取心和特殊性，这一事实对大脑的计算结构有重大影响。

特库姆塞·菲奇（Tecumseh Fitch）[3]创造了术语“纳米意向性”（nano-intentionality），来描述神经元中表现出的能动性（agency），塞巴斯蒂安·胜（Sebastian Seung）曾在2010年的神经科学学会上发表过关于“自私神经元”的主题演讲，他更早些时候（2003年）还写过与“享乐主义突触”有关的文章（Fitch, 2008; Seung, 2003）。神经元“想要的是什么”？与它的单细胞真核生物的祖先及血缘上更远的近亲细菌和古生菌一样，神经元需要的是生长必需的能量和原材料。神经元近似于机器人，它们在任何意义上都不是有意识的。记住，它们是真核细胞，类似于酵母细胞或真菌。如果个体的神经元是有意识的，那么运动员的脚也是有意识的。但是神经元就像酵母细胞和真菌一样，是生死搏斗中非常有能力的主体，不是在你脚趾之间的环境中，而是在你的双耳之间的要求极高的环境中，在那里，胜利属于那些能够更有效地建立网络的细胞，从而在大尺度的人类目标和欲望是可辨的这一层面上，促成更具影响的趋势。

图灵、香农和冯·诺伊曼完成了一个极其艰难且新颖的工程项目，他们在设计计算机时，巧妙地使它的需求和工作表现几乎完全相互独立。在硬件方面，电力的分配是均衡且充足的，每条电路都没有电力耗尽的风险。在软件方面，有调度程序会将机器周期分配给优先级最高的工序，而且尽管有多种确定优先级最高工序的竞标机制，但各种工序是按照一定的顺序排列的，不会陷入你争我夺的断杀。也许是人们对这一事实的模糊认识导致人们凭直觉认为计算机永远不会“关心”任何事情。但这并不是因为它的组成材料不对，凭什么说硅就不能像有机分子那样成为一种合适的基质？而只是因为计算机的内部系统中没有内在的风险和机遇，所以其部件不需要去关心这些事情。

计算机软件自上而下的层次结构，是由一个充满调度程序和其他“交通警察”（traffic cops）的操作系统支持的，这很好地践行了马克思的格言：“各尽所能，按需分配。”加法器电路或触发器无须“担心”从何处获得执行任务所需的电力，也没有需要它们尽力争取的“晋升”空间。相比之下，神经元总是渴望工作，它不断伸出探索性的树枝状分支，试图以对自身有益的方式与邻居之间建立网络连接。因此，神经元能够自己组织团队，接管重要的信息处理工作，随时准备好并乐意被分配新的任务，并且只需稍加进行试错排练就能胜任这些任务。这像极了出现在橡树岭入口处的成千上万的失业女性，她们要承担的是不需要她们理解的任务，但也有一个很大的不同之处，那就是不需要莱斯利·格罗夫斯将军来设计大脑，这里需要的是自下而上的设计。

是时候评估一下这些思考究竟意味着什么了。经典计算机自上而下的智能设计创造了一个具有超能力但又没有任何生物性的奇迹。这不是因为计算机用的制作材料是错的，而是因为这些材料被组织成了错误的等级结构。这种精心安排的“官僚主义”结构可能会是个“运转良好的机器”，这依赖于对运动部件的严格管控，各层面上的探索和即兴创作都会被抑制。需要再次强调的是，这个结论原则上为硅基、“图灵基”，或者其他物理介质的大脑敞开了大门。模拟或虚拟神经元在理论上是可能的，只是计算成本很高。

必须根据每个神经元的特性、习惯、偏好和弱点等对其进行建模。这就相当于，外星科学家发现了我们的星球，并开始从远处研究我们的城镇、公路、铁路和通信系统的“行为”，把它们当成某种生物。作为满腔热忱的计算机模型开发者，这些科学家决定对纽约市的所有活动进行模拟，并称之为Newyorkabot。对此，怀疑论者说：“继续努力吧，但你得知道，如果你想很有希望地建成一个好的、有预测性的模型，就必须对那些黏糊糊的小的移动物体，也就是纽约的百万市民进行非常详细的建模。他们既有好奇心，又有进取心，他们都是彼此完全不一样的人。”

自上而下的智能设计依赖于远见，而这正是进化所缺乏的。由自然选择产生的设计在某种程度上都是回溯性的：“这就是过去的做法。”它在未来能否奏效则取决于设计所依据的规律能否持续。飞蛾扑火的设计可能依赖于太阳和月亮是环境中唯一光源的常态，所以在蜡烛火焰和电灯泡出现之前，“以恒定的角度飞向光”是飞蛾的一个在自然选择中获胜了的习惯，如今已成了一种本能。从中可以看到，选择性环境中太多的常态可能会成为陷阱，它会将一种谱系的技能或倾向固化，而一旦情况发生变化，这些技能或倾向会发生“毒变”。如第 5 章所述，正是由于可变的选择性环境具有不可预测性，它才倾向于选择不完善的设计及机制，这些机制可以调整设计以适应环境、可利用的可塑性（用日常语言来说，即学习）。当然，可以给自上而下的 GOFAI 风格的系统配备可调参数和学习能力，但是分层控制结构会根据估计的可能发生的“最坏情况”，设置一个固定的可塑性范围。

通过自然选择实现的没有预见性的、后知后觉的进化不是一种智能设计，但仍然是一种强大的研发活动，它有足够强的识别力，才使得大脑的总体分工可以被贮存了超过十亿年的生物变化而被积累和改善的基因配方里。而且，正如我们所看到的，基因的改善和变异可以设置足够多的参数，以确保像筑巢这样的精妙的本能行为能够代代相传。通过遗传学方法来固定所有传递细节是不可能的，它需要的香农式信息比能在基因组中传递的信息要多得多，即使是含有 30 亿个核苷酸的人类基因组也无法与之相比。这是“进化发育生物学”（evo-devo）中不可否认的信息，它强调任何有机体繁殖下一代的过程都不是一种对基因蓝图或配方的简单遵循；这是一项必须依靠所属种群的研发的建造任务，而这种研发又取决于所属种群的主体短视的活动，这些主体在发育过程中与周围环境互动时，会或多或少地进行随机试验。例如，神经元就类似于斯金纳式生物，它们会抓住机遇并充分利用自己得到的机会和自身的可塑性来改进能给自己带来回报和强化的表现。然而，它们这种有组织的活动是由基因设定的一些有用的里程碑引导的，这为它们指明了可以遵循的道路。大脑更像是白蚁聚居地，而不是经过智能设计的公司或军队。

大脑怎么获得可供性

到目前为止，一个反复出现的主题是，所有的有机体，从细菌到人类，都被设计得可以处理一系列的“可供性”，即重要“事物”（广义上的“事物”）和由两个研发过程组成的有机体的环世界。这两个研发过程分别是基于自然选择的进化和个体的各种学习。众所周知，吉布森对“生物体如何获取用来留意、识别和跟踪自己的可供性的信息”这一问题保持沉默。到目前为止，我也一直在延缓解答这个问题[4]。

以下是我们对有机体所处困境的理解：它漂浮在一片充满差异的海洋中，其中很少一部分差异可能会对其产生影响。它诞生在一个能成功应对周围事物的谱系中，所以先天具有可用于筛选和提炼最有价值的差异的装置和偏好，可以将语义信息与噪声区分开来。换言之，它对应对某些事情早有准备；它有内置的前提条件，这些前提条件为其祖先提供了很好的帮助，但可能需要随时修补。说它有前提条件是指它配备了部分预先设计好的适当的应对措施，随时可以投入使用。它不必浪费宝贵的时间从最基本的原理中寻找处理情境 A、B 或 C 的方法。这些都很常见，已经解决了将输入与输出、感知与行动联系起来的问题。对感觉系统的输入刺激做出的反应可能表现为外部行为，如乳头状物品可引发吮吸，四肢可以活动，疼痛的碰撞会导致后退。对输入刺激的反应也可能会表现为完全隐蔽的内部反应，如为了完成未来任务把神经元“大军”塑造成更有效的团队。

这种训练是如何进行的？它将有助于重启在认知科学早期出现的有点不可信的区分：能力模型（competence models）与性能模型（performance models）[5]。能力模型，如语言的语法，它指的是系统该如何工作，给出的是规格说明，如第 4 章中的电梯案例，同时它将如何完成这些要求的细节视为一个设计问题，且认为此类设计问题具有许多潜在的不同的解决方案和不同的性能模型。例如，一个能执行语法的性能模型，如一个能以符合英语语法要求的方式说话的性能模型将成为神经语言学未来的工作。在认知科学的早期，理论语言学家只讨论语法，而不关心大脑到底是如何“遵循规则”的，他们一心只是想先把规则手册做好。

与此同时，心理语言学家设计了一些精巧的实验，展示了儿童所犯的语法错误中的模式、干扰源、语法判断的失误等，当理论家无法解释这些模式时，他们能很轻易地为自己辩解，认为现在试图解释性能方面的纷繁复杂的细节还为时过早。人们会犯错误，会有错误的记忆，会仓促下结论，但人们仍然能展现出语法要求的基本能力，无论他们在各种场合的表现多么马虎。我们将在下文中对性能模型进行说明。

这样的区分并不总是有用的，它在认知科学中造成了一条鸿沟，至今仍能引发冲突和沟通问题。语言学家坚持认为，除非你对大脑在感知和说出语言方面及应该做什么已经有了非常清晰的认识，否则你对大脑的语言操纵机制实施的逆向工程就很容易被误导，被引入错误的方向。但是，针对任何逆向工程探索的部分规则说明都必须包括现有机械的局限和优势，而且由于语言学家通过延缓了与大脑有关的问题的追问，同时又低估了心理语言学家提出的警示性能的重要性，他们进行的研究并没有产生什么价值。

注意到这一点，我们接下来才可以将席卷整个认知科学领域的观点作为一个针对“大脑如何获取和使用可用的语义信息”这一问题的非常有适用性的答案，这个观点就是贝叶斯分层预测编码（Hinton, 2007; Clark, 2013; Hohwy, 2013）。它所包含的基本理念是非常宜人的。托马斯·贝叶斯（Thomas Bayes）发明了一种基于先前期望的概率计算方法。每一个问题都是以这样的方式呈现的：考虑到你基于过往经历（包括祖先遗留给你的经验）而产生的期望（这些期望会以备选方案的概率的形式得以呈现），那么由此产生的新数据会对你未来的预期产生什么样的影响？对这些概率做什么样的调整对你来说是合理的？因此，贝叶斯统计学是一门规范性学科，据称它规定了思考概率的正确方法。[①] 因此，它是大脑能力模型的一个很好的备选方案，它可以作为一个生成预期的“器官”，瞬间创造新的可供性。

接下来，我们一起来思考识别手写符号，如字母和数字的活动。互联网网站利用这种活动来测试用户是真人还是由程序控制的入侵网站的机器人，这并非偶然事件：笔迹感知和语音感知一样，它对于人类来说是一项简单的任务，但对于计算机来说却是一项极具挑战性的任务。然而，现在已经开发出可用的计算机模型，它可以很好地识别手写的潦草数字，它的运行系统包括一套级联层，其中高层会对系统中的下一层将会“看到”什么进行贝叶斯预测。当预测结果被证明是错误的，它们会产生错误信号作为回应，从而引发贝叶斯修正。然后贝叶斯修正一次又一次地被反馈给输入，直到系统完成一次识别（Hinton，2007）。随着时间的推移，这些系统会工作得越来越得心应手，就像我们一样（见第 15 章）。

分层的贝叶斯预测编码是一种能产生大量可供性的方法。我们预期在环绕实体对象的时候能看到它们的背部，我们也会预期门是能打开的，楼梯是可以爬的，杯子是能盛放液体的。这些和其他所有预期都来自一个网络，这个网络不会被动地等待通知，而是会不断地根据刚刚收到的信息，对自己将从其下面的层级接收的内容进行基于概率的猜测，然后将与其猜测中的错误

① 有些反贝叶斯统计学的统计学家对其对“主观”起点的依赖感到困扰：根据您迄今为止的经验，您此时应该得出什么结论？ 您从哪里得到先前的经验，如果我的经验与您不同怎么办？安德鲁·格尔曼（Andrew Gelman）对这一反对意见和其他反对意见进行了清晰易懂的讨论。这种反对意见与我们对贝叶斯思维的应用无关，贝叶斯思维是专门为解决主体的困境而设计的，主体拥有一组先前的经验，并想知道下一步该做什么。主体的主观性是人们所面临的设计问题的一个组成部分。

有关的反馈视为新信息的主要来源，从而调整针对下一轮猜测的先天期望。

贝叶斯思维在“大脑是如何学习的”这一问题上的应用最吸引人的一点是，它们为神经解剖学中一个令人费解的事实提供了一种简单而自然的解释，例如在视觉通路中，向下的通路比向上的通路多，传出信号比传入信号多。由此看来，大脑的策略是不断地创建“正向模型”或概率预期，并在需要时通过传入信号对其进行精简以提高准确性。当有机体在一个非常熟悉的区域内活动时，传入的修正行动会少之又少，而大脑的猜测毫无疑问会成为下一步该做什么的优先指导。

这些贝叶斯模型是由认知科学的早期阶段中的“综合分析”模型发展而来的，其中，用于测试传入数据的假设是在自上而下的求知欲的指引下形成的，如“它是一只鹿吗”“它是一只驼鹿吗”。你的大脑是通过做出猜测，以及汇总你正在寻求的事物的描述，并将其与数据进行匹配来分析数据的。在《意识的解释》一书中，我提出了一个基于综合分析的有关梦和幻觉的推测性模型，认为对这些现象的所含之物的阐述可能仅仅是一次“无序的、随机的或任意的确认和否认”的循环。这得到了谷歌的研究成果的有力支持和进一步完善（Mordvintsev, Olah, & Tyka, 2015）。现在，我的解释可以被简化为：在贝叶斯网络中，沉默意味着认可。无论更高层次的猜测是什么，在没有不认可的情况下，这些猜测都被默认为事实。

从对我们有利的角度来看，贝叶斯模型的另一个优点是，一个有机体可以被自然选择赠予一个高性能的统计分析引擎，而不必在一个实行官僚主义的机构中安插一个数学家小人儿。如果你喜欢，这些都是具有非凡的无须理解亦能胜任的能力的期望产生结构。在早先的研究中，我反对：只假设那些必须以某种方式完成的艰难工作是由大脑中的“神奇组织”完成，但不对这一“神奇组织”是如何做到如此出色的进行说明[6]。这些贝叶斯结构显然没有魔法，它们在没有任何神秘色彩的现成的计算机上运行良好。这种分层预测编码网络的神经实现（neural implementation）的细节虽然不够清晰，但似乎也并非不可理解。①

这对于动物认知来说倒是有益的，专注于克拉克精细调查的一些评论员大胆得出了一个初步结论，即动物的心智是贝叶斯式的期望机器，该机器依靠从过去的表现中获得的概率来指导自己的所有行为。但如果是这样的话，动物的心智就再次成了白蚁聚居地，而不是智能设计师。它们非常有能力，于是我们不得不承认它们能理解各种行为，但在某些尚待阐明的重要方面，它们缺少了一个我们所具有的技巧：有理由，而不仅仅是凭理由行动。贝叶斯式的预测器不需要表明或阐述它们追踪的理由，就像进化本身一样，它们“盲目地”像将小麦从谷壳中剥离出来一样提取出信息，并依照这些信息行动。理由并不在它们的本体论里，也不是它们常识映像中的重要项目。

但对于我们来说，理由是很重要的。因为它们正是自上而下的智能设计的工具和目标。它们来自哪里？它们是如何被安装到我们的大脑中的？现

① 有人持怀疑态度。佩德罗·多明戈斯（Pedro Domingos）指出，贝叶斯期望生成的实现在很大程度上取决于 MCMC（马尔科夫链蒙特卡洛）算法，这是一种完成繁重工作的强力算法；它完成了工作，但“不模拟任何真实的过程”。“对于贝叶斯学派来说，他们的方法越来越受欢迎，最应该感谢的是 MCMC。”也许吧，但由于贝叶斯的模型模拟了大规模并行架构，他们对 MCMC 的使用几乎是无法避免的。

在，我也有理由了，我终于准备好通过文化进化进行一些细节方面的争论了，这是一个有不到100万年历史的全新的研发过程，它在我们的大脑（而且只有我们的大脑）中设计、传播和安装了成千上万个思考工具，将其变成了心智，不是所谓的“心智”或近似的心智，是严格意义上的心智。

野生神经元

我将在后面的章节中探讨神经元层次的问题，但在此之前，我要先探讨一种将我们的一些主题联系在一起的推测，这可能会帮助我们解释，**为什么迄今为止智人是地球上唯一的拥有严格意义上的、充满思考工具的、能适应某种文化的心智的物种**。我曾声称，神经元实际上是古老的真核生物的驯化后代，亿万年来它都作为个体微生物存活着。为了把这种真核生物与细菌及古生菌区别开来，我们通常把它们称作原生生物，隶属原生生物界。当然，这些真核生物生活得很好，否则我们也不会存在了，而今天的原生生物，如变形虫和单细胞藻类，也仍在很好地生长和繁殖，这些都得益于它们拥有的多种多样的天赋。当原生生物开始形成群落，并逐渐进化成多细胞生物时，它们就拥有了自己的基因组，这里面包含着它们通过几十亿代的自然选择获得的诸多能力的指令。但这些能力中的很大一部分可能不再被新的生存环境所需要，所以这一部分能力会被遗弃或者至少会丧失一些相关基因的表达，因为它们不再能“供养”自己。事实证明，在发育过程中将基因弃用或关闭它们全部（或部分）表达，要比完全抹去基因代价便低、速度更快。其实，久而久之，基因会因为长期被弃用而自我抹除。

这是与软件开发中的“遗留代码”策略非常相似的理论。软件经常会被修订，我编写这本书用的是 Word 14.4.8，从名称可以看出，这款是 Word 的第 14 个新的改进版的第 4 次大修订版的第 8 个小修订版。当对软件进行修订时，如果程序员放弃前几代程序员辛劳工作的成果，那将是非常愚蠢的，因为说不定什么时候就能用得上它。所以，程序员习惯于把过时的代码原封不动地保存在替代它们的新代码旁边，只要将其“注释掉”就行了。只要把遗留代码放在括号、星号或编译器程序认可的其他约定符号中，它们就肯定能被编译器忽略，因此不会在计算机执行代码中表示出来。① 请记住，基因组中没有源代码和编译代码的区别，但这种代码的静默现象也会在一个调控基因（一个控制蛋白质基因“表达”的基因）发生简单突变时出现。

当动物被驯化时，驯化者会无意识但有条不紊地选出他们想要的动物特征。一窝或一个兽群中的很大且明显的差异很可能是相对较小的基因差异的结果，这些差异可能是该群体的共有基因在表达上的差异。驯化者不需要有意地对自己的家畜基因产生影响或理解这种影响，但使基因在不发生变化的同时保持静默是获得所需结果的可能途径。然后，当驯化动物的后代逃跑并重新回到野生环境中时，从基因上来说，要恢复它被抑制的野生特征只需移除遗留代码外面的“括号”，这些代码就会重新启动。这也许能很好地解释野生谱系中出现的以惊人的速度迅速恢复野生特征的现象。例如，放生的野猪经过几代之后，已经恢复了很多外表和行为上的野生特征。在美国被称为北美野马的野生马，虽然与其被驯化的祖先之间只相差几百年的时间，但两者在性情上已经非常不同。

① 该术语有几种不同的含义。从另一种意义上说，遗留代码被编译了，但仅限于特殊的应用程序（例如，允许程序在过时的平台上运行）。

正常状态下的神经元能够在它漫长的一生中非常温顺地做着同一件事情，同时也能持续保持着些许自主性，以及有机会时努力改善自身环境的适度的能力和倾向。不难想象，在有些环境中，神经元会发现自己更愿意对可选择的事物进行更有进取心的、更有风险性的探索，培育出更具多样性和攻击性的神经元。在这种情况下，选择可能有助于长期处于静默状态的基因的重新表达，至少在大脑关键区域的某些神经元亚群中是这样的。事实上，它们都是野生神经元，不那么稳定，更自私，并且更有可能与相邻神经元建立新联结。

这种趋势在什么样的情况下更容易形成？入侵者的到来？新的不同种类的实体需要其所在地的支持者来进一步发展自己的副本，帮助它们竞争大脑中的支配权。侵略军在试图控制新占领的领土时会做些什么？他们会打开监狱，释放囚犯，以便为安全部队配备熟悉周围环境的麻木不仁的当地人。这个经常被新发明的好主意可能会成为大脑中并行开发活动的自由浮动的理据。接下来，我们将对模因进行详细的描述和辩护，这是具有感染习性的信息病毒。当它们在族群中传播时，需要通过神经资源来完成复制，就像病毒通过占领单个细胞中的复制器来获得新的自身复制品一样。显然，病毒无法理解它们的探索背后的理据，它们对自己遇到的细胞产生影响都是天性使然。毕竟，它们只是一个个大分子，甚至算不上生物。而模因，作为仅由信息组成的思想的病毒，必须进入心智，然后被不断地排练，但它们也无须理解这个过程。

“无意识的信息事物会激发叛逆的神经元联盟来支持自己”这个奇怪观点，即模因能感染大脑这个观点，恐怕要用几章的篇幅才能阐明和为其辩护。[①]而在这里，我要指出的是，如果发生类似的入侵，这毫无疑问将涉及一个共同进化的过程，在这个过程中，作为迄今为止唯一被模因严重感染的器官的人类大脑被选中来处理模因，庇护它们并帮助它们“繁殖”，就像无花果树与寄生蜂的共同进化一样，寄生蜂通过帮助无花果树授粉来回报其青睐。神经元有不同的形状和大小，其中一种是纺锤体神经元（von economo），又被称为梭形细胞（spindle cell），只存活于脑容量非常大、有复杂社会生活的动物身上，比如人类和其他类人猿、大象和鲸目动物（鲸鱼和海豚）。由于与这些谱系有共同祖先的许多其他物种缺乏纺锤体神经元细胞，这类神经元显然在很大程度上是在不久以前经过独立进化（趋同进化）来扮演类似的角色的。也许它们只是在那些容量大的大脑中进行着远距离交流，但它们也倾向于集中在已知的与自我监控、决策及社会互动相关的大脑区域。它们在这些不同的高度社会化的谱系中存在并非巧合，这表明它们很可能会被模因入侵者进一步利用。而如果我们有了更好的思路，就可能会有其他发现。

我们已经为入侵作好了准备。大脑是计算机，但又与现在使用的计算机非常不同。由数十亿个由进化形成的可进行自我保护的特殊神经元组成的大脑的功能结构，更像是一个自由市场，而不存在所有任务都是从高层级向低层级分配的等级制度。包括人类大脑在内的动物大脑的基本结构可能是由贝叶斯网络组成的，这种网络是能力很强且不必理解自己所做之事的期望生成器。我们的某种理解只有在一种新的经进化而来的复制因子，即文化传播中的信息实体——模因出现后，才有可能得以实现。

① 克里斯·伊莱斯密斯（Chris Eliasmith）在其开创性的《如何构建大脑》（*How to Build a Brain*）中提出的详细模型的众多优点之一是，他的“语义指针架构”解释了对动物品种的行为理解（知觉和控制），同时保留了大量的可塑性（转动旋钮）供入侵者（文字和其他模因）利用。它从一开始就不是一个以语言为中心的智能模型。关于它如何运作的细节之多可以另写一本书来讨论了。

FROM BACTERIA TO BACH AND BACK

09 语词在文化进化中的作用

语词的进化

> 在生存竞争中，某些受欢迎的语词的幸存或保留，都是自然选择的结果。
>
> ——达尔文，《人类的起源》（*Descent of Man*）

在第 7 章中，我已经通过图 7–4 和图 7–5 简要介绍了本章的主题——达尔文主义空间，我们可以在其中映射文化进化的几个维度。根据图 7–4，类似病毒的语词与有机体和宗教相比，是相对简单的事物，它们不仅会像大气中氧含量和人的信任程度那样有兴衰的变化，还能自我复制，能繁殖后代。图 7–5 显示的是文化进化的演变过程，即从严格的达尔文式过程到智能设计过程的演变。其中达尔文式过程涉及最低程度的理解和通过随机搜索自下而上地生成新的产物，而智能设计过程则涉及充分理解和通过定向搜索自上而下地生成新的产物。现在，是时候提供这种进化的细节并为之做论证了。我认为语词是模因的最好示例，这种通过文化传递的东西是通过由自然选择主导的差异化复制得以进化的。

其他物种中也有一些初级的文化进化。黑猩猩有一些“传统”行为，比如用石头砸坚果、用棍子或秸秆钓蚂蚁和使用求爱手势等，但这些不是通过代际遗传的，而是依赖于后代对长辈行为的感知。鸟类有各种各样经过精心研究的、习得它们所属物种特有的鸣啭的方式。例如，海鸥和鸡的发声完全是出于本能的，不需要开发声学模型，而正如动物学家彼得·马勒（Peter Marler）所说，大多数其他种类的幼鸟都有“学习的本能”，但必须从父母那里听到其物种特有的鸣啭。将两个不同物种的卵交叉放在对方的巢中的交叉代养实验结果显示，孵化出的幼崽会竭尽所能地模仿各自养父母的鸣啭。所以，长期以来被认为通过遗传传递的“本能”的各种各样的动物性情（行为方式），已被证明是父母与后代之间通过知觉渠道而非基因传递的“传统”[1]，但在这些物种中，这种后天习得行为的方式很少。

到目前为止，我们智人是唯一拥有丰富的文化积累的物种，而使这成为可能的文化的关键组成部分是语言。凭借着不断积累的人类文化，我们占领了地球、改变了环境，同时也正在引发一场灭绝事件，如果我们不采取紧急措施扭转某些趋势，上古时代的大规模灭绝将会在不久的将来重演。我们的物种种群在持续增长，这在除了我们饲养的鸡、牛和猪之外的任何脊椎动物中都是前所未有的。在过去的两个世纪里，世界人口总数从 10 亿增加到 70

多亿，而根据联合国的最新估计，现在全球人口已超80亿。

在过去的5万年里，我们的基因并没有发生太大的变化，而已经发生的变化可能都是由人类文化创新带来的新的选择压力直接或间接驱动的，比如烹饪、农业、交通、宗教和科学。一种新的行为方式被广泛采用，会产生一种单向的棘轮，一旦几乎所有人都开始吃熟食，人类的消化系统就会在基因层面上进化，不再适用于以前吃生食的生存方式。一旦人们乘坐交通工具去往世界各地，先在各种岛屿和大陆定居，然后不断地造访或者入侵其他岛屿和大陆，人类就必须进化出一系列防御措施以抵御造访者带来的疾病。

无论是在基因层面还是在文化层面，生命的事实之一在于，可选择变成了强制。一个能使其使用者比同辈人有明显优势的聪明绝招，会很快“固化”，此时那些没有获得它的人注定要失败。如果在一个洞里躲避捕食者是一个被使用得足够频繁的方式，那么最终找到一个洞躲藏就不再是一个种群中少数成员的怪癖，而会成为一种体现在其本能中的物种需要。大多数哺乳动物能在体内合成自身所需的维生素C，但灵长类动物却不能。因为几千年来，它们在饮食中越来越依赖水果摄入维生素C，最终导致其丧失了合成维生素C的先天能力。这就是人们常说的不使用它，就会失去它。远距离航行能非常有效地隔离出测试人群，他们的健康状况和饮食对于海军和舰船上的外科医生而言十分重要。经过这个测试，人们首次发现如果没有维生素C，人就会患坏血病和其他疾病。几个世纪以来（在进化史中可能只是一瞬间），这项发现及其他数百项发现为人们带来了当下有关人类代谢的生物化学方面的极为详尽的科学知识。如今，我们是强制的维生素C的摄入者，不再是强制的食果动物，因为我们可以根据需要服用维生素。如今，没有法律强制要求我们必须拥有一张信用卡或一部手机。就在几年前，这都还是很奢侈的可选择物，但如今，它们几乎已经成了我们赖以生存的物品，根本不需要法律的加持。现金可能很快就会消失，我们将成为信用卡或其派生物的计算机技术的强制的用户。

今天，我们对语词的依赖程度与我们对维生素C的依赖程度已不相上下。语词是文化进化的命脉。或者我们应该说语言是文化进化的支柱，或者语词是文化进化的DNA？这些生物隐喻及其他隐喻都是很有价值的，只要我们能在使用时小心去除其中的虚假含义，它们就可以发挥宝贵的作用。语词无疑在我们的爆炸式文化进化中扮演着核心的且不可替代的角色，而探究语词的进化将是研究文化进化及其在塑造我们的心智中的作用这一令人生畏的问题的可行切入点。我们很难知道这是从哪里开始的。很显然，我们现在拥有巨量文化，但在人类的进化史中有一个时期我们的祖先是没有文化的，因此文化一定是进化的产物，但它是如何进化而来的呢？这个问题的答案远非那么显而易见。正如里彻森和博伊德所观察到的：

> 要使我们相信人类文化的存在与生命起源本身一样是一个深刻的进化之谜，还需要一些科学的理论上的解释（Richerson & Boyd, 2004）。

达尔文很明智地在中间位置开启了他那“饱受争议”的论点。《物种起源》中只字未提一切是如何开始的这一话题，把与生命的根本起源有关的含糊不清的细节留给了另一个场合。十几年后，在达尔文于1871年写给约瑟夫·胡克（Joseph Hooker）的一封著名的信件中，他提出了这样一种推测，即也许“温暖的小池塘”的条件正好适于生命的延续。而10多年后，我们仍然在探索那个温暖的小池塘假说及其他替代方案。人类语言的起源是另一个未解之谜，自从达尔文以来，它也因为同样的原因引起了人们的好奇和争议。首先，几乎没有与人类语言的起源有关的“化石痕迹”，而那些能够被自信地识别出来的痕迹则有多种解释。其次，与这两个谜题有关的都是这个星球上可能只发生过一次的重大事件。

在这两种情况中，我们都要谨慎表达：生命和语言有可能出现过几次甚至很多次，如果真的是这样，那么那些其他的开端已经灭绝，没给我们留下任何可被探测的痕迹。但也没准明天就能出现什么蛛丝马迹呢！每一种事物都必须至少有一个起源，而且没有确凿证据表明有不止一个起源，所以我们假设每个情况中只有一个起源。接下来我们要做的是，为这两个成功的逐渐发展的研发历史，构建科学上合理且间接可检验的假设。近几十年来，这两个领域的实证研究取得的进展，都足以促进进一步的研究，这些研究采用的是默认的同时也是尝试性的假设，即我们可以追溯到的现有谱系的“树”最终只有一个主干。随着针对DNA序列中的差异积累的生物信息学研究填补了空白，并纠正了早期解剖学和生理学研究中的错误，系统发育图或分支图正变得越来越清晰，比如彩图1中的“生命之树”。[①] 语系之树显示的是语言的谱系（见图9–1），也是人们常用的思考工具，描绘了几个世纪以来语系及个体语词系统之间的血统关系。

---

① 事实上，生命之树图在某种程度上是颠倒的，语言的后代在树枝上显示得比它们的“祖先”更高。这并不是一种奇怪的颠倒，但如果它让你烦恼，请将图翻转。我从未见过时间从右到左排列的水平分支图，但也许它们被用于阿拉伯语和希伯来语文本中。

日耳曼语族
低地德语
高地德语
弗里斯兰语
荷兰语
英语
佛兰芒语
丹麦语
瑞典语
冰岛语
挪威语
斯堪的纳维亚语支
西日耳曼语支
北日耳曼语支
哥特语
斯拉夫语系
保加利亚语
斯洛文尼亚语
乌克兰语
白俄罗斯语
俄语
波兰语
捷克语
南斯拉夫语
古俄语
西斯拉夫语
波罗的语
立陶宛语
拉脱维亚语
亚美尼亚语
罗曼语族
西班牙语
意大利语
法语
罗马尼亚语
拉丁语族
凯尔特语族
布立吞语
康沃尔语
威尔士语
布立吞亚支
高卢语
苏格兰语
爱尔兰语
马恩岛语
古凯尔特语族
意大利语族
古日耳曼语族
印度-伊朗语族
斯拉夫语族
伊朗语族
波斯语
普什图语
俾路支语
古伊朗语系
印度语系
印地语
马拉塔语
古吉拉特语
旁遮普语
孟加拉语
梵语
吐火罗语
波罗的-斯拉夫语族
希腊语族
伊奥利亚语
爱奥尼亚语
罗里安语
古希腊语
安纳托利亚语族
赫梯语
巴莱语
吕底亚语
卢维语
利西亚语
凯尔特-意大利-吐火罗语族
波罗的-斯拉夫-日耳曼语族
雅利安-希腊-亚美尼亚语族
原始印欧语系

图 9-1　语系之树

生物学家在绘制系统发育树时遇到了困难，因为它们必定意味着融合，也就是说不同谱系联结在一起，根据现在的理解，这是一种在生命早期普遍存在的现象，它是真核生物的内共生起源的证据。历史语言学家在绘制语系之树时，必须解决语言合并过程中广泛存在的融合问题，例如，洋泾浜语（pidgins）和克里奥尔语（creoles）的产生，以及个体语词系统更频繁地从一种语言跳到另一种语言。很明显，人们一旦熟悉了冰屋和皮划艇，代表这两种事物的因纽特人语词就被很多语言采用，而且英语的“计算机”和“目标”几乎能一致地被不以英语为母语的人所理解。

道金斯指出，在许多情况下，显示个体基因谱系的树形图比显示物种血统的传统的生命之树更可靠、更具信息性，因为存在“水平基因转移”，这是基因从一个物种或谱系跳到另一个物种或谱系的实例（Dawkins, 2004）。已经越来越明确的是，特别是在细菌和其他单细胞生物中，基因通常会通过各种独立于繁殖的过程进行交换或共享，这就是垂直基因传递。同样的，由于语言之间的水平单词转移，语词的词源（血统）比其所在的语言的血统更稳固。

“现在的语词是过去某种形式的语词的后代”这种语言进化的观点，实际上比达尔文的物种进化理论更古老。例如，众所周知，古希腊诗人荷马的《伊利亚特》和《奥德赛》的文本都是复制自荷马时代的祖先通过口述代代相传的文本形成的。自文艺复兴以来，语言学家和古文字学家一直在重建语言和手稿的谱系，如柏拉图对话录的各种现存副本。今天用来确定基因组之间关系的一些最新生物信息学技术本身也是古代文献中用于追踪错误（突变）模式的技术经过改进的后代。正如达尔文所说：“奇怪的是，不同语言和不同物种的形成及它们都是通过一个渐进的过程发展而来的证据都是相同的（Darwin, 1871）。”我们将遵循达尔文的方法，从中间开始，将语言的原始起源留在本章的后面部分再表。我们先来看看语言，尤其是语词中仍在进行的进化问题。

更仔细地观察语词

什么是语词？查尔斯·桑德斯·皮尔斯（Charles Sanders Peirce）于1906年首次阐述的类型（type）与标记（token）这对哲学用语的区分，有助于理解这个问题。

（1）“Word” is a word, and there are three tokens of that word in this sentence.（“语词”是一个语词，在该句子中有这个语词的三个标记）。

句子（1）中有多少个单词？如果我们用 Microsoft Word 中的计数方法计算标记，可知有15个单词，而如果按类型计算，则为13个。如果你大声朗读句子（1），在几秒之内会相继出现3次声学事件，也就是 word 这一类型的标记。在印刷页面上有三种不同的墨水图案，看起来非常相似，第一个的首字母是大写的，但它仍然是类型 word 的一个标记。标记可以是听觉事件、墨水图案、空中书写图案、刻在石头上的凹槽或计算机中的比特串。①

它们也可能是你大脑中的无声事件。当你默读句子（1）时，除了页面上可见的标记外，你大脑中也有标记，而且就像朗读出的标记一样，这些标记具有物理特性和可记录的出现时间。书面标记可以有很长的存在时间，从墨水未干时开始，一直持续到纸张腐烂或被烧焦为止。我们还不知道如何通过语词的物理特性来识别其在大脑中的标记（我们还没有弄清楚大脑“阅读”是怎么回事，尽管可能已经好事将近了），但是我们可以确定的是，word 这一类型的大脑标记与书面及口语标记间有着物理上的区别，就像书面标记与口语标记之间的区别一样。大脑标记看起来不会像 word，听起来也不会像 word，它们只是大脑事件，在大脑中黑暗且安静的地方发生和发展。但毫无疑问，大脑标记在物理上与你看到或听到 word 时大脑中通常发生的某些事件相似。

这样的奇特事实经常会被研究意识的理论学家忽视，最终产生毁灭性后果，这点我会在第 14 章中说明。默读句子（1），但注意要用高浊音。现在再用挪威口音（有很多起伏的音调）默读。用心聆听，它听起来像挪威语吗？在心里读一个单词是种额外工作，对一个熟练的语言使用者来说是不必要

① 为了纪念一个有时很重要的技术区别，我们应该注意到在“the cat is on the mat（猫在垫子上）”这样的类型中，类型 the 出现了两次，类型 t 出现了 4 次。出现与类型一样，都是抽象的而不是具体的实体。在谈论基因时也必须做出这样的区分，但这却常常会被忽略并进而引发混乱。粗略估计，你身的上每个细胞中都包含你的基因类型的一个标记，但在你的基因组中，同样的密码子序列会出现多次。例如，在进化的许多次重大创新中发挥着重要作用的基因复制，就是将一个基因标记的多份复制放大为后代细胞中的数万亿个重复的标记（Dawkins, 2004）。

的。但在学习一门新语言时，诸如在阅读时动动嘴唇这种在心里的念读是一种非常有用的辅助工具。你的大脑配备了专门用来辨别语音的听觉“机器”，以及专门用来控制舌头、嘴唇和喉部的发音“机器”。这些神经系统是在学习一门语言的过程中得到训练的，它们在“在心里读语词”中发挥着重要作用，但大脑各区域中的这种触发活动本身不会产生任何噪声，所以我们无法通过灵敏的大脑麦克风捕捉到振动。现在闭上眼睛，用心“看”句子（1）的前 4 个单词，先是黑底黄字，然后是白底黑字。就内省角度来看，当我们“脑子里有语词飘过”时，我们通常不会有在听到这些语词时会遇到的诸如语调、一丝不苟的发音和重音等具有完整的听觉特征所带来的烦恼，或“看到”它们时由特定的字体颜色和大小所带来的烦恼。请注意，我认为内省一向是一种不好用且不可靠的方法，但它也是开启科学研究不可或缺的方法。试想，当你无法忘记一个人的名字时，这个名字是否总是加粗的，或者伴随叹息声？

因此，我们心智中出现的语词很多都处于某种中间情况，那些明确的、特定的语词在我们的心智中的标记并没有口头或书面之分，也没有听到的或看到的这种区别。而且，似乎也存在“无词”的思考，我们甚至不必费劲“寻找”所有的语词，而只是使用它们的字面意思就够了。例如，在欲言又止现象中，我们可能对自己要“寻找”的单词了解很多，但直到它突然“出现在脑海中”，我们才能检索到它。以 ize 结尾，有三个音节，意思与“忽略”相反，是哪个词呢？啊！是 scrutinize（仔细检查）！有时候，找不到自己想要搜索的单词会让我们陷入困境，无法继续思考问题的解决方案，但在其他时候，我们可以无言地处理那些不需要用英语、法语或任何其他语言表达的不言而喻的意思和想法。一个有趣的问题是，如果我们没有在学习母语过程中使神经系统得到训练，即没有进行“心智训练”，我们还能做到这些吗？无词的思考会不会像赤脚滑水一样，依赖于你一开始就能启动的装备？心理语言学家和神经语言学家已经给我们提供了一个良好的开端，用关于言语产生和感知的对照实验和模型来补充（并经常取代）这种随意的扶手椅上的内省（Jackendoff, 2002）。

内省的问题在于，它默认了一种错觉，即有一只能观察的心灵之眼，一只能听得见的心灵之耳，且有一个能用来思考的内在心智。这些非常常见的元素都是在笛卡尔剧场（Cartesian Theater）上穿梭的意识对象（Dennett, 1991）。当然，笛卡尔剧场并不存在，它只是一种象征性存在。似乎确实有这些听得见的、看得见的和可思考的元素，但抛开魔法不谈，我们认为，除非大脑中真的有物理标记在发挥这些作用，否则就不能认为这些元素是真的存在的，而“大脑中的事物是如何在物理层面发挥这些作用的”是未来科学研究的主题，而内省不属于此类主题。

我们已经超越了自己，在第 14 章中，我们会有机会收集这些观察结果对意识理论的可能影响。现在，我只想承认一个显而易见的事实，不仅有公用的语词标记，还有私有的、内部的语词标记。同时，我还想提请大家注意这样一个不那么明显的事实，那就是我们还不太了解它们的物理特性。内部标记似乎与外部标记相似，这是因为它们使用的神经回路与我们用来检测外部标记之间相似性与差异性的神经回路完全相同，而不是因为这种神经回路给出的是它所识别的事物的复制品。①

① 如果将这种现象与智能手机上的一款可以识别收音机正在播放的音乐的应用程序 Shazam 进行比较，或许可以帮你想象这一点。由麦克风转换的信号不必“变回声音”就可以被程序识别。

即使有一天，我们成功掌握了识别人们在自己的大脑中表征的语词的艺术，这也并不能构成一种“读心术”，即了解他们的信仰甚至思想的能力。假设我能读懂你的大脑标记，我就能了解你内心的想法，但这不一定就是你相信的内容，对吧？这种理想的读心术也许有一天会成为现实，但如果是这样的话，心语标记识别也只会起到与今天的窃听大致相当的证据作用：虽说是实情，但远非能确定信念归属的决定性依据[2]。

无论在什么情况下，语词 word 在你的大脑中的标记与其在我的大脑中的标记在物理上（包括形状、位置或其他物理特性①）都是相似的可能性很小。而且我不反对下面的说法，即语词 word 在你自己的大脑中就有很多物理上不同的标记，包括分布在你大脑中的语言处理区域的神经元联合体，它们在形状和其他物理特性上比下面的书面标记之间的差异更多：

word word WORD WORD *Word* ***WORD*** **word**

使某一事物成为某种类型的标记的并不是简单的相似性。书面标记 cat 和你大声朗读它时发出的声音都是 cat 这一类型的标记，但两者没有任何相似之处。甚至口语标记也会有截然不同的特性：一个低沉的音调发出 cat 的音与一个 5 岁女孩低声吟唱这个词发出的音在物理特性上几乎没有任何相似

① 我们知道，大脑在不同区域储存着如有关食物、乐器、工具等不同的语词类型的知识。如果大脑因为中风或者其他事故受到重创，可能会选择性地丧失某些关于含义的知识。所以，我的“小提琴”标记和你的“小提琴”标记可能都与我们大脑中相同地方的活动有关，但如果因此就认为在我的大脑中定位到“小提琴”、“小号”和“班卓琴”，就能帮助研究人员在你的大脑中准确定位这些术语，那就过于乐观了。

之处，但这两种声音都很容易被会说英语的人识别为 cat 的标记。假设艾伦对贝丝说 chocolate，贝丝在一张纸条上写下 chocolate，然后递给科里，科里又对戴夫低声说 chocolate，戴夫便在手机上输入 chocolate，然后交给艾米莉看，以此类推。任何从现有类型的标记生成新的类型的标记的过程都将被视为复制，无论这些标记在物理上是否相同或非常相似。语词的标记都是某种形式的物理事物，而语词却可以说是由信息构成的，就像软件一样，它在大多数情况下是通过类型而不是标记来实现个体化的。目前安装在笔记本电脑上的 Word 软件版本是一个标记，但当我们谈论 Microsoft Word 甚至 Microsoft Word 14.4.1 时，我们通常指的是类型，而不是标记。

很显然，达尔文认为语词是通过基于自然选择的进化而来的，而且人们还会认为，最先提出大脑先天具有语言习得机制的诺姆·乔姆斯基（Noam Chomsky）倾向于认为语言（尤其是语词）具有显著的进化特征，但是事实上他几乎全方位地在贬低语言学中的进化思维（更多信息请参阅第 12 章）。继乔姆斯基之后，许多语言学家和语言哲学家都在坚决抵制进化思维，不过也有少数值得关注的例外。哲学家露丝·米利肯（Ruth Millikan）在其开创性著作《语言、思维与其他生物学范畴》（*Language, Thought and Other Biological Categories*）中推测，语词是由“声道姿势”发展而来的（Millikan, 1984）。哲学家戴维·卡普兰（David Kaplan）提出了一个把语词当作连续部分，把特定的话语或铭文（或脑海中出现的事物）当作不同阶段的模型，这种“自然主义”模型显然受到了达尔文的启发，特别是该模型拒绝了不变的柏拉图本质，并认识到标记可以在物理特性上有很大的差异的同时，仍然是同一类型。事实上，卡普兰贬低过长期以来作为语言哲学主流的类型－标记这对术语，因为这对术语残留了一些本质主义的味道，但最终他还是温和地说："只要我们不陷入标记或类型模式的形而上学，我不介意人们继续把话语和铭文称为'标记'，但我更喜欢用'话语'和'铭文'（Kaplan，1990）。"卡普兰对进化论的调侃遭遇了麻省理工学院乔姆斯基阵营中的学者的抵制，哲学家席尔文·布罗姆伯格（Silvain Bromberger）以典型的麻省理工学院风格回应道：

> 无可争辩的事实是，谈论语词变化充其量只是一种有实用价值的捷径，而且是一种对经验主义细节不置可否的方式。但其寓意又一次表明，任何对语言的本体论真正感兴趣的人都不应只从表面上理解变化……发生变化的是人，而不是"语词"（Bromberger, 2011）！

布罗姆伯格进一步补充道："如果它们是抽象实体，它们怎么会发生变化？"看起来这是决定性的一问。布罗姆伯格会对基因持什么样的看法？它们也只是一种说话方式？在此之前，乔姆斯基及其世界各地的一些同事和追随者对进化思维的反对使语言哲学家放弃了去探寻某些可能性，但时代在发生变化。除了米利肯、卡普兰和我之外，丹尼尔·克劳德也已经接受了这种思考方法（Cloud, 2015），马克·理查德（Mark Richard）在其著作中探讨了生物物种和语言的含义之间的类比（见第 11 章）。

我的同事，语言学家雷·杰肯道夫提出了一种进化论意义上的语言理论，旨在与最新的神经科学相结合。他认为，语词是记忆中的结构，这种结构在某种意义上是自主的，因为它们必须是被独立地获得或习得的。[①]根据第6章中提到的相关定义，语词是信息项。其他的信息结构有故事、诗歌、歌曲、口号、流行语、神话、技术、“最佳实践”、思想流派、信条、迷信、操作系统、Web浏览器和Java小程序，等等。信息结构有不同的大小，对其进行测量的指标是其构成部件的数量，而不是标记的某些物理尺寸，如HOLLYWOOD。小说的体量会很大，诗歌则通常要小得多，而诸如“靠右”这样的交通标识则会更小，无论由什么材料制成的商标通常都是单一形状的。

除了其标记的可见或可听的部件外，语词还有许多使其成为名词、动词、比较级和复数名词等的信息部件。语词在某些方面是自主的，它们可以从一种语言迁移到另一种语言，并可以以许多不同的角色出现，包括公共的和私人的。一个单词，就像病毒一样，是一种最小的行动者：它想使自己被说出来（Dennett, 1991）。为什么？因为如果不这样，它很快就会灭绝。一个单词是自私的，就像基因是自私的一样（Dawkins，1976）。实践证明，这种隐喻用法非常有效，可以启发我们阐明关于进化的多个视角。不要害怕一个小小的隐喻，它不会伤害你；而当你有某种冲动时，你应该始终确保自己知道该如何把它兑换成毫无疑问的事实。

当然，信息式的事物并不比病毒更有头脑，但就像病毒一样，它被设计为（主要是通过进化）会激发和增强自身的复制能力，并且它生成的每一个标记都是它的后代之一。起源于同一个祖先标记的诸多标记形成了一种类型，这就类似于一个物种。现在，我们可以理解卡普兰为什么不愿意接受类

① 日常用语中word（语词）的含意是有问题的，因此杰肯道夫提出并定义了一个在技术上更精确的替代词，即词项（lexical item）。例如，并非所有的词项都有读音。

型 – 标记区分，因为标记会逐渐消失，直到新的类型出现，就像某些恐龙的一系列后代最终会成为某些新的鸟类物种的成员一样。一些语词标记的后代将成为私人话语：它的人类宿主会不停地自言自语，甚至在脑海中一次又一次地反复念诵这个单词，使标记的数量激增，最终在大脑中为这个单词建立起一个更加坚实的“生态位”。可能有更多的内在标记在我们的意识之外诞生。这时，语词可能在你的大脑中竞争性地不断繁殖，但就像微生物在你的肠道中的复制活动一样，这是一个不引人注意的过程。它们的一些后代会被大声地说出来，或者被写下来，甚至可能会被印在书上，而这些后代中的一小部分甚至会在其他大脑中沉淀下来，在那里它们或者能被新的宿主识别，进入一个已经准备好的“家”，或者不得不重新开拓一个新的“生态位”。

语词如何繁殖

与病毒一样，数量是语词强有力的后盾。单个病毒副本可以感染新宿主，但成群结队的副本更容易站稳脚跟，并建立各种繁殖群体。同样地，一个语词可能被听到一次就足以在人类大脑中建立一个新的词汇项目，成为一个新的语词 – 标记生成器，尤其对于那些本身就对其感兴趣的成人听众来说。但是多次聆听一定更容易给婴儿留下深刻的几乎是字面上的印象。

语词如何在婴儿的大脑中扎根？从出生到 6 岁，儿童平均每天学习约 7 个单词。我们是怎么知道的？方法很简单，用一个 6 岁的孩子的词汇量 15 000 个单词除以她出生的天数 2 190 天。她在出生后的前两年里学会了约 200 个单词，在随后的几年里，她的学习速度加快了，最后又骤然减慢。这个星期你学会了多少个单词？如果我们把注意力集中在她早期学习单词的时间里，我们会发现，对于儿童来说，要平均看到一个单词的6个标记，才能真正第一次清晰地说出这个单词，给出这个单词的一个副本（Roy, 2013）。因此，你可能会说，与病毒不同的是，一个单词在诞生之前必须有多个“父母”，但它们不必同时出现。婴儿听到的大多语词并不是针对他们的，婴儿只是无意中听到了父母或看护者说的话。一个语词的首次出现往往只是发生于一些复杂的，且在很大程度上不可理解的感知环境中的一个新颖的听觉事件，但它会在大脑中留下某种印象。第二次出现会加深这种印象，如果孩子能说话，他可能会说：“哦，又是那个声音。”而且它出现的语境可能（或不可能）与首次出现的语境有着某些共同的特征。第三次出现会让儿童稍微熟悉一点，它出现的语境可能会以某种方式开始成为焦点。一个单词的第四次、第五次和第六次出现，会将听觉识别标记，也就是语言学家所说的音系重新带回大脑中并进行某种锚定。到这个时候，孩子开始有了行动目标，那就是把它说出来！我们由此推测，形成这一目标的倾向已经在遗传层面存在于人类基因组中，但在原始人类①发声/交流的初期，这可能只是一种可变的特质，是一种有利于模仿父母和看护者并与之互动的普遍倾向的偶然延伸（详见第12章）。

一旦孩子开始尝试着说话，成年人的反应是：放慢并简化他们在孩子面前的发音（Roy，2015）。这时，孩子不再被视为无意收听者，而开始被当作对话的潜在参与者。而只需要使用几代标记后，随着孩子开始利用对自己表现的反馈来改善自身执行力，可识别的复制品就出现了，就是婴儿说出的第一句话。但婴儿根本不必理解它们，甚至不必理解它们是语词。婴儿只是

① 原始人类是指包括黑猩猩和其他猿类在内的灵长类动物，更狭义的原始人类是指有600万年历史的一个分支，只包括人类及其最近的祖先。

养成了在极特定的语境中发出这些结构化的声音的习惯，并且他有时会立即获得回报，就像他“本能”的哭泣常常会让他得到进食、拥抱或变得舒适。随着特定语词在说话和听觉中重复的次数越来越多，特定语词的发音会变得越来越使人觉得熟悉，越来越易于识别和确认。当一个可发音的语词已经在婴儿的大脑中占据一席之地，这对语词自我复制来说绝对是有益的。很快，婴儿开始无意地有辨别性地使用它，而且这个语词会逐渐对这个孩子来说变得有意义。

这些语词子代的后代可能是无意识的产物，因为婴儿可能还没有从刺激和反应的洪流中发展出一种可以胜任的意识。我们需要谨慎地处理这个有争议的问题。在这一点上，即使最终需要划出一条清晰的界限，我们也不必急于试图“划清界限”，把有意识的活动和无意识的活动区分开来。正如从深度睡眠中醒来通常是逐渐完成的一样，意识恢复也不是瞬间完成的，婴儿的意识发展也不仅仅是具有感知能力或具有在植物和细菌中普遍存在的对刺激的直接反应，而很可能是渐进的，就像生命中的所有其他的伟大转变一样。

有些人坚持认为意识绝对是个意外，一种全有或全无的属性，它可将宇宙分成两个完全不相交的类：一类事物是成为它之后会有某种感觉，另一类是成为它之后没有任何感觉（Nagel，1974；Searle，1992；Chalmers，1996；McGinn，1999）。但我从来没碰到过什么有说服力的论据来解释为什么会这样。这让我怀疑，这其实是活力论（vitalism）的一个可疑后代，这个如今几乎已被摒弃的学说还认为活着是一种形而上学的特殊属性，需要注入某种神奇的事物来作为生命动力。考虑到这种形而上学不切实际的意识观仍然在一些非常有思想的学者中流行，包括很多哲学家和科学家，我暂且承认，上文谈到的那个阶段的婴儿可能只是没有真正意识到已经在其大脑中“生根发芽”的语词后代。如果这些很有思想的人的坚持有朝一日被证明是正确的，世界上确实存在着巨大且重要的差异，那么我会修改我的主张。正如我们现在所知道的，如果那种魔法式的神奇想法在明天就得到了印证，我会同意存在一个宏伟的时刻 T，在这一时刻，意识在婴儿或胎儿的大脑中出现了，但我会坚持认为意识不会发展出常见的一套才能，即有意识的主体有意识地行事的能力，直到主体逐渐被成千上万的能组织或重组这些才能所依赖的神经连接的模因（不只是语词）所占据。

因此，我们正在研究的是婴儿生命中的短暂时期，这时他们的随机发声或是尝试复制听到的声音，会变成毫无意义的婴儿语词。这些发声微习惯只存在数月的时间，它们或者在与更有效的发声法的竞争中消失，或者能遇到热切的合作者从而获得一种局部意义。对于大多数人来说，他们的婴儿期语词是一生中唯一的成功“创造”。如果父母和兄弟姐妹因为溺爱而在没有附加任何意义的情况下用无意义的语词回应婴儿，那么他们就是在共同创造一种真正可发音的模因，这种模因除了不断繁殖没有其他功能，这是一种既没有帮助也不造成阻碍，但会繁荣一段时间的共生的心智 – 病毒。①

更有效的语词，即处于互惠关系中的模因，会成为人类不可或缺的工具箱或词汇储备，它们通过一个渐进的、准达尔文式的、共同进化的自下而上的学习过程，利用大脑的模式检测能力，并充分利用大脑预先设计的一套可供性检测器，来获得它们的语义、句法和含义（Gorniak, 2005；Gorniak &

① 共生体可分为三类：寄生虫，对宿主的遗传适应性有害；共栖者，它对宿主无利无害，相当于与宿主在“一张桌子上吃饭”；互惠主义者，它有利于宿主，可以增强宿主的遗传适应性。

Roy, 2006）。面对已知的自然语言的语义和句法的复杂性，这种直截了当的论断可能会被理论语言学家视为不负责任的推测，但它其实是一个非常谦虚的主张：首先以音韵学为起点，在大脑中为单词的听觉特征创造一个节点或焦点，然后使其成为围绕声音发展的语义和句法，以及其发音特征的基础或锚点。尽管我有自己的看法，但我不打算偏袒争议中的任何一方。我有足够的理由不为乔姆斯基及其拥护者所说的，必须将多少偏好和"通用语法"在基因层面上安装在"语言习得装置"中这个观点辩护，也不会以任何方式规定这种偏好必须或应该呈现为哪种形式。不管怎样，在没有经过深思熟虑的"理论建构"的情况下，婴儿的大脑会自动形成与父母一致的习惯，会敏感地对感知到的语义信息做出反应。[①]

如今看来，在人类婴儿身上"安装"母语是一个经过精心设计的过程，毫无疑问，这受益于数千代人类语言学习者所受的选择性影响。在这一过程中，进化过程可能发现了许多能使语言更容易掌握，单词更易于发音和识别，主张、问题、请求和指令更易于形成和表达的捷径。这样的进化过程最初涉及的不是基因的差异性复制，而是模因的更快速的差异性复制。**语言要先学会适应大脑，然后大脑才能进化得更适应语言。**[②]

---

① 我在这里所指的是在第 6 章中提到的广义的语义信息，即与句法、音韵学、语用学、语境，以及习得项目的含义（语义）有关的语义信息。

② 迪肯对此有很好的解释。也可参阅《进化与学习：重新考虑鲍德温效应》（*Evolution and Learning: The Baldwin Effect Reconsidered*）一书。最近，克里斯蒂安森和蔡特在《行为与脑科学》（*Behavioral and Brain Sciences*）上发表的一篇专题论文中雄心勃勃地为这个论题提出了一套夸张的辩护，文章对供选方案进行了研究，提出了很有价值的一套回应集合（Deacon, 1997, 2003; Dennett, 2003b）。

无疑，可发音的模因在一定程度上受到了发音的物理学、生理学因素和人类听觉的限制。但不管某特定语言中存在多少变体，儿童通常都能在很少或几乎没有指导的情况下获得成熟的识别和表达能力。而毫无疑问的是，他们新创造的语词一旦被“安装”好，其语义特性在很大程度上就会取决于人类环世界中非语言部分的结构、可供性的常识映像及处理它们的行为。在这里，儿童几乎不需要任何指导就能获得语义。在大多数文化中，溺爱孩子的父母喜欢教给孩子一些事物的名称，但是不管他们多喜欢这样做，他们的孩子也会逐渐地在没有明确的注意，也没有任何有意的父母指导的情况下掌握大部分语词的含义。在语境中反复接触成千上万个语词提供了几乎所有可用于可靠地理解语词含义的信息，此后只根据需要稍作微调即可。比如对于“小马是马的一种吗？狐狸是狗的一种吗？我应感到羞愧还是尴尬？”这样的问题，他们会逐渐做出自己的正确判断。

苏格拉底对“人们如何仅通过相互交谈弄清楚语词的定义”这一议题感到困惑。如果他们不知道这个语词的含义，那么相互询问能带来什么帮助；如果他们已经知道这个语词的含义，为什么还要费劲定义它？为什么定义一个语词这么困难？要想解开这些难题，关键一点是能认识到理解语词与获得语词的定义并不相同。①

也许，除了这些语义学和音韵学上的限制之外，还存在着由我们的大脑

① 在这里，GOFAI“自上而下”的智能设计方面尤为生动：如果你将主体的知识视为一组公理和定理，就像欧几里得几何一样，你将需要“定义你的用词”。CYC 计划的数据库中包含着手工编码的数千个定义，这一事实佐证了一些人的如下信念：自上而下的人工智能仍然是必由之路。

的结构特性施加的特定的、在基因层面设计的句法限制和吸引因素。也许这些是更早期的进化历史中被冻结的偶然事件，如今它们以某种方式限制了可学习的语言的种类，而这些方式本可能改变历史走向。我们可以像某些理论家那样想象这样一个例子：假设语言起源于手势，而不是发声；可能存在一些对某种手势语言来说非常合适的排序原则，它会最大限度减少手臂位置的突然变化，不会使健谈的人肌肉紧张。而这种排序原则在某种程度上被视为发声语言的限制性因素，不是因为它使语言更有效，而是因为它曾使手势语言更有效了。这就像我们键盘上的 QWERTYUIOP 模式，在按键杆与打字杆之间靠机械连接的时代，它有很好的存在理由。在英语中经常出现的字母组合，如 th 和 st，都被分配到相对较远的两个键上，以防止打字杆在进出纸张的途中卡住。或许，由进化的大脑结构施加的句法限制是全局最优的。考虑到语言首次进化时地球上哺乳动物大脑的神经结构，陆地动物使用的语言具有这些结构特征绝非偶然。或者这些结构可能是我们可以预测的会在宇宙任何地方的任何自然语言中出现的妙招。如果这些妙招无论何时何地都表现得很好，那么时至今日它们很可能已经被鲍德温效应植入我们的基因组中。创新行为 X 有可能被证明是非常有用的，因此没有 X 的人都会处于劣势，而获得或采用行为 X 的种群中的任何变异都会被选择来用于遗传，因此在经过几代后，后代便会成为“天生的 X 人”，几乎不需要任何排练。由于存在鲍德温效应，X 之类的事物会本能地被植入拥有者的基因组。或者，也许每一代都必须重新学习它们，但因为它们显然是种妙招，能很容易被习得。[①] 没有人会认为，世界各地的人总是会先将自己的矛的尖头部分投出这一事实表明，一定有一个尖头优先的本能基因。

---

① 请注意，一个妙招对于自然选择来说可能是“显而易见的”，但对于探究的人类调查人员来说却是非常难以理解的。永远不要忘记奥格尔第二定律：进化比你聪明。

无论如何，新生儿面临的认识论问题可能与成人领域的语言学家面对外来语言并试图援引语法和词典时遇到的认识论问题相似，但他们用于弥合无知和知识之间差距的方法却截然不同。成人会构思和检验假设，同时寻找能证实或证伪这些有见地的猜测的证据，并会精炼对其的概括，指出规则中的例外情况，等等。婴儿只是通过含糊不清的发声，尝试缓解自己的渴望和好奇心，并通过无意识的反复试验逐渐形成自己的理解，这也是在没有理论指导的条件下完成的认知壮举，这与在不凭空气动力学原理的情况下仅借助基于自然选择的进化的方式完成的不同鸟类的双翼设计是一样的。当然，这让人想到了以高迪、图灵和毕加索为代表的自上而下的智能设计与达尔文式的研发之间的对比。儿童通过准达尔文式研发的过程习得了母语，从而通过一个“无须理解亦能胜任”的过程获得了作为理解的基础的能力。

因此，不管是在今天的婴儿身上还是在我们人类语言的深层历史中，我们最好将首先出现的语词视为与人类长期共存的事物（见第6章），它与人类一道通过基因上的和文化上的基于自然选择的进化发展壮大，具有人类生理学、栖息地和需求方面的所有特性。我们的大多数驯化物种可能都是通过与人类长期共存来实现驯化的。正如雷蒙德·科平杰（Raymond Coppinger）和洛娜·科平杰（Lorna Coppinger）所说，只靠勇敢的驯化者故意将野狼幼崽从巢穴中带走来将狼变成狗的神话几乎是不可信的。几乎可以肯定的是，一旦人类居住区开始产生大量被丢弃的可食用物，这样的垃圾就会对野狼产生吸引力，它们最初对靠近具有危险性的人类的忍受力各不相同。那些能尽力接近人类的狼，在地理上和生殖上会与它们更谨慎地与人类保持距离的表亲产生隔离。然后，随着时间的不断推移便出现了垃圾场上的狗，它们还不是宠物和伴侣，它们不属于任何人。但在社区中它们已经很常见，就像老鼠和松鼠一样。实际上，要经过几代的驯化，狗才会把它们的人类邻居视为它们的所有者、伙伴、守护者和主人（Coppinger & Coppinger, 2001）。

同样地，我们可以想象得到，婴儿意识到他们可以开始使用自己拥有的那些语词是一个渐进式的过程。而事实上，他们在意识到这些之前就已经开始使用它们了，也一直在享受着使用它们带来的好处。他们最终达到了这样一种状态，那些存在于他们的常识映像中的语词变成了他们自己的语词，成了他们工具包中的可供性，就像棍棒或长矛那样，而不是像可以扔的石头或可以躲进去的洞穴这样的存在于大自然中的可供性。达尔文在《物种起源》的第一章中概述过婴儿的语词被驯化的过程，并在其权威著作《动物和植物在家养下的变异》（*The Variation of Animals and Plants under Domestication*）中进一步阐述了这一过程。这种驯化过程始于达尔文所说的“无意识”选择，伴随着人们随意地或不经意地偏爱某些后代，且牺牲其他后代，从而形成了一种选择性力量，这种力量后来变得更加集中和更有针对性。最终，我们会进行“有条不紊”的选择，比如鸽子爱好者、玫瑰种植者、牛马饲养者心中都有特定的目标，都有具体想要选择的目标特征，而这是迈向自上而下智能设计的重要一步，在这种设计中，驯化者的行为和期望都是有理由的（无论好坏）。就语词的驯化而言，当个体开始对自己的语言使用产生反思或自我意识时就会出现这种情况，他们会开始避免使用他们认为平庸的、令人反感的、太过时的、太像俚语的、太新颖的语词。

当人们开始编辑自己的语言作品（比如在进行写作或大声说出句子之前默默在脑子里组织句子）时，他们正在逐步满足达尔文关于驯化的明确要求：控制物种成员的繁殖，至少控制好他们所“拥有”的那些物种成员的繁殖。[1]请注意，人们“无意识地”回避某些语词或偏爱其他语词可能是有原因的，而只有当他们找到了这样做的理由时才能形成对语言的完全驯化。与人类长期共存的语词，与其他与人类长期共存的有机体一样，在繁殖时期只能自食其力，其主体对此不实施任何管理。而一旦被驯化，它们就可以稍加放松，在其主体的管理下，它们的繁殖会得到保证。例如，从一个科学领域中精心挑选出的专业术语就是完全驯化的模因的典型案例，它们会被耐心地教授给年轻人，并会得到强制性排练和测试。它们不必像最成功的与人类长期共存的繁殖者那样，魅力四射、令人兴奋，也不必带着禁忌的诱惑光环。驯化后的词语得到建制派的支持，会借助所有行之有效的方法不断复制，但是我们明智的做法是效仿达尔文，并认识到这些成熟的驯化案例和基于特定语境的无意识的语词选择的偏好模式之间存在着某种连续性。

音素也许是人类语言最重要的设计特征，而且当语词与人类长期共存、是模因环境中鲜为人知的特征、不被人类视为珍贵的拥有物时，音素可能在很大程度上已经存在了。音素实现了对言语听觉介质的数字化。每种口语都有一套有限的听觉字母，即组成语词的音素。cat（猫）和 bat（球棒）以及 pat（拍打）和 sat（坐）之间的差异是起始音素，slop（溢出）和 slot（扁口）之间的差异是终端音素。当人们通过“拼读法”去学习阅读时，就要学会将语言的书面形式映射到构成该语言的音素（区别性声音单位）的单音（声音）上去的方法。tuck（褶）中 t 的发声其实与 truck（卡车）中的 t 的发声有所不同，但它们是不同的单音，而不是不同的音素；因为在英语中，没有哪两个语词仅是通过像 tuck 与 truck 间的这种大多数说英语的人都无从察觉出的

① 我认为克劳德的叙述实际是对我先前关于语词驯化的简短评论的一个友好修正，而不是一种反驳。我们之间的一些其他分歧有待以后解决（Cloud, 2015）。

差异来区分的。

音素的绝妙之处在于，它们在很大程度上不受口音、语调和其他日常对话中常见的变体间的差异的影响。“请把黄油递给我”这句话有数百种不同的发音方式，如牛仔的鼻音、弗吉尼亚州的拖音、山谷女孩的呜呜声或苏格兰的低语等，但几乎所有说英语的人都能毫不费力地识别出“请把黄油递给我”这句话。这些存在着连续变化的物理现象被推过用于“符合规范”和“当机立断”的强求一致性的过滤器，这将每一个介于两者之间的情况都变成了这样或那样的音素。这是数字化的核心，迫使连续的现象将自己分成不连续的或有或无的现象。音素保护的是类型的边界，以便它们可以有各种各样的标记，以满足可靠复制的要求。我们的听觉系统出生前在子宫里就在经历各种调整，它会将一系列广泛且持续变化的声音归类为我们母语或第一语言的音素的实例。如果我们等到十几岁时再去学习另一种语言，可能不仅会存在口音问题，也很难轻松感知他人所说的语词，因为我们的音素探测器是不可靠和不完备的。

如果没有数字化体系，可听见的声音将很难被记住，也很难再现，很可能会不知不觉地远离其祖先，导致“差错成灾”现象，这时自然选择将无法发挥作用，因为突变积累的速度快于其被选择或摒弃的速度，进而会破坏它们可能携带的语义信息。无论一个可听见的声音是否值得记住、再现或复制，如果它不能数字化，那么它被记住的前景就很渺茫。因此，无论与人长期共存的听觉模因是共生的还是寄生的，只有当它们恰好有音素部件时，才会持续存在并被广泛传播，如 fiddle-de-dee（废话）、razzamatazz（活力）和 yada yada（喋喋不休）。

正是这样的数字化赋予了计算机惊人的可靠性。正如图灵所指出的：自然界中没有什么东西是真正的可数字化的；持续性变化无处不在；出色的设计措施在于制造能将所有信号按数字信号处理的装置，丢弃掉而不是复制特定标记的特性。这就是为什么可以做出几乎完美的文本文件和音乐文件的副本。将 CD 复制机和影印机进行对比，例如若你先复印一张照片，再复印这个复印件，然后复印刚得到这个复印件的复印件，以此类推，复印件会逐渐变得模糊，同时出现其他很多可见的干扰信息，但是若将一张 CD 上的 JPEG 图片文件下载到计算机上，然后在另一张 CD 上制作它的副本，依此类推，这时就不会损失任何清晰度或保真度，因为在复制过程的每个复制步骤中，0 和 1 的独特的标记中的任何微小变化都会被忽略。当然，书面语言也是如此，其限定字母从根本上标准化了字母在形状和大小上的无限变化。这使得口语和书面语言在缺乏理解的情况下也能非常可靠地传递信息。

奥利弗·塞尔弗里奇（Oliver Selfridge）有一个非常有名的有关书写的例子（见图 9–2）。尽管第二和第五个符号的中间形状完全相同，说英语的人也会把它读作 THE CAT（这只猫）。根据听者的语言，口头语词会自动被插入音素序列中。会说英语的听众很容易在第一次听到 mundify the epigastrium 时准确地再现，即使他们不知道这是什么意思（舒缓胃部，这在某些地方是表示“喝一杯”的俚语），但他们却无法准确地发出被音译为 fnurglzhnyum djyukh psajj 的声音。无论发音多么响亮和清晰，这个发音序列也不能被不加思索地分解成英语的音素。基于语言的这种规范体系，即使是无稽之谈（如“那些滑溜的玩具在瓦布中旋转和摇摆”）也可以很容易地被感知到，并被准确地传播。

图 9-2　塞尔弗里奇的不加思索的 THE CAT 示意图

音素不仅仅是组织听觉刺激以实现可靠传播的一种绝妙方式，它们也是一种良性错觉，比如这种巧妙的用户错觉：点击和拖动图标、可以放入文件的棕黄色小文件夹，以及电脑桌面上其他更为熟悉的项目。桌面操作背后的实际运作过程其实复杂得令人头皮发麻，但用户并不需要知道这些，所以智能界面设计师要简化这种可供性，使其更容易被人看到，同时可以添加声音效果来帮助引起使用者的直接关注。计算机内部没有任何简洁且突出的事物是与台式机屏幕上的那个棕黄色文件夹相对应的。而且从那些能区分 cat、bat、bad、bed、fall 与 full 不同音素的物理特性中，看不到其中任何简洁且突出的事物。这些词之间的差异似乎简单而明显，但这是由我们天生的能力产生的一种错觉，而不是由信号本身的潜在简单性产生的。经过几十年的研发，语音识别软件终于可以像一个 5 岁的孩子那样，能从到达耳朵或麦克风的声音旋涡中提取出即时话语中的音素。

音素的数字化具有深远的意义，语词在文化进化中的作用与 DNA 在基因进化中的作用相似，但是与腺嘌呤、胞嘧啶、鸟嘌呤和胸腺嘧啶组成的双螺旋中的物理上的相同梯度不同，语词在物理上不是完全相同的复制器，它们只在常识映像的用户错觉层面上是“相同的”。有人可能会说，语词是一种虚拟 DNA，很大程度上是仅存在于常识映像中的一种数字化媒介。

数以百万计的橡子和苹果通过橡树和苹果树传播到世界各地，“希望”以此繁衍出新的后代。当我们传播数以百万计的语词时，“希望”的不是繁衍我们的后代，而是让这些语词可以繁衍出后代，就像我们对着同伴打喷嚏会有助于感冒病毒繁衍后代一样。当语词到达另一个大脑后，它们可能会“从一只耳朵进，从另一只耳朵出”，也可能会在偶然间生根发芽。我的一个小学老师曾传授给我们一个增加词汇量的方法，那就是“一个语词用三次，它就是你的了！”她建议的这种方法是比较有效的。

说到这里，有些哲学家会皱起眉头，他们担心我正在一些有潜在危险性的薄冰上滑行。语词真的存在吗？它们是你的本体论的一部分吗？它们应该是吗？这种关于语词“由信息构成”的说法是相当冒险的，不是吗？这只是纸上谈兵吗？严肃地说，一些哲学家会在这一点上咬紧牙关，坚持认为语词是不存在的，它们没有质量，没有能量，也没有化学成分；它们不是科学映像的一部分。他们认为科学映像应该是本体论的终极裁决者。但是，语词是我们常识映像中非常重要的成员，虽然科学无须关乎或提及它们，但你不能在不使用它们的情况下进行科学研究，所以它们可能是我们的本体论的一部分。它们就萦绕在我们的心头，很容易占据我们的注意力。①

我们与黑猩猩之间的对比是惊人的。到目前为止，已经有成千上万的黑猩猩一生都是在人类的圈养中度过的，这些黑猩猩听到的声音几乎与人类的

① 这种说法也许过于极端。有些语言可能没有单个的单位，而这种语言的使用者可能没有注意到他们的语言可以被分解成不同的部件！就像孩子们在学习拼写时必须学怎样读出语词，每个人都要明白他们自然而然所说的语言是由可重复使用的部件组成的。不是所有人都跟我们这些自我意识超强的“语词贩子”一样能明显感受到民间语言学的这一特点。

孩子听到的一样多，但它们几乎从不关注这些。对它们来说，人类的话语就像树叶在沙沙作响，即使话语中包含了大量语义信息，要是它们能理解的话，这些语义信息对它们来说可能是有用的。试想，如果黑猩猩能够偶然听到并理解饲养员的交谈，那么逃脱圈养或挫败饲养员会变得多么容易。要想让黑猩猩养成留心听语词的习惯，无论是口头的、书写的，还是用塑料做成的标记，都需要一套庞大的训练机制。相比之下，人类婴儿从出生起就渴望获得言语经验。正如吉布森所说，语词是可由我们的大脑识别的可供性，这种识别能力是由进化过程设计的，该过程为我们提供了语词的各种用法。

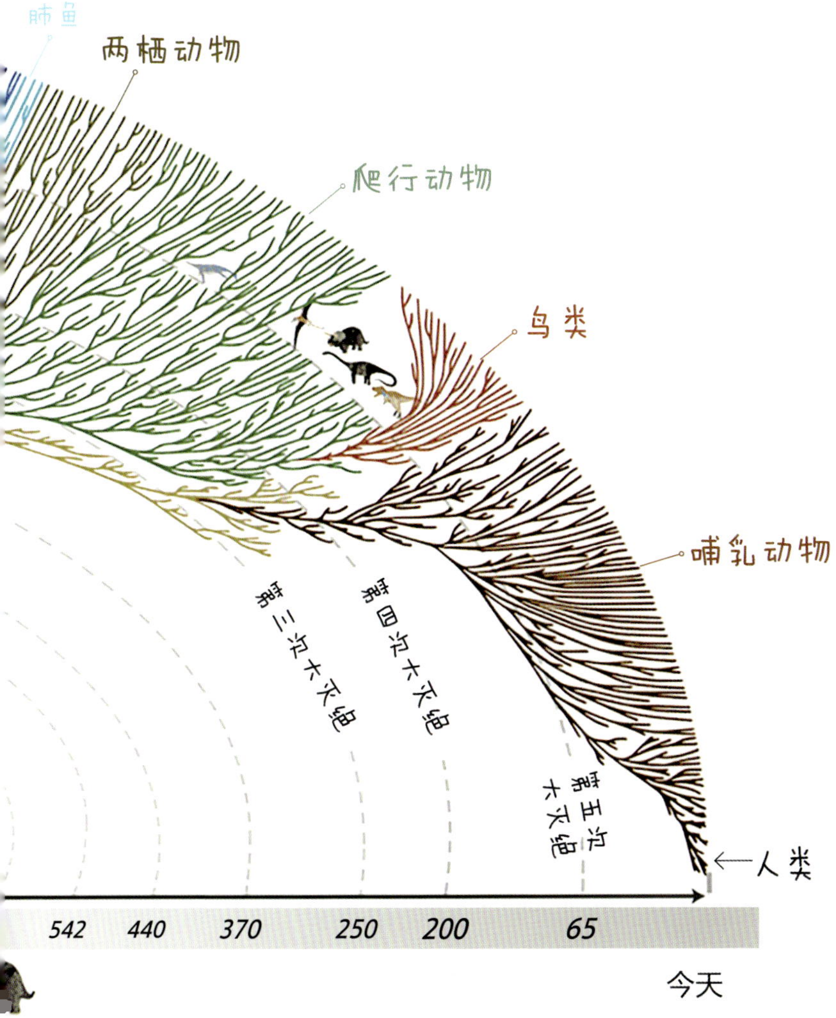

肺鱼
两栖动物
爬行动物
鸟类
哺乳动物
第三次大灭绝
第四次大灭绝
第五次大灭绝
人类
542
440
370
250
200
65
今天

彩图 2 蚁冢

资料来源：Fiona Stewart。

彩图 3 高迪设计的圣家族大教堂

资料来源：Diariodiviaggio.org。

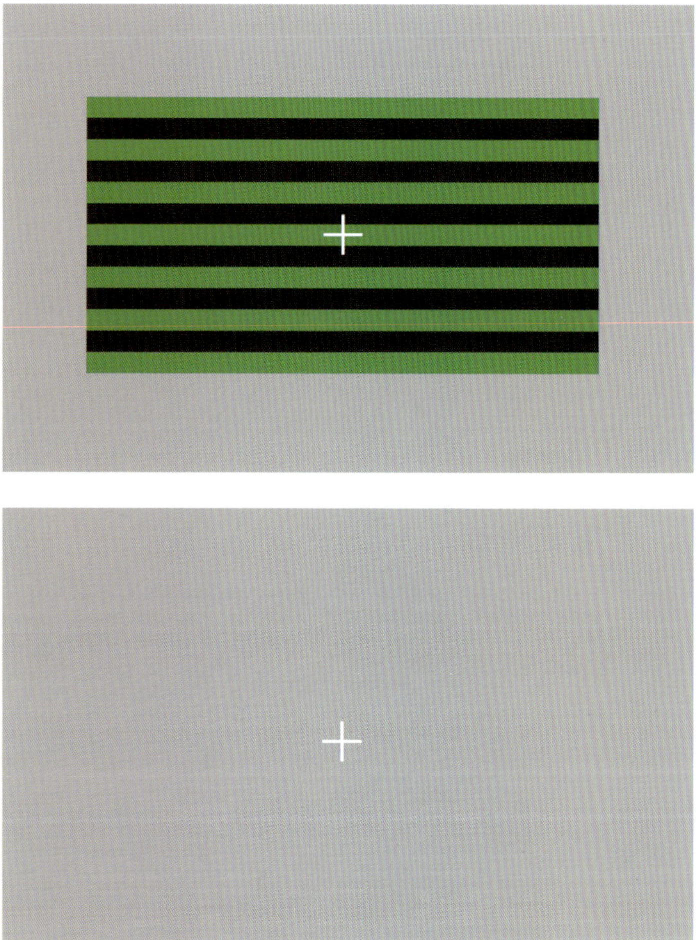

彩图 4 补色残像测试图

FROM BACTERIA TO
BACH AND BACK

10
模因视角

语词及其他模因

我认为最近在这颗星球上出现了一种新的复制因子，它正近距离地凝视着我们。虽然它还处于初期，还在原始汤中笨拙地漂移，但它已经以一种让旧基因望尘莫及的速度实现了进化。现在的新汤是人类文化之汤。我们要找出一个能表达文化传播单位的或模仿单位理念的名词，来为这个新的复制因子命名。

——道金斯，《自私的基因》

我确信，将生物进化与人类文化或技术变革进行比较是弊大于利的，但这种最常见的智力陷阱到处都是。生物进化由自然选择驱动，而文化进化是否由另一套不同的原则驱动，对此我不得而知。

——古尔德，《为雷龙喝彩》

语词存在于常识映像中，但它们是什么？狗是哺乳动物或宠物中的一种，但语词是种什么事物？它是一种模因，理查德·道金斯在《自私的基因》一书中创造了模因这个术语，并在引言中对其进行了定义。语词是什么样的模因？是可以发音的那种。除了语词之外，还有其他词项，如不规则复数和语言“规则”中的例外情况，它们也必须能被独立地存储在记忆中（Jackendoff, 2002）。例如，初学说话者会从其他说话者那里不断接收到词项，以此来掌握 child 的不规则复数形式。这些都是典型的模因，但模因不是语言或语法的固有特征，而是可选的、受文化约束的特征，它必须在语言共同体中传递，且各种变体间常常发生相互竞争。其他模因，如用于向后戴棒球帽或做表示同意的手势的模因，没有发音，因此它们不是语词。

模因是一种什么事物？粗略地说，它是一种行为方式，可以被复制、传播、记忆、教导、回避、谴责、炫耀、嘲笑、戏仿、审查，甚至被神化。在科学映像的技术性语言中，没有一个术语可以恰当地概括模因是种什么事物。依照表达常识映像的日常语言，我们可以说模因是方式，是做某事或制造某事物的方式，但它不是某种本能，本能是做某事或制造某事物的另一种方式。**模因与本能的不同之处在于，模因是通过感知而不是基因传递的。**

它们是语义信息，除去它们是错误信息的情况，即像假币那样的被错误地假定为有价值且有用的事物得以传递和保存，它们都是值得窃取或复制的设计。[①] 但正如我们所看到的，虚假信息有时也是值得被复制的设计。毕竟，互联网上的垃圾邮件和宣传信息一样，都是经过设计的。受益者是谁？有时

① 这种假定通常是自由浮动的理据的一部分，不是接受者有意识假定的事物。一个还没有形成真假鉴别力所以容易上当受骗的孩子可能会成为说谎者的牺牲品。

是宿主，有时是创造者，有时是模因本身，就像病毒一样，它们都没有创造者，但具有自己的适应性和相对应的复制能力。

语词是模因最好的例子。它们是我们的常识映像中非常突出和个性化的成员。虽然发音和含义都在发生变化，且在很多情况下都有几千年的追溯史，但它们有明确的血统发展史。它们是可数的（如词汇量），通过简单的测试就可以判断它们在单个人类载体或宿主中是否存在。如今的互联网时代，为我们提供了一个很好的可用于收集更多数据的实验室，语词的传递可以被观察到。但和实验室中的操作一样，我们只能将现象限制在一个有规范的人工环境中，而且我们的实验对象群体可能存在很深的偏向性，显然不是所有的语言使用者都是互联网用户，这些都会使实验结果产生一定的偏颇。但“模因”这一术语自道金斯于 1976 年首次提出以来，在互联网为其提供一个理想的生态位之前其标记有点萎靡不振，这并非偶然。

如果语词是最好的模因，那么为什么道金斯没有在他的著述中对其进行重点阐释呢？事实上，道金斯是通过引用从英国诗人乔叟到现在所累积的英语变化来展开他关于文化进化的讨论的。“语言似乎是通过非基因的方式‘进化’的，其速度比基因进化快几个数量级。”他列出的第一个模因例子是“曲调、想法、流行语、服装时尚、制作罐子或建造拱门的方法”（Dawkins, 1976）。流行语是由语词构成的词项，但道金斯没有强调语词在传递“想法”中发挥的作用，这无疑是因为想法也可以无声地被分享和传递，例如通过展示一些事物，而不仅是描述或定义某事物。道金斯想强调的是模因概念在超出语词之外的其他文化事物上的不明显延伸，这些文化事物如不一定有歌词的曲调，以及不一定有名称的服装时尚，等等。像迷你裙和领结这些专有名词，它们是伴随着自己的范例流传开来的，但那些无人注意的特征，也只有在多次加倍出现后才会被人们注意到和命名，如向后戴的棒球帽、破洞裤、穿袜子配凉鞋等。

基因组学中重要的使能技术是聚合酶链反应（PCR），这是一种多聚酶链式反应，它可以提取任何 DNA 样本并大量复制，使之易于检测、区分和操作。伦敦地铁的自动扶梯墙或城市建筑工地周围的临时木墙上并排贴着的多份广告都是英式英语的“大幅广告牌”，它正是通过这种令人无法抗拒的图案吸引着路人的眼球。重复仍然是创造新的可供性的关键因素，无论是在空间中同步排列的广告或相同的核酸片段，还是按时间顺序排练同一首曲子或一个单词，或者是一次又一次地注意到巴黎的埃菲尔铁塔。任何事物的多个副本往往会使模式 – 识别机制在识别器中生成另一个副本，从而使模因得以传播。

在图 7–4 中，语词在“生长 VS. 繁殖”方面处于高位，在“文化 VS. 基因”方面也处于高位，但在内部复杂性方面处于低位。也许，如果道金斯把“语词是典型的模因”这一主题发展起来，可能会预先阻止或缓和他的理论所遭受的来自包括历史学家、文学理论家、哲学家、语言学家、人类学家和社会学家等在内的各领域的文化研究者的阻力。也许除了少数被创造的语词外，他们从来没有假设过，语词是有意设计出的创造物。由于从来没有将语词描述为经过精心设计的文化艺术品的神话，所以他们在保护这样一个神话方面没有既得利益，而且很可能会对这样一种说法持更开放的态度，即认为存在着比他们能意识到的更多的像语词这样的文化元素。无论如何，我们现在可以认定并继续指出，一旦语词被确定为文化创新和传递的主导媒介，它们便开始改变进化过程本身，引发新的、更接近传统的和神话般的智能设计理念的研发形式。

模因有什么优势

> 我们为自己对适应性信息的杂乱无章的欲望所付出的代价，就是有时我们必须面对极其病态的文化变体。
>
> ——里彻森和博伊德，《基因之外》

在研究文化进化的科学家中，有些人拒绝用道金斯的术语模因来指代通过文化传播的行为方式和制造方式，但我印象中的每一位理论家都会用这样或那样的术语来指代想法、实践、方法、信念、传统、仪式、术语这样的项。它们都是信息性事物，或多或少都会像细菌或病毒那样在人群中传播。正如里彻森和博伊德所指出的那样，与基因进化相似，信息是文化进化的关键内容：

> 我们需要就如何称呼人们大脑中存储的信息达成一些权宜之计。这个问题并非微不足道，因为心理学家对认知和社会学习的本质的认识有着严重的分歧（Richerson & Boyd, 2005）。

当我们谈论文化进化方面的信息时，我们很少谈论香农式的信息片段（bits），最好能找到可以指代显著的大量或少量信息的概括性术语，一个能与基因并列且能与之对照的术语。而自从模因一词逐渐在英语中站稳脚跟，我们可以很方便地将其用作可指代所有基于文化的“方式”（way）的一个通用术语。在最新版的《牛津英语词典》中，模因被定义为“一种可以被视为通过非基因手段传递的文化元素”。那些对“使用本身存在争议的术语”这一行为感到不安的人应该提醒自己，在模因的对应词“基因”被定义的过程中也存在以上类似的争论，但很少有人会建议放弃使用这个术语。因此，我将不再像以往那样回避模因这个词，并坚持用它来指代很多文化项，我们将继续捍卫这个术语，因为我认为道金斯的这个概念在我们理解文化进化时所做的贡献远远超过它所携带的那些不适当的含义。

为什么模因这个概念的名声不太好？一方面是因为一些没有做好功课的准模因主义者提出的一些夸张的说法，另一方面是因为一些已经在某些方面弄清楚了文化进化的理论家不想因在谈论自己的理论工作时采用了道金斯新创的词语而给予道金斯过高的赞赏。对于道金斯关于模因的阐述的一些谨慎的批评，我们将在适当的时候探讨。但在我看来，造成更多不良影响的是疯狂的不合时宜的批评运动，这是人文和社会科学学者的某种过敏反应，他们会因看到“可怕的”生物学入侵他们的“神圣”领域而感到不安。[①] 在第 11 章中，我在讲述了采用模因视角的一些益处后，将对这部分出现的标准反对意见做出回应，同时也会对严肃的反对意见做出回应。

---

① 多年来，这种敌意受到古尔德的鼓励，他反对“达尔文原教旨主义”，特别是反对道金斯。古尔德的反对理由说服了许多非生物学家，让他们相信他们应该与古尔德所谓的更普世和更人文主义的达尔文主义版本结盟，而事实上古尔德的达尔文主义版本因其温柔的光环而付出了巨大的混乱代价。古尔德本人声称要“理解但模糊地理解”人类文化如何适应进化中的世界。如果你想以更形象的方式去理解，就抛弃古尔德，沿着道金斯开辟的道路走下去吧。

道金斯的模因概念对文化进化研究的贡献主要体现在 3 个方面：

- **1. 无须理解亦能胜任。**一些文化项表现出的设计性没有创作者或创作者联合会，也没有建筑师和智能设计师。不可否认的是，构成这些文化项的部件的排列方式所展现出的巧妙性或适合性完全源于自然选择，即信息共生体的差异性复制，这些共生体的宿主对它们的聪明才智一无所知，就像蝴蝶对其翅膀上的眼睛图案一无所知一样。人类常常很欣赏他们热切传播的那些想法的优点，但正如我们将看到的，这是一个在文化进化中出现得非常晚且完全可选的特征。人类的理解和认可对于一个模因在一种文化中固定下来，既不是必要条件，也不是充分条件。
- **2. 模因的适合度。**模因就像病毒一样，有自身的繁殖适合度。正如道金斯所说，“我们以前没有考虑过的是，文化特质可能会以它自有的方式进化，仅仅因为这对它自身有利”（Dawkins, 1976, 1989）。无论一个模因是否能增强其宿主的繁殖适合度，比如会采用和使用自己携带的各种设计的人类宿主，模因本身的自然选择一直都在发挥作用。模因可以在短短 10 年内迅速传播并固定下来，也可能会在同一时间段内几乎灭绝，这样的进化过程太快了，无法在人类后代的增加或减少中被辨别出来。即使所有的模因都是互利共生体，是一种确实能增强其宿主的繁殖适合度的重要适应机制，这种微小的效应也无法解释它们的传播速度。
- **3. 模因是信息性事物。**它们是行为方式的“处方”，可以在没有被执行和表达的情况下得到传递、存储和转换，就像隐性基因在基因组中默默移动一样。人们认为，马可 · 波罗将面食的模因从中国带

> 到了欧洲。他不必成为一名意大利面食厨师也能做到这一点，他所要做的是将模因的副本散布在能使其他人获得它的环境中，然后人们再以他们各自不相同的行为方式将其表达出来。

人文科学和社会科学中有关文化变革的传统理论通常在没有这些想法的情况下艰难前行。例如，老式的涂尔干式的功能主义揭示了社会安排中的许多高度合理的功能和目的，包括禁忌、习俗、传统和社会分工等，但无法解释这些有效的安排是如何形成的。是来自国王、酋长或祭司的聪明才智吗？是上帝的礼物还是运气？还是因为某些神秘的“群体心智”或共有的“民众的天才”能意识到这些特征并采用了它们？“目的论”不会从天而降，涂尔干主义者无法给出合理的解释。但模因的自然选择可以在没有任何来自人类、神力或群体理解力的强制性推动下完成设计工作，也不需要假设存在神奇的机制。正如戴维·斯隆·威尔逊（David Sloan Wilson）所指出的，功能主义由于缺乏可靠机制而走向了灭亡（Wilson, 2002）。由自然选择推动的模因的进化理论可以提供所需的机制，就像板块构造为大陆漂移假设的可靠性提供了所需的机制一样。[①]

传统的文化理论的另一个困境是，它们倾向于为其信息实体确定“心理”范畴，尤其是想法或信念。但是，尽管想法和信念（无论我们多想将它

① 威尔逊拥护的进化论不是模因的进化，而是他的“多层次群体选择”理论。正如我曾指出的，他的群体选择所需的发生条件太不寻常，同时还需要在历史进程中经历很多的群体（而非个人）“世代”更迭才能生效（Dennett, 2006）。此外，既然威尔逊无论如何都需要运用模因来阐述自己的观点，那么就没有理由不去承认模因的进化是解释社会群体的功能要素的无意的达尔文主义进化的正确现象。

们定性为精神或心理状态或心理事件）在人类文化中显然扮演着非常重要的角色，并不是所有文化传递和进化都依赖于有意识的理解之类的东西。一个群体可能会不知不觉地改变他们对一个单词的发音，或对一个手势的使用方式，或在墙上涂抹泥灰的方式，而他们并不会注意到这种变化。由于存在差异复制，即使是语词的意义也会在完全外在于单词使用者知识范围的过程里得到进化。现在，当有人热切地说："这是一个令人难以置信的讲座，太可怕了！"这并不代表他们不相信讲座的内容，只是不免觉得它有点儿可怕。没有人着意调整这些词语的意思，也没有人认可这种趋势。这种变化只是由文化中产生的标记数量的变换引起的。

当采用传统的关于想法和信念的心理学视角时，很难解释文化特征中的变化会在不知不觉中传播这一事实，因此这一事实很可能会被忽视。模因视角为这一忽视提供了一种有价值的纠正，但更重要的是，它提供了这样一种可供替代的视角，即文化传播的信息如何在不被理解的情况下被植入大脑。标准观点的问题在于，它不加批判地依赖于建立在意向立场中的"理性"假设，即常识心理学的默认假设是：人，甚至"更高等"的动物会理解摆在他们面前的一切。新颖的想法、信念和概念"从定义上来说"几乎都是已经被理解的想法、信念和概念。正如笛卡尔所说，拥有一个想法就是要知道你有了一个什么样的想法，就是去清晰且明了地设想出这个想法。我们可能很难注意到，每当我们尝试确定一个想法并对其展开讨论或思考时，我们都会根据其内容来识别它，这与"汤姆提到的第一个想法"，或者"我的想法紧挨着我对棒球的想法"不同。这是前达尔文主义观点的一种普遍应用，即理解是胜任的源泉。但重要的是我们要将这一观点倒置，这样我们才能对"不理解的胜任是如何逐渐产生理解的"这一现象给出初步的解释，这也是我在第

13 章里要完成的一个任务。

传统的文化理论家常常会高估个体工匠的贡献，他们认为这些工匠对自己发明、传递和改进的设计的理解一定比设计产品本身承载的理解要多。但理解对于改进设计来说可能并不是必需的。在一项关于波利尼西亚独木舟的进化研究中，罗杰斯和埃利希引用了法国哲学家阿兰的一段话，虽然这段话说的是布列塔尼的渔船，而不是波利尼西亚独木舟[①]：

> 每一艘船都是另一艘船的复制品。我们可以用达尔文的方式进行如下推理：一艘在建造上有缺陷的船很可能会在经历过一两次航行后沉入海底，因此永远不会被复制；于是，我们可以非常严谨地说，是海洋塑造了船，选择了那种能正常工作的船，同时摧毁了其他船（Rogers & Ehrlich, 2008; Alain, 1908, 1956）。

关于会对从父辈和祖父那里继承来的建造工艺进行什么样的改进，造船者可能有好的或坏的理论。当他们把这些改进纳入自己的创作时，有时会被证明是对的，有时却会被证明是错的。其他创新可能只是在复制错误，比如基因突变，这可能不算是有意外收获的改进，但仍然可能是促进当地造船技艺发展的千载难逢的机会。平安归来的船会被复制，其他的则会被遗忘，这是自然选择在起作用的经典案例。复制的船除了真正的功能改造外，还可能

① 我曾在 2013 年发表的作品中引用过这段话，那时我错误地认为阿兰［埃米尔 · 奥古斯特 · 沙尔捷（Emile August Chartier）的笔名］讨论的是波利尼西亚独木舟。罗杰 · 德普拉芝（Roger DePledge）后来指出阿兰讨论的“并不是波利尼西亚人，而是洛里昂附近格罗瓦岛（北纬 47° 38’，西经 3° 28’）上的布列塔尼渔民”。

会获得一些不必需但也无害的元素，即装饰品。在以后的日子里，这些纯粹的装饰元素可能会获得某种功能，也可能不会。因此，模因论的视角能考察到文物、仪式和其他人类实践的功能性和纯粹的传统装饰元素，并为我们无法在不借助于创造它们的“民间天才”的神秘力量的情况下在这两个类别间“画出一条清晰的界限”做出解释。这个过程不需要理解，即使理解在更多情况下会加快而不是阻碍研发进程。①

然而，关于文化的许多传统思维的另一个缺点是，它们倾向于专注精华而忽视糟粕。将文化的一种经济模式作为一种文化中明显有用或者纯粹良性的元素的第一近似值是合适的，这些元素有技术、科学、艺术和建筑以及其“高级文化”——文学等。这些文化元素的确是社会财富，不惜一切代价地保存和维护它们、不断地发展它们，并将它们作为一笔可观的遗产传给下一代，是很有经济意义的，也是理性的，尽管让它们能在几个世纪里都“好好存活”需要耗费人们多年艰辛的指导和排练。②但是，要怎么对待一种文化中那些恶性的、无用的、繁复的，以及会降低适合度的元素呢？又怎么去对待那些无人欣赏，且根除的成本过高的元素，如感冒病毒和疟疾呢？事实上，通过在生物学上做出互惠共生体、共生共生体和寄生共生体三者的区分，模因视角涵盖了极端和中间情况（见第 9 章）。

正如我在第 7 章中提到的，许多人对“模因就像病毒”这一想法感到反

① 在发明和工程史中，充斥着在数十年甚至数百年的时间内阻碍创新之路的坏理论的例子。例如，如果不能逆风航行是“理所当然的”，那就不必费心去尝试可能实现这种“不可能”的设计了。

② 里彻森和博伊德指出，“理性选择模式是文化进化的极限案例”（Richerson & Boyd, 2005）。

感，因为他们错误地认为病毒对人类来说总是有害的。而事实上，目前寄居我们每个人身上的数万亿种病毒中，只有极少数是有害的。目前，我们还不确定有些病毒对人类来说是否真的有益，还是说它们是像我们肠道中的微生物群落这样的强制的共生物，没有它们，我们就会死亡。

病毒是人类繁荣发展的必需物吗？也许是。当然，我们也需要大量模因。英国小说家丹尼尔·笛福（Daniel Defoe）的《鲁滨逊漂流记》是一本名副其实的必备模因百科全书，从中可以看到，一个 18 世纪的普通成年人可能比一个来自 21 世纪发达国家的普通成年人更能适应那种自力更生的生活，这也是一个不错的历史转折。今天我们中有多少人知道如何为明年的播种收集种子，如何在没有丁烷打火机的情况下生火，或者如何砍伐树木？[①]

真正的寄生性模因能获得真正的蓬勃发展吗？对这个问题的肯定回答是道金斯对模因的介绍中最引人注目的一点，而这也可能解释了为何人们会反感模因概念。道金斯似乎是在对众多读者说，所有文化都是某种可怕的疾病，在大脑间传染、可能会引发人类自我毁灭的活动。但道金斯说的并不是这样的。戴维·斯隆·威尔逊就这一错误推定提出了一个惊人的例子，他清楚地看到了文化进化基础的必要性：

> 一些社会实验的成功，以及其他很多因实验自身特性而导致的失

① 显然，今天的人们无须掌握维持人类生命所需的所有模因，因为我们很早就建立了一套支持个人专业化的分工和专业知识。《鲁滨逊漂流记》在很多方面都是一个令人着迷的思想实验，其中一个方面是，它证明了即使在 18 世纪我们也很依赖于各种各样的能力，很少有人声称自己已经掌握了所有能力。

败，构成了一个充满盲目变异和选择性保留的过程，它们既存在于遥远的进化史中，也存在于近代人类历史的进程中（Wilson，2002）。

但他断然否定了模因概念，因为他认为模因是“寄生的”，因此他从未考虑过模因可以为像宗教这样的文化现象提供进化上的解释，特别是比他自己提出的“多层次群体选择”假说更有效、更具可检验性的解释。事实上，威尔逊没有注意到他自己有时也会间接提到模因。例如，他发现将教理问答描述为“‘文化基因组’是有用的，这种基因组以一种容易被复制的形式包含着具有发展适应性的社群所需的信息”。而在其他情况中，正如我于2006年发表的《打破魔咒》（*Breaking the Spell*）中所指出的那样，威尔逊只是没有注意到，他的假说的模因替代品不仅可用，而且更可信。①

许多模因，也许是大多数模因，都是互惠主义者，它们能增强我们现有的适应能力，如我们的感知系统、记忆、运动和操纵能力等的适合度。如果从一开始就没有互惠主义的模因，就很难看出文化是如何起源的（稍后我们会对文化起源问题展开详细讨论）。而一旦文化基础设施通过我们将看到的文化和基因进化之间的相互作用完成了设计和安装，寄生模因利用这些基础设施的可能性就或多或少得到了保证。里彻森和博伊德将这种模因称为“异常的文化变体”（rogue cultural variants）。以近代的一种显著现象为例，互联网是一套异常复杂且昂贵的人工制品，它是根据最实际、最重要的目的设计和构建而成的，今天的互联网是由ARPA资助的阿帕网（Arpanet）的直系后代。ARPA即现在的美国国防部高级研究计划局（Defense Advanced

① 例如，威尔逊坚持认为“加尔文主义的细节比任何其他竞争假设能更好地被解释为群体层面的适应机制”，但这些细节中只有少数与群体团结有关系。

Research Projects Agency，DARPA）的前身，它是由美国国防部于 1958 年成立的，其目的是促进军事技术的研发。

在将这些无价值的事物定性为对人类的适合度无益的模因案例时，我们应该提醒自己，在进化生物学背景下，“适合度”意味着什么？它不是健康、幸福、智力、舒适或安全，而是繁殖能力。哪些模因可以真正地使其宿主能留下超过平均数量的子孙？似乎很少。从生物学角度来看，很多我们最珍视的模因会明显地降低我们的适合度。例如，接受大学教育会产生显著的降低我们的适合度的效果，而如果吃西蓝花也会有类似的效果，它就会带有这样的公共健康警告：“注意！吃西蓝花可能会使您幸存下来的子孙数量低于平均水平。”[①] 但当我问我的学生这一惊人的事实是否给他们带来了警示时，他们的回答是否定的，我相信他们。他们认为，生活中有很多比繁衍出同类更加重要的事情，这种态度即便不代表全部，至少也是整个人类群体中普遍存在的观点。这一事实本身就能将我们与其他物种区分开。因为我们是唯一采用这一思考方法的物种，即基因适合度不再是生命的最高目标。[②] 为了繁衍后代，鸟类会筑巢，河狸会筑坝。出于同样的缘由，鲸鱼每年会经历数万千米的迁徙，某些雄性蜘蛛会在配偶的怀抱中慷慨赴死。没有哪条鲑鱼会在逆流而上的途中重新思考是否应该选择一种新的生活，一种可以学习拉

① 或者正如里彻森和博伊德打趣的那样：“如果你想改善孩子的基因健康，看在神的份上，不要帮他们做作业！”

② 很多故事都讲述过狗是如何为了自己的主人甘愿冒险甚至放弃生命的，因此它们是这一概括观点的一个重要的例外情况。狗比任何其他种类的家养动物（包括猫）更像人类，这不是偶然的。数千年来，它们一直在无意识地选择并延续这种相似性。具有讽刺意味的是，关于智人和家犬有另外一个引人注目的事实，即尽管它们都有将繁殖置于更高级的要求之下的能力，但它们的数量远远超过了自己那些未经驯化的谱系最近的亲属。

小提琴的生活。但我们可以。

我们是迄今为止唯一的发现了其他值得献身的事物的物种，如自由、民主、真理、宗教，以及许多其他的模因复合体（由模因构成的模因）。同所有生物一样，我们生来就有强烈的倾向于生存和生育的偏好，这体现在我们“动物本性”几乎无法抗拒的冲动，以及一系列更微妙的习惯和性格中。但我们也是可以被说服的物种，我们不仅是像鸟和猴子那样的学习者，也不仅是像狗或马，以及受严格规则限定的实验动物那样的驯化动物，我们还能够被展示给我们的理由，而不是自由浮动的理据所打动。在建造蚁冢的白蚁和径直起跳的瞪羚的案例中我们已经看到，这些情况的出现固然有其理由，但它们不是有机体的理由。当动物出于理由做某些事时，它们对自己正在做的事情的理由的理解要么根本没有，要么是很有限的。正如一系列实验所揭示的那样，它们最初似乎理解的那些事物在新奇的变化或更广泛的环境中是无法被再次使用的[1]。

相比之下，我们不仅会出于理由做某些事，在这个意义上我们通常拥有做事的理由，我们已经向自己阐明了这些理由，而且我们还会在经过适当考虑之后对这些理由予以认可。我们对自己为行为引证的理由的理解通常可能是不完美的、混乱的，甚至是自欺欺人的，但事实上，我们仍然能明智地或愚蠢地拥有这些理由，这使得我们易于被说服放弃它们，以及被说服接受其他理由。正如前文所说，当我们因某些劝说或自我管理而改变心智时，尽管会因一时冲动说了什么，但大概率不会将对我们理由的修正的认可和默许真正“铭记于心”。这个经验可能不会对我们的信念和态度产生说客或老师所寻求的长期影响。这就是为什么我们要在由威尔弗里德·塞拉斯强调的给予理由、接受理由和拒绝理由的实践中，排演、修改、重新解释、重新测试和审查我们的理由（Sellars, 1962）。

亚里士多德认为我们人类与其他物种的区别在于我们是理性动物，笛卡尔和其他许多当代学者都将我们能够进行推理的天赋归因于上帝在我们大脑中植入了一种特殊的思维实体或能思考的事物。[①] 如果我们的理性不是上帝赐予的，那么它是如何进化而来的呢？雨果·梅西耶（Hugo Mercier）和丹·斯珀伯认为，人类个体推理、表达和分析逻辑论据的能力源于劝说的社会实践，他们的文章实际上展示出了这种理性起源说的化石痕迹。而令人深恶痛绝的确认偏差（confirmatian bias）源于我们总是倾向于强调我们当前的信念和理论的积极证据，却忽视了消极证据。这一点及其他很多已被充分确定的人类推理中的错误模式表明，人类的技能通常是为了在辩论中偏袒一方和说服他人而磨出来的，而不必是为了将事物推向正轨。我们潜在的天性是“偏爱易于对其做出解释但不必是更好的决定”。**能够设计出这种技能的进化过程必然依赖于某种早期的不成熟的语言使用技巧，因此我们可以将其视为一个由文化进化和基因进化组成的共同进化的过程，其中可发音的模因，即语词的文化进化起着主导作用。**

① 弗里曼·戴森（Freeman Dyson）指出，“技术是上帝的恩赐。它也许是继生命恩赐之后，上帝给予人类的最伟大的恩赐。它是文明、艺术和科学之母”（Dyson, 1988）。至少戴森认为，我们的天赋源于技术，而不是技术的最终来源。

11

模因有什么问题？异议与回应

模因不存在

我在许多场合都碰到过对模因充满敌意的人，他们会发出一种充满傲慢的嘲笑："模因？模因？你能证明模因真实存在吗？"关于不存在的说法总是让人难以应对的，特别是当科学家变得越来越富有哲学素养或哲学家变得越来越富有科学素养时。我们都认为美人鱼、闹恶作剧的鬼、燃素或生命力是不存在的，不是吗？然而，关于基因、弦理论中的弦、相对于私人语言存在的公共语言、数字、颜色、自由意志、感受性，甚至梦境的争议仍在酝酿中。有时，否定性主张是基于一种非常朴素的实在论，根据这种理论，世界上只存在"原子和空间"，或者是亚原子粒子和物理场，也或者是像物理学家约翰·惠勒（John Wheeler）建议的那样，只有一个亚原子粒子，它在时间开端和时间终端之间来回穿梭以编织出一个结构。长期以来，哲学家和科学家都被这种极简主义的观念深深吸引着。正如我的一名学生曾经指出的那样："哲学家巴门尼德曾说过，'只存在一个事物，但那不是我'。"

有时，全面否定的主张认为一切常识映像都不存在：科学映像的官方本体论中的项是真实存在的，但坚固的对象、颜色、日落、彩虹、爱、恨、美元、本垒打、律师、歌曲、语词等则并不是真实存在的。它们对我们来说可能只是有用的错觉，就像电脑桌面图标的用户错觉一样。电脑屏幕上由彩色像素构成的图案是真实的，但它们描绘的实体就像兔八哥和米老鼠一样都是虚构的。同样地，有人会说，当我们将常识映像看作图像集合，就像我们活在其中的电影，那么可以说它具有某种实在性，但将我们互动、操纵和爱上的"事物"视为实在则是一个错误。

在我看来，这是一个适当的防守立场。事实上，这是我所说的每个物种的常识映像的一个版本，它是由进化精心设计的，用以满足用户需求的一种用户错觉。我的版本的不同之处在于，它愿意并渴望认可这些本体论是分割现实的方式，它不是假想之物，而是现实存在的不同版本：真实模式[1]！"我们生活在一个虚构的世界，一个梦幻的世界，一个不真实的世界"，这样的说法更令人震惊，这往往会引起混乱，因为这表明我们在某种程度上是受害者，是被某种邪恶力量欺骗了。一些理论家拒绝接受美元真实存在的说法，但很容易接受爱、恨和彩虹是真实存在的说法。然而，他们从不提及爱、恨和彩虹的实在性，因为这些东西的存在对他们来说是"显而易见"的，相反，美元的真实存在对他们来说并不是"显而易见"的。

撇开这些激进的形而上学教条不谈，通常而言拒绝接受 ×× 的存在意味着有关 ×× 的理论是一个不合格的理论。当该理论是从常识映像中提取出来的“民间理论”时，则通常是不可否认的。比如，有关颜色的民间理论充满了错误和混乱。但这是否意味着颜色并不真实存在？如果我们相信颜色真实存在，是否说明我们就像被美人鱼真实存在的说法迷惑了一样也被关于颜色的说法迷惑了呢？有人会这么认为，而另一些人则可能表示无法苟同。在索尼宣称自己销售的是彩色电视机时，它是否会以涉嫌虚假广告罪而被起诉？还有一种中间立场认为，颜色并不是真实存在的，但假装它是真实存在的是一个“有用的虚构”。

另一种观点坚持认为颜色确实存在，只是不像人们所认为的那样存在。在我的整个职业生涯中，我一直遵循着这条道路，即坚持认为不仅颜色是真实存在的，而且意识、自由意志和美元也是真实存在的。美元是个有趣的案例。人们潜意识中对美元的实在性的信念最有力的支持无疑是美元纸币和硬币的真实存在，它们是你可以看到、衡量、使用和携带的法定货币。相比之下，比特币对大多数人来说似乎更为虚幻，但如果稍加反思，他们就会发现，触手可及、可折叠的美元纸币其实是某种“本体论的拐杖”，一旦学会了走路，就可以将其丢弃，只留下原则上可以支持比特币和美元的共有期望和习惯。早在 20 世纪，人们就对是否必需保留金本位制、银券等拐杖性质的概念展开过激烈的政治辩论，但明天的孩子们在成长过程中可能只有信用卡可以持有和使用，似乎也不会有什么不可接受的坏处。美元是真实的，只是不是你想象的那种真实。

意识是存在的，但并不像某些人所认为的那样存在；自由意志是存在的，但也没有按多数人想象的那样存在。然而，据我了解，有些人因为非常确信自己知道什么样的意识和自由意志是真实存在的，便认为我的说法不够真诚，并声称我试图用廉价的替代品取代真实的事物。例如：

> 当然，这里的问题在于意识“等同于”大脑物理状态这样的说法。丹尼特等人越是试图向我解释他们这么说的本意，我就越确信他们真正的意思是，意识并不存在（Wright, 2000）。

> （丹尼特）并没有确立大多数人都想相信和确实相信的那种绝对的自由意志和道德责任。他知道，那是不可能的（Strawson, 2003）。

在我的理论中，意识不是一种非物质现象，自由意志也不是一种与因果关系无关的现象，而根据赖特、斯特劳森及其他人的观点，我本该有勇气承认意识和自由意志都真的不存在。也许我需要通过将自己变成一个“虚构主义者”来缓和这种局面，坚持认为“它们并不是真实存在的，只是假装它们存在是非常有用的”。我不明白为什么批评我的人会认为他们对真实存在的事物的理解比我好，因此我提出了抗议。

对于模因，我的看法就比较简单了。我所捍卫的理论是，在非隐喻性、字面上的和没有附加说明的情况下，语词是可以发音的模因。模因的存在是因为语词就是模因，语词是存在的，而且非基因传递的其他行为方式也是存在的。如果你也认为语词不是真实存在的，你只能到别处寻找例证来反驳，因为我会在没有进一步的论证的情况将常识映像的必要附属品都归于我的本体论中，语词当然也在其中。现在让我们来看一下关于我所捍卫的模因论的一些实质性反驳。

文化变革中的模因

里彻森和博伊德虽然赞同道金斯的许多观点，但他们拒绝将任何文化信息项称为模因，因为模因的含义是“离散的，可被如实传递的基因样实体，而我们有充分的理由相信，许多通过文化传递的信息既不是离散的，也不是被如实传递的”。我们已经看到，语词确实是非常“离散和被如实传递的”实体，并且它们至少在某种程度上是“基因样的”。或者更恰当地来说，基因是“语词样的”。在道金斯关于 Mac 子程序工具箱的类比中：

> 用语词做类比具有误导性。语词比基因短，所以有些作家会把一个基因比作一个句子。但出于另外的理由，把基因看成是句子也不是一个很好的类比。书的不同不在于对固定的句子进行了不同的组合。大多数句子都是独一无二的。基因不同于句子，而是像语词，能在不同的语境中被反复使用。而与一个单词或一个句子相比，对基因更好的类比是计算机中的工具箱子程序（Dawkins，2004）。

所以，语词就像基因一样，是决定行为方式的类似计算机子程序的信息结构。里彻森和博伊德的观点是正确的，“许多文化上传递的信息既不是离散的，也不是被如实传递的”，正如我们将要看到的，针对这点，也许他们的反对意见是，模因只是文化进化发现和提炼的信息中的一小部分，也许只是很小的一部分。假设语词是唯一的模因，或者几乎是唯一的模因，那么模因理论或模因视角很难被认为是文化进化的一般理论。同样地，另一位对模因持严肃批判态度的语言学家丹·斯珀伯将模因定义为“通过模仿繁殖的文化复制者”，并承认虽然存在少数这样的实体，如他提到的连锁字母，但忽略了作为案例的语词只代表了文化传递的一个极小的部分：

> 要想使模因论成为一个合理的研究项目，它就应该是这样的，即复制及使副本倍增的以差别而定的成功，必须能在塑造全部或至少大部分的文化内容中发挥着压倒性的作用（Sperber, 2000）。

我认为这一要求过于强烈了，斯珀伯对此也可能表示同意，因为他在“压倒性的”和“至少大部分的”文化内容之间摇摆不定。词语在任何情况下都是唯一符合标准的模因吗？即使是这样，我们可能仍会发现，是我们这般的文化积累对这些模因的依赖才使得模因视角在文化进化理论中占据着主导地位，而在被传递的信息中其实只有一小部分是以语词的形式存在的。但事实上，人类文化中的高保真复制者比这些批评家所承认的要多，而且它们都在以某种方式依赖于某种数字化，就像音素一样。你一定还记得，尽管音素间有着巨大的物理差异，但得益于人类听觉和声道的进化特征，它们创造出了在主观上相似的标记（分类明确、容易识别）。cat 的衍生标记不是它的原型在物理层面的复制品，但我们可以说它们是虚拟复制品。虚拟复制品依赖于一个限定的规范体系，说话者在这样一种体系下会无意识地纠正他们的感知和话语，这种非物理性复制正是高保真信息传递所需要的。

我们在音乐中看到了同样的抽象形式和同样的对规范的修正。对此我参考的是西方调式音乐。包括 do、re、mi、fa、sol、la 和 ti 这 7 个音的调性音乐没有具体的发明人，但许多音乐家和音乐理论家对其进行过编撰，为每个音调选择了音节，并完善了乐谱系统。从 11 世纪开始的数百年间，体现在调性音乐上的是达尔文式的文化进化和智能设计的完美结合。调性音乐是数字化字母表的一个很好的例子，它允许对标准进行校正。这个音符你唱得有点偏高，请调整！许多音乐创新都涉及转音、划音、故意降音（例如在蓝调音乐中），而支撑这些偏离的正是标准音调。

您会唱或哼唱《绿袖子》（*Greensleeves*）的旋律吗？它与圣诞节颂歌《奇妙圣婴》（*What Child Is This*）的曲调相同。如果可以的话，你就是在制作那个旋律的另一个很长的标记谱系，它不存在于任何特定的调子或任何特定的节奏中。由一位比波普萨克斯管演奏家用 C 小调以惊人的速度演奏的《绿袖子》，与用吉他以 E 小调深沉地演奏的《绿袖子》是同一类型的两种标记。如果这个古老的旋律不是早已不受专利权限制，它的版权将涵盖任何声音或任何乐器在任何节奏下以任何音调进行的演奏，因为所有这些都是一个听觉事件的集合，虽然它们之间几乎没有任何物理上的相似性，但在我们常识映像的重要组成部分——旋律世界中很容易被识别为同一段旋律。当然，我们现在可以很轻松地把这个曲调用乐谱写下来，它被保存至今的方法与书写保留了古老的口头传说的方法如出一辙。而独立于乐谱之外的不成文的音阶系统，就像在书写出现前的语言系统一样，它本身就是足以使我们仅“凭耳朵”来保存简单的旋律和和声的数字化系统。

在文学作品中，有更高层次的可以产生类型的高保真标记的抽象概念。不仅由不同字体印制的《白鲸》（*Moby Dick*）被视为同一部小说的复制品，而且其他语言的翻译版本也同样是这部作品的复制品。如果不是这样，你如何能声称自己读过荷马的《伊利亚特》或托尔斯泰的《战争与和平》？翻译是一个需要理解的过程，至少在各种翻译软件得到开发之前是这样的，但这并不妨碍跨越不同语言实现可靠的信息传递，将文化项在全球范围内传播，从而高保真地保留很多重要特征。由此可见，除了简单的物理层面的复制之外，还有各种更高水平的抽象层面的相似性，可以通过选择事件来保存信息，使得由自然选择推动的文化进化得以发生，且免于遭受第 7 章中所述的“差错成灾”。

《西区故事》（*West Side Story*）被视为《罗密欧与朱丽叶》的衍生品，这并不是因为它在物理层面复制了构成莎士比亚戏剧的墨迹或剧本的声音序列，而是因为它复制了莎士比亚戏剧中对环境和人物关系的描述，这是一种纯粹的语义层面的复制。套用一句熟悉的免责声明，那就是《西区故事》与《罗密欧与朱丽叶》中的人物的任何相似之处并不完全是巧合。如果你想知道这样的语义复制是否“算得上”模因复制，那么请再次注意，模因是一种信息结构，它们通常是有价值的且值得被复制，版权法在经过完善后已经制定出了保护这种价值的相关法条。不仅是无论是否忠于原著的翻译，还有基于小说衍生出的桥段、电影、戏剧和歌剧，甚至是电子游戏，都可以被算作模因复制。根据版权法，你不能通过替换所有虚构人物的名字将一本与 19 世纪的波士顿有关的小说设计为发生在 18 世纪的巴黎的故事，然后还期望能侥幸逃脱惩罚。即便作为复制品的物理对象不需要与源对象共享任何特定的物理特性，但这也是抄袭，是在窃取设计。

在对模因的探索过程中，特别重要的一点是，有些更高层次的模因复制靠的确实是理解，而不仅仅是复制能力，即使它们通常是基于并依赖于不需要理解的复制能力系统。事实上，从这个有利的角度来看，我们会发现，发生在我们身上的主要复制模式——DNA 的高保真复制是无意识复制的一个极端例子。为了在分子水平上获得高保真复制，使用大分子结构，如聚合酶分子和核糖体作为“阅读者”或“复制者”，你必须依靠非常简单的复制，这种复制机制类似于原子对原子的“识别”及随后的复制。在更高的层次上，通过更复杂、更能胜任的“阅读者”，你可以创建出能够容忍更多物理变化的系统。在这一方面，口语语词是重要的例子，当然也存在一些其他例子。一个口语例子是：“Scamrlbed wrdos rae aesliy nusracmbedl. Mst ppl wll hv lttl trbl rdng ths sntnc.”图灵已经认识到，将他的伟大发明建立在一个最大限度的无意识的识别系统上有多重要，此系统只需要在 0 和 1、纸上有孔和没孔间做出选择，或者在电路的两点之间选择高压或低压。原则上，高保真传递可以用二进制代码实现，该代码用 0 表示“情书”，用 1 表示“死亡威胁”，但这需要通过有理解能力的阅读者才能被可靠地传递。①

这在原则上是可能的，其他众多的数字化体系也是如此，但它们实际上在人类文化中发挥了重要作用吗？事实上确实如此。计算机程序员们有一个很好的术语—— thinko。thinko 类似于一个拼写错误，属于排版错误，但它是一个更高层次的、语义层面的错误，是思考错误而不是书写错误。键入 PRITN 而不是 PRINT 是一种输入错误，而忘记在注释附近加上括号或星号等编程语言要求的提示符号，就是一个 thinko（思考错误），在应该定义四

① 这样的系统有一种很有趣的数字特征：尽管程序的阅读者 - 书写者必须理解用二进制数字实现的情书或死亡威胁的文本，但他们可能完全不理解以二进制代码的形式传递的信息。文本是可以被加密的，比如用瑞典语写一封电子邮件。

位函数的地方定义三位函数也是一个 thinko。臭名昭著的“千年虫”没有在数据结构中为非“19”开头的日期留出空间，这并不是一个输入错误，而是一个 thinko。thinko 在任何努力尝试中都是一个明显的错误，因为企业的假定目标需要某些可识别的“最佳实践”。计算机程序中的“漏洞”可被归因于源代码中的输入错误，但更多的时候它们是 thinko，因为大多数输入错误都会被编译器程序发现，并在编辑完可执行代码之前被发送给程序员来提醒他们更正。如果专家们无法确信无疑地识别出一处缺陷，那么这会是一个可悲的失误，而不是一个 thinko。thinko 很像棒球比赛中的失误，它是根据比赛的执行标准你会因此受到“指控”的一种失误。但当不存在最好的比赛的确切标准时，或者当一场比赛因为没有想象中那么壮观而令人遗憾时，这不是一个错误。对于高保真复制来说，重要的是要有实践准则，可以参照实践准则对 thinko 进行修正。杜鲁门・卡波特（Truman Capote）曾经驳回过一份提交给他的短篇小说草稿，他这样写道：“这不是写作，这只是打字！”据此看来，他并不是在识别一个 thinko，而是在展示一种最佳实践常常无法满足的卓越标准[2]。

常规惯例本身就是模因，它们是经过一代又一代的差异复制形成的，可以组合成更广泛的、可由专家“阅读”和“编写”的实践活动。制作箭头和斧头，生火、烹饪、缝纫、编织，制作锅、门、轮子和船，以及摆放渔网，这些实践活动都可以通过简单的物理需求和地方传统的综合作用，在数代人的活动积累中不断得到修正。当这些地方传统进化成简单的动作“字母表”时，会出现大量的思考错误、烹饪错误、编织错误和其他易于修正的错误，这使得各种传统也许可以在没有语言辅助的情况下得到可靠传递。而且，在一般情况下，没有人必须明白这种“字母表”有这个益处，它们当然不是作为直接受益者的模因。一个由不良习惯（类似于威胁人类适合度的寄生虫）组成的传统，如果碰巧以这种方式完成了数字化，那么这个传统将在之后的复制竞赛中取得胜利。

舞蹈为这些主题提供了一些有趣的变化。我们可以将“民间舞蹈”与专业的编舞进行比较。民间舞蹈通常有一个为舞蹈爱好者所熟知的字母表。例如，在广场舞和对位舞中，有一些大家都叫得出名字的基本动作，喊出舞步的指挥只要改变动作顺序或它们的“值”就可以在现场创造一种新的舞蹈：“尊敬你的舞伴，尊敬你的内心，绅士们携右手边的星星到中间……转动你的舞伴，送她回家。”这是一种非常简单的、用于创造对位舞的编程语言。由于这种数字化系统的存在，即便是几十年没有跳过弗吉尼亚里尔舞、可能早已忘记该怎么跳的人，只需进行几次排练（复制），就可以再次携同伴起舞。因为多数裁定规则会清除输入错误或思考错误（踏错），恢复舞蹈的原始“拼写方式”。没有哪两对搭档能以完全相同的方式来完成阿勒曼德互转，但他们形成的变体将是舞蹈中相同角色可接受的补充样式。这种“投票选择”在人类文化中被一次又一次地重塑，这是一种通过不可靠、低保真度的个人记忆提高传递保真度的可靠方法。

齐声吟唱在传统宗教和其他仪式中随处可见，它同样可以修复唱诵者的记忆，毕竟他们中没有人能在没有伴奏的情况下如实地吟唱去年的颂歌。自计时器于 18 世纪问世后，航海家就知道在长途航行中要带 3 个计时器而不是 2 个，这样一来，一个公认的、被驯化的模因，即多数裁定法则就得到了应用。部落吟唱的复制力不必得到吟唱者的认可或欣赏，尽管有些善于反思的人很可能早已领会到了这一点。自由浮动的理据在文化进化中与在基因进化中一样普遍，作为理论家，一旦我们成功抑制了将理解归因于那些明显能聪明行事的有机体或模因的传统习惯，我们也能收获有用的信息。

与民间舞蹈相比，专业编舞的精妙需要更富表现力的动作系统的支持，虽然电影和视频录制已经靠蛮力“解决”了这个问题，就像录制的音乐可以“解决”缺少乐谱的问题一样，但对于编舞，尽管有这样一个名字，但迄今为止它还没有形成一套足够有效的舞蹈动作绘图系统，使舞者和编舞者喜欢应用它。拉班舞谱是由鲁道夫·拉班（Rudolf Laban）于 20 世纪 20 年代发明的，经过多年的改进和补充后，它已经拥有了不少忠实的爱好者，但还尚未成为舞蹈的通用语。

我们很容易能从这些方面中看到一种逐步过渡的过程：

- 从有“感染力”的节奏开始，部落成员在即兴聚会中跳舞、喧哗和唱歌，重复他们最喜欢的动作并相互模仿，这是舞蹈与人类有关的起源，它不需要领导者、唤醒人或编舞者。
- 通过更刻意的程序，同时进行排练及精心的教导和修正，这是对舞蹈进行的驯化，在这个过程中复制是受到严格控制的。
- 到今天的专业舞者，即模因工程师，他们靠聪明才智设计出艺术作品，并满怀希望地将其推向文化世界。

在这种观点下，最初的舞蹈方式是没有“拥有者”的模因，它们在漫长的发展过程中无意识地利用了人类骨骼、步态、感知和情感唤起等特征。它们有什么益处？为了能与人类一道蓬勃发展，习惯之所以被传播是因为它们是可传播的，就像感冒一样。

当然，如果原始的舞蹈模因能给最早期的舞者的基因提供一些好处，这一定会有助力作用，但随着处于竞争状态的模因会在可利用的身体中不断为时间而战，互利共生生物可以从共生甚至寄生关系中逐渐进化。有传染性的坏习惯可能很难被根除，但如果它们能转变成有用的习惯，就会有更好的繁殖前景。一旦被识别出来，它们的繁殖或多或少都会得到宿主的保证，模因便可以逐渐放松下来，变得不那么激动人心、不那么不可抗拒、不那么迷人、不那么生动和难忘，因为它们已经变得非常有用。这一过程在开始阶段是模糊不清的，这正如达尔文所说的“无意识选择”，然后变成了有意识的，即达尔文所说的“有条不紊的选择”。驯化动物的大脑总是比与它血缘上最近的野生动物亲属的大脑要小。要么使用它，要么失去它，已驯化动物的生活相对没有挑战性，很少受到捕食者和饥饿的侵害，并且在繁殖时可以顺利获得配偶。当然，这样发展的必然结果是，为了传播令人厌烦的事物，就必须让宿主认为它是特别有用或特别有价值的，因此值得培育，而达到这种目标的方法是通过大规模训练进行灌输。这让我想到了复式记账法和三角学。被有影响力的宿主视为有价值的事物，这本身就是模因中一种常有的适应机制，更极端的例子有起催眠作用的无调性“严肃”音乐和当代观念艺术的某些派系，它们就像被驯化已久的蛋鸡一样，如果没有富有的管理员相助，它们大概经历一代就会灭绝。

因此，即使正如里彻森、博伊德和斯珀伯等人所指出的那样，人类文化的许多重要领域会随着时间的推移而发生变化这一现象不仅是“离散的、基因样的”信息实体的高保真传递系统的直接结果——这种系统不仅包括语词，还有音乐、舞蹈、手工艺，以及其他具有可供性的传统，它们提供了多种能以足够的保真度将文化信息代代相传的途径，从而实现相对无意识的渐进式变异，用最少的理解需求来积累改进。而且，正如我们在独木舟的例子中所看到的，人工制品本身规定了修正的规范。作为一个普遍的经验法则，任何被大量发现并显示出使用迹象的人工制品都应该是符合标准的。遵循这条法则，你通常能分辨出好的或不太好的东西，但你并不知道其中涉及的确切理由。当然是要复制符合标准的东西。达尔文的“无意识的选择即渐进地转变为驯化状态”的绝妙想法在文化进化中也发挥了重要作用。我们的祖先“自动地”忽视了幼崽中最弱的一只和船队中的柠檬，每种情况下的结果都是后代得到了逐渐与人类的爱好和需求有关的改善。

与基因不同，模因在一个位点上没有相互竞争的等位模因

基因在 DNA 中的表示方式是核苷酸 A、C、G、T 的长序列，我们可以由此比较不同的基因组并确定它们之间相似的和不同的位点。而在模因的物理表现形式中，我们至今还没有发现这样的结构。不管它的标记出现在哪里，我们都找不到可以表示一个特定的模因或其竞争对手的通用基础代码。例如，本杰明·富兰克林发明了双光眼镜，毫无疑问他的大脑中有一些神经结构体现或代表着他关于这种双光眼镜的概念创意。当富兰克林推广自己的这项发明时，其他人接受了这个想法，但没有充分理由可以确定这些人大脑中的神经结构“拼写”双光眼镜概念的方法与富兰克林是一样的。对于一些批评家来说，这等于承认不存在双光眼镜模因，因此模因是不存在的，模因论也是个有很多问题的想法。这首先意味着，我们不能通过一个通用代码去

识别不同大脑中的位点，看看在双光眼镜位点上是否有相同或者不同的模因拼写；而基因测试可以揭示一个人是否有亨廷顿舞蹈症或泰伊－萨克斯二氏病的等位基因（变体）。

但正如我们所看到的，语词、音乐和其他许多模因家族都有“字母”系统，这为不同种类的等位竞争创造了角色、分类或位点。在语词中，发音（比如 CONtroversy/conTROVersy 和 dayta/datta）和外来语借用之间的竞争，通常表现为一个外来发音的近似发音和更粗陋的本地化版本之间的竞争。你可以在你的牛肉（au jus）上加些 Oh 果汁（Oh juice），而法国的贵妃椅（longue）则变成了美国的躺椅（lounge）。或者，我们可以保持发音不变，从发音位点上观察相互竞争的含义。terrific（可怕的、极好的）和 incredible（难以置信的、极好的）有两个相反的含义，但如今其中消极的含义几乎消失了；而对于 homely（平常的）一词，在大西洋两岸则有着截然不同的含义。有一段时间，beg the question（乞题）一直仅停留在其哲学和逻辑学上最初的、技术层面的含义，而在今天，很多（也许是几乎所有）这个词组的标记意味着 raise the question（提出问题）。现在，这种含义正从有影响力的作者口中或笔下出现，这让对误用的指控开始听起来像是迂腐的和过时的。

与基因一样，变异是传递错误，但有时这种错误会成为一种偶发性改进；一开始它是一个漏洞，现在它已经变成一个特征。以“天际线（skyline）”为例，它最初的意思是“在视觉上可感知的场景中，划分地面与天空的那道分界线”（《牛津英语词典》中的词条），后来在不知不觉中其应用范围缩小到只限于在城市中应用。旷野的山脊不再被称为天际线。[①] 或者，我们可以保持意思不发生改变，来观察语义位点，在语义位点上的同义词之战正在展开，有地方特色的据点和怀旧导致的过时术语即将被淘汰。20 世纪 50 年代，在我居住的马萨诸塞州社区里，苏打水或软饮料都属于能量饮料，而奶昔是 frappe（冰镇饮料），发音是 frap。这并不意味着这些意思和发音（以及语法）上的变化是在模因出现后才被人们注意到的。事实上，历史语言学家和其他学者已经在这方面进行了几个世纪的严格研究，但这些学者有时会被与根本意思有关的假设所束缚，从而产生了一些人为的纷争，这些纷争很像直到达尔文出现后才得以缓和的分类学家之间就物种、属、变种和亚种的分类问题发生的争论。[②] 当然，incredible 这个单词确实有 unbelievable（难以置信）的意思，只要看看它的词源就知道了！是的，鸟是活着的恐龙，狗曾是真正的狼。

在音乐方面，我们可以将每首流行歌曲都视为一个位点，不同乐队通过翻唱试图独占鳌头。从这一视角出发我们可以看到，一首歌曲的接近固定下来的热门版本是一种变异，是与最初发行的版本的竞争性等位基因。你是否听过克里斯・克里斯托弗森（Kris Kristofferson）的《我和鲍比・麦吉》（*Me and Bobby McGee*）的原始版本？一些创作型歌手会因其原始版本被后来的翻版所取代而闻名。他们会从其他歌手的版本中获得版税，即便后来的演绎

① 宾夕法尼亚州的雷丁市有一条天际线车道（Skyline Drive），它沿着山脊伸展，从那里可以俯瞰这座城市，这里的"天际线"还留有其早期含义的痕迹。想想所有的河边城镇，它们的名字都以 ford 结尾，但如今那里的河流已经再也没有方便渡河的浅滩（ford）了。

② 马克・理查德在其著作中对为何将 1951 年威拉德・蒯因（Willard Quine）在语言哲学领域对分析–综合区分的攻击视为达尔文反本质主义向哲学的延伸做出了阐释。正如厄恩斯特・迈耶（Ernst Mayr）竭力主张的那样，所有自然种类的僵化的分类法都应该由种群思维所取代。

者为他们的唱片提升了价值，赢得了唱片销售的最大份额。在这里，录音技术的存在为歌曲提供了固定的、规范的版本，强化了每个版本的物理特征。丹尼尔·列维京（Daniel Levitin）在实验中利用这种规律性来测试人类实验参与者对流行歌曲的音调和节奏的记忆。尽管《绿袖子》没有标准的音高或节奏，但《嘿，朱迪》（*Hey，Jude*）和《满足》（*Satisfaction*）却有，而出人意料的是，这些唱片的粉丝很擅长根据记忆用接近标准的音高和节奏哼或唱这些歌曲（Levitin, 1994, 1996）。

当我们考虑模因是否被如实地复制以实现对可供性的积累时，我们应该像对待基因一样在文化中加入增强其传递的技术。在最初 10 亿年左右的生命过程中，许多进化性研发都致力于改进 DNA 的复制机制。书写的发明也同样提高了语言传递的保真度，它是几千年来许多地方许多心智的产物。几乎没有哪位写作“发明家”拥有或需要对他们发明的机器的“规格说明”，以及对他们正在从容地“解决”的“问题”有清晰的认识。将他们的作品与图灵发明的计算机或“自上而下”设计的电梯控制器程序进行对比。正如第 6 章中所介绍的，版权要求的是一种相对长久的发明记录，如文字或音频记录，理由显而易见。但是，将一项发明转译或转化为这种媒介工具的能力比单纯的法律保障具有更深远的影响。“书面媒介允许更多的复杂性，因为页面上的语词不会像一次演讲那样在空气中消失，它们可以被重新审视，直到你弄清楚作者的意图为止”（Hurford, 2014）。这使我们有能力将一个关键短语、句子、诗句、传说或宣传转移到这个世界上，减轻我们有限记忆能力的负担，让我们可以花时间反复阅读一段文字，不必担心它会在我们不断的复述中慢慢改变或完全从我们的记忆中消失。[①] 通过大量练习后，在头脑中进行三位数乘法也是有可能的，但如果用铅笔和一张纸来进行这种运算则要容易得多。

得益于更进一步的创新，我们现在可能正处在文化进化的重大转变的边缘。现在还没有文化的DNA，但互联网中用于内容显示的基础语言（HTML）或其后代在未来世界中可能会逐渐占据绝对主导的地位，以至于很少有模因能够在不以HTML为显示形式的情况下，在这个拥挤的信息世界中争夺“眼球”和“耳朵”。

如今，已经有可以搜索内容并识别或区分内容的机器人和应用程序，如智能手机应用程序Shazam。如果它们的后代开始进行价值判断（里彻森和博伊德将其称为偏差传递），促进模因进行的不依赖于人类的大脑、眼睛或耳朵的差异性复制，那么在不久的将来，在没有人类直接干预的情况下，模因可能会蓬勃发展，但它们仍然是在生态上与人类相关的，就像谷仓燕子和烟囱雨燕一样，依赖于人类在20世纪建造的技术生态位的便利设施。这些以数字方式复制的模因曾被休·布莱克莫尔称为temes，但她最近决定将其称为tremes（Blackmore, 2016）。在最后一章中有更多关于它们的内容。

并不是所有的文化变化过程都表现出了类似于基因位点上等位基因竞争

① 苏珊·桑塔格（Susan Sontag）在《论摄影》（*On Photography*）中讨论了高速摄影为科学带来的巨大认识论进步（与显微镜和望远镜相媲美）。“冻结”时间与放大空间一样有价值。最近开发的图像稳定双筒望远镜也具有同样的优点：由于在双筒望远镜视图中跳跃而完全难以辨认的船名，在短暂锁定后就变得很容易辨认。

的特征，但无论怎样，这一特征只是进化过程可能会发生变化的维度之一，比其他特征更具“达尔文主义”。达尔文没有等位基因位点的概念，也不需要利用它来概括性地建立起他的基于自然选择的进化理论。在第 13 章中，我们将研究变化的其他维度，它们被排列在戈弗雷－史密斯的达尔文主义空间中。

模因不能增加我们对文化的了解

这种说法是，准模因论者只是全盘接管了所有范畴更传统的、非生物学的思想流派详细描述和解释过的现象，并将整个研究成果重新命名为模因论。根据这一异议，从想法话题、信念话题、传统话题和制度话题转化到模因话题，没有得到任何价值的增加，反而给模因披上了伪生物学、伪科学的色彩。能够激发和保证这种帝国主义式接管的新见解、修正和澄清在哪里？充其量，模因论者只是在重新发明轮子。我希望我已经公正地表述了这种反对意见经常表达出的强烈愤怒。

这一指控有一定的道理，尤其是包括我自己在内的模因论者向传统文化理论家提供的新见解，有时是他们早已构想并领悟了的事物。而对于像历史学家、人类学家或社会学家这样的文化理论家来说，面对基于模因论的某种基本解释，当他们发现这种基于模因论的基本解释，无意中呼应了自己几年前编写更为详细、更受支持的解释时，他们会特别恼火。如果发现早期文化理论家的理论学说都是错误的，或者他们对模因论者所指出的所有区别都视而不见，才是令人震惊的。因此，承认在某些方面，在模因论还没有被提出的情况下，文化理论家对很多论题的解释都是不错的，这不是一件该让模因论者感到尴尬的事情。

事实上，达尔文曾从其通信团队那里汲取了大量丰富的自然历史知识，模因论者应该以达尔文为榜样，不断寻求并珍惜传统文化研究者给出的见解。由前达尔文主义研究人员收集和整理的有关动植物各个方面的数据有一个鲜为人知的优点，即它们在理论上没有受到污染，而由狂热的达尔文主义者或反达尔文主义者所收集的数据信息则没有这个优点，因为他们的偏见可能会影响自己的判断。出于同样的理由，非达尔文主义的前模因论研究和文化理论也应该被评估，因为在社会科学中，数据收集总是有可能被观察者的偏见所污染，至少他们始终都没有收集到任何可以支持模因论的数据！如果模因论不能取代早期理论的大部分内容，通过重新塑造模因话题中的要点来进行微小的术语调整，那么它会成为一种符合标准的文化进化理论可疑的候选者。

但模因论也应该在自身观点上展现出真正的进步。我已经大致勾勒出我认为的模因论的主要贡献，以及传统文化理论中存在的相应的弱点。文化中充满了精心设计的元素，传统的文化理论家要么高估了人们丰富的理解力、创造力和天赋，要么将人们视为如蝴蝶和瞪羚那样的，无须他们理解的安排的受益者，他们只是放弃了对必要的研发是如何实现的进行说明的责任。其实，仅靠本能的基因进化的运行速度不足以完成这些工作，留下了可以由模因论来填补的巨大鸿沟，而且传统文化方法中没有任何其他的可以完成这项工作的积极想法。

模因论的思考方法在为或好或坏的新观念传播完成去心理化方面也有重要贡献。传统的文化进化方法（在随时间发生的文化变化的中性意义上），如“思想史”和文化人类学，首先将人视为感知者、信徒、记忆者、有意图者、知者、理解者和观察者。一个昏迷的或睡着的人在任何情况下都不可能是一名文化传递者或转换者，所以正常的假设是文化创新观念被注意到，然后会被（经常）采用。这些“创新”通常被认为是被采用了的，因为它们受到了赞赏和重视，哪怕只是被期望的。当然，它们也可能会被错误地采用。这一切都与把“人看作理性行为主体”，即意图系统的默认观点相吻合，可以通过将信念、欲望和理性归因于他们来对其行为进行预测。这反过来又生成了文化保存和传递的各种经济模式，如那些被认为有价值的文化“商品”会被保存和维护，或者遗赠给下一代，或者卖给出价最高的人。但是，许多文化创新是通过长期的潜移默化的调整才得以实现的，根本不需要被察觉或被有意识地认可。与病毒一样，模因可以在宿主之间传播，而不需要宿主的察觉。群体层面的效应会在不被群体成员察觉的情况下累积。这些累积的变化常常在回顾时才能被识别，就像当一个侨民社区中有一个来自故乡的新人时那样，其说话方式会让人觉得既奇怪又陌生。啊哈！我记得我们以前也是这样说话的！不仅仅是发音和词义会潜移默化地变换，原则上，态度、道德价值观，以及文化中最具象征性的特质都能被软化、硬化、侵蚀，或者变得脆弱，只是它们变化的速度太慢了而无法被感知。当然，与基因进化相比，文化进化已经是快如闪电了，但它仍可能还是过于缓慢了，因而无法通过不经意间的观察得以识别。

还有“病态的文化变体”。许多持续存在的文化现象通常都表现出了不适应性，能够将文化创新与基因创新（通过其他途径传递适应性）联系起来的理论都无法对这些进行说明。里彻森和博伊德的“文化是不适应的”这个观点并不是为模因论辩护，而是采用模因论的观点来解释各种令人费解的现象，比如阿米什人的再洗礼派的长盛不衰。尽管他们对模因的某些方面心存疑虑，但他们承认“自私的模因效应是相当强劲的”。

> 到目前为止，似乎只有再洗礼派和一些类似的团体，对现代文明的感染力有很强烈的抵触情绪。再洗礼派就像是一艘制作严密的，在汹涌的现代主义海洋中航行的皮艇。它看起来很脆弱，但总能存活下来，因为不管面对多么巨大的压力，它都不会发生渗漏。不管哪个地方出现严重的文化渗漏，这都将摧毁它。我们无法预测再洗礼派的进化前景或未来。与此同时，你仍能欣赏到它展现出的设计之美（Richerson & Boyd, 2005）！

模因的科学没有预测性

从某种意义上说，这是事实而不是一种反驳。从某种意义上来说，基因进化理论也没有预测性，因为它允许我们以任何程度的确定性来描述智人、鳕鱼、北极熊或者云杉的未来。这其中有一个深层次理由，即达尔文进化过程是噪声放大器。正如我在第 1 章中提到的，基于自然选择的进化的一个奇怪特征是，它在很大程度上取决于“几乎从不”发生的事件。因此，进化论不能预测 10 亿年一遇的事件，而这些事件在适当的时候会被放大为新物种、新基因、新适应性，所以进化论不能预测未来，除非具备一定的条件，也就是说如果有这样或那的事情发生，那么这样或那样的事情就会发生，除非有一些不可预测的事件会突然爆发成毁灭性事件。但是，这种实时预测并不是严肃科学的必要条件。举个明显的例子，如果我们要挖掘化石，那么预测我们会在挖掘中发现什么或不会发现什么仍然是一种预测，尽管它其实关乎的是数百万年前发生的事件。进化生物学预测，无论在多么偏远的小岛上被隔离多久，你也不会发现一只长着皮毛而非羽毛的鸟，而且不管在世界的哪个地方，你会在迄今为止能捕捉到的任何未知昆虫的基因组中的特定位置发现特定的 DNA 序列。

因此，模因论者可能无法可靠地说出哪些歌曲会入围前 20 名，或者 2027 年会不会流行更短的裙子，但这些并不是针对模因科学的真正反驳。一种更好的问题是，模因论是否能为早期文化研究人员所记录的未经整合和解释的模式提供统一的解释。我已经说过，模因视角填补了基因层面上传递的本能与被理解的发明之间，以及能胜任的动物与聪明的设计师之间的巨大的、难以填补的鸿沟。用于填补这个鸿沟的模因视角是唯一不含任何神秘色彩的可以解释合适的设计积累的一种理论框架，即后代的差异性复制。其他一些关于文化变迁的进化论能否填补这一鸿沟还有待观察。

模因不能解释文化特征，但传统社会科学可以

这种反对意见忽略了模因的要点，正如我们对基因提出类似的“反对”意见时所看到的那样。基因不能解释适应性（结构、器官、本能等），这是真的，这就是为什么如果我们要解释特定的适应性是如何起作用的，以及为什么它们是适应性，我们需要分子生物学、生理学、胚胎学、动物行为学、

岛屿生物学和所有其他生物学专业。我们还需要这些其他领域的知识来解释寄生虫是如何利用它们的宿主的，蜘蛛网如何成为具有成本效益的食物陷阱的，河狸是如何建造它们的水坝的，鲸鱼为什么发声，以及其他所有问题。同样，我们需要心理学、人类学、经济学、政治学、历史学、哲学和文学理论来解释文化特征（好的和坏的）是如何，以及为什么以这种方式运作的。

西奥多修斯·多勃赞斯基（Theodosius Dobzhansky）说得很对："没有进化论，生物学上的一切现象都无法得到合理的解释。"但他并没有说进化论能解释生物学上的一切现象。在模因论中，没有什么东西可以取代对于人类在音乐和艺术、宗教、公司、军队、俱乐部、家庭、团队、学校、厨房，以及人类生活的所有其他环境中的"行为生态"进行的来之不易的数据收集和模式证明。模因论承诺要做的是提供一个框架，从某些方面对一切进行合理的解释。没有人生来就是牧师、水管工或妓女，不能仅用他们的基因或他们拥有的模因来解释他们是如何"走上这条路"的。前达尔文时期的自然史是发展完善的、系统的科学，有大量可供检验和解释的假说，但达尔文用一系列问题丰富了它，并重新审视了其中的所有概括。我在这本书中最主要的主张是，关于文化的一般情况下的进化论视角和模因论视角使生命中很多看似永恒的谜题（也就是意思和意识）发生了转换，而对于那些局限于其成长过程中的常识映像和所接受的训练的人来说，这是他们无法企及的。

文化进化是拉马克式的

这是最受欢迎的关于"为什么达尔文式的文化进化方法会被误导"这一

问题的“解释”之一，而且它充满着困惑和绝望。据推测，提出这一“指控”的人对达尔文方法的理解可能还停留在由达尔文之前的理论家拉马克最著名的学说那里。根据该学说，单个有机体在其一生中获得的特征可以遗传给其后代，比如铁匠通过繁重的劳作获得的隆起的肱二头肌是通过自己的基因遗传给后代的，而不是通过使孩子养成严格的锻炼习惯。同样，根据拉马克的观点，狗因遇到了一位残酷的主人而不断积累的对人的恐惧感很可能会作为一种本能传递给幼犬，这些幼犬可以不必经历虐待就能对其进行预测并产生恐惧。但事实并非如此。后天性状无法通过调整一个有机体的基因，使该性状被遗传给下一代。有机体的身体必须通过对体细胞（身体）的变化进行逆向工程，尝试找出在正常发育过程中产生这种新特性的基因配方，然后相应地修改精子或卵子中的 DNA 序列。这种真正的异端想法不仅得到了拉马克的拥护，而且在 19 世纪也很受欢迎。达尔文也曾被它的一个版本所诱惑，但在标准的新达尔文主义进化论中，它确实是不可信的。有很多真实现象看起来非常拉马克式，它们确实包含着一些像是将后天特征传递给后代的现象，而不是靠基因传递给后代。例如，一只会心生恐惧的狗很可能会通过信息素（如“恐惧的气味”）或通过胎盘共享的激素，而不是通过基因将恐惧传递给所生的小狗。

从某些方面来看，鲍德温效应也像是拉马克式的，因为被一代人获得的行为会产生一种选择压力，这种压力让他们偏爱那些有更高的获得这种行为的倾向或天赋的后代，最终使这种行为成为后代的“本能”。然后是当前的热门话题，即由进化发育生物学家发现的进化发展的复杂性，其中包括“表观遗传”特征表现出的极度复杂性。2008 年，人们对表观遗传特征的定义达成了共识，“一种由 DNA 序列不变但染色体发生改变而产生的稳定的可遗传表型”（Berger et al., 2009）。这些之所是热门话题，有以下几个理由：研究人员在进化理论的传奇演变中发现了一些在分子水平上有吸引力的新窍门，一些研究人员声称他们的发现是真正具有变革性的，引发了人们对新达尔文主义的正统性的质疑，因此，生物学以外的达尔文恐惧症患者竖起了耳朵，不断夸大他们听到的声音，并散布错误的警报，即基于自然选择的进化论受到了拉马克式遗传发现的“驳斥”。这种说法毫无道理可言。

由此可以推测，某些对模因持批判态度的学者认为，如果文化进化是拉马克式的，那么它就不可能是达尔文式的。批评者认为，文化传递允许通过树立榜样、训练和告诫等方式将父母获得的所有性状灌输给年轻人，这是正确的，但这并不能说明文化进化不是通过达尔文式的自然选择完成的。事实远非如此。毕竟，父母也可以将后天获得的细菌、微生物和病毒传给他们的孩子，而所有这些现象都毫无争议地服从于非拉马克式的达尔文式的自然选择。也许这些批评者忘记了，在模因进化中，关键的是模因自身的适合度，而不是其宿主的适合度。拉马克主义的问题应该是模因获得的特征是否能被传递给它们的后代。在这里，由于不存在使拉马克式传递失去可能性的基因型 / 表型的区别，拉马克式传递也就不会是异端邪说，而只是自然选择的一种替代学说，毕竟模因没有基因。可以看一下由图 7–2 显示的代表着微生物 VS. 体细胞区别的 G 维度的达尔文主义空间。G 维度上的不同位置显示了拉马克遗传的存在，因此得到了理解。例如，在病毒中，种系变异和后天性状之间没有明确的区别。复制因子和交互因子在大多数情况下是同一事物。

还有另一种更有趣的文化进化方式可以被看作拉马克式的，当我们考虑到我们的范式模因，即语词时，会更容易看出这一点。正如我们在第 9

章中所看到的，在婴儿开始模仿一个单词之前，必须听过 6 个这个单词的标记，如 6 次 parents，而不是通常情况下的 2 个（无性繁殖有机体只需要一个）。但是假设作为一个成年人的我，在一个你能清楚地表达其意思的语境中听到了一个新词然后掌握了它。我把你使用的标记的副本作为一个新词汇项储存在我的大脑中。我大脑中的信息结构是你的标记的后代，而在我每次重复它时，新产生的标记实际上都是你所说的那个标记的更多的后代，即孙子、曾孙。但假设在我大声说出这个词之前，我听到你又说了一遍，或者又从其他发言者那里听到了这个词，那么我的这一新词就有多种模式，实际上是多重父母。

我们可能会认为，我的新词和婴儿的新词一样，是有多个父母的，这有助于修正由它们派生的信息结构。或者我们可以将听到的第一句话视为单亲的，就像无性繁殖的病毒那样，并将所有其他的有助于修复我说出的单词版本的稳定特征的标记视为施加影响者，而不是父母。毕竟，从你那里听到第一个标记之后，我的记忆和感知系统就被设置为要识别更多的标记，当我从别人那里听到之后的标记时，这可能会促使我自己创造更多的标记，但这不是在模仿其他标记，而是一种“触发式繁殖”（Sperber，2000）。但触发式繁殖本身，即使起不到养育作用也至少有一点助产作用，它对类型的进一步繁殖无疑是有一些贡献的，并且可能是带有倾向性的贡献。我对一个词的信息结构的了解会在此后频繁遇到这个词的标记的过程中不断得到调整，这些标记可能会引发这个词的特征发生改变，然后这些特征上的变化可能会被我使用的版本的任何后代所继承。这可以算作模因层面的拉马克主义，是达尔文种群中的自然选择诸多可能的变体之一。或者，我们在更普遍的意义上将语词和模因看作可变的、时间延长了的繁殖过程的结果，就像是父亲的贡献不在于“受孕”，而是体现在母亲分娩之后的某个时间，这是从我们的有性繁殖的正常模式出发的一种可以想象的变体。

因此，我们可以通过几种方式将文化进化视为拉马克式的，而不必为抵御令人担忧的达尔文主义对神圣的文化领域的帝国主义式的入侵设置屏障。并不是模因论之友的史蒂芬·平克曾坦率地承认：“说文化进化是拉马克式的，就等于是在承认人们不知道它是如何运作的。”不过，他继而对这种进化是如何运作的提出了很多自己的看法。

> 文化产品的显著特征，即其独创性、美感和真实性（类似于有机体复杂的适应性设计），来自“指导”（即创造）“突变”、“获得”（即理解）“特征”的心理计算（Pinker, 1997）。

这完美地表达了这一传统观点，即那些才华横溢的发明者和设计师的理解才是我们在文化项中观察到“独创性、美感和真实性”这样的改进的原因。是的，一些文化奇迹可以被归因于它们的创造者的天赋，但其程度其实比人们通常想象的要少得多，所有这些都建立在良好设计的基础上，它们是数千年来由茫然的为获得在大脑中复述的时间而相互竞争的模因的宿主建立起来的。

伴随着针对模因的反对意见，几个主题也开始浮出水面。首先，问题不在于道金斯在介绍这一概念时是否设法阐明了它的最佳定义，或者我或其他任何人是否已经成功地提出了一个无懈可击的阐述方法；而在于，在一直以来的探索中是否出现了有价值的概念和观点，就像科学领域通常存在问题一样。与基因的类比是丰富但不全面的，也许模因视角的主要益处是它提出了一些我们可能不会想到的关于文化现象的问题，例如：× 是智能设计的结果吗？ × 是一个值得保存和遗赠的好东西还是一块寄生垃圾？是否有相当于等位基因的已经出现或已被击败了的 × 的替代品？

其次，只有当这些解释因只存在卓越的设计这一项证据，而将理解力归因于人或神秘的社会力量时，模因才会与文化变迁的传统解释相竞争。因此，正如我们将在第 13 章中看到的那样，模因视角提供了一个公平的竞争环境，在这个环境中，所有程度和种类的人类理解都可以被定位。

尽管已经尝试了各种开创性的“突袭”，仍没有建立起正式的模因科学，也可能永远都做不到。但是，生物学进化理论中那些借助于数学处理发展起来的仅仅是进化论的一部分，而达尔文却在没有做任何这方面的工作的条件下获得了成功。达尔文还明智地推迟了对“进化是如何开始的”这一问题的研究，直到他仔细描述了进化的中途操作，即“逐代改变”。在达尔文的引领下，现在我们已经看到我们是如何从祖先那里遗传到经过修改的语词和其他模因的，我们可以回到这个棘手的问题，即一般的文化进化，特别是语言，是如何起源于我们这个物种的。

12

语言的起源

我毫不怀疑，语言起源于对各种自然声音的模仿和修改，以及人类自身的由各种示意动作和手势辅助的独特的叫喊。

——达尔文，《人类的起源》

鸡和蛋的问题

我们已经介绍了模因，尤其是语词通常是如何创造我们的心智的成长环境的，那么现在是该回头讨论语言和文化的起源了，看看该如何对此给出适当的解释。正如第 9 章所提到的，语言起源的话题就像生命起源本身一样，这两个事件可能都是这个星球上的独特事件，留下的只是一些关于它们是如何发生的诱人线索。语言的进化被认为是“科学中最难解决的问题”，自达尔文于 1859 年发表《物种起源》后不久，它就一直备受争议（Christiansen & Kirby, 2003）。

事实上，到目前为止我一直参与传播的一种模因，同时也是语言学中最受欢迎的模因之一，是被证明了过于具有推测性而使得巴黎语言学会于1866年禁止讨论的话题，即语言进化，而1872年的伦敦语言学会也同意继续遵循这一政策（Corballis, 2009）。几十年来，这个故事一直被用来装点很多乔姆斯基学派学者的战旗，他们想将所有语言的进化路径都视为不适合进行科学评估的"平庸故事"予以摒弃。然而，事实证明，巴黎语言学会并没有坚持严肃的科学立场，恰恰相反，它对人类学会的唯物主义观点采取的是教条主义立场，致力于推进与君主主义者和天主教徒相反的观点！正如我从默里·史密斯那里了解到的那样：

> 巴黎语言学会仍然存在。在其网站上的一个历史页面中，我们可以看到，1866年制定的章程的第二条规定："学会不接受关于语言起源，或者有关创造某种通用语言的交流。"在确立这一规则的过程中，历史仍在前进，该学会试图将自己从"实证主义者和共和主义者"的圈子里区分出来。该学会没有将一个有争议的话题定性为非法的，而是对它采取了这样的立场（Smith，2015）。

几十年来，有关这一禁令的戏说都是不真实的，事实证明，这打击了相关学者对语言的进化路径的探索，但相关领域的最新进展已经吸引了语言学、进化生物学、人类学、神经科学和心理学领域很多无畏的研究者，他们开始进入这一开放的、前景广阔的领域。鸟瞰才是我们实现目标真正所需的，尽管各个位置点都有它的迷人之处。当我们考虑各种可能性时，我们必须警惕策略性失明（见第2章）的危险，因为这是对适应主义想象力的严重封锁。如前所述，第一个有生命、有繁殖能力的事物很可能是由低效部件组合成的笨拙的大杂烩，只是在进一步的进化竞争中被精简成了我们今天所知的精干且有效的细菌。那么，如今设计精良的语言的祖先可能是什么呢？它们可能是效率低下、难以学习且很少“奏效”的行为模式。那些值得投资的早期版本必须具备什么条件？它们甚至可能没有“支付”使用它们的费用。它们可能是具有传染性且难以摆脱的寄生习性。因此，我们需要问，谁是主要的受益者，是语词还是说话者？在许多人看来，答案肯定是说话者，但这可能是因为他们从未考虑过模因视角。我们应该注意一条有大量占先的策略的迂回路线，尽管如今的语言无疑为我们人类宿主提供了很好的服务，但早期语言可能更多是强加于人的而非天赋。而无论语言从哪里开始的，是怎么开始的，以下是暂定的所有语言最终能提供的功能：

沟通效用。语言有命令、请求、通知、询问、指示、侮辱、启发、恐吓、安抚、引诱、消遣和娱乐的能力。

生产率。语言具有通过有限的词汇项生成大量意思不同的句子和话语的能力。从形式上看，英语语法句子的数量是无限的，毕竟没有规则规定一个句子不能有超过某个数量的单词，但如果我们要求自己的一个句子不能超过 20 个单词，那么在这个范围内可以生成的由正常的成年人第一次听到就能轻易理解的语法清晰、合理的句子的数量也是十分巨大的。之前肯定没有人像这样表达过，英文原文的上句话中有 63 个单词，但理解起来其实并不是特别费劲，对吗？

数字化。正如我们所看到的，语言接收器 / 传递器具有“按照规范进行修正”的能力，在这个过程中信号中的大部分噪声被清除，即使在没有理解的情况下也是如此进行。

替换参考。语言具有参考沟通者环境中不存在的、看不见的、过去的、想象的或假设的事物的能力。

易于获得。与阅读、写作和算术相比，儿童学习口语或手语的速度快得惊人。

其他的社会性哺乳动物，比如猿、狼、大象、鲸鱼、蝙蝠等，它们似乎可以很好地运用自己具有的语言，其中一些还具有众所周知的交际天赋，但这些物种的语言能力仍无法与人类的语言能力相提并论。① 不知何故，我们无语言可用的祖先似乎是无意间发现了一条通往这一宝藏的罕见道路，没有多想就一直沿路走着，他们一路上获得了一些有利特征，或至少没有失利，直到取得了巨大的成功。这是为什么？这又是如何发生的？为什么其他物种没有发现这么好的技能呢？

我想谁也不会否认，语言的一个必要前身必须是由基因调整支持的某种语言出现前的文化传递。例如，在许多没有语言的社会性物种中，从草原犬鼠到大象和鲸鱼，它们都有与自己的同种大家庭合作的本能。如果我们再加上一种专横的本能模仿习惯，包括模仿父母、长辈和同龄人，这也许就足以为最终在我们身上出现的迅速的文化进化创造出一个支持性的环境，这种文化进化最终是依靠语言而出现的。换句话说，语词可能是最好的模因，但它们不是最先出现的模因。如果没有环境 / 行为创新，这种本能就不会蓬勃发展，而环境 / 行为创新提高了后来的群体成员的门槛，创造了能增强合作倾向的选择压力，以便更快、更容易、更专注地完成合作。同样地，模仿长辈的本能在很多情况下都可能是一个适合度助推器，虽然并非所有情况下都是如此。基因进化是否改变了原始人的一个谱系，赋予他们某种本能，使他们

① 我发现我的一些学生对这种自满的概括感到愤怒，并坚持认为我们根本无法知道海豚没有像我们这样的富有成效的语言。我承认这一点：是的，可以想象，海豚可能拥有与我们同等的语言和智力，如果是这样，它们就做了一项英勇而出色的工作，即向我们隐瞒了这一事实，无数次在小小的海豚闲聊就可以拯救很多海豚生命的时候牺牲了自己。而且有一些实验表明，海豚相互告知视线之外的可供性的能力有限。

在某种程度上比其他谱系更多地分享文化创新？是什么样的新的选择压力，能仅限于在一个族群中发挥作用，从而引发这种情况？族群合作早于语言之前就开始发展了吗？黑猩猩经常合作猎杀疣猴。环境中的一项新挑战是否会迫使一个原始人类族群（我们的祖先）更加依赖合作？这是否会引发新颖的集中注意力的习惯（Tomasello，2014）？是什么益处让我们祖先的孩子对其族群的发声那么感兴趣，并那么渴望去模仿？

里彻森和博伊德在《基因之外》一书中有意对语言避而不谈。在书的中间部分，他们写道："截至目前，我们还未曾提到过语言，理由很简单，那就是古人类学家不知道人类语言是什么时候进化出来的。"有效的证据可以追溯到200万年前，一些根据原始人头骨化石推断出的神经解剖学细节表明，语言的元素已经存在了数百万年。而另一些证据表明，即使在5万年前，语言也仍处于发展的初级阶段。

传递敲打石器的技巧需要语言吗？那么包括材料、食品、工具在内的货物贸易呢？还有照料火种呢？我们能想象年轻的原始人在没有口头指导及后来的自我训诫的情况下，获得自我控制和远见卓识，从而有效地照料火种吗？根据休·萨维奇-朗博（Sue Savage-Rumbaugh）的说法，圈养地的倭黑猩猩喜欢围坐在篝火旁，但我们是否能训练它们收集木柴，并无限期地照料火种，节省燃料，以及躲避篝火吗（Savage-Rumbaugh, 1998）？不管这个问题的答案是什么，事实上这都不能说明我们的祖先是否能在拥有一些粗糙的语言版本之前互相训练去照料火种。为什么不能？因为倭黑猩猩已经从我们共同的祖先分离出来单独进化了约600万年，而且在具备语言能力的人的视角和天赋之间存在着一个无法确定和观察的世界。受过教育的人类驯兽师，可以对根据规则圈养的倭黑猩猩实施训练，并以成年原始人的思考方法抚养它的一个后代。正如我曾经观察到的那样，“熊可以骑自行车是一个令人惊讶的事实，具有难以解释的理论意义”（Dennett, 1978）。距今2万至3万年的拉斯科洞穴壁画可能是由智人艺术家在没有语言的情况下绘制的吗（Humphrey, 1998）[1]？对于这些问题和其他很多关键问题我们依然没有答案，也许它们本来就无法回答。

推迟对功能性语言是何时出现的这一问题进行假设的一个好处是，这让里彻森和博伊德有机会在一种非常重要的意义上探索出某种极简主义模型：他们假设几乎不存在理解，因为他们假设没有交流。我发现，这有助于我的学生在阅读时自我发问：“要想在海龟、海鸥或绵羊中传递文化，需要什么条件？”这是一种防止演员因为对理解进行过早假设而影响其想象的方法。例如，里彻森和博伊德探索了一些存在偏差传递的模式，这里的偏差可以是任何能使某些模因更容易地被传递给其他人的事物。偏差传递可被视为某种选择力量，无论它是不是一个好的、明智的或可以被理解的偏差。比“复制任何移动的事物”或“复制你看到的第一个成年人”更有价值的偏差是“复制大多数人”（从众者偏差）①、“复制成功的人”或“复制有声望的人”。而且，虽然当B复制A时，信息就会从A移动到B，但这一过程这并不都是沟通，就像B从A那里被传染了感冒一样，也不是一种沟通，尽管在我

① 如前所述，里彻森和博伊德不愿意使用模因这个词，因为它的含义是“离散的、被如实传递的基因样实体”，但他们认识到“需要某种权宜之计的协议”来称呼“存储在人们大脑中的信息”。由于我们允许模因沿着这些维度变化，因此我们不会在这些争议中偏袒任何一方，因此，在承认他们的抵制的前提下，我依靠《牛津英语词典》的定义，用模因论的概念重新阐述他们的观点。一个有用的练习是通读《基因之外》，并根据模因重新表达他们的所有观点，以发现哪些分歧仍然存在。我认为第11章对模因的辩护已经对实质性议题进行了回应。

们的谈论中它是一种可交叉传染的疾病。

在这种极简主义状况下，基本无意识地复制一个习惯何时会比自己不断进行的试错学习更好？会对谁更好？谁会受益？对个体的复制者更好，还是对采纳者群体更好，或是对模因本身更好？里彻森和博伊德很清楚适应不良的文化可以被传播，但他们坚持认为，具有适应性的文化本身可以增强拥有这种文化的人的基因适合度，但在具有适应性的文化站稳脚跟之前，文化赖以生存的在基因层面维持的习惯和器官很快就会被选中。其中的理由可以从模因和病毒的相似性中看到。病毒不能自行繁殖，它们的繁殖依靠的是在活细胞的细胞核中占用可靠的复制器，而这种复制器是经过10亿年的研发才形成的。无论是否有用，模因首先要让自己可复制，因此，至少在基因层面设立的基础设施——关注他人和模仿（某些）感知方式的倾向，是模因能够生根发芽的唯一土壤。

创建和优化一个对用户友好的信息交换媒介需要大量的设计工作，而且“必须有人为此付费”，但一旦建立起一个初步的复制系统，它就可能被自私的闯入者劫持。也许我们只是大脑被模因控制了的类人猿，就像我们会被感冒病毒控制一样。与其只关注我们的祖先为了使语言得以发展需要具备哪些必备能力，也许我们还应该考虑一些不寻常的漏洞，这些漏洞可能会使我们的祖先成为有传染性但非侵入性习惯（模因）的理想宿主，这些习惯会让我们可以长时间存活和保持流动性，从而使它们自身能够在人群中得到复制[2]。

迄今为止，文化进化的结果是人类人口的激增，而且在地球的每一个角落都能发现成千上万的模因，包括许多若没有模因的支持智人就无法在那里生存的环境。但是，正如蚂蚁爬上草叶一样，柳叶吸虫也会这样进入牛或羊的肚子[3]，也许我们应该把宇航员登上月球看作模因进入下一代科学迷视野的方式。①

从模因视角出发，我们可以对基因和文化进化之间关系的各种双重继承或双车道高速路模式进行微小但有效的修正（Cavalli-Sforza & Feldman, 1981； Boyd & Richerson, 1985）。作为适合度增强剂的适应性可以通过基因或文化的方式传递。数十亿年以来，基因信息高速公路不断得到优化，这项伟大工程的复杂度令人叹为观止，它配备了 DNA 复制器、编辑器和用于处理基因组寄生虫（行为异常的 NDA）的系统，这一系统使出现在基因组中的行为异常的 DNA 或多或少受到控制，使其危害最小化。② 相比较之下，文化高速公路的进化历程要短得多，但期间也进化出了一系列可以促进信息被更可靠地传递的设计特征，而创造和完善这些特征的大部分研发都是模因自身为了“与大脑适配”而进行的进化，同时又会依照自己的轨迹对大脑进行基因层面的调整，这是一个共同进化过程，其中的“研究”过程主要由模因来完成，后序的“发展”过程则主要由基因来完成。也就是说，能使模因在尚未形成可处理模因的良好设计的大脑中更有效率地繁殖的模因的创新，可以提供早期的“概念验证”，实际上，这将为大脑硬件中更昂贵、更耗时的基因调整提供保障，从而改善模因及其宿主的工作条件。

---

① “核酸发明了人类，以便自己能够在月球上自我繁殖”（Sol Spiegelman，引自 Eigen 1992，第 124 页）。

② DNA 复制系统中发现的一些奇怪的复杂性是数十亿年战争（自私的 DNA 之间的军备竞赛）的影响，它只是“想要”复制自己，而不为有机体的维持和生存，以及警察系统的发展做出任何贡献，而警察系统的作用是防止这种不合作的 DNA 超越遗传系统。*Genes in Conflict: The Biology of Selfish Genetic Elements* 中有精彩的分析。

这种基本模式在计算机时代的发展中已经被呼应了数百次，一旦软件版本被证明有效，则软件创新将会引领潮流，而硬件的重新设计也会紧随其后。如果你将今天的计算机芯片与50年前的产品对比，你会看到许多创新最初是被设计成软件系统的，作为在现有硬件计算机上运行的新型计算机的模拟。一旦它们被证实是有效的，且存在的缺陷已被消除或最小化，就可以被看作新型处理芯片的制作规范，以及模拟的更快版本。随着新型计算机环境的出现，人们首先可以通过在通用计算机上运行程序的形式来探索程序的行为能力，以便快速且低成本地修正其中的缺陷，然后针对竞争产品进行广泛的现场测试，最终将最佳设计纳入“专用”硬件。例如，如今的智能手机，除了在软件上层层叠加外，其微处理器中还有专用图形操作、语音合成和识别硬件，这些都是最初探索设计空间的软件系统的后代。

当然，所有这些计算机研发都是，对所涉及的问题空间、声学、光学和其他相关的物理方面进行了广泛的分析，并以成本效益分析的明确应用为指导的自上而下的智能设计，但它仍然揭示了许多由自下而上的达尔文式设计在较长时期内盲目定位的良好设计的相同路径。例如，你的智能手机中有用于语音处理而不是用于说英语或说汉语的专用硬件，但我们可以在智能手机进入家庭环境后通过添加软件使它具有这些能力。为什么能这样？出于同样的理由（自由浮动的理据），婴儿的大脑是语言中性的，其多功能性拓宽了设计的“市场”。这一点可能会改变，如果一种人类语言或多或少正在受到全球关注（这一过程预示着每年会有数百种语言灭绝），那么碰巧对学习该语言有内在偏好的婴儿大脑可能更容易被选择，这会导致在许多代后，人类基本硬件中的语言通用性的丧失。这是鲍德温效应的一个生动的例子，展示了它是如何通过将一种行为或进化中的选择推向由基因控制的“最佳实践”

的束缚，使选择转变为强制行为，从而减少基因变异和降低它的多功能性的（第 9 章）。

一旦文化高速公路被建立起来，尽管就像进化中的任何其他军备竞赛一样有针对它的反制措施，文化寄生虫也会在模因特征和大脑特征、软件和硬件之间的所有稳定的协作过程中蓬勃发展，用博伊德和里彻森的话说，这是流氓文化的变体，也是道金斯所说的寄生模因。

并非所有环境都是文化进化的沃土。如果我们把复印机视为信息收集者，把学习者视为信息生产者，我们可以看到，这里应该有一种可能实现的平衡，在这种平衡中，一些创新者承担着研发成本（不是信息高速公路的成本，而是他们实现生产的发明或发现成本），而其他创新者以较低成本获取信息。[①] 简单模式表现出了这种动态平衡的事实表明，这种均衡可能存在于缺乏语言，但在好奇心（有利于研发，但很昂贵）和一致性（有利于复制，尽管可能是过时信息）方面有足够多的变化的种群中。[②] 然而，这一特征取决于环境的可变性，如果环境可预测性很高或很低，那么文化传递或复制就没有立足点。这给了我们一个合理的阈值条件的例子：文化传递只有在金发姑娘（Goldilocks）[③] 的环境里才会得到进化，这种环境不会太热也不会太冷，也就是说，它不会太过混乱，也不至于一成不变，为进化提供了一个创

① 盲目地复制大多数人被证明是一种非常有效的策略。具有能力（或行为理解力）的个人很快就会失去对复制者的优势（Rendell et al.，2010）。

② 里彻森和博伊德指出，一些针对人和鸽子的实验（ Kameda & Nakanishi，2002）表现出了相同的分工，且参与者之间没有交流。

③ 出自童话《金发姑娘和三只熊》，迷路的金发姑娘进入了熊的房子，在经过多番的尝试后，选择了最适合自己的那碗粥、那把椅子和那张床，因为这些对她来说都刚刚好。——编者注

造一些新习惯并将其在种群中固定下来的机会。而如果这种长的时间段不多见，那么原本有充分的条件能利用文化传递的种群将不太可能采取必要的措施。

对于智人来说，文化是一个十分成功的妙招。任何没有阈值（一个以某种方式被克服的采纳障碍）的关于文化起源的理论，都很容易遭到这样的反对，即如果这么容易就能获得文化传递，那么现在，这种现象在包括哺乳动物、鸟类和鱼类的许多物种中也应该都会出现。一个既不太单调也不太突兀的、有着适当变化的发展史的环境，是一个可能的阈值。还有其他一些阈值，以用两条腿直立行走的两足动物为例，柏拉图曾把人类描述成没有羽毛的两足动物，之后这种解释一直深受人们喜爱。在原始人种中，只有人类祖先表现出了这一特征，这确实解放了我们祖先的双手，让他们可以去制造器物，以及运送这些器物及其原材料。但进化是没有远见的，所以这种优秀的设计最初的自由浮动的理据可能是其他的某种事物。这里还有另一个鸡与蛋的问题，在黑猩猩看来的原始工具的制造是否为长距离携带原材料或成品工具的能力产生了选择压力，或者出于其他理由进化而来的直立行走能力是否为有效的工具制造打开了更广阔的设计空间？有许多与此相关的假说。稀树草原假说（savannah hypothesis）提出，一旦干燥的气候把我们的祖先从树林中赶出来，被逼到草原上，直立行走便会成为一种优势，因为直立行走可以让我们在高高的草原上看得更远，且能让我们尽量更少地暴露在炽热的太阳下，以及减少在运动上的能量消耗。而水猿假说（aquatic ape hypothesis）的不同版本提出，捕捞浅水贝类是一种生态创新（Hardy, 1960; Morgan, 1997 ）。也许是因为水生植物成了艰难境况中至关重要的“后备食物”，这促使觅食者屏住呼吸走入更深的水域，也许还有其他生理也因此发生了改变（Wrangham et al., 2009）。所有这些都会引起争议，且可能会在一段时间内一直引起争议。不管怎么说，两足及其随之拥有的一系列能力能否打开语言和文化的闸门？

文化进化的另一个阈值被认为是社会智力，这是一种能将他人理解为意向系统的能力，可以通过观察其他人的观察内容和弄清楚他们想要什么（食物、逃跑、掠食、交配机会、独处）来对此系统的行为进行预测的能力。这种能力通常被称为TOM（心智理论——theory of mind的缩写），但这一术语选择得并不恰当，因为它会引导我们把那些有这种能力的人想象成有领悟力的理论家、精明的证据收集者和假说设计师，而不是凭直觉做事的能动者预言家，他们拥有一种根本不需要理解的解释天赋。在任何情况下，传递复杂的文化信息可能都需要这种思考方法，就像复杂的物质文化，如工具、武器、住房、容器、衣服和船只，显然都需要两足动物一样。

根据人类认知进化领域另一位领先的研究人员迈克尔·托马塞洛（Michael Tomasello）的研究，这种最初为了增强同种动物之间或捕捉猎物时的竞争力而进化出来的视角选择能力，可能会进化成一种选择合作的本能，这种本能的初级表现可以在黑猩猩捕猎时被看到，之后会进一步进化成“更复杂的共同意向性过程，包括共同目标、共同关注，以及创建社会协调”（Tomasello, 2014）。托马塞洛声称：

> 新的生态压力，如可独立获取的食物的消失、人口规模的增加及来自其他群体的竞争，会直接作用于人类的社会互动和组织，导致人类生活方式朝着更注重相互合作的方向进化，比如为觅食而合作，之后是形成便于组群协调和防御的文化组织（Tomasello, 2014）。

托马塞洛认为语言是“人类独特认知和思维的拱顶石，而不是其基础”，我赞同他对语言出现前的文化和基因进化的规模和复杂性的强调，如果没有这些积累就不会出现语言；语言的出现使文化进化及随之而来的基因进化不断累积，这是一种速度更快、更有效地积累新设计和新发现的不受控制的过程。语言的确不是基础，但我不会将其视为拱顶石，我更愿意称之为人类认知和思维的发射台。

凯文·莱兰（Kevin Laland）、F. 约翰·奥德林–斯米（F. John Oding-Smee）、马库斯·费尔德曼（Marcus Feldman）提出了生态位构建（niche construction）的概念，即有机体不仅能对其所处的选择性环境做出反应，而且它们的活动还可以非常迅速地改变该环境的特征，从而产生全新的选择压力，并解除其他选择压力。这使得后代所处的生态位可能与其祖先所处的生态位有所不同。生态位的构建不仅是自然选择的选择压力产生的结果，它同样是造成新的选择压力的一个重要原因，也是破坏稳定的一个重要因素，它是设计空间中一部威力十分强大的起重机。毫无疑问，我们的物种已经在生态位建设中投入了大量精力。

史蒂芬·平克将我们的世界称为“认知生态位”，强调它是人类理解的产物（Pinker, 2003, 2010）。博伊德、里彻森和亨里奇不赞同平克的观点，他们认为更准确的称谓应是“文化生态位”，一个使理解能力得以增长的能力平台。正如我们将要看到的那样，**构建出我们今天所处的生态位的研发是达尔文式的自下而上的发展过程和自上而下的智能设计的不断变化的融合物**。我们的生态位肯定与其他物种不同，我们的生态位中不太可能出现猎物或掠食者，除非你是一个有鲨鱼出没的水域附近的渔夫或冲浪爱好者。我们的生态位几乎是由人工制品和驯养的动植物组成，其中的社会角色、财富、声誉、专业知识，以及服装、说话、唱歌、跳舞、玩耍的风格，在很大程度上取代了形成基因适合度的包括强壮的肌肉、更快的奔跑速度和更敏锐的视力等在内的可变的优势。

语言在促成和促进这一转变中所起的作用实在太过明显，以至于总有某种纠正性批判随之而来，这种观点认为，至少原始的农业、渔业、服装、宗教、装饰、食品和其他标准的文化项可以在没有语言的情况下蓬勃发展并得以传递。例如，一场葬礼的仪式能强烈暗示一种对死后生活的信念，但很难看出在没有口头表达的情况下是如何分享类似于信条这样的事物的。毕竟，传递来之不易的信息的语言和非语言方式始终是共存的，因此，像往常一样，我们可以假设，是人类几千年来的不断互动使得系统越来越有效的方式（模因）逐渐被采用，包括获取模因的方式，比如从不动脑筋的模仿到学徒制的转变（Sterelny，2012）。在模因传播过程中，有些需要共同关注，有些需要原始语言指导，毫无疑问，还有一些则需要完整的语言说明，包括助记符及其他方法。

请尝试一下这个有趣的想象力练习，即没有语言的动物的父母，包括狗、狼、海豚等，是如何详细地向没有语言的幼崽传达那些来之不易的经验的。例如，假设一只狼已经通过艰难尝试学会了躲避豪猪的方法，而不再只是猛扑上去，它将如何把自己的经验传给它的幼崽？也许是将它们带到一只豪猪面前，然后向它们发出这样或那样的能引起它们注意的“走开！”的信号。成功与否取决于它们是否能建立共同关注点，以及后代的信任和服从度，就像人类父母在向他们还没有掌握语言的婴儿传达远离热炉子之类的警告时那样，这些做法的成功率是不确定的。但因为没有可以引起教授者和学习者共同关注的范例，狼妈妈没有可以使用的教学工具。语言将注意力引向非现实事物和环境的能力会极大地提高动物传递经验的能力。

德里克·比克顿（Derek Bickerton）的最新著作将这种“位移指称”（displaced reference）能力视为语言的关键创新，但他对我们正在讨论的问题提出了一种稍显不同的看法，正如他的著作《超越自然需求：语言、心智和进化》（*More Than Nature Needs: Language, Mind, and Evolution*）所示“人类是如何获得一种似乎比人类生存所需的任何事物都强大的心智的？”根据比克顿的观点，“人类和非人类动物之间的认知差距是进化的致命弱点”，并且在他看来，我们无法用任何由日益强大的交际行为导致语言出现这种简单的自然选择来解释这种差距。例如，社会性动物需要追踪族群的等级变化，以及关心谁对谁做了什么，但这种具有战略价值的闲言碎语

> 是在语言经历相当程度的发展之后才得以传递的。换句话说，语言在最初阶段还无法表达只有些许利害关系的闲言碎语，而且因为某些其他动机肯定会推动那些阶段，因此作为有修饰作用的替代品的闲言碎语，无法构成作为语言起源的基础的选择压力（Bickerton, 2014）。

这让人想起了大家所熟悉的神创论者的观点，即眼睛、翅膀或细菌鞭毛在得到完全的充分设计之前是无用的，因此得不到世代相传，这对进化论者来说无疑是个挑战。但比克顿不是神创论者，在展示了很多尝试性论述中存在的他所认为的缺陷后，他给出了自己对“认知悖论”的解决方案：

如果我们排除了正常的选择性过程和神奇的进化形式，还剩下什么呢？答案是只有两个事物：语词及其神经系统结果。象征单位（symbolic units）的发明对大脑有至关重要的影响。尽管它不是一种有意识的或有意的发明，但它只能是一项发明。

我很欣赏这段话的讽刺意味，它将进化和发明一分为二，并假定创造是无意识的普罗米修斯式飞跃，因为从我们第一次见面到现在的10多年里，比克顿热衷于强烈要求我给他举一个模因可以解释而原本难以解释的社会或文化现象的例子，只要求一个例子。现在，他用两个例子答复了自己提出的要求，即人类语言和认知。他没有用模因来组织自己的答复，他书中的索引里没有模因，而是给出了几个生动的段落：

大脑对收到语词会有何反应？

大脑对被语词占据最有可能的反应。

说出语词是一个自动催化的过程：你对语词用得越多，就能越快掌握，可以达到在造出这些话语之前就能在脑中组织它们的程度。

在比克顿著作的前面部分，有一段话确切表明了他错失良机的地方：

请记住，原始语言行为必须从早期话语中得到回报，否则它的基因基础结构永远无法得以固定。所以，考虑到你们最喜欢的选择压力，想想那些本该是什么，以及它们是否本可以足够有用，能得到保留和添加。

或者说有足够的传染力！但他忽略了这样一种可能性，即一旦一种无须理解的复制习惯被建立起来，在易于理解的（动物）信号传递所能提供的交流功效的驱使下，不管被精心制定和传播的模因对人类适合度的效用如何，模因的选择压力可能会占据主导地位。[①] 作为生态上与人类有关的物种，它们可能在一开始并不是特别有用，但一定引人瞩目和令人难忘。

基于托马塞洛的研究，比克顿认为，从共同合作到语言发展到足够成熟，一定是一条充满了对抗性拾荒的道路：气候变化，迫使我们的祖先改变饮食，让他们成为大草原上的拾荒者，但他们必须抵御那些食肉动物和其他的拾荒者，因此他们需要组成庞大的手持锋利石刃和长矛的族群。为了觅食成群结队地搜寻猎物是十分低效的，最好的办法是向多个方向派出一个或两个侦察员，并让他们像蜜蜂一样，在发现不错的猎物时及时向基地报告。像蜜蜂一样，它们也会尽最大努力提供有关目标食物位置和品质的信息。按照比克顿的说法，这就是位移指称的诞生方式，这种语义力量不仅仅存在于警告声或交配声中，它也可以引起人们对看不见、听不见的事物的注意。值得关注的是蜜蜂，而不是倭黑猩猩。

我们的祖先一定经历过一系列罕见的门槛或瓶颈。他们当然无法明智地进行自省："我们可以设计一种语言，这样我们就可以协调我们的活动，并主导我们所见的一切事物！"同样显而易见的是，由于拥有"更好的智力基因"，与近亲原始人相比他们不仅聪明，而且最终聪明到能把穴居人的呼噜声和嚎叫声变成了有语法规则的语言。没有选择压力的突变会在接下去的几

① 布莱克莫尔提出了这样的猜想：语言可能一开始是寄生模因，最终变成了互利共生物。

代中慢慢消失。不知何故，我们的祖先让自己遇见了一个难得的机会，意外获得了丰厚的回报。是什么阻止了其他的同样经受过能力考查的原始人类凭借这个机会实现崛起？里彻森和博伊德称之为适应主义困境，他们指出：

> 我们对更新世初期发生的事情越来越不确定，而知道你不知道什么与知道你知道什么同样重要（Richerson & Boyd, 2004）。

语言和生命的最终起源仍是悬而未决的问题，但在这两个议题中，都不乏等着被驳斥或转化为得到证实的假说的似是而非的故事，这是一种好事物太多而无处安放的尴尬局面，吸引着未来的研究者。

通往人类语言的曲折之路

一旦原始语言现象的进一步演变以某种方式确立了立足点，也会为之后的论战和调和提供很大的空间：

> 1. 首先，有一种以简短话语为代表的原始语言，比如长尾黑颚猴发出的警告声，[①] 这种话语缺乏生产力，并且没有对命令性和说明性话语进行区分，所以无法将“快爬到树上！”与“豹子来了！”区别

① 长尾黑颚猴的叫声是天生的还是后天习得的？孤立的长尾黑颚猴种群的叫声非常相似，这表明它们的叫声本身是天生固定的，但成年黑猩猩的叫声比幼年黑猩猩的叫声表现出更大的选择性，而且它们的叫声更容易受到关注，因此，像往常一样，该叫声既包含“本能”又包含“习得行为”，而不是简单的二分法（Seyfarth，Cheney, & Marler，1980；Cheney & Seyfarth，1990）。

开来（Bickerton，2009，2014；Millikan，2004）[4]。这些信号是在原始人类生活中关键的事件类型的启发下，对重要的可供性做出的适当和经过验证的反应。因此，可供性本身是原始人类环世界中的元素，不需要受益人进行比其他物种发出警告声所需的更多的语义分析。

2. 也许最早出现的手势语言类似于失聪者的手势语言，而发声主要是用于吸引注意力和表示强调（Hewes, 1973; Corballis, 2003, 2009）。对于许多人来说，说话时完全不打手势是一件十分困难的事情，手势和发声如今已经发生了地位互换，手势开始扮演着原本属于发声的修饰角色。我们中的很多人几乎无法抗拒的残存手势，实际上可能是原始语言的“化石痕迹”。

3. 假设有一场听觉上的“孔雀开屏”式的军备竞赛，雄性原始人就像夜莺和其他鸣禽类动物那样，争先恐后地展示自己的音乐发声天赋，甚至还包括即兴表演。除了吸引力外，音节不必有任何意思或功能，就像在音乐中那样，作为一种能同时提供令人愉快的新奇感和令人愉快的熟悉感的设备。雌性会发展出无意义的健谈天赋，这是评判比赛所需的关键能力的副产品。与人类一样，许多鸣禽必须学会属于自己的鸣啭，这无疑是交配竞争中能展示出优越性的绝对真诚的信号，而且从神经解剖学上看，鸣禽和人类的大脑之间有着惊人的相似之处，但正如詹姆斯·赫福德（James Hurford）在2014年所提到的，合格的语言是在青春期之前就会发展出来，而“在具有繁殖能力之前吸引性伴侣不止是在浪费精力，并且还可能是有害的”（Fitch, Huber, & Buynyar, 2010; Hurford, 2014）。但这不是决定性的，性别选择在某种程度上可能会对语言技巧的发展产生影响（Miller, 2000）。

赫福德的著作《语言的起源》（*The Origins of Language*）对这些选项和其他选项进行了清晰而全面的分析，而他的诠释的独特之处在于，他承认（但没有明确表示）这些不仅是“怎么会”的问题，而且是“为了什么”的问题。① 例如，语言有两个不同的构成系统，即“音位结构”（phonotactics）和“形态句法”（morphosyntax）。音位结构是指有依赖于意思，对音素的排列顺序进行控制的方式，例如规定 fnak 和 sgopn 这样的音素排列为非语词的形式；而形态句法控制的是单词的排列，以及在意思之中构建意思的前缀和后缀的使用。为什么会有两个构成层次，一个是语义的，另一个是非语义的？语音的结构在很大程度上是由声音控制、听觉和记忆支配的。

> 我们的舌头始终只能发出有限的单独语音，我们的耳朵也只能辨别出一定程度的细微的听觉上的差异。

因此，对纯粹的物质型经济和效率的考虑决定了如何在音位层面上解决构成组合问题的方法，但是什么在一开始推动了对组合性的追求呢？

> 如果我们能把这些声音放入记忆序列中，并且有足够的记忆容量来存储成千上万个这样的序列（即语词），那么在给定语义层面的构成句法的条件下，这会是一种表达大量意思的有效方法。

---

① 赫福德也无所畏惧地采用有意的语言来描述非人类动物和幼儿行为的（通常是自由浮动的）基本原理。例如：“现在，露出牙齿的人可以看到，当他露出牙齿时，另一只狗要么屈服，要么采取顺从的姿势……双方都默认的信号……我们不一定非要将任何有意识的计算归因于动物，尽管这种描述信号仪式化的‘拟人化’方式很方便。”

语言的生产力是由其具有的能使世界上的很多事物得以交流的有用性“驱动的”。这是赫福德影射自由浮动的理据的方式之一，自由浮动的理据回答了语言进化中的“为了什么”的问题。生产力的存在理由或它的存在目的是增强一个交流系统的表达能力，而不必将要素成倍增加到无限多。但我们其实应该停下来考虑一下比克顿的观察，即最早的原始语言话语不能传达“大量的意思”，因此这个新的“任务”不会是原始语言使用者会尝试的一个明显步骤。将其与如何找出从伸手可及的树枝上获得可见的、诱人的果实的任务相比较：你知道果实是好的，因此很容易就能产生对此展开艰苦的试错尝试的动机。一个临时搭建的梯子比一个临时搭建的语法更有可能被采用。所以在语言发展早期，哪里有什么诱人的回报？没有哪个语言发明者会梦想能创造出这样一个有用的交流系统，就像一个细胞对变成两个细胞的憧憬一样，但回想起来，其理据已经是显而易见的。什么样的过程可以揭示这一理据？虽然赫福德在回答“怎么会”这样的问题时不置可否，但在发音这个话题上，他有一段很有用的话：

> 不管一个人的年龄和性格如何，他最终都会像周围的人一样去说话，且无须有意识地付出什么努力。元音系统的进化就是这样一个“自组织”的例子。一个系统不是通过任何深思熟虑的计划进化的，而是通过个人对眼前的压力做出的无数微小调整的不断积累进化的。

这种对系统性和生产力的回归显然是一个由两种相辅相成的理据共同引导的过程。从竞争中脱颖而出，以及利用当地盛行的习惯性说话方式，都符合听得见的模因的利益，无论这种模因是否易于理解，例如，在罗马时要听起来像罗马人，否则会有灭绝的风险。而通过坚实而高效地保持不同声音-类型的全部可用项、尽量减少记忆和发音的负担符合主持人/发言人/听者的“利益”。不需要“有意识的努力”，因为眼前的压力就是差异复制的选择性压力。

克莱迪耶等人在2014年曾展开过一场引人入胜的实验，为这一过程提供了令人信服的实例。他们把捕获到的狒狒放进大围栏里让它们自由活动，在那里它们会因正确地记住网格中的16个正方形中的哪4个正方形在几秒钟前曾亮了而获得奖励。

一开始，当它们面对4个随机放置的发光正方形时，他们很容易犯错，但随后它们的表现逐渐变得出色，可以相当好地完成记忆。从那时起，它们的反应，包括如突变一般的错误反应，都会作为记忆项传递给下一只狒狒，而且记忆模式也会从最初的随机排列逐渐转变为更好记的，可以产生联系的“四格拼板”（tetrominos），即由4个正方形组成的显而易见的排列组合，它们可以形成直线、正方形，以及L、T或S形。

这是达尔文式的无意识选择，狒狒不是在刻意做什么，只想因按下正确的4个方格而获得奖励，但是在重复的过程中，更容易被感知或记忆的图案模式得以被保存下来，其他模式则逐渐被遗忘。本例中的项根本没有语义解释，它们是通过差异复制精心设计出的可以传播的模因，尽管除了复制之外没有任何其他益处。正如作者所说，他们的研究表明：

> 非人灵长类动物之间的文化传递可以导致有效的、结构化

的、特定谱系的行为的自发出现，因此也说明了我们与自己的近亲种群有着共同的创造类人文化的许多基本要求（Claidiere et al., 2014）。

在人类语言的早期，类似的过程可以产生良好的声音构成要素，即作为表达方式的模因，然后这可以很轻松地被用作语义构成要素，即作为交流方式的模因：简而言之，就是有意义的语词。与一系列尚未有声音表达的区分相比，大量富有成效地产生的声音为避免灭绝而力求有用武之地是一种更有成效的“发明”车间。创造一个恰当而有用的新词需要一个特别聪明的设计师。今天，我们有很多这样的刻意造词的人，但在语言的早期，已经流通的声音可能或多或少会被无意识地用于特定场合，一个熟悉的声音和一个突出的事物（两种可供性）当即结合形成了一个其意思在语境中显而易见的新单词。

这是用语音和语义构成了词汇，但语法在哪里呢？孤立的、常规固定的发音，就像警报呼叫一样，其语义多样性是有限的，比如说出你好、哎哟、哎呀、啊哈、走开。名词 / 动词的区分何时以及为什么能出现在不区分陈述句和祈使句的原始语言的信号或呼叫中？赫福德认为，每一种语言都具有且需要主题和评论的区分，简单来说就是“你在谈论的是什么”和“关于它，你说了些什么”的区分。但是有些语言中几乎不存在名词和动词之间的明显区分。此外，有些有区分的语言模式是先是主语，然后是宾语，最后是动词的 SOV 模式，而另一些则遵循的是先是主语、然后是动词，最后是宾语的 SVO 模式，比如英语中是 Tom eats steak（汤姆吃牛排），而不是 Tom steak eats（汤姆牛排吃），威尔士语则是一种遵循 VSO 模式的语言。有些语言大量使用从句，有些则不是。赫福德区分了什么是强制性的（并说明了这么做是为了什么）和什么是可选的（可能只有一个有关历史的、怎么会这样的解释），并将这些要素按在语言中的出现顺序排列。虚词，如英语中的 of、for 和 off 等介词通常是动词或名词的派生词，冠词通常是数字一（法语中为 un，德语中为 ein）或源于数字一。实词几乎从来都不会是虚词的派生词。这一点及其他从几个世纪的学术研究中得到的历史线索为赫福德关于语法逐渐发展的假说提供了依据。

这些假说中最有说服力的一个是与世界语言在语法和发音复杂性上的变化有关的假说。在我们祖先不久前生活的小型狩猎采集群体中，

> 群体认同一直是与其他群体竞争的过程中增加自身社会凝聚力的一种力量。任何与族群之外异族的通婚都有可能是与说着类似的语言的近邻通婚。孩子们在成长过程中很少与外界接触。他们很少有或根本没有与外界交流的动机。因此，这些小型族群的语言可以自由地以自己独特的方式进化，而不会受到其他语言的影响。一种语言的词法上的复杂性与说这种语言的人口规模之间的关系极度违背统计相关性。

换句话说，一个小而孤立的社区就像一个岛屿，在这个岛屿上进化可以产生大量的新奇事物，但这些新奇事物可能无法在一个更大的竞争环境中生存。已进入固着状态的模因不一定真的会给它们的宿主带来重要的益处，它们也可能只是作为共生体或寄生虫在这种避难所（宿主）里蓬勃发展，直到有入侵的模因迫使它们重新进入竞争状态。

“说不同语言的成年人之间的接触往往会产生各种各样的剥离了形态复杂性的语言。”其中显而易见的“诱因”是，说话者在无意识间会被“吸引”到更简单的发音中，以降低倾听者的理解难度。这种“引力”在某些情况下真的很像侵蚀剂，是一种对发音的生理需求上的简约的响应，同时生出一条可供别人模仿的捷径，这是惰性或追求节俭的结果。但它也许不是在经济原则的指导下通过梯度下滑实现的，而可能是通过改变和选择便于自己被理解的方式得以实现的，就像在讲话者给予很少或没有给予深思熟虑或有条不紊的指导下，通过追踪对方的面部表情和其他反应的微妙线索来实现。这种渐进式的“引力”变化既可以是节能、省时的简化，也可以是强化和精细化的。然而，我们照常看到了达尔文的“无意识选择”之桥与“有条不紊的选择”之间进行了无缝连接，并最终通往了“智能设计”，而“智能设计”本身被视为不同程度的，相对缺乏想象力的试错（比如天真的游客为了让当地人能理解“普通英语”而反复叫喊），开始让位于由手势和表意动作构成的富有洞察力的创新，并能迅速适应在语境中很容易看到其意思的临时造出的“惯例”，如你摇摇头，向不懂英语的鱼贩随口说出 smaller（再小一点），而从那时起，对你们双方来说，出售中的更小的那种鱼是 smaller。

毫无疑问，最早的语词被赋予了“我们对其有概念的事物”，简单说来，就是我们具备了辨别这些可供性的条件，无论是先天的遗传禀赋，还是迄今为止收获的经验，我们都有能力去关注它们、跟踪它们，然后在正常情况下对它们进行适当的处理。究竟是什么将这些能力锚定在我们的大脑中的，这在很大程度上仍然是一个未解之谜，并且可能有许多不同的能体现对可供性的掌握的方式。赫福德认为我们可以在没有这样一个好的神经科学理论的情况下继续推进：

> 语词与事物之间的关系即我们通常所说的意思，这种关系是间接的，是由语言使用者头脑中的概念调解的。所以，我们有三种实体：语言实体（比如语词和句子）、心理实体（比如概念）、世俗物体与关系（比如狗、云和进食）。就大脑而言，我们知道概念是以某种方式储存在那里的，但我们并不知道具体是如何储存的。如果对此感到不安，不妨想想19世纪人们对尼罗河源头的探索。人们知道尼罗河应该同其他河流一样一定有源头，而且知道这个源头可能在非洲中部的某个地方。最终这个源头确实找到了。所以，“尼罗河的源头”从来不是一个毫无意义的短语，只是那时还没有人确定它的所指。①

一旦我们通过这些可供性获得了一系列用于发音、标记、发信号和表达的方式，那种类似共生的事物就有机会出现了：两种可供性结合生成了新的事物，即一个有着可以理解的意思的单词的特定人类意义上的概念。我们是如何使常识映像中这些不同种类的“事物”语词和对象一起发挥作用的？当我们还是婴儿时，我们会发现所有这些语词和对象。儿童会花费大量的探索时间来排列积木、玩偶、小木棍、食物碎片和垃圾碎片，以及他们可触及的所有其他可操纵的事物。

> 这是什么？我可以把它整个看一遍，把它放进我的嘴里，贴在我的鼻子上，用我的手掌砸碎它、猛击它、压扁它、扔掉它、抓住

① 在对这片未知领域进行有价值的探索的探险家中，从我们对语言和思维的了解出发的最好的起点是杰肯道夫（Jackendoff，2002, 2007, 2007b, 2012）和米利肯（Millikan，1984, 1993, 2000, 2000b, 2002, 2004, 2005）。

> 它，把它放在我的头上。与此同时，我不断咿咿呀呀、叽里咕噜，让舌头和耳朵也慢慢熟悉这些可发音的“事物”。随后，我开始想知道这些事物叫什么，以及这个声音是什么意思。[①]

规律会从一堆杂乱无章的时机中显现出来，期间只需要一些间歇性的、不带任何意图的关注。当我们对事物足够熟悉时就可以使用它们了，对于我的积木、我的洋娃娃、我的食物和我的话语，起初我不会有意识地认为它们是我的，而是会把它们当作所有物来处理。随着不断的辨别和识别，反思开始出现：对相同的和不同的事物进行判断，进而形成对高阶判断模式的识别，随后这两种模式又会成为儿童常识映像中两个额外“事物”。就像前生物循环促成了生命和进化本身产生的迭代过程一样，这些迭代操作为构建出一个有判断力的人类孩子所拥有的装备密集的常识映像提供了一个重组引擎。在第 14 章中，我们将更仔细地观察常识映像是如何在孩子那里显现的，即成为他们意识体验的一部分的。

大脑被设计得可以获得各种各样的可供性，并可以不断完善对这些可供性做出适当反应的技能。一旦大脑中开始充满可发音的模因，它们看起来便有了不断去征服的机会，此时大脑对模式的搜寻能力就会开始起作用，去发现自身与其他可供性之间的关系。正如我在第 9 章中指出的那样，孩子们在生命的前 6 年里平均每天可以学会 7 个单词，而这些单词中的大多数并不是大人特意用手指着实物教给他们的，更不必说给出它们的定义了。儿童能逐渐获得绝大多数语词的意思，甚至通常没有注意到何时开始理解的，但这个

① 这是有意识的思考吗？不一定，它可能仅仅是激发所有动物去不断探索的对自由浮动的多样性的认识渴望。

过程与刻意地制定假设和测试的过程不大一样，除非这一过程能可靠地得出结果：对他们遇到的各种刺激进行无意识的、不自觉的统计分析。[①]

我们能通过自下而上的过程获得语法和词法“规则”吗？是的，因为没有人是通过学习明确的概括（德语中存在阳性、阴性和中性三种性别）或明确的规则（法语中的名词和形容词必须在数量和性别上保持一致）来“自上而下”地学习自己的母语语法。语言学家雷·杰肯道夫用他的“语言习得悖论”生动地描述了这个问题：

> 一个由训练有素的专业人士（如语言理论学家）组成的学习团体，即便经过多年有意识的信息共享和悉心钻研，也无法复制一个正常10岁左右的孩子在不借助其他人帮助和无意识的情况下在语言习得上完成的壮举。

但自下而上的过程可以通过两种不同的方式获得这种技能，一是通过某种深度学习的、无意识的模式发现过程，二是借助基因遗传。事实上，最好说存在两个极端，关于真相处于两个极端之间的什么位置，大家莫衷一是。在一个极端，语言习得可以通过一种模式发现能力完成，这种能力是完全通用的，没有任何关于语言的独特内容；而在另一个极端，存在着一个几乎完整的先天系统（通用语法），它只要求根据经验为这种或那种语言设置“参

① 自从托马斯·兰道尔（Thomas Landauer）和苏珊·杜麦斯（Susan Dumais）提出了“潜在语义分析”以来，人们开始认识到这种方法的可行性。“潜在语义分析”是“深度学习”算法的先驱，这种算法在IBM的Watson、Google Translate和许多其他令人印象深刻的应用程序中都得到了应用（Landauer & Dumais, 1998）。

数”，这就像自定义文字处理程序以适合你的打字风格一样，只是这可能是婴儿语言学习者会在无意识的状态下完成的。在激烈的论战中，你不免要假设自己的对手占据着一个或另一个极端，但事实上，处于中间位置是完全有可能的，且这个位置更具防御性。近年来，主要的学习领域基本上已被机器学习建模者和语言学家占据，他们被无处不在的渐进性所打动，正如我们在这本书的论述中也经常被广泛存在的渐进性所打动一样，这种渐进性既是语法范畴的特征，也是种和亚种的特征。考虑一下习语之间的差异：

> 像 one fell swoop 和 in cahoots 这样的习语，无法对其进行内部分析；
>
> 对于 doesn’t cut any ice 和 kick the bucket，我们不能通过分析其组成部分而轻易得出它们的意思，因此必须将其作为自主词汇项来学习；
>
> 对于 pass master 和 close quarters，如果你对军事实践略知一二，而完全可以在没有相关知识的情况下学习和使用它们，那么这些就是可分析的；
>
> 对于 prominent role、mixed message 和 beyond repair，这些都是“预制的”（Bybee, 2006），“约定俗成的，但在其他方面的意思是可预测的（在意义上）”；
>
> 而对于 where the truth lies 和 bottom-up process，任何一个知道这些组成部分的意思的人都可以在语境中理解它们。

由于我们可以经常重构语法化过程，频繁复制组合体并逐渐将其转化为可作为组合单元自行复制的单元，因此这些变体彰显着自己的发展史（很好的中间情况）。但是，即使“原则上”所有语法规则都可以在语言共同体中进化，并在没有任何基因帮助（主要是学习极点）的情况下被安装在个体中，也存在着关于先天贡献的强有力的证据。

关于专用的、天生的语言习得工具（Language Acquisition Device，LAD）的最有影响力的论点是“刺激贫乏”论点，它声称人类婴儿在生命的最初几年里根本听不到足够的语法语言（以及经过试错得到修正的非语法语言），无法为其提供构建语法“理论”所需的数据（Chomsky，1965）。

由于具有天生的筑巢能力，从未见过筑巢过程的鸟类可以直接建造一个可用的、特有的巢。从未接受过关于副词和介词的高质量指导的婴儿也能以同样的方式掌握语言。既然语法能力必须有来源，刺激贫乏论点认为，它必须至少是部分天生的，是一套内在的原则、规则或约束，允许（迫使）孩子能够在广阔的可能性空间中缩小自己的搜索范围，这是一个有针对性的，而不是随机的试错过程。这样的起重机（第 4 章）确实可以解释为何孩子在学习母语语法时会如此轻松：他们是从一个受语言习得工具的内置限制约束的可学习语言的相对较小的集合中进行选择。但是乔姆斯基坚决反对任何用自然选择解释语言习得工具设计的企图，这使得这一说法在许多方面受到了质疑。乔姆斯基的观点使语言习得工具看起来更像是一个天钩，而不是一台起重机，这是设计空间中奇迹般发生的一次无法解释的飞跃，是上帝的恩赐，而不是通过历经几代人的进化的艰苦研发的结果[5]。

后来乔姆斯基显著地修改了自己的理论，这也许是对这种指责的回应，并开始为极简主义方案辩护，该方案摒弃了他早期设想中的所有内在机制和限制，提倡所有经过设计要完成的工作都应该由一个被称为Merge的逻辑运算符来完成（Hauser, Chomsky, & Fitch, 2002; Pinker & Jackendoff, 2005）。Merge是一种通用的组合运算符，它能“将两个要素（语词或短语）递归地连接到带有其中一个要素标记的二叉树结构上”（Pinker & Jackendoff, 2005）。根据乔姆斯基的说法，语言所需要的一种认知天赋，即人类所拥有但其他动物所缺乏的能力，是被称为递归的逻辑运算，它可以在没有漫长的自然选择研发的情况下得以安装，就像一个一步到位的宇宙偶然事件，是一个偶然发现的对象（我们很幸运），而不是一个进化的工具。

在数学和计算机科学中，递归函数是可以“将自己当作参数”的函数，这意味着只有在你应用了一次某函数后，一个新的实体会从旧的实体中生成，这样你就能将这个函数应用于新的实体，以此类推，直至无限。这种旋转式运算可以生成多个嵌套，就像俄罗斯套娃那样。真正的递归是一个强大的数学概念，但也有一些廉价的类似物可以在没有适当的递归的情况下，做大量的相同的工作。

自然语言中与递归相关的标准例子是从句的嵌入，例如：“这是杀死了吃了放在装饰杰克建造的房子的架子上的奶酪的老鼠的那只猫。”很明显，原则上你可以通过无限地叠加从句造出一个无休止的句子，自然语言的特征之一就是它在原则上具有无限性。英语语法没有规定一个符合语法的句子的长度。但也有其他方法可以使一个句子无限长。例如汤姆吃了一粒豌豆，又吃了一粒豌豆，又吃了一粒豌豆……这也会产生一个无限长且无限无聊的句子，但这只是迭代，而不是递归。即使自然语言中包含递归，对有能力的说话者可以追踪的递归嵌入也是有非常明确的限制的。如果你能做到7

个，你就算是个黑带级别的句子解析器了，但我想知道你是否意识到我想要用非正式的表达说服你，即使你有极限，我也只能猜测你的极限在7个左右，在这个只有6的句子里。此外，据报道，亚马孙丛林中至少有一种语言（比如毗拉哈语），没有任何的嵌入句式（Everett，2004）；还有一些相对比较简单的函数，在你尝试将它们不止一次地应用于其本身以前，它们看起来像是递归的。例如，在 Microsoft Word 中，还存在上标和下标的排字操作，如下所示。

基础^{力量}

和

人类$_{\text{女性}}$

理论上，如果尝试在“基础^{力量}”上再添加一个上标，Microsoft Word 应该是可以完成的，但事实并非如此！在数学中，你可以无限地添加幂，但 Microsoft Word 无法显示这种无限上标，当然有另外一些文本编辑系统可以显示，比如 TeX。现在，我们是否确定人类语言使用了真正的递归，或者其中某些语言或所有语言可能更像 Microsoft Word？我们对语法的递归解释可能是对语法实际“运行部件”的一种简明的数学理想化吗？

平克和杰肯道夫提出了一个强有力的例子，用大量的经验证据来反对乔姆斯基为支持他的极简主义方案而引用的观点，以及他由此得出的一些主张。[1] 他们论证了 Merge 可以完成所有由早期系统完成的工作的说法是错误的或空洞的，因为维护乔姆斯基的阵营中的学者后来重新引入了大部分曾经被极简主义正式抛弃的设计特征，作为通过 Merge 实现的结构。具有讽刺意味的是，如果我们忽略掉乔姆斯基对语言习得工具是由自然选择产生的假说的反对，那么他提出的初级 Merge 运算看起来像是早期语法适应的一个看似合理的候选者，所有后来的语法模因都是从语法适应中派生出来的。

更重要的是，我们可以合理地推测，Merge 本身并不是偶然发生的一大步，也不是设计上的跳跃，而是由更具体的 Merge 版本逐渐发展而来的，我们可以从如今的儿童或成人的操作中看到这一点：一块接一块地放；用你的大石锤做一个小的石锤，再用小石锤做一个更小石锤；把浆果放在一堆浆果里，把浆果堆合并到一大堆浆果里，把一大堆浆果合并到更大的一堆浆果里；把一些东西放进杯子里，再把它们一起放进碗里，随后将碗放进袋子里；等等。但这些过程中有真正的递归吗？这是一个有误导性的问题，就像我们问："原始人类包含真正的智人吗？"我们知道，逐渐转变是进化的规则，而若我们能识别出（类似于）真正的（对自然语言来说足够真的）递归的逐渐出现的过程，这将是一块很好的踏脚石。

① 另请参阅莫滕·H. 克里斯蒂安森（Morten H. Christiansen）和尼克·蔡特（Nick Chater），《被大脑塑造的语言》（《行为和脑科学》上的文章，2008 年）以及关于遗传进化或文化进化是否在创造我们的语言方面发挥了更大作用的激烈争论的广泛评论。克里斯蒂安森和蔡特捍卫的立场在很大程度上与我的观点一致，但他们在某些方面误解了模因方法（Blackmore，2008），并夸大了反对遗传进化发挥重要作用的论点。现在应该很清楚了，我的结论是硬件（基因传递的大脑结构）跟随软件（文化传递的大脑结构），但目前还没有办法梳理出当前的比例。呼应吉布森，我们可以说信息存在于声音中，但头部必须有设备来拾取它，而我们还不知道该设备中嵌入 / 预设了多少信息。

请注意，如果像乔姆斯基所建议的那样，Merge之类的事物最终被证明是人脑中的一种固有运算，那么它就不会是一个天钩。也就是说，它不是由宇宙偶然事件支配的，恰好给了我们的祖先一个惊人的新天赋。“一次随机突变会一举改变一个物种”的想法并不是一个完全可信的故事，它更像是漫画书中的幻想，比如不可思议的绿巨人和所有其他的动作英雄，他们常因为遭遇某些怪诞的不测事件而被赋予了超能力。

多年来，理论语言学中的大部分最抽象的论证都与动词和名词之间、话题和评论之间、句子和从句之间，特别是A语言和B语言之间的“充要条件”、“标准”或“差异制造者”有关。总之，语言学家常常在诱惑下要去认定本质。但是，如果有两个说话者说的完全是同一种语言呢？我们可以说，每个真实的说话者都有自己独特的言语方式，这是一种只有一个本地用户的方言；而尽管几乎无法区分你和我各自的说英语的方式（我们因此能实现高效的语言交流），但在某个句子是否符合语法或者某个特定句型是不是另一种句型的子集上存在分歧发生争执时，我们在少数服从多数这一原则的基础上始终没有什么申诉的权利。而我们又该何时把地方多数视为压倒性的全球多数？我认识的一位语言学家（同时也是哲学家）朋友曾经勇敢地坚称，严格地说，约瑟夫·康拉德和弗拉基米尔·纳博科夫都不会说英语。只有以英语为母语的人说的才是英语！但哪些是以英语为母语的人呢？伦敦人、布鲁克林人、山谷女孩或来自新西兰的新西兰人？语言分类学家如今面临的窘境与前达尔文主义者在定义属、种和变种时所面临的困境十分相似。如果我们遵循达尔文的种群思维（population thinking），这些问题会被表示为错置的本质主义的人工制品。什么种群？模因。

1975 年，乔姆斯基提出了语言习得工具的例子，他指出，“一个正常的孩子可以……在没有经过专门训练的情况下掌握（语法）知识。随后，他便能毫不费力地用具体规则和原则指导复杂结构来传达他的思想”（Chomsky, 1975）。如果我们需要将乔姆斯基理论中的 Merge 概念和其他相似概念重新定义为进化出现代语言的过程中创新过度的候选者，那么我们可以通过表达“具体规则和指导原则的复杂结构”与其说是明确的规则，不如说是由文化进化和基因进化形成的一系列改进组成的根深蒂固的模式的观点，来调和乔姆斯基早期和晚期的不同看法，以对原始语言的成功做出回应。正如我们在本书章节中一次又一次看到的那样，我们和其他动物一样，是精心设计的系统的无意的受益者，这些系统是为了完成所需的研发工作被设计而成的，而这是进化而来的、无须或极少需要理解亦能胜任的又一个实例。

语言的进化起源是一个尚未解决但并非无法解决的问题，无论是实验工作还是理论工作，都在提出关于文化和基因的渐进的进化过程的假说方面取得了进展。文化和基因的进化过程可以将我们祖先更原始的天赋转化为现代语言使用者对语言的灵活使用，以及给出长篇幅的语言表达的能力。**语言的到来为进化史上的另一个伟大时刻，即理解的起源奠定了基础。**

在下一章中我们将看到，**在语言能力不断增强的过程中，它不但加速了文化进化，还使文化进化过程本身进化成了不那么达尔文主义的、不那么自下而上的事物，从而为自上而下的理解铺平了道路，这是生命之树生长出的最新成果之一，也是智能设计时代的开始。**可以看到，人类个体的创造力以高速且集中的形式与创造它的研发过程相呼应。

13

文化进化的进化

徒手做不出多少木工活，徒脑思考也做不出多少思考。

——波·达尔波姆

达尔文主义的起源

回顾我们在第 7 章中所做的预想。一代又一代的博物学家已经证实，在动物的世界中，亲代可以在不进行语言指导的情况下就将技能和偏好传授给子代，这些“动物传统”是模因进化的一种形式，但动物的模因通常不会像语词那样，无法为更多的模因创造机会（Avital & Jablonka，2000）。对动物而言，不存在语词带来的那种滚雪球式的积累，而如第 12 章所述，如果没有语言，就无法传递一类事实。这些事实具有生态意义，乃至关系到个体的生死存亡，但它们所涉及的境况在感知层面是非现存的（例如，如果遇到熊要怎么办？）。正如比克顿等人所认为的，移位指称是“设计空间”中的一大进步。

充实本书第二部分核心主张的时候到了：

> 人类文化的起源完全遵循达尔文主义，各种无须理解的能力生成各种有价值的结构，这与白蚁在无理解的情况下建造出自己的蚁冢的方式大致相似。在接下来的几十万年里，对设计空间的文化探索逐渐变得去达尔文主义化，因为它开发出了可以用来建造更多起重机的起重机，这样一来便会有大量起重机投入运行，形成了一个包含越来越多理解的过程。

如果智人的理解力只与类人猿的理解力相当，他们能走多远？如果我们有足够的证据可以确定智人开始合作狩猎与拾荒、控制火、建造住所、制造各种工具和武器等这些里程碑式的事件的大致时间，我们也许就能在某一天回答上述问题。但我们知道，一切都在语言出现后发生了改变。从图 13–1 可知，人类文化从左下角开始，然后沿着垂直的 y 轴逐渐在各个小区域形成不断增长的理解，沿着水平的 x 轴逐渐发展出更多自上而下的控制，沿着从前到后的 z 轴逐渐发展出更有效的定向搜索。我的观点是，这三个维度自然可以从纯粹的达尔文式过程沿对角线方向逐渐接近智能设计所在的顶端（尽管人类文化其实无法达到纯粹的智能设计）。因为每个维度上的现象都是根据其对语义信息越来越多的使用及由此产生的设计改进来排序的，而设计改进通常需要在早期更达尔文式的过程中所建立的研发基础上，展开更多的研发工作，进行更多的收集、开发、提炼和建造。在这些发展过程中，有些步子大，有些步子小，但我们不需要弗里曼·戴森所说的“上帝的恩赐”就可以到达我们今天的位置。在回顾了导致文化进化的达尔文式、半达尔文式、半-半-半达尔文式的现象之后，我们接下来要审视的是围绕当前文化进化现状展开的一些争论。

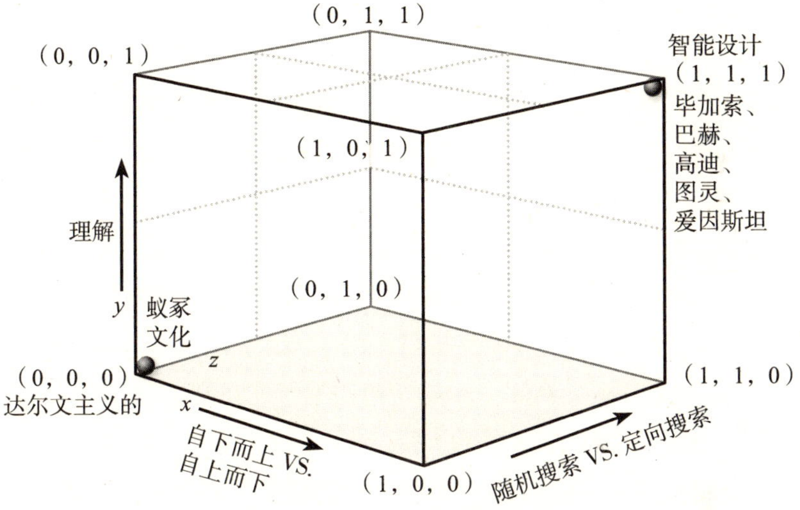

图 13-1 达尔文式的空间

我们在第 12 章中做过铺垫：模因和病毒一样，是依赖宿主繁殖机制的共生体，会利用宿主的繁殖机制达到自己的目的，所以模因要爆炸性增长，就必须有一种预先存在的或同步进化而成的模仿或复制本能，而这种本能通过为我们的祖先提供一些基因层面的适应性益处来“为自己买单”。我们最近的非人类亲属的祖先显然没有享受到这种有益的条件，或者享用的时间不够长，所以未能与我们一起踩上这块踏脚石。例如，黑猩猩和倭黑猩猩都没有表现出点燃不断累积的文化野火所需的兴趣、专注力和模仿的才能，而正是这种文化野火些将我们与其他原始人种区分开来。[①] 在这一切是如何发生的问题上，未来的研究可能会打破不同假说之间现有的平衡，使某一种假说脱颖而出，但我认为无须为此担心，因为有充足的证据可以说明我们从不需要依靠什么奇迹就能走上进步之路。

模因一旦出现，我们的祖先就变成了大脑受到模因感染的类人猿。这些入侵者就像在我们体内居住的数以万亿计的病毒和其他共生体一样，会进化成更高效的繁殖者，在体内竞争中保持自己的优势，并在扩散竞争中获胜，顺利传播到新的宿主身上。它们中必须包含足够多的不会杀死宿主的互利共生体和偏利共生体。尽管在一波又一波的模因感染最终变得足够良性以确保可以长期立足之前，寄主完全有可能被杀死过。我们可以想象一下，我们的一群准祖先因为沉迷舞蹈而陷入困境，因为这种沉迷让他们开始放弃狩猎和采集，继而导致大规模饥荒。同样，在早期，已经经历过多次进化的生命可能一次又一次地消亡，直到一次起源收获到足够多、足够正确的细节，生命才得以无限期地生存下去。[②]

---

① 值得注意的是，今天的黑猩猩和倭黑猩猩在与我们共同祖先分道扬镳的 600 万年里可能已经失去了认知能力或好奇心。洞穴鱼祖先能看见东西，而洞穴鱼已然失明。更贴近我们的一个例子是，大约一万年前，澳大利亚和塔斯马尼亚之间的陆桥塌陷后，一个与世隔绝、随后规模不断萎缩的人类族群最终失去了他们数千年来拥有的大部分技术，包括制造弓箭、船只，甚至点火的技术。请参阅贾雷德·戴蒙德（Jared Diamond，1978）、亨里奇（Henrich，2004，2015）和马特·里德利（Matt Ridley，2010），了解有趣的细节。

② 事实上，这句话有点重言式：生命开始又死亡，开始又死亡，开始又死亡，直到最终它没有死亡，因为它做了足够多的事情来阻止自己死亡。信息量不大，但也不空洞，因为它是一个连贯的，甚至（在原则上）可证实的理论，能取代任何关于生命奇迹起源的天钩理论。

最早的模因，无论是可发音的原型语词还是其他无声的行为习惯，都是生态上与人类相关且尚未得到驯化的，所以它们必须具有特别的“传染性”，直到出现一套能增强复制例程的基因和模因。其中可能只有少数模因具有任何除繁殖能力以外的功能性能力。具有传染性的坏习惯原本是为获得一些真正好的习惯而值得付出的代价，而一旦一些好习惯被养成，文化和基因的研发部门就会有时间回头清理一些过剩的事物，就像我们的基因微机械会进化出措施以应对基因组中的一些麻烦制造者，比如基因组寄生虫、转座因子、分离扭曲因子等。一旦语言交流不仅成了一种好技巧，而且成了我们这个物种必不可少的天赋，就会出现稳定的选择压力，促使器官上的功能得以改进来增强或简化语言习得过程。在这一过程中最重要的创新是婴儿期延长，这延长了个体依赖其父母提供保护、营养和（不容疏忽的）教育的时间。盯视监控（gaze monitoring）更是进一步促进了这种“面对面时间”的大量增加，而这反过来又使注意力得以共享，以及正如托马塞洛所指出的，得以共享意图。除人类以外，唯一一种会定期进行盯视监控的哺乳动物是宠物狗，而且它监控的是人类主人的凝视，并非其他狗的凝视（Emery，2000；Kaminski，2009）。我们将人类的眼白与其他类人猿瞳孔周围的深色巩膜进行比较；眼白可能是一次针对增强人类盯视监控的最新调适，是基因 - 文化协同进化的一个典例，是一种对旨在增强模因传播的创新行为的基因反应（Frischen et al.，2007）。

这些模因宿主先驱对于自身是什么样的呢？他们会有任何主观的体验吗？由“信息制成的”工具、玩具和垃圾塞满了他们的脑袋，占据着他们大脑的组织，耗费着他们大脑的能量。然而，是哪些入侵者以某种方式让宿主意识到了它们的存在（如果有的话）？寄生在我们身体中的细菌和病毒除非引起大范围的身体变化，比如疼痛、心悸、呕吐、打喷嚏、头晕等，否则就不会被我们察觉。正如我们在第 4 章中看到的，电梯设计中隐含的本体论解释了电梯在控制其活动时，不必理解自己在做什么，也无须对自己的本体论产生意识，而只需要又对其保持敏感，能辨别构成其本体论的要素，并对差异做出不同反应。这是工程师为自己设计的电梯设置的本体论。我们祖先的本体论可能以同样的方式包含语词和其他模因；他们可能在以下情况中恰当地使用这些语词，并因为拥有语词而获益：还没有意识到自己在使用语词，或语词对他们来说并没有表现为其常识映像中的语词。但他们最起码会注意到自己在感知上对其敏感并会对不同的语词做出不同反应，就像电梯那样，但他们不必注意到他们对语词的注意。语词可以在他们之间传递，会通过感知系统进入并栖息在他们的身体里，就像维生素或肠道菌群一样，从而成为有价值的共生体，而其价值不依赖于宿主的认可或欣赏。

尽管如此，模因的天然家园在我们的常识映像中，而不是在我们的科学映像中，而身体中的维生素和肠道菌群是在科学映像中被发现的。模因只有通过产生人类可感知的效果才能在空间中传播，因此它们通常是可以被注意到的，即使许多模因是在不显著或不请自来的情况下进入感知系统的。模因与病毒和微生物不同，模因是我们一开始就具备的与注意、识别、记忆和做出适当反应有关的可供性。模因在我们的本体论中享有自己专属的地位，虽然它在其他动物那里是“不可见的”，不是它们本体论中的一部分。在此，我们应该回顾一下塞拉斯对常识映像与更早期的原始映像所做的区分（第 4 章）。当我们注意到我们的模因，开始承认它们的存在，并对它们展开反思时，我们就从原始映像转向了常识映像，即我们生活于其中且我们知道自己正生活于其中的那个世界。

人类交流的自由浮动的理据

与在人类生命中一样，无须理解亦能胜任对各种动物、细菌和电梯来说，是普遍存在的，只是我们常常会忽略这种可能性，将成功的人类行为的理据归于聪明的参与者。这并不奇怪。毕竟，我们倾向于赋予狼、鸟和蜜蜂的理解力比我们能用证据证明的更强：利用意向立场解释所有物种的行为本身带有一个默认的合理性预设，即如果合理性不存在于行为者自身，那存在于何处？自由浮动的理据这一观点本身就是一种奇怪的推理倒置，我们可以通过追踪多年来语言哲学中一些知名著作引发的一系列争议看到这一点。

20世纪语言哲学的里程碑之一是H. P. 格赖斯（H. P. Grice）对形成交流所需的必要条件，即他所说的“非自然意义”的论述（Grice，1957，1968，1969，1989）。格赖斯的中心主张是一个由三部分组成的定义解释了以下行为的本质：一个人通过做某事来表达某种意思。就像斯特劳森等人所阐明的那样，S必须想要：

（1）x在特定受众A中产生特定的回应r；
（2）A承认S有（1）的意图；
（3）A对（1）的认知至少能作为A对自身的反应r背后的部分理由（Strawson et al.，1964）。

这个简洁的递归堆栈捕捉到了很多东西。A可以从S做的事情中学到很多东西，而S做这件事却并不意味着什么。例如：一、如果S痛苦地尖叫或昏倒，A可能会捕捉到S处于某种痛苦之中的信息，但S可能并没有让A

获得这种信息的意图；因为这可能只是S无意识地表现出来的疼痛行为。二、如果S确实是有意识地（有误导性地）使A捕捉到这种信息，但不打算让A意识到这是他有意为之（试着想象一个为了被送到野战医院而诈病或诈伤的士兵，或者一只假装受伤的鸟），那么这也不算是交流。三、如果A对交流意图的认知不是A信念的基础，那么这也不是一种交流，不管它包含的信息有多丰富。例如，我妻子把厨房的灯开着是为了让我必定能看到需要我洗的脏盘子；她想让我做什么事，但未必在向我传达这个信息；事实上，她更不想让我意识到她想让我注意到自己的责任的意图。

大多数探讨这一问题的人认为格赖斯的分析是正确的，他的论证也激发了业内大量的、进一步的理论工作，其中的很多论证处理的是源源不断的、巧妙的反例和问题（Azzouni，2013）。格莱斯的论述使人们注意到人类在互动方式上存在的细微差异，并在这个过程反衬出了动物交流系统中可能缺乏的一些精妙之处。当长尾黑鄂猴的部族在与敌对部族的对抗中失利时，它会模仿鹰发出警报的声音，使敌对行为顿时陷入停滞，从而让自己有机会重新夺回地盘。这是一种故意的欺骗行为，还是纯粹走运？径直起跳的瞪羚不需要让一头正在穷追不舍的狮子去区分自己是故意炫耀还是本身就矫捷健壮；只要它们一径直起跳，狮子就会转身离开。由此我们可以得出一个有吸引力的结论（包括我在内的好多人都被其深深吸引），那就是格赖斯的嵌套条件表明人类的交流行为与单纯的动物行为不同，它至少涉及四阶意向性：

S $_{(1)}$ 想要 A $_{(2)}$ 能意识到 S $_{(3)}$ 想要 A $_{(4)}$ 相信 p。

受到格赖斯启发的不只是哲学家。人类学家、心理学家丹·斯珀伯和戴尔德丽·威尔逊（Deirdre Wilson）以格赖斯作为出发点，提出了相对的意义理论，但他们并不反对人们对格赖斯见解的赞赏：

> 从心理学角度来看，用意图和推论来描述交流也是很有意义的。将意图归属于他人是人类认知和交流的特征之一（Sperber & Wilson，1986）。

相比之下，露丝·米利肯一开始对这一分析就表现得不屑一顾：

> 如果我相信开膛手杰克就在我的床下，我就不会爬到床上并马上睡着。既然我会爬到床上，说明我显然不相信“杰克在我的床下”，但这并不是因为我相信“杰克不在我的床下”。事实上，我可能从未听说过杰克。同样，如果我有理由相信一个说话者不打算让我遵守命令，那么我很可能不会遵守。这并不意味着在遵守命令的正常情况下，我相信说话者打算让我遵守命令（Millikan，1984）。

紧接着，她的这种态度变得温和了一些：

> 首先的一个问题是，拥有某种信念或意图指的是什么。还有一个问题是，“在某种信念的驱使下行事，而非仅仅在做某件事的同时拥有某种信念”指的是什么。我们还必须再问一个问题——是否有必要将格赖斯的意图和信念解释为说话和理解时实际使用的事物，或者它们是否可能完全具有另一种身份，只是做着格赖斯等理论家

希望它们做的工作，即从所有非自然符号中区分出“意义”（Millikan，1984）。

作为知名的非格赖斯派人士，米利肯的最终结论是：

> 只有在说话和理解的过程中得到切实使用的格赖斯式信念，才能对意义理论有所助益（Millikan，1984）。

但这并没有阻止其他人以这样或那样的方式采用格赖斯的框架。我的同事乔迪·阿祖尼与格赖斯的分析进行了正面交锋。值得一提的是，为了缓和读者的攻击，他必须付出一些代价：

> 我在本书中的主要目的不是一劳永逸地驳斥格赖斯派和新格赖斯派的方法。格赖斯主义太过广泛，其众多支持者在各自的方法上差异性也甚大。何况，谁需要同时制造这么多敌人呢（Azzouni，2013）？

阿祖尼的著作中富含耐心且极具想象力的剖析，使他的作品成为文学专业学生的必读作品，[①] 但此处我只想突出他编写的一个有趣的直觉泵，旨在引领我们进入一种非格赖斯主义的视角：

---

① 阿祖尼的书提供了许多与本书相一致的观点（例如，他对语词作为工具的讨论），还有一些观点（如他对类型 - 标记区分的否定）可以通过借助他的一些其他创新观点［如他将量化和本体论承诺分开（参见他的各种方法论插曲）］，很好地与此处的讨论结合起来。

> 想象在一个岛上有两个人说着两种完全不同的语言。其中一个人举起一个物体，同时开始比画起一个动作，而另一个人则试图弄明白他想说的是什么。可能没有比这更可怕的事情了。她意识到了他有沟通的意图；他也意识到了她意识到了自己有交流的意图，以此类推，可能不断反复。在这样的语境以及其他一些背景条件下，比如他们可能已经这样做了一段时间，并且已经建立了一系列的意义；就这样，她尝试确定他在传达什么，进而尝试去确定他举着的物体意味着什么。

没有比这更典型的格赖斯式推定了，老实说，也没有比这更令人沮丧的事情了。真正的格赖斯式交流完全是一种痛苦，我想任何被迫参与其中的人都会愤怒地如此告诉你（Azzouni，2013）。

阿祖尼的例子说明了格莱斯式交流与日常交流有多么大的不同，但我们面临的一个难题是：格赖斯怎么能说服这么多人，让他们深信自己在做的是一件新颖且重要的事情呢？他是否引发了大规模的智力幻觉？是的，在某种程度上的确如此。阿祖尼在其接下来的一句话中指出了正确的方向，即“从进化论的角度而言，普通的语言可能起源于类似格莱斯所说的交流事件，但从那以后发生了很大的变化，特别是我们的大脑发生了很大的变化”（Azzouni，2013）。

格赖斯并没有意识到，他无意间已经对人类交流实施了逆向工程，引用了自由浮动的理据作为证据；以语词为工具的基础技巧一旦种建立起来，这种理据就会在文化进化和基因进化中被自然而然地揭示出来。正如我们在解释瞪羚和蓄意谋杀的布谷鸟鸟等现象时，我们脑海中自然而然出现的可作为合理解释的术语就是意向立场；它将主体视为其理由正在被暴露的有理性的主体，且无须在意这些理由可能未被主体理解、注意，甚至不必由它表现出来。格赖斯的观点是，或者说应该是，人类交流者一旦掌握了他们所拥有的工具的全部用途，便有能力利用这些特征，也有能力避免这些特征为他人利用。

切记：我一直在建议，获得一种语言，更广泛来说也包括获得模因，非常类似于安装一个设计好的、功能十分强大的软件应用程序，比如 Adobe Photoshop；它是专供专业人士使用的应用程序，具备许多对大多数业余用户来说几乎用不到的操作层面。人类的交流千变万化，但大多数系统的使用是基本的、常规的、受习惯引导的，且这些习惯是在观察者（包括自我观察者）认知范围以外的。但这些工具系统可以运行一些非常复杂的应用程序。有些人是天生的操纵者、印象创造者，甚至是可以通过间接手段欺骗他人或近似潜意识施展花言巧语的大师，而另一些人在说话时则是毫无防备的、直率的、直接的、天真的，你可以将他们视为语言工具的新手用户。但这两种人都不必理解为什么他们的日常的交流工具具备他们所有的这些功能选项。

我们的言语交流系统是在自然文化选择的过程中被精心设计而成的，它具有很多可以让新手用户逐步获得，但不必对它们有什么深刻理解的功能特点。他们可能会对沟通中的风险、危险和机遇产生自己无法分析和理解的敏锐感受。例如，他们也许能够“嗅到”这是一个谎言或那是假装谦虚，甚至都不需要看到说话者的脸或者听到说话者的语气。在某种程度上，针对“听起来不真实”的语词选择问题对他们来说是无法通过分析来理解的。也有一些人可能有不凡的“口才”或更专业的天赋，比如更会通过说话去安慰、劝说和诱导他人，更会开玩笑或激励别人。这一切对于他们是“自然而然的”，他们的这种能力在很大程度上超出了别人一大截。有些有自闭倾向却在某些方面有超高能力的人，比如坦普尔·葛兰汀（Temple Crandin），为了帮助和自己一样的人解读我们大多数人能“直接感知”的千变万化的社会，她经过不懈努力，巧妙地设计出了一套真正的心智理论。我们也在逐渐获得有关人类通信系统的理论解释以及对其特征的真正理解。擅长这项研究的人经常以聪明的交流设计师、公共演讲教练、营销顾问、广告商的身份推销自己的成果，但就像我们在人类耕耘过的其他领域中所得到结果那样（此刻爵士乐突然涌入我的脑海），理论往往无法与耳朵相提并论，即便它是套非常不错的理论。如果你曾经观察过一位患有阿斯伯格综合征（Asperger's syndrome）的杰出科学家以惊人的速度处理言语行为和其他社交技巧，却又无法抹去其中人工设计的痕迹，你就会明白，如果格赖斯的分析是一种表演理论（performance theory）①，那么它只适用于少数说话者。

哲学家已经发明了很多通过意向立场对人类行为进行逆向工程的项目，尽管他们可能没有明确地使用“意向立场”这个词。G. E. M. 安斯科姆（G. E. M. Anscombe）在其名著《意图》（*Intention*）中谈到亚里士多德对实践三段论的描述时说：

---

① 斯珀伯和威尔逊都认为能力模型在其中仍有可以发挥的作用。他们如此表述：“我们的主张是，所有人类都会自动以最有效的信息处理为目标。无论他们是否意识到这一点，情况都是如此。事实上，个体的意识兴趣之所以非常多样化且不断变化，正是因为个体会在不断变化的条件下追求这一永久目标。”

阿祖尼指出，斯珀伯提出了一个最优模型，该模型“面临可测试性问题。一般来说，任何认知过程（受到进化因素的压力）在平衡处理成本与处理所产生的价值方面都类似于最优策略”。

> 一般来说，如果把亚里士多德的说明看作对心理过程的实际描述，那是相当荒谬的。他意于说明的是，存在一种只要有意图的行动发生，就会出现在那里的秩序（Anscombe，1957）。

“存在一个秩序？[1]”在哪里？不在大脑中，不在环境中，不在任何地方。我认为她在赞扬亚里士多德已经发现了某种自由浮动的理据，它们“支配”着我们理性的实际行为，但并不总是被表达出来。

因此，即使语词本身已被用作驯化工具并因此成为常识映像的一部分，我们可能仍无法想象某些实践背后的设计所对应的自由浮动的理据。可以看出，格赖斯已经解决了这个问题，看到了人们在处理非自然意义时“存在的秩序”，并把它简单地看作对他们所处的意向状态的一种描述。我们总是自然而然地过分赋予人过多的理由，以至于我们可能完全陷入某种群体幻觉。

使用我们的思考工具

我们可以自然而然地想象出，一个蹒跚学步的孩子在看到有一只小狗经过时第一次说出“小狗！”的场景。此时，她可能明白自己是在用一个口语词标记她看到的东西，但这不是必须做的事。在这里，我们需要特别小心，不要将能力和理解力混为一谈。事实上，假设孩子早期话语中所含的理解比孩子实际所有的理解要多得多，这可能对成年人来说是有实践性用处的（无论这在理论上错得多离谱），因为这样可以通过“脚手架”使他们参与对话，从而帮助孩子习得他们的语言（McGeer，2004）[2]。因此，原始标记为标记铺平了道路，原始请求也为请求铺平了道路。孩子可能需要数百小时的“对话”才能真正掌握窍门，甚至需要更长的时间才能理解自己在交谈时所做的事。

回顾第 9 章和第 10 章，我们已经看到，模因是一种方式、一种行为或行为方式，无论是内在的还是外在的，并且它可以通过复制从一个宿主传递到另一个宿主。换句话说，我们会在本章后面看到，模因就像一个软件应用程序或一个实际上与应用程序非常相似的 Java 程序，它们是一种设计而成（在早期通过自然选择）的相对简单的信息结构，可以让使用者具备某种才能或掌握某种有用无用的诀窍。在正常的自我监控过程中，当你运行这些应用程序、听到或说出语词、观察到或执行动作时，其他人通常可以看到或听到这些应用程序，而你自己也可以看到或听到它们；当你听到自己说话时，你可以看到或感觉到自己的手势、行为和动作等。但听到自己说话是一回事，注意到自己在说什么又是另一回事。比如一个上小学的孩子因为口误把老师叫成“妈妈”惹得全班哄堂大笑，而这时他才注意到，脸便一下子红了！即便成年人也经常在不知不觉中说话；他们一直监视着自己的语言输出，可能是在纠正发音错误的语词等，却完全不知道自己说出的话的意义，就像在睡着的时候说话一样。我们知道人体会进行自我监视，因为它们有时候会再次检查自己的行为，而此时往往为时已晚——“我刚才是这么说的吗？我真的说了那些话？！”

我提议，我们可以想象我们祖先中的语言使用者先驱能像你一样唠叨，尽管这可能会吓跑猎物，但他们会从这些新习惯中得到很多好处。他们有时几乎无法实现交流，有时通过无意识的、非习得的口才交流，并且他们只能在后来的回顾中才开始逐渐认识到自己一直在做什么。我认为，就像瞪羚在径直起跳时不必明白自己在做什么一样，在从达尔文贴切命名的无意识选择转变到完全受驯化模因指导的按条理的选择之前，我们的祖先也不必了解自己用语词所做的事。今天的孩子似乎能从牙牙学语快速过渡到说话和理解，这很容易被看作一种突然的状态转变，就像海伦·凯勒在 1908 年的那场标志性的水泵之旅（这是一件令人难忘的轶事，但其准确性无法得到检验）。在语言发展早期，这可能是一个更加缓慢、更加低效的过程，因为那时的语言发展还无法从简化习得过程的基因调整中获益，例如，有的基因调整通过提高个体对语音的好奇心来将更多的大脑能量集中在对语言的分析上。据我推测，是一个渐进的、逐步增强能力的过程最终产生了自我监控，产生了反思，产生了引发思考的新事物——我们常识映像中的语词和其他模因。

我认为，正是这一系列的小步骤，将语词和其他模因升华成我们的本体论，让它们成为我们的常识映像，为我们内在的好奇心打开一片广阔前景，从此开启了针对设计空间的“自上而下”的探索。① 我曾在于 1991 出版《意识的解释》一书中介绍过这一创新的一个简单版本，在这个版本中我设想我们的祖先可能养成了在遇到难题时不断询问简单问题的习惯，同时发现他们即便在没有其他人听到这些问题的情况下，也能寻找到答案（Dennett，1991）。他们自己回答了自己提出的问题。就这样，他们发明了自言自语，

① 在我完成本书之际，我收到了彼得·卡拉瑟斯（Peter Carruthers）的《处于中心地位的心智》（*The Centered Mind*，2015）。快速浏览后，我发现里面有一些很好的想法。这些想法大多与我自己关于以下一个问题的想法相契合，甚至预示了我心中所想：人类自我质疑的天赋如何给予我们独特的认知能力。对卡拉瑟斯的主张进行适当的评估超出了本书的范围，但显然是必要的。在附录中，我列出了其他一些我遇到得太晚而无法融入我在本书中的思考的相关新书。

并因此收获了一些立竿见影的好处。自言自语有什么用？为什么它与为自己做的午餐买单不同？当意识到我们在大脑的某个部分可能“知道”了一些在需要时大脑其他部分无法触及的事物时，矛盾的气氛就消失了。自言自语的习惯生成了新的交流渠道，使隐秘的知识有机会得以揭晓。

在铸成大错之后，幽默地说一句“这在当时看来是个好主意”——这句表达懊悔的话表现出的绝非当事人的愚蠢，反而是其智慧的标志；一个思考者如果能够准确地回忆起自己的真实想法及对它的感受，就说明她在调试自己的思维过程方面迈出了重要一步，不会让自己再次落入同样的陷阱。错误越微妙，那个会定期自言自语的人所激活的自我监控行为就越有价值。下一次当你试图解决一个难题时，可以考虑让自己专心展开一段有声独白，这是发现思维缝隙的一个好方法。

没有语言的动物可能会“绞尽脑汁”寻找潜在线索——虽然这是一种非常隐秘的很少表露出痕迹的行为，而我们明确地进行自我质疑的做法还有一个更大的优势，那就是它能让我们的沉思更容易被记住，这样我们就可以事后进行回顾和反省。一旦养成了提问的习惯，你就更容易采用自上而下的方式和更有针对性的搜索展开所有的研发过程，并在此期间能减少对随机变化和随机保留的依赖。但这并不是说随机性（或在进化过程中被称为随机性的属性，或测试候选项的生成与成功标准两者的解耦）会被彻底消除，即使是最精密的调查也常常被故意的“随机”试错加速。但是，搜索空间可以在思考者得到及时提醒的前提下，通过利用在其他语境中已经获得的信息，排除不太可能或不相关的大片区域，从而得到压缩。对于探索每个语词所依附的联想网络，自言自语、问自己问题，甚至只对相关“关键词”进行内心排练，都有效地提示你那些可能被你忽略但与你目前的困惑有关的可能性。

图灵发明的数字计算机一直被看作人类自上而下智能设计的典范，但从有关那段光辉岁月的记录中得到的信息使我们意识到，图灵并非笔直地抵达如今的荣耀之地，他历经了各种曲折探索——尝试过各种可能性、岔路，打开过各种错误开端，不断调整过自身目标，也会从与其他思考者偶然间进行的关于其他问题的讨论中意外获得大量帮助。有意识的人类心智的理想状态是，所有的知识都能平等地获取，都能在需要时及时提取，并且从来不会被扭曲，就像有一群骚动的专家准备着随时伸出援助之手。动物或儿童的贝叶斯大脑完全有能力在不借助更先进的思维工具的情况下进行一些自下而上的线索搜寻，但成年人的大脑则在极少数的情况下可以对其下属系统施加重要约束，进行优先排序，压制不必要的竞争，并组织它们展开搜寻工作。

赫福德在《语言的进化》一书中写道，“非人类动物在到达一定的进化水平时，开始拥有丰富的精神生活。这是一种自然智慧，能使它们很好地与外在世界进行谈判协商”（Hurford，2014）。这句话的后半部分是不可否认的，但一个人是否必须拥有像我们这样的有意识的“丰富的精神生活”才能游刃有余地在这个世界上存活还尚未确定。我认为大脑可以是一个贝叶斯式的期望产生器，且不具备被跟踪和利用的可供性。非人类动物是否能思考，或者以任何方式对自己的精神状态进行“元”思考，这是一个尚未得到解答的经验主义问题，一个没有能力实现自反式升级的“丰富的精神生活”其实并不真的丰富。在一个无法在一定程度上对那些二级反应和三级反应的结果进行比较、回忆、惊叹、沉思和注意的心智中，针对话语、气味等的令人信服且准确的感知能有多大价值？[①]

注意，我并不是说非人类动物和人类婴儿没有意识，我一直在推迟所有关于意识的讨论。如果意识本身如我之前所论证的，应该被看作有程度之分的存在（我在适当的时候会再次为此做出辩护），那么我们可以构想出在某些方面是“丰富的”，而在其他方面并不丰富的各种各样的意识。

事实上，财富是一个可以充分利用上述观点的概念。想想那个幸运的家伙，他拥有的土地里埋藏着海盗的金块。从某种意义上说，他是富有的，但如果他不知道或者找不到，他就不能将这些财富用于任何用途，他的财富最多只能算是匹克威克式的（Pickwickian）。[②]同样，在婴儿能够在某种意义上对其所处世界中的各种差异进行跟踪、注意、反思、比较、召唤、联想和预测之前，我们也最好能先谈论一下“潜在的财富”。如果一种动物永远无法采用这种反思性思考方法，那么它们连拥有潜在财富的资格都不具备。虽然让你的鹦鹉去观看大量的科学纪录片会使生动、详细的信息进入它的眼睛和耳朵，但不要期望鹦鹉能从中得到一点点科学教育。

我仍旧未直接讨论意识难题，所以请注意，我并没有宣称或否认如追踪、注意、反思等必然是有意识的行为。我始终坚持的是：它们都是非常重

① 最近的实验证明了鸟类和哺乳动物具有一些基本的元表征能力。特别是当动物有机会在高风险、高回报的选项和更安全的选择之间进行选择时，倘若有理由不相信自己的直觉，它们就会表现出对后者的偏好（Crystal & Foote，2009；其他文章见 Cook & Weisman，2009）。

② 回想一下柏拉图在《泰阿泰德篇》中对知识的美妙形象化：一个充满鸟儿的鸟舍，它们是你的鸟儿，但当你呼唤时它们会来吗？

要的反应能力；如果没有这些能力，意识（先不管它是什么）将无法为我们祖先的能力增长，直至理解力的生成提供任何帮助。在第 5 章中，我指出理解是以程度为单位的，并且它实际上是能力的产物，而非能力的独立来源。现在我们可以看看理解这种产物是如何创造出来的。基本可供性是一种利用环境中的模式的自然禀赋，且可通过基因传递、通过贝叶斯学习得到增强。它为从昆虫和蠕虫到大象和海豚的所有可运动生物提供了丰富的能力，其中那些更震撼人心的能力自然而然被视为某种理解的标志。在美国黄石国家公园中，一只乌鸦或一只聪明的灰熊在使用工具上的天赋展示出了它们对需要做出理解判断的独特情况的适应能力。甚至有人可能会说，这就是这些行为领域里的理解，它们不是可交流的理论知识，而是深层的实践知识。

如果这种“知识”是目前为止我们能看到的非人类理解能达到的极限，那么人类理解比它更先进的地方在哪里呢？人类不仅有向他人传达专业知识或事实知识的能力，还有能力将正在考虑的所有话题视为能被检查、分析和盘点的事物——所有这些都要归功于我们有能力通过文字、图表和其他刺激自我的其他工具来明确地表达它们。只凭借一个空脑壳，你基本无法思考，但有了这些简单的工具，你就可以进行大量的思考探索。正如以前常常发生的，**由自然选择设计的能力（既有基因的也有模因的）创造了一种天赋，这是一种无须理解的能力（在这一节的论证中是对一门语言的掌握），而它反过来又拓展了能力的进一步发展**。这些都是元能力，表现为可以用思考工具去思考包括食物、庇护所、通道、容器、危险，以及日常生活中的其他可供性，还思考对食物和住所进行的思考，就像本句话所展示的。

几千年来，哲学一直是元表征最主要的理论基础。回望柏拉图和苏格拉底，以及后来的亚里士多德，他们那么睿智又奋力地试图完成一些十分新颖的任务——解释一些事物，包括解释理解本身的状态，真可谓有趣又扣人心弦。反省的步骤，即对理解的理解、对意义的意义的检测，以及用语词来分析语词，最终就像侯世达所说的那样："我能对你所做的一切进行元操作。[3]"这并不总能产生洞察力，有时甚至可能会抹除没有明显锚定的现实世界中的那些能反映某种情况的事物，但这一过程中却酝酿着一种有巨大能量的模因，也被称为元模因。

智能设计的时代

这种递归，堆积如山的元表示，引发了麦克雷迪达爆发，这种大爆发在过去的 1 万年或 2 万年的时间中获得了蓬勃发展，而且仍在加速发展。我在前文中提到过，模因很像软件，现在我想继续扩展和强化这一说法。

现在，思考一下 Java 小程序。如果你时常上网，那你肯定每天都会遇到它，但它基本都是隐形的。Java 是由詹姆斯·戈斯林（James Gosling）等人于 1991 年发明的，互联网表现出的功能性几乎都要归功于它。有了它，你能从网站上下载 Java 小程序，然后开始玩纵横字谜和数独、探索地图、放大照片，以及与世界各地的其他玩家一起参加冒险游戏，也可以进行大量的"严肃"计算。网站设计师可以用 Java 编程语言编写程序，且无须在意访问该网站的用户的计算机是 Mac、PC 还是 Linux 机，因为 Java 小程序始终都是在经过专门设计以用于 Mac、PC 与 Linux 机的 Java 虚拟机 JVM[4] 上运行的。你的电脑会自动下载适当的 JVM 并在几秒内完成安装，java 小程序则会在其中运行，就像变魔术一样。你可能会注意到计算机正在下载 Java 更新，或者可能完全没注意到！理想情况下，你可以忘记计算机上安装了哪个版本的 JVM，并预期计算机中的 JVM 早已运行，可以支持你访问任何网站的 Java 小程序，且能在后台自动安装好适当的 JVM 更新。

JVM 是将 Java 代码编译成可以在你使用的任何硬件上运行的代码的接口。Java 的口号是 WORA（Write Once, Run Anywhere），即一旦完成编写，可以在任何地方运行，这意味着编写设计只需要做一次。与安装在大脑软件中的英语虚拟机 EVM 相比，Java 的这种编写优势显而易见。也就是说，除非你说的是英语，否则不可能读这本书的原著。当我在写这一章的时候，我有很多关于阐述和澄清的问题需要解决，但是我不需要知道任何关于不同大脑的神经解剖学的细节，尽管我可能最终会读到它们（好吧，我也写过很多相关的草稿，后来发表过一篇），而这一章现在可以在任何装有 EVM 的大脑上“运行”。有些人的大脑中没有安装这个 EVM 系统，所以要把这本书翻译成其他语言才能让所有人都能体验到这本书的效果，否则只能让想阅读这本书的读者都学英语了。

想想看，这种语言虚拟机让老师、向导、线人、培训师、骗子、宣传家、宗教传教士能够多么容易地设计出符合以下条件的演讲：有很大的机会在你的大脑中植入更多模因，不断给你传递信息，用新的工具武装你，对你造成影响。我简单写下我的想法，而在你读到我写的东西时，就相当于你在桌面下载了一个新的应用程序，就这么简单。我的《直觉泵和其他思考工具》一书共有 77 章，每章都至少有一个思考工具供你下载，并附有如何制作和评论这些思考工具的建议。当然，这本书预设了有关许多主题的相当多的常识是已知的，所以你必须为这些思考工具预先安装好应用程序。随意选一页，比如第 16 章，我不加解释地使用的词有雏菊、海星、食蚁兽、橄榄、舌头、遗传、童年等。如果你的工具箱里没有这些熟悉的工具，那么对你来说这一页中会出现很多理解障碍。更难的项，比如本体论、环世界、常识映像、闪烁 – 融合度、广泛项、分类名词等，会在接下来的内容中得到解释；它们是依赖于其他新应用程序的新应用程序，而前者又依赖于旧的应用程序。

正如杰肯道夫所观察到的，许多以动物为对象的实验会要求实验对象在基本只有少量食物奖励的情况下首先完成一项非常特殊的任务。猫、猴子或老鼠恐怕要经过数百甚至数千次的训练，才能在每次看到正方形而不是三角形，或听到哔哔声而不是嘘声时按下操纵杆。当认知科学家希望人类参与者执行相同的任务时，只需用实验参与者能理解的语言给出一个简单的指示（包括在实验结束会支付费用的承诺），再加上一些实践试验，大多数人类志愿者就会在实验期间完美地完成任务。实际上，人们可以下载并执行一个虚拟机，且无须反复试验或联想学习，就可以根据需要快速可靠地胜任数百个角色。

因此，将我们塑造成相对无须什么理解的模仿者所需的神经可塑性和注意习惯为我们获得语言奠定了基础，而语言又为听觉、理解和遵循指令所需的认知能力奠定了基础。所以，对语言的理解产生了对行为和整个世界更普遍的理解。但同样，我们不能夸大语言使这种转录成为可能性的效应。有些技能可能比其他技能更难传授，有些则需要大量的排练和助记符，如第 6 章所述。星座的奇幻名称和叠层形状是对信息转录的开拓性努力中幸存下来的遗迹，但我们不必假定，聪明的天文学家设计的是一整个能实现自觉的教育改进的系统；其中的那些联系可能是在不断被传颂的过程中逐渐连接形成的，它们的效用慢慢地在参与者身上显现出来，而在这个过程中平庸的、不那么令人难忘的联系会在竞争中消失殆尽、不再显现，最终剩下的只有那些能拔得头筹的最佳记忆。

当然，正如我们已经看到的，Java 小程序和模因之间，或者数字计算机和大脑之间并没有明确的相似性，但我仍想强调几点。确实，没有 Windows、Mountain Lion、Linux 等操作系统的计算机几乎都已经停用。同理，你不能用没有工具的大脑不断展开思考。但与数字计算机不同的是，大脑没有集中的、分级的控制，没有定时脉冲，没有交通管制来确定优先级，等等。所以我不能说，只要把我的应用程序下载到你的大脑上，然后让它运行就可以。它的运行管理需要通过谈判、外交，有时甚至得通过请求、威胁或其他情感上的推动才能实现。总之，我必须把控你的注意力和配合度，甚至在某种程度上把控你的信任，因为你会或者说应该时刻警惕被其他主体操纵的可能。最初的计算机的设计目的毫无疑问是按照指令完成每一项任务，但随着互联网的发展，越来越多试图劫持计算机以达到邪恶目的的“恶意软件”开始出现，这迫使设计师在编写操作系统程序的同时要设置层层保护，因此，如今任何软件在准备安装时，如果没有计算机用户或管理员的明确许可，计算机的默认状态都是“请勿运行此代码”。我们人类用户现在是系统安全中最薄弱的一个环节，越来越诱人的“网络钓鱼”诱饵几乎每天都会出现，它们的智能设计正是为了充分赢得我们的信任。

通过图 13-1 所示的达尔文式的空间，我们可以描绘出人类文化以更快的速度不断积累的场景，因为更定向的搜索和更自上而下的问题设置会让问题得到更有效的解决。这些赋能的发明包括书写、算术、货币、时钟、日历等优秀作品，每一项都贡献着一套新颖且丰富的表现体系，在行为过程中为我们的常识映像提供着更便捷、可拆卸、可操作、可识别、可记忆的事物，从而进一步增强我们对其他更多的事物的把握能力。现在人们都开始认识到，这些都是达尔文式的“发明”，是没有发明家或深谋远虑的发明者的发明，它们更像是鸟的翅膀而不是直升机的旋翼。

这些发明的特征和结构的自由浮动的理据已经逐渐被后来的受益者，即追溯型逆向工程师所捕捉、表达和传颂，这些工程师向世界解释语词音位表示的特殊效用、数字 0 的作用、硬币难以伪造之处，以及如何用一条线、一个圆或一个体积来表示时间、用组成一个固定短周期的名称来表示天等。所有这些通过文化传递的人工制品，无论是抽象的还是具体的，都无疑是设计精良的思考工具，但它们并不是特定智能设计师的创意。[①]

这也适用于我们几千年来添加到工具箱中的很多用于其他目的工具。在《人类成功统治地球的秘密》（*The Secret of Our Success*）一书中，人类学家乔·亨里奇对优秀的人工制品，比如皮划艇等进行了相当细致的探索。他认为自己手上的那些人工制品模型具备的特点和改进没有多少是通过设计师或制造者的改造实现的。在大多数情况下，围绕这些人工制品建立起来的知识是理论追溯的产物，而不是在最初发明时就有的。它可能主要是由试图将

① 在这些案例，以及将主导角色归于某些个人的一些历史依据上，有争论和猜测的余地。这种归因仅限于提炼和传播模因，无论是通过法令（统治者建立当地货币或日历）或通过有影响力的利用（如书写系统或数学符号），而不包括发明。举个最近的例子，阿尔·戈尔并没有“发明互联网”，也没有声称自己这样做了，但他对互联网的有远见的支持和普及确实值得赞扬。

技能传授给学徒时产生的副产品，是有助于对整个过程进行理解的二手评论，或者是某些“错误意识”，即有说服力但错误的主题“理论”。

在多数情况下，采用和使用新的模因通常会让那些正在努力解决相关问题的人产生更全面的理解。有时，问题“解决者”在没有注意到或在对他们的工作有误解的情况下碰巧解决了问题；问题得以解决的好消息随后传播开来，他们的声誉也因此一飞冲天。如果你下棋时曾经走过“绝妙”的一步，但只是回顾性地赞赏了一下它的威力，然后对自己保密，你就知道这种现象了。普遍存在的一种倾向是，人们认为创新者在行动前理解的比实际理解的更多，这让我们那些著名的天才似乎具有神性力量的神话得以永存。难道我们不是自亚里士多德以来就一直被颂扬的理性动物吗？这种对理解的错觉会让我们沉迷于对动物表现出的聪明决策的欣赏，甚至如人们所看到的，这种对智慧的欣赏还不断延伸到了植物和细菌那里，这些错觉和认识扭曲了我们对人类同胞及对我们自己的评估。

设计一个精致骗局的经验法则之一是，应该利用人们自认为是欺诈的敏锐探测者这一点，这种优越感让人们有机会在检验他们的判断之前就“证明”他们的怀疑能力。我们常常会惊讶地发现，我们原来是那么容易受到骗局或恶作剧的伤害，而当我们意识到自己是受害者时，往往又会造成我们的第二次过失——认为愚弄我们的骗子比他们实际表现出的更狡诈，因为他们的把戏通常由来已久，已经过之前几代行恶者的实地测试和精心打磨。一个经典的例子是古老的果壳游戏，它至少可以追溯到古希腊时期。游戏中，你会看到 3 个胡桃壳或倒扣的杯子，其中一个容器下面有一颗豌豆；然后倒扣的容器在桌子上快速移动。豌豆在哪里？请下注。你可能会看到一小群人围着一个操纵着这几个容器的人，他们跟随着这个人的动作，然后把赌注押在自己认为豌豆所在的位置。你也相对谨慎地加入了人群，用手小心地保护着口袋里的钱包，站在那里观察。有些人赢了，但大多数人输了，而在这种情况下，你能聪明地看出操纵者娴熟手法下对人群的误导。在对整个场景进行了充足的侦察之后，你拿出钱包，像老鹰一样注视着跟踪观察过多次的秘密动作。但你还是赌输了！怎么会这样？很简单。有两种惯用的方式：一种已经被你检测并追踪观察过，另一种是操纵者还没做的；事实上，除了技术娴熟的魔术师和骗子，没人能看出这类操作。人群中除了你之外，还有作为托儿的从犯。他们装出一副有点愚蠢、容易疏忽、太容易相信别人的模样，好让你顺利“解释”他们的损失，并在参与游戏时采取其他的行动。操纵者有一些真正的技巧，他知道如何做出关键举动，知道在哪里停留多久可以让你顺利下注，但这套技巧对你来说是完全陌生的。

在更加威严的社会环境中，同样有对理解的理想化氛围，而它影响着我们在农业、商业、政治、音乐、艺术、宗教、幽默上的感知，几乎贯穿人类的整个文明。收成最多的农民一定知道他们为此都做了些什么，同样，赚钱最多的股票经纪人、最受欢迎的音乐家、连任次数最多的政治家也理应如此。因为默默无闻的运气常常以不易察觉的身份发挥作用，所以我们一般遵循的规则是从显然已经非常成功的人士那里寻求建议。经典经济学模型假设理性主体会利用现有信息来优化其市场决策，展示了理性假设的不可否认的吸引力。通过对实际存在的真实交易进行简化和理想化的处理，它们将混乱的人类活动变成了一组在某种程度上可预测、可解释的现象。从某些意义上看，它们也很好地发挥了应有的作用。我们可能不是完全理性的，但我们也不是那么不理性。例如，关于供求规律的解释是一清二楚的：因为一般而言，买方会尽量减少支出，卖方会尽量提高净收入，所以任何商品的价格都会根据它的有用性和被渴望程度或涨或跌。这不是一条物理定律，而是一条理性行为法则，但即便如此你也不能将赌注压在供求规律上，否则那将是十分愚蠢的决定。如果你对一些与市场相关的无法公开的隐含知识有所了解，在利用供求规律的时候，你可能会表现出一些看似欺诈的行为，你获得的任何优势都取决于失利者按照法律规定行事的广泛倾向。

当我们审视文化进化的传统描述时，在文化随时间变化的中性意义上，起主导作用的是经济模式，似乎所有人类文化进化都是在理解的最高点附近展开的，所有涉及的对象都有受到重视的充分理由。在这种模式下，由合理获得、维护和修理的商品组成的文化项，会与保存和享用它们的技巧一起被馈赠给下一代。我们保护我们所珍视的东西，并将其传递给那些我们希望能够获得更多利益的人，我们会对那些维持货物正常运转所需的基础设施做出投资。这种模式不适用于文化垃圾（这些可悲但又具有感染性的习惯虽然从不受到我们的重视，但依然不断得到传播），[①] 也不适用于那些在我们没有注意到的情况下隐秘繁殖的文化变体，比如 beg the question 的新含义[②]，但对至少能被某些社会成员珍视的部分人类文化来说，它能发挥很好的作用。赞助人使得大歌剧院可以保持活力，他们也向音乐学院提供捐赠，还为成功复制文化遗产的项目提供奖励。博物馆和图书馆、大学和历史建筑、著名的战

① 一名学生问我举了一个很难根除的传染性文化垃圾的例子，我回答道：“嗯，就像，当，就像，你使用了一个短语，就像，它并不具备，就像，任何实际作用，但是，就像，你继续，就像，使用它。” 他回答说：“我，就像，理解这一点，但我，就像，想要一个例子。”

② 该词组在韦氏词典中的定义为通过假定问题已经确立或已有定论而忽略或回避该问题，但目前人们常常将其用作“问题来了”之意。——编者注

场和历史遗迹都需要昂贵的维护费用，那些重视这种维护的人需要努力确保资金。许多人将毕生精力致力于保护传统的工艺和活动，比如织布、刺绣、木工、铸铁、莫里斯舞蹈、维也纳华尔兹、盛装舞步和日本茶道。宗教会将从信徒那里收集的大部分捐款用于维护、加热和装饰其所有的建筑，为其工作人员支付费用，通常只会将剩余的一小部分资金用于帮助穷人或为他们提供免费食物。

当我们仔细考察当代人类文化的高峰时，我们会发现大量智能设计实体的例子。在这高峰上的是所有那些或抽象或具体的优秀人工制品，并且它们都在维持着我们的健康和安全，让我们从盲目的劳作中解脱出来，用各种各样的艺术、音乐、娱乐和冒险填满我们新获得的空闲时间，我们知道它们是经过聪明的构想设计而成的作品，因为我们已经目睹过，甚至记录过许多次这样的制作过程。我们与设计师交流，听取他们给出的设计解释和理由，学习他们的技术、设计理念和审美规范，还经常会检验他们给出的论证和说明。

我们确实生活在智能设计的时代，根据记载，这样的设计时代可以追溯到几千年之前。金字塔的建造者知道他们在做什么，有明确的目标和计划，他们组织了成千上万的工人，带着理解精确地执行着这些目标和计划。这一过程与白蚁建造自己的蚁冢非常不同，金字塔的建造依靠的是自上而下的控制和异常强大的理解水平。这并不是说金字塔的建造者就不依赖于大量的专有技术，即在几千年前通过相对无意识的差异复制被提炼和优化的模因。每一代人都有积累下来的知识遗产，到目前为止，其中大部分已经在成千上万的应用中得到了证实，包括那些违背传统、决定尝试其他方法和标准的反叛者留下的刻骨铭心的失败。虽然所有这些来之不易的知识在可见的主题论文中都得到了表达、解释、分析和合理化，但我们不应该错误地认为，这些论文的作者就是他们所教授的这些原理和实践的发明家或设计师。

总的来说，从亚里士多德时代到今天，我们对人类知识宝库的解释和论证完全是一部辉格党历史录。胜利者控制叙述权，得意扬扬地解释这些发现，同时忽略了代价高昂的错误和误导性搜索。

所以，如果想对智能设计有一个清晰的认识，我们得抵制这种通过回溯造就的知识神话，我们要更多地关注那些失败的历史，关注我们周围所有的二流设计。

这首先能提高我们对所谓的最佳作品的鉴赏力。例如，如果在欧洲的二级艺术博物馆里待上几个小时，你对伟大的艺术为何伟大就会有更加深刻的理解。在那里，你可以看到数百件风格各异的小作品，它们表现出的艺术追求与拉斐尔、伦勃朗、鲁本斯和罗丹等人的并无二异，但你马上就可以看到，与那些杰出作品相比，它们中的绝大多数有多么缺乏生气且不够协调。世界音乐图书馆里有成千上万的古典交响乐，它们可能永远不会再被演奏，但出现这种情形是有充分理由的。在这些乏善可陈的作品中，也许有一些不为人知的杰作，但很少有音乐家会愿意从事筛选它们的乏味工作。

这种几乎无形的文化积累形成的巨大积淀所起的作用与所有物种中没有后代就死去的有机体所起到的作用相差无几，但它们之间的竞争磨炼了那些能把后代延续至今的同伴。海顿、莫扎特和贝多芬必须在一个有很多天赋稍差或可能只是有些运气不足的作曲家的世界中，发展自己的才能。[①]

在所有这些刻意驯化模因的过程中，有很多有意识的、认真的决策，并且经济模型对这些领域中决策模式所做的解释不亚于它在更商业化领域所做的解释。

供求规律支配着盛装舞步学院和棒棒糖制造商的未来发展轨迹。但是，即使在最官僚和合理化的制度中，也有一些进化模式是无法被经济模式捕获到的，它们似乎只是些噪声或偶然事件。这种杂乱无章的各种变化中有一些毫无疑问是纯粹的噪声，就像随机的一样，但其中很大一部分并不由市场的理性压力驱动，而由达尔文式的模因进化军备竞赛所驱动。

模因之间为了复制而不断竞争，要解释助长竞争的偏见就必须从纯粹理性的天花板（见图 13–2）上降下来，着眼于中间地带。在那里，半理解的主体参与半精心设计的项目。这些项目会产生大量的弱点，而新产生的目标会吸引弱点的利用者。然后，同样的半理解主体会以不同程度的准确性感知到，通过采用模因、调整模因和修改设计出的模因（现在是通过自然选择和智能设计的结合）来利用他们在猎物中发现的弱点。

① 作家们在令人难忘的作品中复活了一些失败者：罗伯特·勃朗宁（Robert Browning）关于安德里亚·德尔·萨托（Andrea del Sarto）（一位生活在拉斐尔和米开朗琪罗阴影下的著名“完美”画家）的诗，以及彼得·谢弗（Peter Shaffer）的戏剧《上帝的宠儿》（*Amadeus*），这是对安东尼奥·萨列里（Antonio Salieri）（一位在年轻莫扎特的光芒下黯然失色的人）的遭遇的虚构版本。

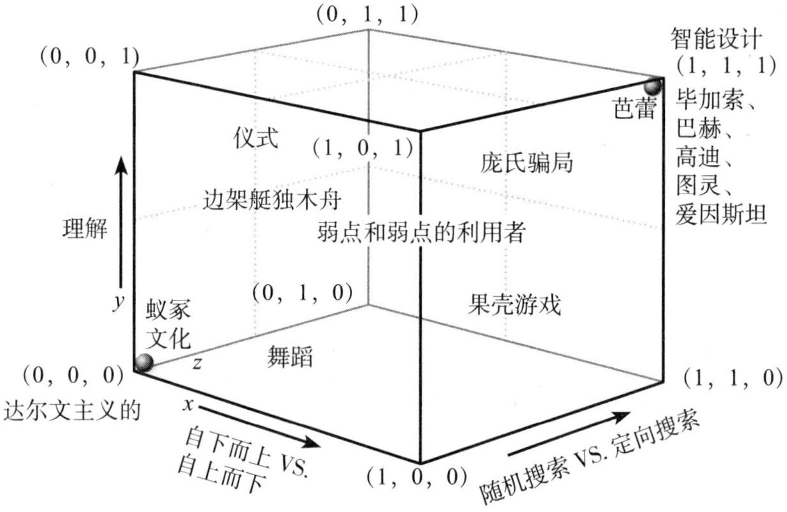

图 13-2 具有中间现象的文件进化的达尔文式主义空间

这些军备竞赛是30亿年来推动基因进化的创造性军备竞赛的最新浪潮，它们的独特之处主要在于它们包含了能使创新和反应更顺利、更快速的很高程度的理解。这种理解绝大多数是语言和其他交流媒介的产物。

将这些种类的信息交换添加到场景中会彻底改变选择性环境。由缺乏远见的自然选择驱动的标准达尔文式进化，席卷了整个同样缺乏远见的种群。在这样的过程中，幸存者十分幸运地比同代人更能适应新的环境，而且几乎或根本没有对新风险和机遇提前发出提醒。可能会有一只牛羚在躲避捕猎者时采取了一种新颖的行动并最终免于被捕食，但没有什么方法能让牛羚群中的其他牛羚都迅速掌握这种新方法，“它的消息”肯定也无法被传播到整个大草原上的其他牛群中。而人类却有一个发展得非常好的传统：一旦发现什么信息，就会主动对其进行搜集并扩大传播，不管它是否真的有价值。所有的寓言、民间故事和占卜故事，以及在“母亲膝下”获得的普世智慧，都会得到闲言碎语和谣言的补充，并会因为书写、印刷和当今的高科技媒体而得到进一步的增强。这加速并加剧了模因进化过程中的军备竞赛，而因为人们总是根据已获得的信息充分施展自己的想象力去想象出各种变化，由此增加的很多次要情节或者边角资料使军备竞赛变得更加复杂。

如今，要找到尼日利亚王子骗局的“标记”比20年前更难，因为它已经是众所周知的事情，已经成了一个可靠的幽默话题（Hurley，Dennett，& Adams，2011）。你可能会想，为什么这样的骗局能流传下来？“一个尼日利亚王子要转移一笔财富，但想寻求你的帮助”，为什么骗子能一直用这个老伎俩？因为骗子不想把时间和精力浪费在聪明人身上。相比费劲去寻找一个容易上当受骗的人，发送数以百万计的电子邮件作为哄骗诱饵所花费的时间和精力成本几乎是微不足道的。骗子也承受不了有太多的人上钩。大多数一开始受了骗的潜在受害者很快就会产生怀疑，并很快就能发现真相，然后在未做出首次支付时就决然退出。有些人则可能喜欢尽可能长时间地与骗子周旋，玩弄他们。为了不竹篮打水一场空，以及最大限度地降低投入成本，最初设计的诱饵往往非常荒谬，只有非常迟钝、毫无防备、易受骗的人才会认真地对待它。简而言之，这个骗局内置了一套针对怀疑论者的过滤设备，这样才可以把精力集中在那些最脆弱的受害者身上。

政治顾问、广告商、趋势分析人士和投机者热衷于观察并扰乱记忆圈，以寻找新的动向、新的机会，在怀疑论者的盔甲上及大多数天真之人用来保护自己的审慎中寻找新的突破口。每个人都想通过自己喜爱的信息“像病毒一样传播开来”，同时寻找新方法来忽略那些过多的抢夺他们注意的人和事物。人类文化中信息传递的这种流动性，以及它在对抗、诋毁、抛弃、修正、改进、适应和传播新模因中的运用，将达尔文式的模因进化推到了幕后。

我刚才是否承认了模因论不能成为模拟今天和明天的文化进化的有价值的理论工具？让我们再考虑一下第 11 章引用的平克的观点：

> 文化产品的显著特征，即它们的独创性、美和真实性（类似于有机体复杂的适应性设计），都来自“指向”（发明）“突变”和“获得”（理解）“特征”的心理计算（Pinker，1997）。

这接近于某些文化产品的真相，但正如我们所看到的，平克始终坚持发明并理解是其中唯一的现象，这让我们只把注意力放在文化珍品上，同时夸大了智能设计在制造这些产品的过程中的作用。此外，平克低估了存在于我们语言实践中的一种根深蒂固的扭曲：我们对理由的需求超出了人力所及的范围。当我们开始掌握母语，我们就进入了理性的空间，那里存在的不再是自由浮动的理据，而是已被锚定的理据，是我们承认并认可的代表性理由，也是我们对所有“为什么”问题给出的答案。这种过渡是很尴尬的，因为我们并不总是能给出好的答案，但这并不妨碍我们玩一个游戏。

> 你为什么这样造船？
>
> 因为我们一直都是这样造的！

为什么这是一个好理由？

因为它就是！

即使我们不知道答案，我们依然觉得应该给出理由。你有义务为自己的行为提供理由。这是行动中的意向立场，总是包含对合理性的预设——我们一定有一个很好的理由的，否则我们不会这样做！这种需求往往会激发出一种即便凭空也要找出一种可能的理由，并毅然决然地不断推进这一过程，从而产生出一点便利的，甚至可能是正确的意识形态。如果我们没有合理的理由，我们祖先的智慧可以在必要的时候绞尽脑汁想出一个：

他们知道理由，我们很感激他们教给我们的一切，即便他们没有告诉我们为什么。

神的作为高深莫测。①

婴儿在学会语言之前，我们得像训练狗一样训练他们。别碰！不！来吧！住手！那很好。现在再来一次！父母不会假定婴儿能理解为什么要这样做，他们只是婴儿。但当他们开始说话时，我们开始给他们理由——不要碰，它很烫！别碰，那里太脏了！吃吧，对你有好处！服从，即便是盲目的服从，作为基础也是有用的，时间会对它们的作用做出解释和辩护。“因为我说了算！”是一个重要的阶段。然后，随着我们的成长，我们被引入人类社会的

① 据我所知，塞拉斯、布兰顿、麦克道尔、豪格兰等匹兹堡学派的人在关于理由给予和规范性的研究中并没有强调以下这一点：只要对理性的需求超过了可用的供应时，这些极其重要的人类实践就成了虚假意识形态的系统生成器。

规范中，其中包括对彼此的理性假设，尤其是对成年人的理性假设。当然我们驯养的动物不属于这类假设的对象。一匹牧用小马对自己与骑手一起要执行的任务表现出了洞察力，这让我们既高兴又惊讶。它真聪明啊！牧羊犬的例子更是激动人心，它们的“举动”之所以让人激动是因为我们对动物的要求不同于我们对人类彼此的要求。

这是语言使用的不容侵犯的一个特征；对理解的假设是默认的，以致当它遭到违背时，我们可能迷失方向。在异国他乡，你乐观地尝试用你的母语在街边问路，以备你正在和一个碰巧知道它的人说话。当地人微笑着倾听、点头，且眼睛炯炯有神，所以你继续自信地说下去，而当你停下来时，对方才表露出他其实一个字都没听懂。违背的撞击！真让人失望！

我们的日常生活沉浸在对理解的假设中，被我们遇到的陌生人及我们的家人和朋友包围着。我们预期，人们都预设了我们有可以表达出的理由，无论我们试图做什么；当我们被问到一个没有预设答案的问题时，我们往往毫不费力地就能为它找出理由，虽然我们常常意识不到这一点。正如平克所说，模因论正是在这样的背景下显得错误百出并那么具有颠覆性。我们是推理者！我们是聪明的设计师！我们是一切的解释者。认为我们的头脑风暴仅仅是入侵的模因为了争夺支配地位而导致的大脑紊乱，这是极具侮辱性的。我们才是主导者！

我们在一种令人满意的程度上掌控着局面。这就是模因入侵的胜利：它把我们的大脑变成了我们的心智，使其有能力根据我们通常表达出的选择接受或拒绝我们遇到的想法，并因我们通常可以表达出的理由而最终抛弃它们或继续发展它们，而这一切都要归功于安装在我们脖子上的这套应用程序。

但我们并不总是有理由的，这是我们与作为智能设计终极梦想的、可望而不可即的 GOFAI 的理性主体的区别之一。在后者的知识体系中，理由是“一路向下”的。从这个意义上说，所有的思考都会被视为一种定理证明。当一个 GOFAI 告诉你某件事的时候，原则上你总能要求一个理由，而且它应该是唾手可得的，因为 GOFAI 告诉你的任何事情都必须是通过其公理数据库的理性推理生成的。它可以向你展示证据，但如果你愿意，也可以逐步对其进行批评。

认知科学中的许多人带着非常复杂的情绪在看待“深度学习”和贝叶斯方法的出现。为什么会这样？这些新的认知结构如此有效，这一事实令人惊讶和兴奋，而对它们的应用将席卷世界。然而，尽管它们能对那些艰难问题给出前所未及的好答案，却无法告知我们为什么。它们是不能参与推理游戏的神谕者（我将在最后一章中对此进行详细的介绍）。

平克、王尔德、爱迪生和弗兰肯斯坦

> 人生的第一要务是尽量虚伪。
>
> ——王尔德

在针对我 2009 年的哈佛心智 – 大脑 – 行为讲座的一篇评论中，平克扩展了他对模因的批判，行文一如既往地清晰：

> 没有设计师的设计对生物进化来说是至关重要的，但这对文化进化来说是有悖常理的，因为确实存在“人类的大脑”这样的设计师，这一说法没有什么神秘之处，也没有什么奇怪之处（Pinker，2009）。

平克和我都同意生物的基因进化是没有设计师的设计，我们也都同意，人类大脑的设计能力是于人类发展近期，在没有设计师的情况下设计而成的。然而，我一直在争辩的是，这种研发过程的大部分是且必须是模因的进化，而不是基因的进化。早在我们拥有具备设计能力的大脑之前，我们的大脑就以涌入模因的形式获得了没有设计师的设计。

但模因论还是有很多的解释工作要做，即使我们已经进入了智能设计的时代。在平克的评论中，他介绍了两个很好的例子：acne（痤疮）一词，源于对希腊语 acme（顶点）一词的一个未纠正的错误印刷，这与通过“一系列创造、洞察和智慧”引出 palimony（伴侣赡养费）一词的过程形成了鲜明对比，后者是由 pal（结伴）和 alimony（赡养费）组合而成的。1977 年，离婚律师马文·米切尔森（Marvin Mitchelson）首次公开使用了这个词，当时他的委托人米歇尔·特里奥拉·马文（Michelle Triola Marvin）向演员李·马文（Lee Marvin）提起诉讼，但没有成功。我们不知道米切尔森的这一造词之举是灵光一闪的机智，还是一系列乏味的变体的结果——“alintony、ballimony、calimoy、dallymony...galimony...palimony，等等。嘿！ palimony（伴侣赡养费），我可以用这个词！”我认识两个痴迷于双关语的人承认，对于听到的几乎每一个短语，他们会强迫性地丢弃 99% 甚至更多他们迅速想到的内容。这是附带着费力且杂乱的半定向搜索的不怎么智能的设计，或者其实不然？

我们对智慧和天才的欣赏有一个奇怪的特征——我们更愿意不知道他们是如何做到的。我们认为王尔德是个伟大的天才。但毫无疑问，如果我们知道他几乎大多数晚上睡不着觉，沉迷于思考“如果有人问我，我该怎么回答？我该有哪些精辟看法？”这样的问题，那他作为天才的盛名肯定会大打折扣。假如我们知道他每天晚上都会耐心地打磨几十组妙言警句，并巧妙地将它们编入记忆，而所有这些都是新生成的，只要一遇到合适的场合就可以迅速释放出来（毕竟，简洁是智慧的灵魂），它们仍然会是他的妙语，它们的有趣程度将取决于时间（正如波兰喜剧演员所说）[5]。时间对于几乎任何明智的举动都是重要的，这就是为什么尽可能地预测和预先解决问题是明智的。王尔德靠强迫性制作妙语金句的做法可能会让我们失望，但同时这让我们注意到了这样一个事实：所有明智的回应都依赖于代价高昂的研发，而只要效果及时，研发工作的时间分配方式并不那么重要。

托马斯·爱迪生有句名言，“天才是 1% 的灵感加 99% 的汗水”。这种关于天才的看法会在很多人心中激起一种很不友好的看法——爱迪生和其他一些愚蠢固执的发明家可能确实如此，但正如毕加索所自诩的，真正的天才恰恰相反！这种态度模糊了我们对创造力和意识之间关系的洞察，是一种扭曲了的笛卡尔引力，我们离意识越近，越会强烈地感受到这种扭曲。我们希望我们的心智是被“启发”的、“不可思议”的，这容易使我们把那些尝试分解我们的心智这份人类最珍贵的天赋的行为视为无礼的攻击。“任何人倘若愚蠢到会认为我们的心智等同于众多神经构成的机器，那么他对我们大脑魔力的了解一定少得可怜！”

关于印度街头魔术，李·西格尔在他的杰出著作中有这么一段话，我曾在多处引用过：

> 我解释说："我正在写一本有关魔术[①]的书。"他们继续问道："是真正的魔法吗？"人们所谓的真正的魔法通常意味着奇迹、神奇的行为或者超自然的力量。"不，"我回答，"只是些戏法，不是真正的魔法。"换句话说，真正的魔法恰恰不是真实的，而真实的，即可实现的魔法，则不再是真正的魔法（Lee Siegel，1991）。

即便对很多神经科学家、坚定的自然主义者而言，当他们逐渐开始面对"神经机制如何发挥其神奇作用"这样的问题时，也往往会选择退缩，觉得自己不能轻易尝试去解决这样一个"困难问题"（Chalmers，1995），而将意识"真正的魔法"作为宇宙之谜一般的问题留给后世在未来几个世纪、在目前无法想象的物理学革命的帮助下解决[6]。那些有这种想法的人应该考虑下顶级舞台魔术师杰米·伊恩·瑞士（Jamiy Ian Swiss，2007）曾经泄露的一个行业秘密："大家都不认为，我们竟会那么努力地去欺骗他们。这是一个秘密，也是一种魔术。"如果您不打算费一番功夫去想象一下那是怎么做到的，它将成为一个永远的谜。我在第 2 章中提到，魔术师没有羞耻感。其实，大脑也没有。

既然没有"真正的魔法"这回事，那么，任何天才头脑的运行轨迹最终都可以用过去几十亿年中设计并建造的一连串起重机来解释。通过这样或那

① 原文为 magic，该词既表示魔法，也表示魔术。此处听者误解为魔法之意。——译者注

样的方式，心智（通过良好的设计）被提升到设计空间中的一个空白区域，在那里，它的进一步探索十分迅速且高效，令人敬服。无论“灵感”占1%还是99%，它都必须是某个用于探索设计空间的载体的特征。该载体具有自己非超自然的研发历史，而这种历史通常是由基因、教育、生活经历、指导，以及其他因素组成的深奥集合。其他因素可能包括饮食、偶然听到的一段音乐、暂时或永久的情感失衡，甚至附带意外“好”处的“精神错乱”，即精神疾病或精神病变（对艺术界而言的“好”，对艺术家而言未必如此）。

当我们试图弄清楚一项发明有“多少”可以归功于艺术家个人的创造力时，我们至少可以通过想象他在达到最终产物前遍历的设计空间的特定区域来获得一个粗略的估计。有个思想实验就关注了这一问题：

> 假设弗兰肯斯坦博士设计并制造了一个怪物，叫帕士比亚，他随后坐起来写了一部剧本，即《帕姆雷特》[7]。那么，《帕姆雷特》的作者应该是谁？

首先，请注意一下这个思想实验中我所谓的那些无关紧要的内容。我还没有告诉你帕士比亚到底是一个由金属和硅芯片制成的机器人，还是一个由人体组织（细胞、蛋白质、氨基酸或碳原子）制成的机器人。其实，只要他是弗兰肯斯坦博士设计和制造的，就无所谓是由哪种材料制成的了。事实可能证明，想制造出一个尺寸足够小、速度足够快、足够节能的可以坐在凳子上打字的机器人，唯一的方法就是使用人工细胞，其中充满了精心制作的运动蛋白和其他碳基的纳米机器人。这是一个有趣的技术和科学问题，但在此处无须过多关注。出于完全相同的原因，如果帕士比亚是用金属和硅芯片制造的机器人，那么它可能因为要让自身程序具备必要的复杂性而比一个星系还大，同时为了让我们的思想实验能顺利进行，它可能还需要突破光速的限制。由于这些技术约束通常在这些思想实验中被宣布为禁区，那就这样吧。如果有科学怪人气质的博士选择用蛋白质之类的物质来制造人工智能机器人，那就是他的事了。如果他的机器人能通过与正常人类交配生出孩子从而创造出所谓的新物种，那当然会引人关注，但是我们想关注的是帕士比亚自称为其智力产物的《帕姆雷特》。回到我们的问题：

《帕姆雷特》的作者是谁？

要抓住这个问题，我们首先需要深入了解一下在帕士比亚那里都发生了些什么。在一种极端情况下，我们会发现一个相关文件（如帕士比亚是一部有计算机内存的机器人），或者在一个相关的记忆正在加载，随时准备运行。在这种极端的情况下，弗兰肯斯坦博士无疑是《帕姆雷特》的作者，他中间创作的帕士比亚仅作为一种存储和传送设备而存在，相当于一部比较特殊的文字处理器。所有的研发工作都已提前完成，并通过各种途径复制给了帕士比亚。

为了更清楚地看到这一点，我们可以想象设计空间中的一个子空间，我称之为巴别图书馆，这是根据豪尔赫·路易斯·博尔赫斯（Jorge Luis Borges）的经典短篇小说命名的（Borges，1962）。博尔赫斯带领我们想象出一个对身在其中之人来说仿佛有着无限藏书的巨大图书馆。虽然馆中人最终可能会发现书并非无限多，但书架上的书杂乱无章，看起来就像是摆放着所有可能存在的图书。现在，我们已准备好要为了《帕姆雷特》来一次大海捞针，看看在实际的历史中到达巴别图书馆中这个特定的点要走过什么地方，又形成了怎样的轨迹。如果我们发现整个穿越过程是在帕士比亚的记忆被构建并充满信息时完成的，那么我们可以说他在对《帕姆雷特》的搜索中没有发挥任何作用。而如果发现帕士比亚的唯一作用是通过拼写检查器运行存储文本，以便引导自身做出打字动作，那么我们自然也会认为帕士比亚无权声明自己拥有著作权。它在整个研发过程中充当的是可测量但微乎其微的一部分角色。《帕姆雷特》有一个相当大的近似于双胞胎的文本星系——大约有一亿个不同的小变体，但只有一个未更正的拼写错误。如果我们能扩大视野，并看到每页都有一个拼写错误，那么我们已经开始走进主题上有大量变体的领域。倒退一步，一旦我们从拼写错误进阶到思考错误，便开始进入一个与单纯的复制编辑截然不同的严肃创作领域。复制编辑的相对琐碎，以及它们在塑造最终产品中不可忽视的必要性，已经在我们有关设计空间的隐喻中得到了很好的体现。在那里，每一点点提升都是有意义的，甚至某些小小的提升都能把你带到一个全新的轨道上。像往常一样，我们可以在此引用路德维希·密斯·凡德罗（Ludwig Mies ven der Rohe）的一句话——“上帝存在于细节之中。”

现在让我们转动思想实验的旋钮，正如侯世达在1981年所建议的，到另一个极端看一看——在那里，弗兰肯斯坦博士决定让帕士比亚承担大部分工作。一种最可行的方案是，弗兰肯斯坦博士给帕士比亚配备了一个虚拟的过去，它是包含其一生的一个虚拟经验记忆库，供其写剧本时参考，以满足弗兰肯斯坦为其内置的强迫性创作欲。在这些虚拟记忆中，我们可以假设有许多个待在剧院里的夜晚和许多读过的书，也有很多次单恋的经历、一些令人震惊的亲密电话联络，等等。接下来会发生什么？也许新闻中一些有“人情味”的故事片段会成为催化剂，刺激帕士比亚开始不断狂热地生成和测试文本，在记忆中搜寻有用的趣闻和主题，改变发现的事物的形态或顺序，抖动碎片使其成为临时的、充满希望的结构。这些结构会互相竞争以达到完成态，其中大多数会遇到使之暴露出有用部分的腐蚀性批评瓦解，等等。所有这些多级搜索在某种程度上会受到多层次的、内部生成的评估的指导，还包括对评估的评估、对作为正在进行的搜索的结果的评估及对前一种评估所引发的评估的评估，等等。现在，如果神奇的弗兰肯斯坦博士真的在最动荡、最混乱的层面上，预见到了所有这些活动，并亲手设计了帕士比亚的虚拟过去和所有搜索机制，只为产生《帕姆雷特》，那么弗兰肯斯坦博士将再次成为《帕姆雷特》的作者，换言之，成为上帝。如此巨大的预知只能是奇迹。

让我们恢复一点这个幻想的现实感，我们可以把旋钮设置在一个相对不那么极端的位置，并假设弗兰肯斯坦博士无法预见所有细节。他将完成设计空间中的轨迹的大部分艰苦工作留给了帕士比亚，而它会通过自身后期的内部研发形成一部文学作品。通过这个简单的旋钮，我们如今已经到达了现实的边缘，因为我们已经有了振奋人心的人造作者的实例，它们的产物远远超过了其创造者的预见范围。迄今为止，还没有人创造出什么值得认真关注的人造剧作家，但 IBM 的人造棋手深蓝（Deep Blue）和戴维·科普（David Cope）的人造作曲家百代（EMI）在某些方面已经取得的成就相当于人类创造性天才所能获得的最好成绩。

我们可以通过调整针对帕士比亚在设计空间中的轨迹的思想实验来分析人类创造力和人类发现的其他领域。《帕姆雷特》文本的精炼程度在某些维度上可以被精确测量，因为其所有可能的变体都存在于博尔赫斯的巴别图书馆中，它们在排版、思维和主题上出现的任何差异都能被识别和评估。我们能鉴别出其中哪些是可耻的抄袭，哪些是美好的灵感迸发，尽管两者之间没有什么明显的界限。如今我们有了 3D 打印机，掌握了一系列可用于表示任何三维物体的格式，比如我们可以将一个衣夹、一个电动开罐器、一座罗丹雕塑、一把斯特拉迪瓦里小提琴等，变成一个数字文件，使其能与其变体进行比较。当毕加索把自行车的车座和车把看作自己创作牛头雕塑所需要的事物时，他已经不是在抄袭，而是为了自己的目的努力对形状和材料做出的精心设计和优化，人们把这种艺术实践尊称为“找到的物品”（objects trouvés）。

因此，所有具体的发明和借鉴产物，比如工具、仪器、艺术品和机器，都可以单独地被“放置”在一个多维空间中（如果你愿意，可以称之为物品图书馆），而它们的发现谱系或发明谱系也可以被绘制出来，形状会和生命之树很像，但它有很多交叉吻合之处。两个事物需要在哪些维度上有多大程度的相似之处，才能“算作”属于一个值得通过授予专利权或版权来保护的设计？别指望这类问题会有简单客观的答案。抽象发明尤其难以被“按字母顺序”放置在任何特定维度的空间中，这是令所有反还原主义者来说都耳目一新的一个事实，但抽象发明在心智间的传递仍然依赖于文字和图像的某种组合或其他可记录、可传递的表现。图灵关于一台机器在纸带上嘎嘎作响，读取并清除（或不清除）一个标记，然后继续前进的寓言 / 想象，并不是他的发明的可选特征。这为我们提供了另一个角度来思考以下两类法律规定：专利必须具有已证明的实用性；音乐创新必须有某种“固定表达”才能获得版权保护。生命之树生长的多维设计空间现在已经为我们的大脑生下了第一个设计空间。它比其父母有更多的维度和可能性，而我们是（到目前为止）

唯一能够探索它的物种。

平克说得对，“人类大脑真的是一个设计师”，但这不应被视为模因方法的一种替代，而应被视为模因方法在逐渐去达尔文化的半智能设计时代的一种延续。我们对天才的传统看法是其创造力完全不源于自然选择，并且天才通常被认为是具有神性的、超自然的、神一般的，这绝非偶然。毕竟，我们创造了我们常识映像中的上帝，即意向立场向宇宙的一种自然的过度扩展。平克是一位坚定且富有想象力的达尔文主义者和自然主义者，他竭尽所能地清除我们心智概念中的神秘色彩，并因为在人文学科中勇敢地引入达尔文主义而受到严厉鞭笞，但在这里，笛卡尔引力使他稍微偏离了我们从细菌到巴赫的探索之路。

巴赫：智能设计的里程碑

> 对系统来说多余或有害而被排出的物质应该会在别处发挥出很高的效用，这完全符合由自然选择所制订的自然计划。
>
> ——达尔文，1862
>
> 评判一首诗就像评判一个布丁或一台机器。人们要求它发挥作用。只有在一件人工制品发挥作用时，我们才能推断出其制造者的意图。
>
> ——W. 威姆萨特和 M. 比尔兹利，1954

图灵、毕加索、爱因斯坦、莎士比亚，都是智能设计师的优秀例子，但我更想仔细考察的是约翰·塞巴斯蒂安·巴赫，因为他以一种特别具有说明性的方式结合了智能设计师的优点。一方面，他出生在一个音乐世家，他的父亲和叔叔都是著名的专业音乐家，而他 4 个活到成年的孩子也都是著名的作曲家或音乐家，因此他很有可能拥有异常强大的“音乐基因”。然而在解释音乐如何“在家庭中传播”时，我们不能忽视文化的作用。毕竟，只要在音乐世家中长大，无论你的基因如何，你总会被音乐包围，会被鼓励着参与家庭的音乐生活，音乐的重要性会被不断地灌输进你的心智。另一方面，巴赫还用持续的学习不断充实“上帝赐予”他的音乐能力，他是对位及和声方面的专家，也是对早期作曲家及其作品进行过深入分析的资深研究者。他还是一位 18 世纪的技术专家官员、风琴演奏者，同时也是孕育出当今电子合成器的那些宏伟机械奇迹的设计、维修和维护专家。

与巴赫形成鲜明对比的是另一位杰出的作曲家欧文·伯林（lrving Berlin）。他不懂乐理，只会用 F# 键弹钢琴，因此他只能用黑键弹奏几乎所有曲目！他必须依赖一名“音乐秘书”来谱写和调和他的伟大旋律。他显然对助手写下的和声进行着十分严格的控制，但因为对和声理论一无所知，他实际上也只能“随机应变”。所以在职业生涯的早期，当柏林开始成名且变得富有时，他就定制了一架特殊的钢琴，这架钢琴带有一个可以滑动的键盘，这样他就可以通过不断滚动键盘的位置来将其转换成其他键，从而一直使用 F# 键完成弹奏。

这样一个没有受过音乐教育的作曲家能出众吗？当然。作为一名作曲家，柏林备受科尔·波特（Cole Porter）和乔治·格什温（George Gershwin）的推崇，后两位可都是训练有素的音乐家。格什温本人并不善恭维，而这样的他曾称柏林是“有史以来最伟大的作曲家”（Wyatt & Johnson，2004）。柏林不是唯一不懂乐理的杰出作曲家。在这一点上，披头士乐队可算是最著名的例证。在他们创作的音乐中，至少有几十首歌曲在不管是嘻哈音乐还是管弦四重奏领域中，都在不断地被翻唱、改编和致敬。

接受过哈佛教育和古典音乐训练的作曲家和交响乐指挥家伦纳德·伯恩斯坦（Leonard Bernstein）曾在1955年发表过一篇文章，其题目很有趣，即《你为什么不上楼去写一首格什温式的好歌？》（*Why Don't you Run Upstairs and Write a Nice Gershwin Song?*）其中，他讲述了自己与一位资深音乐朋友的一次失败尝试，他们想合作写一首热门的流行歌曲。不管是在财务领域还是音乐领域，没有人比伯恩斯坦更懂得技术过硬和成功之间的鸿沟了。在文章结尾，他满是惆怅地说：“哪怕有人只是不经意地在某个地方吹奏一次我的作品就好了。”两年后，他的愿望在《西区的故事》中得以实现，而纵然伯恩斯极具天赋，他也绝不是一夜成名。在这一点上，巴赫也一样。尽管巴赫作为作曲家有着惊人的成就，但他去世时，人们所熟知的也只是伟大的管风琴演奏家巴赫。在他去世后的约50年间，很多作曲家、评论家和音乐家纷纷开始巩固并扩大他的名声，这才将他的模因深深地印在了西方音乐史上。

巴赫的作品未能像野火般传播开来，并不是因为巴赫对确保其作品易于复制缺乏兴趣。事实上，他是成功借鉴传统艺术的先驱。直到1750年去世前他在德国莱比锡的托马斯教堂及其他一些教堂担任音乐总监（Kapellmeister）超过25年。在那里，他的职责之一是通过室内管弦乐队或一架风琴去谱写和演奏康塔塔，这是一种为合唱团和独奏者精心制作的大型声乐套曲。他每周日都会在教堂日历上写出一首。他就这样写了上百首，每首都是根据当时的礼仪和仪式量身定制的。据说他完整创作了五套全年用的康塔塔，其中有三套保存至今，也就是说，有大约一百首由他完成的康塔塔可能已经永远地从这个世界上消失了。

从在莱比锡的第二年起，巴赫便开始尝试以大多数会众熟悉的路德教宗赞美诗为基础来创作康塔塔。这些旋律在后来的几十年或几个世纪里充分证明了自己可以很好地适应其宿主的耳朵和心智。由此可见，巴赫在创作音乐模因的计划中为自己开辟了一个良好的开端，即使这些音乐模因没有走红也一定会有持久力。如果你需要一年创作 50 首易于传唱的主题曲，你可能会跟随他的脚步，并参考《神奇的恩典》（*Amazing Grace*）、《我在铁路上工作了》（*I've Been Workin' on the Railroad*）、《铃儿响叮当》（*Jingle Bells*）、《哦，苏珊娜》（*Oh Susanna!*）、《斯瓦尼河上的路》（*Way Down upon the Swanee River*）和《你是我的阳光》（*You Are My Sunshine*）。巴赫以赞美诗的旋律为骨架，构建了一个令人叹为观止的音乐体系，从而赋予它以新的生命。他是由科学怪人博士转世的音乐家。

毫无疑问，一些音乐爱好者在阅读有关巴赫、伯恩斯坦、柏林和披头士的这些段落时，会忍不住宣称自己的一些判断得到了证实——那些敢于涉足模因的人庸俗至极，无法区分数量和质量。事实上，我希望我已经成功地激起了这种情绪，以便拆开它，然后打包送走。以下两者之间根本不必存在任何冲突：对于文化的客观且科学的研究，不管是高级的还是低级的；对于审美判断的阐释。模因论者不应该仅仅因为始终坚持尝试测量、预测和解释模因的差异复制而被拒绝登上批判性判断的舞台。

为了公平看待质量和数量，那些理所当然地将畅销书、平面小说和白金专辑视为艺术垃圾的艺术与人文领域中的人士需要摒弃自身的偏见，学会辨别在整个艺术领域中质量和数量间巨大的相互作用。我想补充的一点是，那些不屑于向公众解释科学的科学家也要接受这一建议。我曾多次对大量科学家进行过调研，并证实了他们通常是受霍金、威尔逊、道金斯、侯世达、平克及其他很多优秀科学传播者的启发才成为科学家的。可惜的是，艺术与人文学科没有从它们的队伍里培养出很多伟大的解释者或颂扬者。伦纳德·伯恩斯坦算是其中的一位佼佼者，肯尼斯·克拉克爵士（Sir Kenneth Clark）算是另一位，但这两位都是半个世纪前存在的艺术家了。从那以后，还有谁在为吸引大量观众而尝试创作质量足够高的作品？我想到了温顿·马萨利斯（Winton Marsalis）和斯蒂芬·格林布拉特（Stephen Greenblatt）。如果这些领域中的更智能的设计致力于更广泛地传播信息，也许人们对于艺术与人文学科的凄凉困境就不会那么束手无策了。

一个应该被重视的客观的文化事实是，今天更多的人能哼唱的是《白色圣诞节》（*White Christmas*），而不是《耶稣：人所渴望的喜乐》（*Jesu Joy of Man's Desiring*）。与此相反的一个事实是，勃拉姆斯不仅在其有生之年都广受欢迎，而且是第一位著名的录音艺术家。爱迪生的一位同事为他制作了圆筒录音机，录制了他于 1889 年演奏的第一支匈牙利舞曲的一部分。数量并不等同于质量，但无论多么出色的模因，能够成功繁殖对它们来说都是必要的，对于有机体来说也是如此。大多数有机体消亡时没有后嗣，而大多数图书在永久绝版之前，所拥有的读者只有几十人，而不是几千人。即使是最伟大的天才作品，也必须通过差异复制的考验。今天，赫尔曼·麦尔维尔（Herman Melville）的《白鲸》被认为是由英语写就的最伟大的小说之一，然而这部小说在作者去世前就已经绝版了，直到 1919 年才重回大众视野，因为在麦尔维尔百年诞辰上出现了一些针对这部小说的回顾性批评。后来，出现过两个与小说完全不同的电影版本，而在 1930 年，芝加哥湖畔出版社还出版一个特殊版本，书中附带着由罗克韦尔・肯特（Rockwell Kent）绘制的令人难忘的木刻插图。这一切最终沉淀成了于 1943 年（出版的）带有肯特插图的现代图书馆巨人版《白鲸》。《白鲸》的"不朽"从此得到了保证。

也许，正如一些评论家所提出的，真正伟大的艺术作品总能在时间和空间中穿行自如，无论与作品创作的环境多么疏远，它们总有办法可以找到一种能在人们心中引起共鸣的方式。又或许不需要这样。"被忽视的杰作"在复活过程中常常会出现一些引人注目的并列特征，而这些特征与那些作者通过深思熟虑在作品上设计出的优秀特质几乎没有任何关系，更多的是与后来的偶然相遇中"引发的共鸣"有关。因此，即使我们的大脑在最好的情况下是智能的设计师，要解释主导文化发展的模式也需要将创作的环境从生存的沧桑变化中剥离出来。

我在第 2 章中提出过这样一个问题，但我在当时并未给出回答：为什么出色的女性天才少之又少？这是因为基因问题还是模因问题，或者是两者兼而有之？目前的观点认为，问题的答案更多地取决于文化特征，而不是大脑皮层，但这种观点无关于 20 世纪 60 年代那些不可信的口头禅——"男孩和女孩在'生理学上'是一样的""男女之间的所有差异都应该源于社会化进程及其他文化造成的压力"（这些都是政治正确的废话）。男性与女性的大脑并不完全相同。再考虑到父系和母系在生物学角色上的差异，它们怎么会是一样的呢？可以通过检测确认的包括神经解剖学、激素平衡和其他生理征象上的几十种差异，毋庸置疑都来自基因。此外，这些身体差异所导致的认知和情感方面的能力和风格上的差异，具有统计学意义（Baron-Cohen，2003）。但女性与女性之间以及男性与男性之间也存在着很大的差异，因此一些女性一样擅长做大多数男性擅长的工作，反之亦然。

此外，我们还想知道，为什么优秀的男性设计师总是比女性要多，正如刚才提到的，这种属性与设计师心智高低之间其实并没有多么紧密且可靠的联系。是什么让一首歌或一个笑话突然走红？是什么让一个人开始变得家喻户晓？这些问题都很令人费解，因为存在着各式各样的值得自然选择去选择的候选人，且盲目的挑选过程使得基数被进一步扩大。但这并不意味着谁能出名仅是由运气决定的。男女之间在设计才华上表现出的不均衡，恰恰说明了这一点。难不成有的女性缺乏幸运基因？当然不是。所以在共同的起跑线上肯定存在着一些不均衡，因此在掷骰子决定谁是卓越的天才的过程中，男性比女性有更多的胜算。在过去的几个世纪里，处处有对这一点的解释：几千年来，女性少有机会发展自己的才能。此外，即使在最近几年，仍有很多这类女科学家轶事，例如，她们提供了大部分发现和证据，理应得到该有的荣誉，却最终被自己的男同事抢走了，使他们名声大噪。时至今日，终于有女性开始在男性主导的领域取得重大的研究进展，科学项目开始逐渐由规模越来越大的研究团队承担，但由于相应的管理规定，个体从团队科学项目研究过程中脱颖而出的机会常常受到限制。在智能设计的其他领域中，情况也是如此。当今的巴贝奇、爱迪生或者瓦茨在哪里？在与谷歌、苹果和亚马逊的团队合作时，他们是同事中人尽皆知的传奇人物，但在更广阔的世界里他们却销声匿迹了。正如我们将在第 15 章中看到的，当潜在的女英雄终于证实了自己的力量，智能设计的英雄时代却正在进入衰落期。

人类文化选择环境的进化

在人类文化的黎明期，有益的模因寄宿于人类祖先，但宿主对自身基因传递本能的理解并不多。他们不需要理解就能获得新能力，但也没有从拥有的新能力中获得太多理解。早期文化带有的显著差异在于，其文化传播的行为方式可以在一代宿主中得到重塑，并在非亲属之间传递，以及在整个生命过程中不断获得，而不仅仅是在出生时。随着模因越积越多，并越来越有效地栖息在宿主身上（变得越来越有益处，或越来越不受阻碍，或为了自身利益而支配宿主），常识映像中变得有越来越多的可供性、越来越多的追踪时机、越来越多要做的事、越来越多可用来帮助对事物进行追踪的工具——语词，等等。有些模因是工具，有些是玩具，有些是干扰项，有些是无益的寄生虫。它们都依靠文化复制得以生存。

这种竞争环境创造了进化的军备竞赛，这与人类冲突中不可避逸的技术和反技术兴起一样，充斥着谎言、威胁、虚张声势、探测和某些测试［比如 shibboleth 测试，它可以作为某种语言通行证。例如，你能正确地发出 shibboleth（陈词滥调）的音吗？如果你做不到，你就不是我们中的一员］。以物易物、承诺、相互告知、出击前警告等这些足够成功的实践体系已经证明了自己，或至少在某种程度上能在当地固定下来，创造出众所周知的传统，使自己成为或多或少固化的行为环境的一部分，在这种行为环境中，计划得以制订、讨论、接受或拒绝。如今所有人都疑问，如果没有语法成熟的语言，以上这些又有多少是可以实现的，但即使没有将所有要素按照它们的历史表现进行适当排序，我们仍然可以看出行为是如何通过小的创新、调整和改进逐渐变得复杂的，而这些复杂行为之所以能建立起设计精良的文化习惯和制度，得益于智能设计的帮助。“先学习，再通过不断的适应继续学习”（Sterelny，2012）。一旦快速学习的价值逐渐被更快速的学习者的相对成功所揭示，加速这一过程的方法就可以在文化和基因上得到进化。最有价值的创新之一是在环境中作标记以减轻个人的记忆负担，这是“扩展心智”的首次尝试之一（Clark & Chalmers，1998）[8]。然后，标记进化成了数字系统和书面语言，这增强了话语教学的力量，使我们可以在几千年内，看到苏格拉底、柏拉图和亚里士多德讨论着讨论，思考着思考，想象着共和体制，以及对悲剧和喜剧进行理论化。智能设计时代正如火如荼。纯粹的斯金纳式生物和波普尔式生物无法跟上格雷戈里式生物的步伐，因为格雷戈里式生物的心智中充满了新工具，可以对自己面临的复杂环境进行更快、更准确的评估。残酷的试错是不够的，你必须有所理解才能参与竞争。

如今，很多没有专属作者的模因，例如时尚、发音变化和流行语等仍然在世界中传播，我们就生活在这样的世界中；这些没有作者的模因必须与专业模因工程师带着预见性和目的性创造的模因发明竞争，这些模因工程师在当代社会中常常以作家、艺术家、作曲家、记者、评论员、广告商、教师、评论家、历史学家、演讲稿撰写人的身份发挥着重要作用。平克说得没错，人类大脑的成功产物毫无疑问都是智能设计的，但它们游走在充满半智能设计、半半半智能设计，以及由进化设计的竞争对手的海洋中，因此仍然需要通过进入新的人类大脑来延续自己的谱系。这种情况可能会改变。文化进化已经被其自身的产物去达尔文主义化，但其祖先是达尔文式的这一点仍然显而易见，而亲人类的、作者缺失的模因，就像数量超过我们的细菌一样，仍然每天围绕着我们。

FROM BACTERIA TO BACH AND BACK

第三部分

彻底颠覆我们的思想

14

意识是一种进化得来的用户错觉[①]

对于心智问题，保持开放的头脑

终于，我们可以将线索收拢，并将人类的意识作为在基因层面和模因层面上进化的、在我们祖先几千年来构建的“认知生态位”中发挥着独特作用的虚拟机器系统加以审视。我们已经准备好直面笛卡尔引力，并试图解决一些重大问题：

① 丹麦科学记者托尔·诺雷特兰德斯（Tor Nørretranders）于 1991 年出版了他的书《用户错觉：削减意识规模》(*The User Illusion: Cutting Consciousness Down to Size*)，同年我的《意识的解释》出版，其中我将意识描述为一种用户错觉。显然，我俩都无法引用对方的观点。诺雷特兰德斯这本书的英文版于 1999 年出版。正如我在本书中指出的，提出类似想法的先驱者包括斯蒂芬·科斯林（Stephen Kosslyn，1980）、马文·明斯基（Marvin Minsky，1985）和杰拉尔德·埃德尔曼（Gerald Edelman，1989）。

- 人类大脑是如何在不借助智能设计师的情况下，利用局部能力实现全局理解的？
- 我们的心智与其他动物的心智不同吗？如果是，这种不同是如何产生的？为什么？
- 我们的常识映像是如何变得对我们可见的？
- 为什么我们会以现在的方式体验事物？

让我们简单地回顾一下之前的内容。进化赋予了所有生物对其在特定可供性做出适当反应的必要条件，使其可以检测出并避开不利于生存的可供性，检测出并获得有利于生存的可供性，以及使用在本地有用的可供性并忽略其他的可供性。这在从分子层面以上的每个层面上，生成了无须理解亦能胜任的能力。由于具备了这种无须理解亦能胜任的能力，而且真正的理解是“昂贵”的，因此大自然大量使用“须知原则”并设计出了非常成功、熟练，甚至狡猾的生物，但这种生物并不懂自己在做什么或为什么这样做。理由有很多，但它们大多是自由浮动的理据，从中受益者连做梦也想不到。作为逆向工程师，我们可以在树木、跳蚤和灰熊的环世界中找到可供性的本体论，但仍旧对它们是否“具有身为自己的体验”一无所知。

树木能够在（其心智中）毫无理由的情况下做某些事，这背后可能是有理由的。跳蚤能做些什么样的事来证明自己与树木不同，以某种方式“领会”支配着自己行为的理由？或许一只跳蚤不会具有身为自己的体验，就像一部自动电梯不会具有身为自己的体验。既然如此，是什么使我们确定灰熊是灰熊？毫无疑问，仅仅看到和听到一头灰熊，我们就能判断它一定是灰熊。更显而易见的是，这就是一头灰熊和藏在大灰熊皮毛下的跳蚤，不是吗？但有可能，这只是我们的想象力耍的诡计。我们很容易对身为我们自己有何体验进行判断，因为我们每天都在通过声明、抱怨、描述、诗歌、小说、哲学，甚至同行评议的科学论文来谈论相关话题。这是我们的常识映像的核心特征，而这一客观事实对任何研究人类足够长时间，足以习得人类语言的火星科学家来说，都是不言自明的[1]。正如我们吃饭、奔跑、打架和相爱一样，我们的内观自省行为也是可观察、可测量的。除了我们能够谈论对自己的认知，是否还存在我们能做且一些其他动物也能做的事？这种行为将成为它们在一定程度上拥有与我们相似的意识的基础。如果火星科学家提出诸如海豚、黑猩猩、狗、鹦鹉、鱼等其他地球生物是否像会说话的地球生物这样的问题，他们指的究竟是什么？什么会给他们留下深刻印象？为什么？这不仅仅是一个合理的科学问题，还是一个必须回答的问题，但思想家经常找理由回避这个问题，并通常会说：

> 我不知道应该在生命复杂性尺度的何处划下分界线——蠕虫、鱼类、爬行动物和鸟类是有意识的吗？我们可能永远无法得知，但我们确实知道人类并非唯一有意识的生物。这是显而易见的。

这样的回答是不可接受的，理由有两个。首先，尽管我们不知道意识和非意识之间的清晰界限在哪里，但这个界限一定是存在的——这一想法从本质上是前达尔文式的；在诗人、负鼠、孔雀、鲈鱼和原生动物之间，存在着各种各样的变化，但并不存在意识的本质。现在，内格尔的著名阐述方式“它是什么样的？”[2]被视为一根拐杖，一种缺少内容但被设定为指向所寻求的（巨大且重要的）区分的轻推手势。而这应该被视为一种困境，而不是一种可以接受的权宜之计，甚至是某些哲学家所说的理论的基本要素（Nagel，

1974）。其次，它通过诉诸直觉来束缚我们的双手，即直觉在某种程度上最有可能是错误的。关于意识的暂时性不可知论是可接受的，我在前文提倡过这一观点，但我不提倡带有如下免责声明的不可知论：“显而易见，其他动物当然是有意识的，尽管我们说不清这意味着什么。”面对长期失败的历史，这充其量是对常识映像最终超越科学映像的信心的表达。毕竟，太阳绕着地球转曾经是显而易见的事实。不允许自己思考“灰熊是否像我们一样拥有意识”（不论这个问题意味着什么）的那些人正屈从于意识形态，而不是常识。他们的动机可能是值得尊敬的——他们急切地希望将道德触及的范畴扩展到动物，因为动物也会感到痛苦。但在我们能够判别出意识的关键特征并解释为什么之前，这样的尝试不仅是徒劳的，甚至会有负面效应。更糟糕的是，由于无限期地推迟了解决类似于“究竟是什么痛苦”“昆虫、鱼类或雏菊是否会感受到痛苦”这类棘手但重要的问题，出于道德上的理由，我们不得不划出那条线，而大部分人对于强制性地消灭蚊子、鹿扁蚤、采采蝇，以及会造成疟疾的疟原虫不会感到不快。大部分人认可老鼠应该被根除，但它们的啮齿类表兄松鼠则不应该遭到同样的对待。但我们应该让科学保持中立，以防民间智慧的一些重要的例外让我们大吃一惊。

现在，你感受到笛卡尔引力的挤压了吗？“灰熊不会具有身为自己的体验？你是在开玩笑吗？”不，不是在开玩笑。我是将宇宙级证明任务留给了某类人，他们争辩说日渐增长的机敏性将树木和跳蚤（或跳蚤和灰熊）置于宇宙级鸿沟的两侧，并且在该属性（明显的）连续体的某个位置上出现了一些特殊的状态转变。这样的分界线是可能存在的，但除非它允许一边的有机体做某些重要但若在另一边就做不到的事（比如遭受痛苦，但我们必须找到一些客观方法来对此进行检测）。否则，这样的分界线仅是由民间传统划出的。我并不否认这种分界线的存在，我只是推后回应这一问题，探索在不预设这种分界线的情况下能走多远，这是任何科学调查应该采用的方式。如果你发现自己无法忍受这种不偏不倚的态度，那么你就是在过度补偿笛卡尔引力的影响，而无法参与到意识问题的探索中。值得记住的是，笛卡尔通过断言只有人类是有意识的，动物不过是无心智的自动操作装置解决了这一问题。如果我们畏避笛卡尔的判定，我们还是要在某个地方划定道德上的分界线，宁可偏向更保守的一方。但除非我们能在对自己的判断有更好的了解以前悬置科学上的判断，否则当我们获得更多的认知时，我们没有理由确认或者移动这条分界线。在英国，法律自 1986 年起规定章鱼（但仅限于普通章鱼，而不是任意其他无足纲动物），是受到法律保护的“名誉上的脊椎动物”。例如，你将活的龙虾、蠕虫或飞蛾扔到沸水中是合法的，但将章鱼扔进沸水则是违法的。它和其他的哺乳动物、鸟类和爬行动物一样，都是受法律保护的。这样的法律应该被废除还是扩展，或者说立法者一开始的判断是对的？如果我们希望对这样的问题给出一个合理的答案，我们需要识别并将我们的非理性直觉囊括其中。我们不应该让我们的道德直觉从一开始就扭曲我们对外界事物进行的实证调查。

没有理解的主体的英勇事迹不应被低估。白蚁的蚁冢、布谷鸟的杀卵行为，以及其他神奇的行为，都是通过些许的行为性理解完成的，这相当于未得到阐明的、未经过深思熟虑的实用的专业技能。当人类观察、解释及预测这种自然选择带来的杰作时，我们自然而然地试图找出植物或动物做出这类行为的理由，并在意向立场的帮助下对它们实施逆向工程。正如我们看到的，当我们这么做时，我们经常且自然地会把超出实际程度的理解归于有机体，而我们这样做的理由是它们这类行为很明显是聪明的，那么如果这份聪明不是源于有机体本身，又会是谁的呢？讽刺的是，如果我们是神创论者，我们可以轻松地将所有的理解归功于上帝，而不会觉得必须将它赋予有机体。所有的有机体都可能是上帝的提线木偶。正是达尔文对无意识的自然选择过程的发现和揭示，以及由此产生的自由浮动的理据，解放了我们的想象力，让我们可以继续对大自然的所有奇迹实施逆向工程，而不必感到有义务去识别一个隐藏着我们所发现的理由的头脑。

人类大脑是如何在只有局部能力的情况下，获得全局理解的

> 人类被赋予了语言，从而能够隐藏自己的想法。
>
> ——夏尔·莫里斯·德·塔列朗-佩里戈尔
>
> 语言和意识一样，只能从与他人交往的需求和必要性中产生。
>
> ——马克思
>
> 意识，通常是在交流的必要性的压力下发展起来的。
>
> ——尼采

对白蚁群落中的白蚁和人类大脑中更无能的神经元来说，都不存在一个组织并管理它们的“格罗夫斯将军”。人类的理解是如何由不具有理解力的神经元的活动组成的？除了解释我们的很多结构、习惯和其他特征的所有自由浮动的理据外，还有一些我们呈现给自己和他人的已固化的理由。这些理由本身就是属于我们的事物，是我们常识映像的“常客”，与树林、云朵、门、杯子、声音、语词和承诺一起构成了我们的本体说。我们带着这些理由行事，并可以挑战、重塑、抛弃、支持和反对这些理由。如果我们没有将所

有的语言用程序下载到我们的大脑中，这些通常处于隐蔽状态的行为就不会出现在我们可使用的能力列表中。简而言之，我们能够对这些或好或坏的理由进行思考，这使它们能够在其他有机体中以未知的方式影响我们的明显的行为。

笛鸻可以通过干扰性飞行或者折翼表演，给狐狸提供一个改变自己行进路线的理由并接近它，而无须狐狸信任自己。笛鸻可能会通过调整自己拍打翅膀的方式来吸引狐狸的注意力，但这不需要笛鸻对狐狸的心智状态有最基本的“评估”。与此同时，狐狸也不需要理解自己为什么开始搜寻，而不是继续侦察这一区域。同样，人类可以在只对自己想要达成的目标有了一个模糊概念的情况下，采取很多机敏且事后证明合理的行为。人类的独特之处在于，能够快速地自我归因，形成更为尖锐的后见之明。这是只属于我们的最后一步。

我们的自我辩解习惯（自我欣赏、自我开脱、自我安慰和自我美化等），是我们在使自己头脑中充满由文化传播的模因时所获得的行为方式（思考方式）。重要的是，其中还包括自责和自我批评的习惯。由此，我们学会通过与别人及自己讨论生活中的一些问题来运用理性冒险和理性批评，从而未雨绸缪，预先解决这些问题。进一步讲，我们不仅对问题进行讨论，还会想象问题，并在我们的心智中预演各种可能性，找出问题的突破口。**我们不仅仅是波普尔式生物，还是格雷戈里式生物，能够运用思考工具去决定未来的行动。没有任何其他动物能做到这一点。**

我们进行这种思考的能力，并不是通过其他动物所没有的专用大脑结构来实现的。例如，不存在“解释者中心”。我们的思考能力是通过安装由虚拟机组成的虚拟机来实现的。在不借助认知神经学的前提下，仅通过自下而上的神经科学来描述和解释这一系列能力，与不看用户界面，仅通过自下而上地解读硬件的电路设计和内存中的比特串来描述和解释智能手机中安装的程序集合一样，都是遥远的目标。应用程序的用户界面的存在是为了让用户（人）可以在不了解，也不需要了解具体细节的前提下访问其功能。存储在我们大脑中的所有应用程序的用户错觉也是出于同样的理由而存在的，它们使我们的能力（在某种程度上）可以被其他不知道，也不需要知道其中复杂细节的用户（其他人）访问。然后，我们就可以在大致一样的条件下，作为我们自己的大脑的客人，自行使用它们。

在其他动物身上，可能还存在着其他类似的用户错觉的进化路径（基因层面的，而不是文化层面的），但我至今还没有设想出包含足够可信细节的一条路径。根据生态学和机器人学家戴维·麦克法兰（David McFarland）提出的观点，“交流是唯一需要有机体对自身控制系统进行自我监控的行为”（McFarland，1989）。有机体可以通过一组相互竞争但“短视的”任务控制器来非常有效地控制自己，每个任务控制器都由一种条件激活，例如饥饿或其他需求、感知到的时机、内置的优先级，等等。当一个控制器的条件在优先级上高于当前正在执行任务的控制器的条件时，优先级更高的控制器会中止当前任务，并临时接管它。奥里弗·塞尔弗里奇于1959年提出的“鬼域模型”（pandemonium model）是之后很多模型的祖先。目标仅在指导每个任务控制器的反馈回路中被隐性表示，但没有任何全局的或更高级别的表示。进化倾向于优化这些模块的中断动态，而没有人会察觉。也就是说，内部并不需要一个对此有所察觉的中心。

麦克法兰声称，交流是改变这一切的行为创新（McFarland，1989）。交流需要一个“结算中心”以防止有机体向其竞争性有机体泄露过多关于自身状况的信息。正如道金斯和克雷布斯所表明的，为了理解交流的进化，我们需要将其视为基于操纵的行为，而不是纯粹的合作行为（Dawkins & Krebs，1978）。一个不懂得伪装、将自己的一切都展示出来的有机体是易受攻击的对象，会很快灭绝（von Neumann & Morgenstern, 1944）[3]。为了避免这种暴露，进化必须生成一个私人的、专有的交流控制缓冲器，从而为进行有导向的欺骗创造机会，但巧合的是，这也为进行自我欺骗创造了机会（Trivers，1985）。这意味着在神经系统中，进化第一次生成全局可见的、显式的且与当前任务无关的表征，从而使欺骗行为可以在不干扰其他行为的控制的情况下被制定与控制。

值得注意的是，麦克法兰所说的交流并不是指具体的语言交流（只属于人类），而是战略交流，后者在个体的目标和意图，以及个体企图同自己的听众交流的目标和意图之间开辟了关键的空间。毫无疑问，很多物种具有由基因决定的简单的交流方式，例如径直起跳、警告、领地标记和防御（Hauser，1996）。套路式的欺骗，例如在入侵者面前虚张声势，是很常见的，但更为有效且多样化的欺骗天赋，需要麦克法兰所说的私人工作空间。一个世纪以来，越来越多的哲学家强调人类心智的“隐私性”，但他们很少费心去探索为什么这是一个如此好的设计特征。很多哲学家的职业习惯是将显示的当成理所当然的，但从不问为什么如此[4]。

我们的常识映像是如何向我们显现的

这里还有一个奇怪的倒置：正是在与他人交流时分享信息、给出和苛求理由的习惯，造成了我们个人的用户错觉。所有有机体，从单细胞微生物到大象，都有基本的“自我感”。变形虫能灵敏地将有害物质排除在外，只吸收有利事物，从而维系对自身生存极其重要的边界。龙虾也完全知道不应该扯掉或吃掉自身的附肢。所有这些有机物的行为的自由浮动的理据都是围绕着自我保护组织起来的。对于人类，这样的行为包括我们在文化适应中发现的一系列隐性思考行为（文化适应是指一个需要与同种个体进行大量公开互动的过程）。熟能生巧，并且这些能力的培养和扩展依赖于互相可及性的提升。小狗和小熊之间的嬉戏锻炼了它们感知和预测彼此动作的能力，以及感知和调整自身行动和反应的能力——这是在为成年后更需认真思考的行为做准备。人类也需要在学习交流的过程中与他人建立起融洽关系，而这需要个体在他人进行交流时感知自己。这会让我们拥有一个更不那么基础的、更“自我的”[5]自我感。我们不仅需要清楚哪些肢体是我们的，我们在用它们做什么，还需要时刻清楚哪些思想是我们的，以及我们是否应该与他人分享这些思想。我们可以使这个奇怪的想法进行一次近乎自相矛盾的反转，即你之所以体验到身为你自己是什么样的，是因为你能够告诉或控制自己不告诉他人身为你是什么样的。

当我们进化出一个“我们”，即一个能够交换意见的有机体的交流群落，我们就成了用户错觉系统的受益者，这个系统能够使我们的认知过程在交流目的下是可以访问的，否则它就会与我们的新陈代谢过程一样难以被察觉。正如前文所示，麦克法兰绝非第一个提出以下观点的人：向他人解释自己是一种新颖的活动，它引发了创建人类意识架构的研发过程。这一观点旨在为解释一个人们探索已久的问题——人类如何进化出独特的意识提供基础。即使它是错误的，也至少为一个必须完成的有成效的说明提供了一个模型。最近，很多思想家开始聚焦于相关且适宜的观点，其中包括侯世达的“主动符号”（active symbols），以及心理学家马修·利伯曼（Matthew Lieberman）、神经科学家迈克尔·格拉齐亚诺（Michael Graziano）和认知哲学家拉杜·波格丹（Radu Bogdan）出版的三本书。

模因的进化为用户界面的进化提供了条件，而用户界面使得模因对与他人交流的“自我”“可见”，作为“叙事重心”（center of narrative gravity）的“自我”也是言行的创造者（Dennett，1991）。如果两人需要共同关注共有话题（参见第 12 章中对托马塞洛的讨论），那么就必须有双方都可以关注的存在（可供性），而这正是使我们的常识映像得以对我们显现的原因。如果不是我们必须能够相互谈论我们当前的想法、计划，以及对过往事情的记忆等，我们的大脑就不会把时间、精力和灰质浪费在关于当前状况（我们的意识流）的被编辑过的概要上。对大脑中正在发生的事情访问受限的自我被精心设计来款待新的模因、传播旧的模因，并与他人交流情况。这种自我是什么？它不是一个神经回路的专有部分，而是一个操作系统的终端用户。正如丹尼尔·韦格纳（Daniel Wegner）在其开创性著作《有意识意志的幻觉》（*The Illusion of Conscious Will*）中指出的，我们不可能知道，更不用说厘清我们行为所受到的海量的机械影响，因为我们栖身于一个极其复杂的机器中（Wegner，2002）[6]。我们能够如此轻易地跟随韦格纳进行这种明显的二元对立的视野，将自己视为自己躯体的独特占有者，这真是很了不起！这些“我们栖身”的机器为了我们的利益，对事物进行了简化。对此，韦格纳如此形容，“因此，意志体验是一种我们的心智向我们描述它们的活动而非它们的实际操作的方式”（Wegner，2002）。

奇怪的是，我们对自己心智的第一人称观点，与对他人心智的第二人称观点，并没有太大的区别：我们无法看到、听到或感受到在我们大脑中运行着的复杂神经机制，而只能接受一个经过诠释和理解的版本，也就是一种我们非常熟悉的用户错觉，因此我们不仅认为它就是现实，而且认为它是最不容置疑的、最广为人知的现实。这就是我们身为我们的体验。我们通过听或读他人对我们说的话来了解他人，也借此来了解我们自己。这不是一个新观点，但很明显在被不断地重复发现。杰出的神经学家约翰·胡林斯·杰克逊（John Hughlings Jackson）曾说过，“我们说话，不仅是为了告诉他人我们的想法，也是为了告诉自己我们的想法”（Jackson，1915）。我和很多其他人都曾错误地引用过小说家兼评论家 E.M. 福斯特（E. M. Forster）的话：“在明白我自己说的话之前，我怎么知道我在想什么？”尽管福斯特在他的批判性著作《小说面面观》（*Aspects of the Novel*）的确有这样一句话，但他是以讽刺的语气写下的，并暗示其来自前文的一则轶事（Forster，1927）。R. J. 希克斯（R. J. Heeks）认为，福斯特模因的这种病毒式突变已被广泛传播，他指出根据上下文，这句引语意在贬低安德烈·纪德（Andre Gide）的写作方法：

> 另一位著名的评论家同意纪德的说法，她就是前面那则轶事中那位指责自己侄女没有逻辑的老妇人。有很长一段时间，她无法理解逻辑是什么，而当她理解了逻辑真正的本质时，她的反应与其说是愤怒，不如说是轻蔑。她叫喊道：“逻辑！天哪！真是无用！在

明白我自己说的话之前，我怎么告诉你我在想什么？”她那受过教育的侄女认为她已经落伍了，但实际上，她比他们更与时俱进（Forster，1927）。

我很高兴能澄清福斯特的意思，虽然我找不到关于上述轶事的记录，但我想指出的是福斯特在此错过了一个尽管反直觉但很重要的可能性，他没有注意到它。我们对自己的思考的访问权，尤其是对其亚个体部分的诱因和动态的访问权，其实并不优于我们对自身消化系统的访问权。我们不得不依赖于带宽小且经过反复修改的路径，虽然它以用户友好的方式回应我们持续不断的好奇心，但对于真实的自我，我们所有的访问权也仅比我们的家人和朋友所有的访问权更进了那么一步而已。再说一次，意识不仅仅是与自己交谈，还包括我们在生活中获得和磨炼出的各种自我刺激和反思。它们不仅仅是发生在我们大脑中的事，还包括我们的行为，其中一些是本能的（源于基因进化），而另一些则是后天习得的（源于文化进化和传递，以及个人的自我探索）。

我们为什么会经历特定的事

如果正如韦格纳所说，“我们的心智向我们描绘了它们的操作”，如果正如我之前所说的，你的个人意识如同你电脑屏幕上的用户错觉，这难道不意味着有一个笛卡尔剧场吗？在这个剧场中，这种描绘出现了，表演进行了，就像你在桌面上看到的表演一样，是这样吗？答案是否定的，但解释要用什么来代替笛卡尔剧场需要一些想象力。

我们可以列出计算机桌面上的标记的特性：蓝色的长方形“文件”，黑色的箭头状光标，以黑色、12 号、Times New Roman 字体显示的文字中一个亮黄色的词，等等。那么在我们的大脑中，这些内部的、可重复识别的私有标记的相应特性是什么？至今我们还不清楚。在第 9 章中，我们讨论了尚未附加语词的最基本的意思能唤起意识的注意，尤其是在“话到嘴边”的现象中。这些都是真正的标记，是模因标记，或我们先天的直觉类标记，或其他记忆中的可供性的标记（这些可供性即使没有特定的名字，也能被识别和重新确认）。闭上眼睛，想象一个蓝色的大写字母 A。完成了？你刚刚在大脑中创建了一个标记，但我们可以确定它不是蓝色的，就像文字处理文件中出现的字母 o 的标记不会是圆形的一样。标记化（tokening）出现在神经回路的活动中，在引导注意、唤醒相关标记，以及调整很多认知活动方面发挥着重要作用。标记化有助于引导像跳视眼球活动（saccaclic eye movements）这样的基本活动，且有助于启动更高层次的活动，如唤醒数十个应用程序（模因），而这些应用程序通常会致力于使自己的新标记，即自己的后代进入竞技场。看：

tigr strp

这个视觉体验可能会在你的大脑中唤起 tiger（老虎）和 stripe（条纹）这两个英语单词。你注意到了吗？这些标记具有一个特定的“听觉”特征——与唤起这两个单词的难以发音的视觉刺激相比，两个单词中的长音 i 都多少更为突出。然后，这些语词用黑色和橙色条纹的表征填充了你的神经工作区，但实际上这些条纹并不是橙色或黑色的。你真的意识到你的视觉想象中有橙色和黑色的老虎条纹了吗？也许没有，因为就你而言，激活还不够强烈，但你可以很确定亚个体（潜意识的）标记被激活了，因为它们会在实验环境中“启动”你针对其他问题的回答。

所有这些亚个体的、神经层面的活动，都是赋予人认知能力的实际因果互动发生的地方，但你能够访问的只是结果。你无法通过内省来判断 tiger 为何会紧随 tger 出现，以及为何它紧接着被一个有关老虎且“聚焦”于老虎身上条纹的“心理意象”取代。当你试图告诉我你的经历中发生了什么时，你不可避免地会陷入比喻性的习语，而这仅仅是因为你对自己内心正在发生的事物没有形成更深入、更真实、更准确的了解。你用一个错误但极具诱惑力的模型为自己的无知增添了一层保护色，你只是简单地复制了有关自己如何了解外部动态的日常模型，再加上空洞的论据和道歉。

下面我来解释这是如何发生的。让我们从一些对我们来说熟悉又易于理解的事开始。我们让一个通讯员去考察我们的一部分外部世界，如附近的一栋房子，并要求他通过手机向我们汇报情况。我们的电话响了，当我们接通电话时，通讯员者告诉我们房子前面有 4 扇窗户，当我们询问他是如何知道时，他回复道：“因为我现在就在看着它们，我看得很清楚。”我们通常不会去问他，为什么他很清楚地看到了窗户的事实能解释他是如何知道这一事实的。眼见为实，我们默认他睁开的眼睛与说话的嘴唇之间的神经通路是可靠的，就像他的手机与我的手机之间的复杂通信过程是可靠的。这时，我们对手机是如何工作的并不感兴趣，我们将其视作理所当然的。我们也不会因为他如何能够睁开眼，然后如此高可靠性地回答有关于自己面前的事物的问题而感到困惑，因为我们每个人都能做到。具体怎么做到的，我们不知道，也不好奇。

当我们感到好奇，并要求通讯员描述他对外部世界的主观感受（其内部世界），而非外部世界时，我们就是在为难通讯员——让他到现场并做一个很不自然的行为，其结果是，除非他是受过特定训练的内省者，否则他的回答多半会令人失望，比如："我不知道。我往外看，然后看到了房子。也就是说，我认为我看到了在大约 50 码外有一个房子形状的事物，上面有 4 个窗户形状的事物。如果我闭上眼睛再睁开，它还在那里。"

向人们讲述我们能看到什么这一过程的外围部分的相对可及性和熟悉性，掩盖了这一过程的其余部分的空白（从反省或简单的自我检查的角度看）。此处所说的相对可及性和熟悉性包括我们知道必须睁开眼睛，使视线聚集，必须专注，且必须有光。与保持通讯员的手机与我们的手机之间连接的复杂过程相比，我们对讲述其余部分并不具备更多的访问特权。

你是怎么知道房子旁边有一棵树的？
好吧，它就在那里，我可以看到它看起来就像一棵树。

你是怎么知道它看起来像一棵树的？
好吧，我就是知道！

在确定它是一棵树之前，你是将它的样子与世界上很多其他的事物进行了比较？
我没注意。

它被标记为"树"了吗？

> 没有，我不需要“看”标签；况且，如果有标签的话，我会阅读那个标签，然后知道那是它上面的标签。我就是知道那是一棵树。

现在想象一下，你可能一分开脚趾，就会对当前芝加哥正在发生的事有惊人的精准看法。再想象你对这是如何发生的丝毫不感到好奇。

> 你是怎么做到的？
>
> 没有头绪，但我就是能做到，不是吗？当我收紧脚趾时，我就做不到了，而当我再次张开我的脚趾时，任何在芝加哥发生的我感兴趣的事都能立刻浮现在脑中。我就是知道。

> 那是什么感觉？
>
> 就像看到和听到那样，就好像我正在看关于芝加哥的事件的现场直播，但不完全如此。我就是毫不费力地可以满足我关于芝加哥的好奇心。

解释到某一层就得结束。在个人层面，它会结束于由熟悉的心理语言（如知道、看到、注意到、承认等词语）所表达出的野蛮能力。第一人称观点的问题在于，它根植于常识映像，而不是科学映像，而且不能利用科学映像中的资源。标准的假设是，当我们质疑通讯员时，“我知道，因为我能看到”是一个可以接受的完整答复，而当我们将同样的假设引入相关对象需要报告心理意象或记忆（或想象中的张开脚趾的芝加哥千里眼）的案例中时，我们就创造了一个人工制品。我们的问题直接创造或引发的是类似上述对话中的回答，而它们间接创造的是基于那些回答的意识形态。你可以询问自己的主观体验是什么，再看看你想说的是什么。然后，你可以选择支持自己的宣言，相信它，并继续追踪这一信念的可能影响。你可以通过高声的或默默的自言自语，或仅仅是自行思考你自己正在经历的事情来做到这一点。

这就是你对自身体验的访问范围，如果你决定公开自己的描述，其他人对你的体验的访问范围与之相比并不会有什么不同。你坚定的看法无疑是可靠的，但也并非万无一失。他人可以帮助你对它们进行检验，也许可以使你在面对新的体验时，对它们进行调整。这是研究意识的科学方法，而我给它起了一个准确但笨拙的名字——他者现象学（heterophenomenology），即研究他人体验的现象学，与研究自身体验的自我现象学（autophenomenology）相对应[7]。在很长一段时间里，人们认为在某种程度上，自我现象学是一种更密切的、更真实的、更直接的接触体验对象的方式，因此第一人称视角是任何有希望的意识研究的关键战略举措，但这本身就是一种幻觉。一旦你控制住了撒谎和其他形式的对调查的不配合，他者现象学就会比自我现象学更准确、更可靠且更不容易受到幻觉的影响，并且你可以通过将自己置于研究意识的实验场景下来更好地了解自己的体验。你能从中看到你从不知晓的自身体验及其特征，这些体验所具备的特征包括无法想象的缺失和弱点，以及你意料之外的惊人能力。

与其他研究人员合作来研究你自己的意识（采取第二人称视角），是尽可能严肃地对待意识这一现象的方式。仅仅因为意识是你的，就固执地认为你对自己的意识会有更多的了解，会使你陷入教条主义的陷阱。通过不让自己宝贵的体验被研究，你将延续那些已经过时的神话。

当我们询问一个实验参与者，在他从小住到大的卧室里有几扇窗户时，他闭了一会儿眼睛，然后说："有两扇。"我们接着问他："你怎么知道的？"他回答说："因为我看了一下，就看到了它们！"当然，他并没有真正地看到。他的眼睛是闭着的，或是双眼没有聚焦。看这一过程的眼睛部分没有参与，但其他的我们通常不会问到的部分参与了。这有些像看，又有些不像看，而朴素的心理探索、自省或自我操纵并不能真正触及其运作方式。当我们面对这样熟悉的不可访问的状态时，我们会不由自主地构建一个替代物，即一个心理意象，来代表通讯员观察到的部分真实世界。勉强地说，我们可以肯定这样的一个替代世界是存在的：神经活动中必须有某种事物能够可靠而稳健地维护关于被提及的主题的大量信息，因为我们可以轻易地证实从"它"这里提取的信息几乎与通过在现实世界中对事物的观察而获得的信息一样可靠。房子的"记忆意象"具有一定的丰富性与可核验的准确性，而且它的界限是可校准的。这些界限为我们提供了关于信息是如何在大脑中被体现的线索，并且我们不能草率地得出结论称它就是以可查阅的意象形式体现的，虽然看起来如此①。

从这个角度来看，难怪我们在构建心理意象时，完全无法说出自己在做什么。除了我们通过眼睛所做的事的外围部分，在看到外部世界时，我们同样无法说出自己正在做的事。我们只能观察和学习，这就是我们所知道的全部。请思考一下正常视觉的亚个体过程，并注意在某些时候，它们必须可以用来解释所有我们在睁着眼睛时所能做的事，如采蓝莓、打棒球、识别地标、探索新地形和阅读。这些亚个体过程也使我们内部的皮层状态足以引导我们

① 这就是罗杰·谢泼德（Roger Shepard）、史蒂芬·科斯林、泽农·皮利辛（Zenon Pylyshyn）等人关于心理意象的实验和理论工作发挥作用的地方[8]。

的说话子系统构建描述性言语行为。我们正在这个亚个体描述上取得稳步的进展，尽管其中很大一部分至今仍不为人所知。我们可以确信，从眼球到口头报告的过程中，始终有一种亚个体描述，而在这种描述中，不会有第二个呈现过程，其中有一个自我（自己、老板、内部见证者）在观察内部屏幕后编写报告。正如我一直强调的，想象中的笛卡尔剧场中的小人儿所做的所有工作必须被分解，并在时间和空间上被分配给大脑中较小的机构。

接下来，让我们试着把自我分解成一些看似合理的部分。观察力敏锐的通讯员做的哪些缩减或删减可能会起作用？也许满怀坚定信念但对这些信念从何而来一无所知（犹如神谕）的“代理人”会饱受批评，但关于他们是怎么达到这种信念状态，他们没什么可告诉我们和他们自己的。杰肯多夫在 1996 年就讨论过这个问题，并提出了一个有用的设想。最近布莱斯·休布纳和我对其进行了详细阐述，并引入了一个亚个体层面的脱口而出这一概念：

> 关键见解是，一个模块“悄无声息地、执着地将想法转化成语言形式，反之亦然”（Jackendoff，1996）。大致地说，一个概念化的想法会促使一个接近该想法的语言表征的生成，从而产生了一种反射性的脱口而出。这种语言上的脱口而出是原始言语行为，是以亚个人层面的方式发出的，而不是由或通过个人发出的。它们要么流向外源性传播系统，成为个人言语行为的原料，要么被内源性地传播至直接给心智阅读系统提供信息的语言理解系统。在这里，随着心智阅读系统访问脱口而出的内容，并反射性地产生一个接近这一内容的信念，脱口而出的话语得以被检验，以确定是否应该

将它们公开说出。然后，专注于信念固化的系统会被调用，信念得以更新，脱口而出的话被接受或拒绝，如此循环往复（Huebner & Dennett，2009）。

上述内容都是基于主观印象的，需要更多的细节加持。但古斯塔夫·马尔库拉（Gustav Markkula）于2015年提出了一个类似的“叙述”制作理念。他有说服力地指出，粗略地询问和告诉自己“我身为我的体验是什么样的”这一人类活动创造了想象力的人工制品，而我们认为想象力就是那些渴望将二元论恢复为一种严肃的心智理论的意识哲学家所热爱的“感受质”（qualia）。

休谟奇怪的推理倒置

反对意见来了，为什么在看到、听到和闻到任何事物的时候必须有什么作为主体的内在体验？为什么在我们清醒的时候，似乎每时每刻都有一个内部剧场在播放多媒体节目？即使我们承认，科学映像中一定有一个亚个体层面的描述能令人满意地解释我的所有行为、情感反应，以及我做出的决定和口头报告，我也必须被排除在这种描述之外。将我和我的感受质放回世界中，而不是将其排除在外，仍是一个有待完成的任务。我所知道的对这一挑战最好的回应就是我所说的“休谟奇怪的推理倒置”[9]。因为早在达尔文和图灵发现他们的倒置之前，休谟就对我们关于因果关系的体验进行了超前的说明。休谟的因果关系理论引发了许多争议和复杂情况，尽管他那些影响了几个世纪的论述如今已基本上被抛弃了，但有一个核心观点仍然闪耀，并针对常识映像和科学映像之间的关系，以及我们的一般意识体验而非我们的因果关系体验，为我们提供了一个重要的洞见。

休谟指出，我们似乎每天都能看到、听到和感受到因果关系，比如当我们看到一块砖打碎了窗户，或者听到钟在被敲击后响起的声音，但休谟坚称，所有我们直接体验到的不过是顺序：A 在 B 之后，并不是 A 造成了 B。如果休谟的这一判断是错误的，那么卡通动画将不可能：在兔八哥啃食胡萝卜的行为时，动画师不仅需要加上与啃食动作同步的嚼的音效，还需要加入某种因果轨迹，以便直接地向观众展示半根胡萝卜的消失和他们听到的啃食声实际上是由兔八哥牙齿的闭合造成的，而不仅仅是紧随其后出现的。这自然是不必要的。仅通过一帧接一帧的影像，就足以留下因果关系的印象。

然而休谟指出，我们对自己所经历的因果关系的印象，来自内部而不是外部；其本身是某种在我们清醒的漫长时间里逐渐变得根深蒂固的习惯的结果，这种习惯就是抱有预期。休谟坚持认为，这种习惯都是在正常的婴儿期习得的，而同时期的研究结果明确显示，我们天生就有一种自动的因果感，就如同条件反射一样，即当我们的感官遇到对的刺激顺序时，我们可以轻易从中“看”到因果关系。看到 A，我们会先天地预期 B，而当 B 发生后，我们会错误地将自己的感官反应归因于某种我们直接体验到的外部原因，而 B 正是休谟的拿手好戏。我们认为是兔八哥的卡通牙齿造成了胡萝卜被啃食。事实上，我们正在屈服于一种良性的用户错觉，错误地将我们得以满足的对 B 会紧随其后发生的预期解读为来自外部世界的未知原因。正如休谟所说，这是心智“将自身扩散到外部物体上的巨大倾向”的一个特例（Hume, 1739）。我们心智中的“习惯性转变”是我们因果感的来源，是一个知觉特征，而不是物体特征；正如休谟所指出的，“相对立的观念在头脑中是根深蒂固的”，这是很难消除的。一个留存至今的未经验证的经典假说是，所有的知觉表征都必须是由外部流入的。

以下是几种常见的需要休谟奇怪的倒置的朴素信念，例如甜味是糖和蜂蜜的一种“内在”属性，它使得我们喜欢糖和蜂蜜；是观察到的“内在”性吸引力引起了我们的强烈欲望；是这个笑话本身的滑稽之处引出了我们的笑声（Hurley，Dennett，& Adams，2011）。尽管有些简略，但在这些实例中，科学映像中的原因和结果已经被倒置。你无法通过研究葡萄糖的分子结构来找到内在的甜味，相反，你应该去研究喜欢甜味的人的大脑结构。正是我们大脑的反应方式，促使常识映像中的“我们”将一个想象中的属性“投射”到了常识世界中。葡萄糖的结构和化学特征会引起我们神经系统中的甜味反应（糖精和其他人造甜味剂模拟了这些特征），但“我喜欢的内在的、主观的甜味”并不是这些化学属性的内部再创造或模型，也不是我们用来装饰世界上可感知的事物的非物质心智的一种特殊属性。这根本就不是属性，而是一种良性幻觉。我们的大脑迷惑我们产生了这样的信念，让我们认为某些可食用的物体内在上具有一种十分美味但无法描述的属性，即甜味。我们能够识别它、回忆它，以及梦到它，但我们无法描述它。它是难以形容且难以分析的。

“投射”是可用来描述这一结果的最常见、最具吸引力的动词，但当然每个人都知道这不过是个比喻；颜色并不是真正地被投射到没有颜色的物体表面的（就像从幻灯机投影一样），正如因果关系这一观念并不是莫名地被射到了台球之间的碰撞点上。如果我们用“投射”这个简略术语尝试探讨常识映像和科学映像之间的不匹配，那么符合事实的长篇描述是什么？科学映像中真正在发生些什么？我认为很大一部分答案会从我在第 8 章“大脑怎么获得可供性？”中简要描述的预测性编码观点中得出。

在这里，贝叶斯预期将会发挥迭代作用：我们的本体论（在升降意义上）对这个世界上与我们大脑必须控制的行为有关的事物进行了近乎最优的编目。层级化的贝叶斯预期通过生成大量的可供性，完成这一目标。例如我们预期当我们绕着固体实物走的时候，可以看到其背面，我们预期门能打得开，楼梯可以爬，杯子能盛放液体，等等。但在我们的环世界中与我们自身的幸福息息相关的是我们自己。我们应该对自己将做什么、将思考些什么、将预期什么，有一个准确的贝叶斯预期。下面是一个相关例子。

想一想婴儿身上的可爱。这显然不是婴儿的“内在”属性，尽管它看起来像是。实际上你“投射”到婴儿身上的是你关于拥抱、保护、喂养、亲吻、耳语等多种形式的“感觉”意向。在你的（基于面部属性的）可爱感知器被激活时，你会产生保护和养育婴儿的冲动；但事实不仅如此，你预期你会有这些冲动，而这些多种形式的预期正是婴儿的可爱属性的“投射”。当我们预期看到一个在摇篮里的婴儿时，我们也会预期“发现他很可爱”，这意味着我们预期能感受到拥抱这个婴儿的冲动。当我们的预期被满足时，我们的大脑用将预测 - 错误信号的缺失诠释为对“我们正在与之互动的世界上的事物确实具有我们预期它具有的属性”的证实。作为一种属性的可爱，通过了贝叶斯检测，可以作为一个我们生活的世界的客观构成部件，而这就足够了。任何更多的“投射”过程都是多余的。甜味和可爱这样的属性的特殊之处在于，它们的感知取决于已经进化得可以充分利用它们的神经系统的独特性。它们在我们的控制系统的调节中扮演着受偏爱的、享有特权的角色，总之，我们在乎这些属性。

在此，我们必须十分小心，以免混淆两个相互独立的主张。可爱和甜味这两种属性取决于我们的神经系统的特性，因此它们在有限的意义上是主观的，但这不意味着我们可以说甜味是意识体验的一个内在（主观）属性。休谟奇怪的倒置是奇妙但不完整的。他谈到心智具有“将自身延伸到外部事物上的巨大倾向”，这不应该被视为终点，而应该被视为通往进一步的倒置的垫脚石。休谟的意象出色地唤起了一个不寻常的画面——心智运用被心智词汇表中的内部项（印象和想法）恰当呈现的专有（“内在”）色调来描绘外部世界。但现实中不存在这样的绘画颜料，这也是为什么我将其戏称为“虚构之物”（figment）[①] 的原因。我们需要更努力地推进休谟的倒置，并表明我们心智中的用户错觉图标不同于我们的计算机中的用户错觉图标，它们并不需要呈现在屏幕上。

作为意向对象的红色条纹

再举一个即使不能说服所有人，但至少能阐明我观点的例子（正如休谟所说，相对立的观点在我们的心智中是根深蒂固的）。直视彩图 4 上方的白色十字约 10 秒，然后将视线转向下方的白色十字，你看到了什么？

① 与颜料的英文 pigment 只有一个字母之差。——编者注

"我看到了一面有红色和白色的国旗。"

"你看到红色条纹了吗?"(再做一遍实验)

"是的,当然。"

但想一想,页面上、你的视网膜上或你的大脑中都没有红色条纹。事实上,任何地方都没有红色条纹。你的大脑将一条不存在的红色条纹"投射"到了世界上。重要的是,想象中的条纹在你看来并没有出现在你的头脑中;它看起来像是在页面上,仿佛是被你额头中间的投影仪投射到了那里。该为这一现象负责的不是一条红色条纹。这是某个神经表象系统中的一条红色条纹的表征,我们目前还无法精确定位它,也不知如何对其进行解码,但我们可以确定它既不是红色的,也不是条纹状的。你并不知道究竟是什么导致你似乎看到这世界上有红色条纹,于是你很容易陷入休谟的错误归因中,你误解了自己的知觉(判断、信仰、信念和倾向),认为自己看到的红色条纹是由作为你的判断来源的主观属性(可感受的特性)引起的,而事实上,恰恰相反。你拥有的描述"红色条纹"的能力、你的判断、你给出这个断言的意愿,以及你可能有的针对"红色条纹"的情感反应,才是你确信有一条主观的红色条纹的根源。

红色条纹幻觉属于在哲学的其他领域中被反复讨论过的一类错误,即错误地将信念的意向性对象当成了其原因。通常情况下,你没有被自己的感觉或骗子欺骗,或你相信某事物(例如你附近存在着具有某些特征的事物),是因为具有某些特征的事物通过刺激你的感官,使你相信了它。你相信你的右手中的苹果,是因为正是这个苹果通过将光反射到你的眼中,并在你的手掌上产生向下的力,使你相信了它的存在。在这类正常情况下,我们可以谨慎地抛开争论，说作为你的信念的意向性对象的苹果也是你的信念的（主要或突出的）起因。但也有很多广为人知的异常情况，例如海市蜃楼、视错觉、幻觉、补色残像及恶作剧。假设我们一群人决定对奥托玩一个可恶的把戏，我们虚构了一个名为丹·奎尔的人，然后通过这个人给奥托打电话，发送电子邮件、短信、生日贺卡，留下足迹并熟练而巧妙地引导奥托展开与奎尔的近距离（不太近）偶遇。很快，奥托就相信奎尔是一个有着相对详细的近期生活记录、声音和身材等的真人。奎尔变成了奥托的一个多种形式的信念的意向性对象。这些信念都是关于奎尔的，尽管奎尔并不存在。很多其他的人，以及很多的足迹和电子邮件等都是真实存在的，但奎尔不存在。奥托关于奎尔的信念中有大量的半组织化起因，其中没有名为丹·奎尔的人。但奥托并不知道这一点。但他真的十分确定奎尔是存在的，他看到过他，和他在电话中交流过，有来自他的信件，等等。奥托想见奎尔。但他想见的是谁？并不是任何一个恶作剧者；他认识他们所有人，并没有和其中任何一个见面的欲望。奎尔并不存在，但他是奥托寻找的意向性对象，正如庞塞·德莱昂（Ponce de Leon）在寻找不老泉。庞塞的心智中有一个关于不老泉的想法，但这种心智状态并在是他寻找的对象。他已拥有了它！他并非在寻找一个想法，而是在寻找不老泉。同样，奥托并不是在寻找关于奎尔的心智状态，他是在自己心智状态的驱使下寻找一个人。

现在将同样的逻辑引入红色条纹的分析中。如果你不知道补色残像，你也许会天真地相信在“外部”世界中真的存在红色条纹，其他人在同样的有利视角下也能看到它。如果这是你所相信的，那么你的信念的意向性对象就不存在，其原因是绿色条纹的旗帜图片以及你视觉皮层中的很多神经活动，都不是红色的或看起来像红色的。你并没有那么天真，也很清楚并不存在这样的外部红色条纹，这可能会误导你去推测或坚信自己不可能是错的，也就是说你会认为你的心智中有一条主观的红色条纹。你看到了它！好吧，你近似看到了它。为了支持这一理论假设，你可能会问："我怎么会有红色条纹的体验，除非某地方的某事物是红色且横向的？"对这个反问句，有些粗鲁的回答是："简单。如果你无法想象，那就多努力一下。"

这个时刻标志着感受质的诞生，它是糟糕理论的人工制品。你的信念的意向性对象是毋庸置疑的，你全心全意地相信它们，不是在外部有一条红色条纹，而是在你的信念中存在着一条红色条纹，毕竟你能够"看着它""聚集于它""回忆起它""欣赏它""将它与记忆中的其他类似事物进行比较"。当我们对感受质的一般外部原因（如红色条纹）没有直接且足够的了解时，感受质应该是某种我们可以更直接地了解的内部的、主观的属性。当你进行这一转变时，你就是在假设有一个内因，它与通常会使你产生知觉的意向性对象具有相同的属性，只不过后者是诸如红这样公共的、客观的属性的某种私人的、主观的版本。但是，一旦你意识到错误信念的意向性对象根本不存在，在你的理论或推测中，就不再需要具有神秘属性的奇怪的内部事物。奎尔，这个奥托的关于奎尔的信念的意向性对象，并不是由外质或虚构质或任何事物制成的。圣诞老人和福尔摩斯也不是。所以，当你似乎看到一条红色条纹，而世界上又不存在作为其来源的红色条纹时，就不需要有什么由红色的虚构的事物制成的、你认为自己正在体验的、看似真实的其他事物。

那取而代之的是什么？又是什么解释了你关于存在红色条纹的信念？当然，你的大脑中必须有为此负责的事物。它存在于神经元放电序列活动的媒介，而不是其他媒介中；它是一种非常显著的、信息量丰富的亚个体层面的状态，一个红色条纹表征的标记，既不是红色的，也没有条纹，正如第 9 章描述的对响亮或柔弱的表征。它是你相信红色条纹存在的原因，但它不是你的信念的意向性对象（因为它既不是红色的，也没有条纹）。

但即使这是对我的所有主观状态的一种可能解释，我们如何知道在我们的心智中（如果不是在我们的大脑中），不存在某种形式的感受质的媒介？我们怎么能确定那种“天真”的理论是错误的？假设我们不去回答这个反问句，而是屈服于它，看看会发生什么。让我们假设存在某种主观属性能解释你当下的反省信念和能力。让我们假设，当你感受到了一条看起来像横向的红色条纹的东西时，在某个地方确实有一条横向的红色条纹，这是你确信自己正在体验这条横向的红色条纹的原因或来源，并且这种在某种未知媒介上的渲染，是由对视觉系统产生的所有预期的坚信引发或触发的。为了尽可能说明这一假设，我们引入了一个对补色残像现象的扩展版解释：

> 盯着面前真实存在的绿色条纹数秒钟，会使补色系统中的相关神经回路疲劳，而这又会产生一个虚假的信号红色，而非绿色，只要这种疲劳持续，这个信号就不会消失。于是在我们的视网膜和哲学上的信念中心之间的某个相当高的地方，一个红色条纹状的感受质得以呈现，而正是对这种感受质的欣赏支撑了、增强了、了解了、引发了、坚定了一个哲学上的信念——你正在看一个条纹状的红色的感受质。

这反映出了反问句背后的问题：我们真的需要这样的事物来解释在你看来现在有一条红色条纹这一不可否认的事实（不是吗？）。你不仅仅是这么说的（如果你编码一个拥有补色残像模型的机器人，它也会这样），你也全身心地相信这一点。

好，我们现在将感受质安装在我们不完备的过程模型中。下一步呢？某事物必须可以访问这种媒介中的呈现，否则得以呈现的感受质将被浪费，不会被注意到，更无人赏识，就像被锁在空房间里的一幅画。我们将任何有这种访问权限的事物称为内部观察者。现在，你认为这个内部观察者对于这种呈现的适当反应是什么？除了给出外面看起来肯定有一条作为显而易见的国旗的一部分的红色条纹这个判断，还有什么？但这个结论是在未经证实的预期过程中得出的。系统已经识别出视觉空间的特定位置上的红色条纹；这个结论给出了内部呈现的信息，就像位图给出信息，令你的计算机屏幕呈现色彩一样。关于感受质的假设只是将要做的认知工作增加了一倍，并没有增加意识的工作量。

这就是不断询问我所说“困难问题”[10]的重要性：然后会发生什么（Dennett，1991）？很多意识的理论，仅仅是半理论。如果你想要一个关于意识的完整理论，这是你将某个东西交付给意识后（不管你将到达意识视为什么），必须提出并回答的问题。相反，如果你只是停留在那里并宣布已获得成功，你就会给实验参与者和主体带来两个任务的负担——做出反应和处理这次交付，并且留下分析任务。如果你给出的关于“困难问题”的答案不幸地呼应了你给出的关于过程中的前一感受质部分是如何运作的“简单”问题的答案，你可以断定自己只是在绕圈子。停下来，重新考虑。

顽固地继续探讨“感受质既是自省信念的原因，也是其意向性对象（实际存在的意向性对象）”的观点，会带来更多人造的幻象。其中最不切实际的是，与我们对所有其他类型的因果关系的认识不同：我们对心理方面的因果关系的认识是绝对正确且直接的，当我们宣称我们对自己的意识体验的要素所持有的主观信念正是由那些要素引起的时，我们一定是对的。我们对我们的自省信念的原因和来源享有访问特权。这里根本没有骗子可以干扰的逻辑空间。我们不会被任何错觉侵犯！你可能是一个僵尸，糊里糊涂地就拥有了带有真实的感受质的真实的意识，但我知道我不是僵尸。不，你不是。唯一能支持这一信念的正是这一信念本身的强烈性，一旦你承认理论上有可能存在僵尸，你就必须放弃你关于自身不可能是僵尸的执念。我还不能证明这一点，但我可以鼓励潜在的意识理论家去辨识这一动摇带来的巨大分歧，并认识到他们不能两者兼顾[11]。

笛卡尔引力是什么？为什么它会持续存在

笛卡尔并不是第一个试图对人类的心智进行描述的伟大思想家，但他在《方法论》（*Discourse on Method*）和《沉思录》（*Meditations*）中所展现出的视野是如此生动且具有说服力，以至于深刻地影响了之后关于这一主题的所有思想。他对大脑解剖学的开创性探索是无畏且富有想象力的，但他的工具和方法只够让他探索由自己揭示的复杂性的一小部分，而唯一可行的隐喻，即导线、滑轮和流经软管的液体，也过于简略，无法为他的想象提供度量建立作为心智的大脑的唯物主义模型的可能性。因此，他无可厚非地快速得出结论，即他从内部了解到的那么多心智一定是其他的事物，一个不具有物质属性的思维着的事物，即思维实体。他从一开始就埋下了隐患，他将“第一人称视角”作为他对意识的直接，甚至绝对正确的认识途径，这一步将他锚定在系统性扭曲了整个学术研究的一种用户错觉中。但他还能做什么呢？与反思他的思想、他欣赏或厌恶的观念和感受、他虚构的计划，以及改变他情绪的情感相比，可通过观察大脑组织获得的信息是少得荒谬的。

从那以后，哲学家、心理学家，以及其他科学家都严重依赖内省观，至少将其作为大量的提示和问题的来源，但同时推迟提出“这个神奇的宝藏是怎么可能存在的”这样的问题。毕竟，这是“不言而喻的”；我们的有意识的心智中充满了“想法”“感觉”和“情感”，而大多数思想家认为，亲知的知识在密切性和难以矫正性方面超越了所有类型的认识。这种第一人称体验的首要地位在大多数研究人员的实践中是隐式的，即使它并不总是一个被公开宣布的公理。有些时候，它甚至被认为是基本的方法论智慧。约翰·塞尔曾直截了当地写道，“记住，在这些讨论中，始终坚持第一人称视角。当我们试图弄清楚我们是如何知道其他人会有什么体验的问题时，操作主义灵巧手法的第一步就发生了”（Searle，1980）①。事实上，对很多哲学家来说，核心问题并不是如何提供针对意识体验的科学解释，而是如何穿过感知的迷雾，并从“内在”获知“外部世界”。而笛卡尔的《沉思录》是对这种思考

① 操作主义是20世纪20年代一些逻辑实证主义者提出的建议，即我们不知道一个术语的含义，除非我们能够定义一个操作，并借此来确定它何时适用于某事物。一些人宣称图灵测试应被视为智能的操作主义定义。塞尔警告的“操作主义花招”是这样一种说法：在我们弄清楚如何了解他人的意识之前，我们真的不能声称自知意识是什么。塞尔的替代方案本身就是一个非常明显的操作主义案例：如果我想知道什么是意识，我的测量操作很简单——我只要向内看，无论我看到什么，那就是意识！当然，这对他有效，但对其他人无效。

方式的首次探索。

遵循塞尔的建议所要付出的代价是，你获得的所有现象（必须由你的理论来解决的事件和事物）都不是通过一个为科学研究设计的渠道，而是为了在时间紧迫的混乱生活中便于使用和应急。从中，你能获得很多关于大脑如何运作的信息（毕竟坚持采用计算机桌面的视角能使你学到很多关于计算机的知识），但前提是你必须提醒自己，你的渠道系统性地过度简化，且是隐喻性的，而不是字面意义上的。这意味着你必须避免假设存在大量的只有你能访问的主观特性（通常称感受质）。就我们的常识映像而言，那些特性是可接受的项，但正如现象学家听说的，当我们转向科学解释时，它们必须被括注起来。如果意识不到这一点，就会导致出现过多需要被解释的事物，其典型结果是一个难题，它是未能识别到进化给了我们一个能通过牺牲字面意义上的真理来换取效用的天赋的人工制品。

想象一下，你正在征求建议，然后你得到的建议是，“运用你的胰腺”或“运用你的肝脏”。你理应感到手足无措。同样，当老师督促你运用自己的大脑时，你如果没有将其解读为“运用你的心智”，你会完全呆住。心智是你再熟悉不过的思考实体，它与你是密不可分的。难怪我们会拒绝将其视为幻觉。如果它是幻觉，那我们自身也是幻觉。

如果我们自身都仅是彼此的用户错觉的一部分，这难道不意味着实际上生命是没有意义的吗？不是的。数十亿年来的基因进化过程和数千年来的文化进化过程共同拼凑而成的常识映像，是一个极其复杂的系统，它对在科学映像中发现的根本现实存在做了有益的隐喻性的呈现。这是一种我们非常善于利用的用户错觉，以至于我们将其视为未经修饰的现实存在，而事实上，它的表面有很多干扰性的、作为说明的涂层。常识映像构成了我们的环世界，这是我们为了几乎所有的人类意图（科学除外）而生活的世界。我们通过颜色、声音、味道、固体、日落和彩虹、人及其意图、承诺、威胁和保证、制度和人工制品来认识现实存在。我们审视我们的预期，做出我们的决定，规划我们的生活，用准确的词语承诺未来，而这正是常识映像对我们来说很重要的原因。这对我们来说是生死攸关的大事，还有什么能比它更重要吗？我们对这一切的映像必然是通过意思或内容来表达的，这是我们唯一可以随时可用的“访问”双耳间和眼睛后面发生的事的通路。

如果说塞尔多年来一直强调采用第一人称视角的重要性（我看到了什么？我是什么样的？），那么相反，在早期就意识到采用第三人称视角（它想要什么？他们意识到了什么？）的“消毒作用”的哲学家是乔纳森·本内特（Jonathan Bennett）。他在其论著《理性》（*Rationality*）中，通过研究蜜蜂的（非）理性来间接研究人类的理性。通过坚持采用第三人称视角，同时从一个简单但很有能力的生物着手，本内特最大限度地减少了被不可避免地基于内容来识别的做法所欺骗的可能性，而这种做法正是内省的标志。

这就是我的本意，如果你想谈论自身的心理状态，你必须基于其内容来进行识别：“哪个想法？我关于马的想法。哪种感觉？我对白色的感觉。”还有没有其他方法？例如，你无法“从内部”将自身的心理状态识别为概念J47或颜色感觉294。将你的心理状态的内容当成理所当然，根据其内容把它们挑选出来，这样你就掩盖了所有内容的不确定性或模糊性问题。获取你自己的心智很简单；而读取一只蜜蜂的心智，会将难题推到明处。除非我们能够使对心理状态的常识映像式识别与对亚个体层面的信息结构和事件的科学映像式识别相一致，否则我们无法获得一个完整的关于意识的科学。在常识映像式识别中，我们基于的是心理状态的内容[12]；在科学映像式识别中，我们识别的对像在因果上负责产生特定用户错觉的细节，这种用户错觉构成了我们自认为置身其中的世界。

以下是笛卡尔视角的持久力的另一个来源。通过假设我们正常人是理性的，因此具有理解（而不仅仅是能力），我们默认了我们对意向立场的日常应用不仅实用且有价值，还是关于人类心智的简明真理。这让我们成了杰出之人的同伴：我们成了智能设计师，有点儿像那些设计了我们的智能设计师。我们不想放弃这份荣幸，不是吗？因此，我们通常会夸大我们自己和我们的人类同胞在创造中做出的贡献、在恶行中应担的责任，赞美和指责都超出不加修饰的因果关系观点所支持的程度。

除此之外，还有一个巨大的回报，笛卡尔视角似乎与自由意志和道德责任的传统观念十分契合。本章中，我大致勾勒了我对意识的描述。关于这一描述的各种版本，我在数年前曾试图揭开为什么有人会反对它们，并发现很多认知科学家，不仅仅是普通人，甚至会拒绝考虑它们。我正是在那时意识到了上述的笛卡尔回报具有怎么样的渗透性。在我平息了那些认知科学家的抵触情绪后，他们通常会说出最终的谜题："但自由意志呢？对意识的完全唯物主义的描述岂不是意味着我们在道德上不能承担任何责任吗？"答案是否定的。

下面我会简述为什么要对意识进行完全唯物主义的描述（我已经在两本

书和许多文章中就这个问题发表过自己的看法）。自由意志是一种以某种方式独立于物理上的因果关系的个人力量，传统的关于自由意志的观点作为道德责任和意思的基础，既是无逻辑性的，也是不必要的。那些将自由意志看成一种假想之物或错觉的科学家和哲学家是对的，它的确是常识映像的用户错觉的一部分。这使得自由意志成了以下几者的同类：颜色、机会、金钱、承诺和爱（这些是从大量可供性中挑出的几种有价值的例子）。

如果自由意志是一种幻觉，那么出于同样的理由，这几个例子也是幻觉。自由意志不是一个我们希望消解或拆除的幻觉；它是我们生活之地，没有它，我们就无法以我们的方式生活。但当这些科学家和哲学家进一步声称他们“发现”的这种（良性）幻觉对法律以及我们是否应当为自己的行为和创造性负责这样的问题来说具有重要影响时，他们的论据消失了[13]。是的，我们应该去除“报应主义”残酷的外衣，该观念认为人们对自己的行为负有绝对责任（上帝视角）。我们应该确保建立一个健全的、实用的、可辩护的道德和司法系统，它在需要惩罚时会实施惩罚，但框架和态度完全不同。你可以通过自问以下问题来了解这一点：如果因为自由意志是一种错觉，没有人对自己的所作所为负责，我们是否应该废除足球中的红牌和黄牌、冰球比赛中的“小黑屋”以及其他体育项目中的惩罚系统？

自由意志和道德责任的现象，是值得在人类的常识映像的本体论中出现的项，而一旦我们剥去一些由传统积累的魔力，并使其在科学映像中重视，它就能稳健地存活下去。以我之见，得到适当的改良和理解的自由意志和道德责任是我们最核心的本体论中合乎情理的要素。不论我的观点是否正确，我们都需要认识到对日常生活中的这些重要特性注定会消亡的恐惧如何产生一种强大的抗拒情绪，后者扭曲了那些试图辨明人类意识本质的人的想象力。

尼克·汉弗莱是一位作家，他在《灵魂探索：人性与超自然信念》（*Soul Search: Human Nature and Supernatural Belief*）一书中最有力地引起了人们对以下一种无可争辩的偏见的关注：人们倾向于支持“精神层面的”说明（Humphrey，1995）。正如汉弗莱所表明的，人们倾向于认为相信超自然力量不仅是可原谅的，而且在道德上也是值得称赞的。轻信与虔诚为邻。很多人认为，人类的心智是这世界上保护神圣事物的最后的堡垒，而揭示它就意味着要摧毁它，所以为了安全起见，我们最好将意识完全地排除在科学可触及的范围之外。而正如我们所看到的，人们对任何可能看起来像是在质疑以下推定的考虑都怀有巨大的抵抗情绪：诸如灰熊、小狗和海豚这样的非人类动物也拥有心智，即使与我们的心智不同，但也足够像我们的心智，足以为它们提供一些道德上的地位，也许不包括道德责任，但至少包括不受虐待的权利。

出于上述理由，抵抗笛卡尔引力需要进行一些艰苦的想象力训练，且在此过程中我们需要避免矫枉过正。我们必须抛开那些看起来不容置疑的直觉，并认真对待某些最初看起来自相矛盾的建议。这很难，但科学中有很多关于如何做到这一点的先例。即使是学龄儿童也能毫不犹豫地摆脱前哥白尼式的直觉和前伽利略式的直觉，而当他们进入青少年时期，就可以放心地用爱因斯坦式的直觉替换一些牛顿式的直觉。我承认对我来说，尽管进行了很多心理上的“体操训练”，接受量子物理仍是一项未完的工作。无论如何，对我来说，接受达尔文、图灵和休谟的奇怪的推理倒置要更容易。通过给出关于笛卡尔引力产生的原因的概述，我试图帮助还没有被说服的人找到一个有利的位置，使他们可以由此看到自己在想象上存在的弱点并克服它们。

人类的意识不同于所有其他动物的意识，因为它很大程度上是文化进化的一个产物，它在我们的大脑中安装了大量的语词和许多其他思考工具，从而创造了不同于“自下而上”的动物心智的认知体系。通过为我们的心智提供表征系统，这种体系结构为我们每个人提供了一种视角，即用户错觉，从中我们可以有限地、有倾向性地访问我们大脑的工作方法。我们总是会不由自主地将大脑的工作方法曲解为对世界的外部属性（颜色、气味、声音等）和我们自己的很多内部反应（得到满足的预期、得到确认的欲望等）的一种渲染（在外部世界或一个私人屏幕上展开）。**我们清醒时不断进行着自我探索和反思，这使我们能够独自去理解我们的能力，以及世界以现在的方式存在的很多理由。由于这种由文化进化生成的共生信息结构的泛滥，我们的大脑才得以成为人工制品和我们自己生活的智能设计师。**

15
后智能设计时代

我们理解的极限是什么

如果我们的大脑非常简单，简单到我们可以理解它，那么我们就会变得非常愚笨，愚笨到无法理解我们的大脑。

——爱默生·M. 皮尤

《人类价值观的生物学起源》[1]

自史前时代以来，人类的理解力一直在稳步增长。四万多年来，我们一直生活在智能设计的时代，我们制造容器、工具、武器、衣物、居所和交通工具，创作音乐、诗歌、艺术品，发明并改进农业实践，以及组织军队。在这些过程中，既有对传统的忠实遵守，也有无心之举式的即兴创作，以及有意的、有目的的系统性研发，还会不定时地出现“灵感迸发”的天才时刻。我们对各领域的智能设计拍手称赞，并从童年起就渴望获得对于我们的创造的认可。上帝的概念，这个我们按照自己的形象创造出的智能设计师，也是人工制品的一种。这说明了我们对社会中的智能设计师多么尊重。

我们认识到了这些劳动成果的价值，而人类的法律和传统旨在创造一个人造环境，在那里我们可以保存和增加我们积累的财富。它是一个真实存在的环境而不仅仅是一个虚拟世界，但它同样是一个人工制品，我们称之为文明。我们十分清楚，我们与其他物种一样，都有灭绝的可能性。我们可能会全部毁于一次瘟疫或科技灾难，或者换个不这么可怕的说法，我们可能会毁掉当前的文明而回归托马斯·霍布斯（Thomacs Hobbes）笔下的自然状态，在那里，生命是残忍、野蛮且短暂的。然而，我们是否曾想过，这种以具有理解力的人为英雄的时代可能会过去，而与此同时智人还在持续繁衍，比它的名字（有见识的原始人）存在的时间还要长？有一些令人不安的迹象表明由于过度依赖各种可节省劳动力的发明，我们正在变得过度文明化（overcivilized），并进入了后智能设计时代（age of post-intelligent design）。

本章开篇的那句话，是皮尤关于使用我们大脑去理解我们大脑这个壮举的充满智慧的反思，这句话被很多其他作者以各种方式进行了引用，而且它很可能被独立地改编过很多次。其中一个变种是我最喜欢的乔治·卡林（George Carlin）所说的一句俏皮话：

> 很多年间，我一直认为我的大脑是我身体中最重要的器官，直

到一天我想到，嗯，看看是谁这么告诉我的！

这背后是否包含着一个重要的真相，或者这只是笛卡尔引力妨碍我们去理解人类意识的另一种方式？乔姆斯基曾提出了一种获得了人们很多关注和支持的区分方式，他认为一方面是我们可以解决的“问题”，另一方面是我们不能解决的“谜题”。科学和技术已经解决了很多关于物质、能量、引力、电、光合作用、DNA 的问题，类似的例子还有潮汐的起因、肺结核、通货膨胀以及气候变化。还有数以千计的其他问题正在得到解决。但无论我们解决问题的科学能力多么高超，总有一些问题是人类的理解力无法触及的，我们将其称为谜题。意识及自由意志占据着乔姆斯基的谜题列表的顶端。一些现在被称为神秘论者的思想家，一直在积极地宣传这一未加辩论的断言。的确有可能系统性地存在人类目前乃至永远都无法触及的谜题，但对于这一令人不安的观点，乔姆斯基及其他神秘论者给出的论据尽管表面上看来是有吸引力的，但实际上并不具有说服力。下面是对“认知闭合”（cognitive closure）论的一种解读：

一个不可否认的生物学事实是，与所有其他动物一样，人类的大脑也是严格受限的。从我们所处的相对超凡的有利位置去观察，我们可以发现鱼类在使用自身的方式时很聪明，但显然它们不具备理解板块运动的能力，而狗也无法理解何为民主。每个生物的大脑都有其自身的认知闭合，对于超出这个范围的很多议题，根本就无法理解和想象（McGinn，1990）。我们两耳之间的器官不是奇迹般的思维实体，而仅仅是大量的受限于物理学和生物学法则的脑组织。

直到此处，这些论据都是关于不容置疑的物理事实的，我对此并没有任何反对意见。然而接下来的论据是这样的：

> 人类的大脑能够以某种方式不受限于这些自然限制这一假设，是极不符合生物学规范的。这种妄自尊大的假设是前科学时代的遗风。

如果不是因为同样明显的生物学事实，即人类的大脑早已配备了成千上万个思考工具，从而使其认知能力得以成倍增加，这一论据本应是强有力的。然而，正如我们所看到的，语言是一个关键发明。它通过提供一种能使我们与任何一个拥有思想的聪明人类的认知能力相结合的媒介，扩展了我们的个体认知能力。最聪明的黑猩猩也永远无法与同种群中的其他黑猩猩交换意见，更不用说与数以百万计的已经去世的黑猩猩交流了。

认知闭合论的关键弱点，在于谜题的佳例行踪不定，而且这是它们的一种系统性特点。一旦你设定了一个你认为永远都无法得到解决的问题，你就开启了那个很可能证明你错了的过程，即你提出了一个调查主题。而你提出的问题可能一开始就是错的，这一点很可能会在你试图回答这一问题的过程中得到证实。这种将所问的每个问题“元”化是哲学的自反性求知欲，它几乎可以确保会出现对不同的问题的近似详尽的搜索（有时并不比随机搜索更好，有时则极具导向性），而这一问题会被证明是更明白易懂的。要改进我们对“谜题”的解决方案的搜索，关键就在于不断地提出更好的问题，而这种改进完全超出了任何没有语言的生物的能力范围。“什么是民主？”狗肯定永远不会知道答案，它甚至永远无法理解这个问题。我们能够理解这些问题，这从根本性上改变了我们的探索，将完全无法想象的谜题变成了值得去尝试解决的问题。

也许是考虑到语言实质上具有无限扩展我们理解的能力，乔姆斯基在2014年调整了自己的立场。虽然问题和谜题之间存在“概念上的区分”，“我们接受科学能给我们的最好的解释”，即使我们无法想象它们是如何行得通的。“我们能想出什么，已不再重要。我们已经放弃了对这个问题的探索。”换句话说，语言及由语言支撑的科学工具，使我们获得了关于某些令人不解的现象的一个良好的科学理论。它是一个值得重视的理论，尽管我们不能从根本上理解它。这意味着，我们最好接受这一理论，并用通过该理论做出的预测来指导我们的生活，而不必理解它是如何或为何行得通。无论这种转变能否吸引到神秘论者，这仍然是一个有趣的想法。但这是真的吗？

在大脑中下载数千种通过文化获得的思考工具，能够让我们极大地扩展自己的能力，但这难道不是仅仅推迟了认知闭合的到来吗？人类的心智或大脑能够承载多少学校教育？在这一问题上，我们发现了神秘主义的推测中存在着一个歧义。它所宣称的究竟是存在任何个人都无法理解的谜题，还是存在超出整个人类文明共同理解范围的谜题？分布式理解是指作为群体的我们也许能理解我们中的每个人都无法单独地完全理解的一些事物。这在一些人看来是荒谬的，因为他们相信存在一个能够自己创造一切的智能设计师，一个已经厘清一切问题的天才。这是一个有很多常见变体的主题。一幅来自伦勃朗画室的画，无论在价格上还是在艺术造诣上，都不如伦勃朗本人画的画。小说一般只有一个作者（那些重塑了小说架构的勤奋编辑通常不会得到人们的认可），当创意团队，例如威廉·吉尔伯特（William Gilbert）和阿瑟·沙利文（Arthur Sullivan），以及理查德·罗杰斯（Richard Rodgers）和奥斯卡·汉默斯坦二世（Oscar Hammerstein Ⅱ）获得成功时，他们几乎都是进行了明确分工的，例如一个作词，一个作曲。但几个世纪以来非虚构的合著作品一直很常见，且在如今的科学研究中，由一个作者创作的论文十分罕见。

认知科学的奠基之作之一《行为的计划与结构》（*Plans and the Structure of Behavior*），是由乔治·米勒、尤金·加兰特（Eugene Galanter）和卡尔·普里布拉姆（Karl Pribram）共同撰写的。它引入了测试－操作－测试－退出单位（Test-Operate-Test-Exit，TOTE）的概念。TOTE 单元是反馈循环概念的初步形式，它在从行为主义到认知建模的转变中起到了关键的作用。尽管它在早期有很大的影响力，但如今熟知这一概念的人已很少，曾有一个关于它的著名玩笑话，那就是“写下它的是米勒，将其正式化的是加兰特，而相信它的则是普里布拉姆”。在那时，认为这样的分工是可行且会成功的想法在人们看来是很可笑的，但如今不是了。科学中充满了合作，理解数学的理论家、依赖理论家且不精通数学的实验人员和田野工作人员共同创作了多作者的作品，他们每个人对其中的很多细节只是部分理解。持各部分理解而聚集在一起的其他联合体也取得了很好的发展。

让我们假设存在一本多作者、多卷本的书《意识的科学理论》（*The Scientific Theory of Consciousness*）[2]，它被科学界无可置疑地接受了。这本书将成为关于人类意识的标准教科书，可用于神经科学、心理学、哲学及其他意识在其中占据关键位置的学科中。尽管有人声称已阅读完了整套书，但没有人声称自己完全掌握了其在每个层次上的解释。这是否能被用作支持乔姆斯基的神秘论的证据，说明意识问题仍然是一个谜？因为没有哪个理论家能独自完成对它的构想，或者使意识问题不再可能是神秘论者眼中不可理解的谜题。

随着文明的进步，我们已经得知分工使很多事成为可能。一个人或家庭能够制作简单的房子或独木舟，一个小的社区能够建造谷仓或兽栏，但是建造大教堂或者高速帆船则需要数百名包含数十种工种的工人。如今欧洲粒子物理研究所（CERN）和其他大型科学阵营发表过包含数百名合著者的同行评议论文。通常，没有一个团队成员能够声称对全部工作有全景式的理解，如今我们中最聪明的独立思考者也都明显依赖于其同事提供的专业性反馈和确认。

例如，在 1995 年证明了费马大定理的英国杰出数学家安德鲁·怀尔斯（Andrew Wiles），他在数学史上取得的成绩算得上是里程碑式的。但仔细看他证明费马大定理的过程，包括其错误的开始及在第一个版本中没有被注意到的漏洞，我们可以发现这一成就实际上是一个专家交流社群共同努力的成果，他们为了完成证明费马大定理这一创举，既合作又竞争。并且，如果没有众多层次、经过验证的数学成果作为基础，怀尔斯或其他任何人都无法判断该定理是否已被证明。[1] 如果你是一个独狼式的数学家，并认为自己已经证明了费马大定理，你不得不考虑这样的分裂——要么是你刚刚完成了对费马大定理的证明，要么是你疯了。因为数学史上有很多杰出的数学家都曾幻想过自己成功地证明了费马大定理，这使你不得不认真考虑后者的可能性。只有同事的认可和随之而来的祝贺可能或可以平息你的焦虑情绪。

---

① 西蒙·辛格（Simon Singh）的《整个故事》（*The Whole Story*）是迄今为止我发现的最容易理解的相关叙述，它是杂志《普罗米修斯》（*Prometheus*）上发表的一篇文章的编辑版本。

即使是因个性及“神圣的灵感”而被珍视的艺术家、诗人或音乐家，也是在深入理解了其前辈的作品之后才创作出自己最好的作品。20世纪的反叛艺术家痴迷于反抗已有艺术，试图创作出超原创性的作品。这些人要么逐渐被历史遗忘了，要么被历史证明了其作品中借鉴前人的部分超过了其愿意承认的比例。画家菲利普·古斯顿（Philip Guston）曾经这样阐述自己是如何从前人的成果中汲取养分来完成创作的：

> 我相信这是约翰·凯奇（John Cage）曾告诉我的，“当你开始创作时，每个人都在你的画室里，你的过去、朋友、敌人、艺术界，但最重要的是你自己的想法，都在那里。但是当你持续创作时，他们开始逐个地离开，然后只剩你独自一人在那里。然后，如果你是幸运的，你会进入忘我之境”（Guston，2011）。

我们天生拥有的大脑有着怎样的限制？目前，我们可以注意到，无论这个限制是客观存在的还是绝对的，我们都已经发现并在很大程度上完善了一种可以推迟与这一弱点对峙的方案，即系统性合作和非正式合作。群体能够做并（按理）理解那些个人无法做到的事，而我们的大部分能力源于这一发现。在我看来，要想使对这种群体理解的想法的抵制成为可能，只能将理解推至一个神秘的顶峰，但这个顶峰与我们自己和他人用于解决问题和创作杰作的理解几乎无关。这削弱了神秘主义的论据的优势。通过忽视合作理解的力量，这种论据提出了一个过时的议题，它将理解视为要么全有要么全无的神赐之物，而事实上，这样的事物是极少的。

令自己“清晰而分明”的观点获得完美的理解，是笛卡尔生前非常在意的一件事。他争辩说，为此，他需要证明存在一个仁慈的、万能的且能使人醒悟的上帝。他的思想实验式假设是，如若不然就可能存在一个邪恶的魔鬼试图在他最确信的观念上欺骗他，而这种“原则上的可能性”严格限制了笛卡尔的思考范围。对笛卡尔来说，只有我们为显而易见的数学真理所留存的那种确定性才算作真正的知识（这类真理包括：2+2=4，一个平面三角形有三条边，三角形的内角和等于两个直角），而只有我们对一个最简单的证明中各个步骤的清晰且完全无杂质的理解才能算作完美的理解。笛卡尔依赖上帝作为其论证的验证者，而如今人们依赖众多学者不可能以不同的方式得出同一个错误结论的可能性来说明自己的论证无误。这背后的逻辑类似于当你在航海时至少会携带 3 个航海计时议，当其显示不一致时，一致的那两个所显示的结果可能是对的。例如，我们倾向于忽视以下事实的重要性：我们有关于很多人在乘法和除法问题上独立得出相同答案这种现象的大量体验，但如果我们没有这方面的体验，那么无论我们对数学的内在必然性或仁慈的上帝的存在进行再多的分析性自省，我们也无法说服自己相信自己的计算。算术是一个完备的计算系统吗？可能是的，因此你愿意以自己的生活为赌注。

看，妈妈，没用手①

> 文明是通过扩展那些我们能够不必思考就执行的重要任务进步的。
>
> ——怀特海

① 指小孩为了给自己的妈妈展示自己可以熟练骑自行车，双手放开自行车把，同时向自己的妈妈喊：“看，妈妈，没用手。”——编者注

那些我不能创造的，我也不理解。

——费曼

我认为，由自然选择主导的基本、自下而上、毫无头绪的研发已经逐渐创造出了起重机这样能使设计工作更有效的可节省劳动力的产品，这为更多的起重机打开了设计空间，使我们加速进入了智能设计时代。而在这个时代中，自上而下的、自省式的、理性构造的、系统化的且具有前瞻性的研发可以蓬勃发展。这一过程成功地改变了塑造我们和其他有机物的选择性力量的平衡，并创造了带有高预测性的理论，而这些理论又回顾性地解释了它们自身的创造过程。这一连串的起重机不是奇迹或上帝的礼物，而是基本进化过程的天然产物，伴随着生命之树的其他果实一同生成。

回顾过往，在数千年间，我们人类逐渐学会重视个体心智的能力。基于所有生物都具备的本能习性，我们会区分食物与毒物，并且与其他可移动的有机体一样，我们对其他可移动事物的生命度（导向性移动）格外敏锐，尤其是对引导这些移动的信念和欲望（信息和目标）等格外敏感，如我们会尽可能地去追踪谁知道什么和谁想要什么，以此来指导我们自己在寻求和躲避方面的尝试。这种先天的偏向是意向立场的遗传基础；意向立场是指我们将彼此视为理性主体的做法，并且这种理性主体是由基本上真实的信念和基本上有序的欲望所引导的。我们对这些议题的持续兴趣产生了我们用以理解彼此的大众心理学。我们不仅用它来预测和解释我们在邻人和自己身上观察到的重复性行为，以及那些不做就显得很蠢的“强制行动”（forced moves），甚至还可以预测和解释许多标志着“天才”的“洞察力”。也就是说，我们的预期经常被证实，这使得我们更加支持意向立场，而当我们的预期被证明有误时，我们常常会转而依靠对失败的“解释”，而这些解释往好了说是启发性猜测，往坏了说就是误导性神话。

我们会鼓励我们的孩子保持好奇心和创造力，并且我们会自觉地识别出自己思考过程中的限制和缺陷，从而努力克服它们。我们最珍视的心智，是那些既不太可预测（无聊的、没有挑战性），也不太杂乱无章的心智。熟能生巧，并且我们发明了鼓励我们在大脑中展开演习的游戏，例如围棋、国际象棋和扑克牌，以及允许我们在越来越人工化、复杂化的环境中应用思维动作的假体装置，如望远镜、地图、计算器、钟表和成千上万的其他装置。在所有的调查和设计领域中，我们都有高度组织化的专家群体，他们通过合作来创造和完善理论和人工制品，并且我们采用传统规范和市场机制为这些专家项目提供所需的时间、材料和能源。我们是生在一个由我们的祖先为智能设计师智能地设计而出的世界里的智能设计师。如今，在经过了数个世纪的幻想之后，我们已经开始设计和生产能够设计和创造人工制品的人工制品。

众人拾柴火焰高，这则谚语既适用于建造谷仓，也适用于脑力劳动。但我们现在发现，不用动手的设计工作通常不仅更加轻松、容易，而且由于人类最新设计的人工制品，它也更有能力。

纳米科技是化学与材料科学的新兴领域，它正开始在原子层面构建人工制品。先驱们出色而耐心的手工劳动在其中发挥了重要作用；这些先驱开发了能操纵、移动、切割、分离和固定纳米级物质碎片的复杂工具。与早于它出现的 GOFAI 一样，纳米技术最初是自上而下的智能设计，是一种手工制作大量“灵丹妙药”、智能材料以及其他纳米机器人的绝妙方法。纳米技术已取得成功，并且一定会取得更多成果，尤其是在有了 CRISPR 这一新工具之后（非技术性简介参见 Specter，2015）。与彻底改变基因测序的技术 PCR 一样，CRISPR 使得基因可以或多或少地被编辑和拼接，替代了之前十分复杂且费力的技术，将所需的时间和努力降低了几个数量级。加州大学伯克利分校的詹妮弗·道德纳（Jennifer Doudna）和法国科学家埃玛纽埃勒·沙尔庞捷（Emmanuelle Charpentier）是这台新型“起重机”的两位极具智慧的设计师。

这些技术，就像由皮克斯和其他计算机动画公司开发的技术一样，创造了按键式自动化流程，替代了数以千计的天才苦工（这种说法并不矛盾，指极有才华的人做着极其重复但要求极高的工作）。1937 年，当迪士尼公司发行《白雪公主与七个小矮人》时，它栩栩如生的动画效果震惊了全世界，而这些动画是数百名优秀动画师的劳动成果。他们通过高度组织化的团队，将生活中的动作拆解为电影中数千帧所对应的画面。这样的艺术“血汗工厂”已经是历史，成为逐帧动画师所需的天赋基本上已经过时。遭遇类似的还有早期分子生物学家，他们的才华在于能巧妙地分离出基因片段，并耐心地一次一个密码子地诱导它们显现出自己的序列。这种将曾经烦琐的任务自动化的故事，在包括天文学和文本分析在内的诸多其他领域中都能找到。

一般来说，这类任务包含大规模收集、排序和细化数据，将之自动化使得分析人员有更多的时间来反思结果。我永远无法忘记我在一位神经科学家的实验室里度过的一天。年轻有为、前程似锦的他一整天都在收集恒河猴大脑中长期植入电极所产生的数据。那段时间，在大脑各区域活动对意识有什么调节作用的问题上，各派理论争得沸沸扬扬。当天晚些时候，我问他对此有何看法，他叹了口气，说道："我没有时间思考！我太忙于做实验了。"能最大限度地减少机械性劳动的新技术在能力上无疑是出色的，但它们仍然只是工具，并不是你的机器人同事。这些工具完全依赖于智能的工具使用者和指导者（实验室指导者和工作指导者）的决策和意图。

如今，我们开始意识到并利用奥格尔第二定律所揭示的真理——进化比你更聪明。自下而上的、不知疲倦的自然选择算法（及其近亲），正在被诸多领域的智能设计师用来做烦琐的搜索工作，以完成大海捞针般的搜索任务。

这些探索包含了实验室中实际的生物学自然选择。例如加州理工学院的弗朗西斯·阿诺德（Frances Arnold）通过混合蛋白质来创造全新蛋白质的工作。她设计出了一种系统并因此获得殊荣。该系统可以产生大量变异基因（蛋白质的 DNA 配方），并测试其产生的蛋白质，以生成从未在大自然中被发现过的天赋。

> 我们正在开发用于蛋白质工程的新工具，并利用它们制造新的、得到改进的催化剂。这些催化剂可用于固定碳、从纤维素等可再生聚合物中提取出糖，以及实现燃料和化学制品的生物合成（Arnold, 2013）。

阿诺德意识到，由于可能的蛋白质空间远大于已存在的蛋白质空间，因此几乎可以肯定现实中存在一些从未被探索过的渐进进化路径，这些路的尽头是神奇的药物、组织和催化剂，它们是一群能够遵循我们指令行事的纳米机器人。当阿诺德还是一名研究生时，一位资深科学家提醒她，这世上不存在未知的具有她所预期的性质的蛋白质。对此，她勇敢地回应道："这是因为它们从来没有被选择过。"

> 因此，这些酶可能会开辟出"化学空间"的全新领域——一个之前的制药化学研究无法探索的领域（Arnold，2013）。

阿诺德创造出了一项生成全新蛋白质的新技术，该技术的核心是一种特殊的氨基酸长链，它们连接在一起时，可以折叠形成具有非凡能力的纳米级进化机器人[3]。另一项看似十分不同的技术是由加州大学圣克鲁斯分校音乐教授戴维·科普[4]开发的，该技术可以通过计算机程序生成新颖的音乐，即一种音符与和弦的长序列，当它们连接在一起时，可以产生非凡的音乐，类似巴赫、勃拉姆斯、瓦格纳、斯科特·乔普林的作品，甚至能产生音乐喜剧的歌曲（Cope & Hofstadter，2001）。科普的音乐智能实验（Experiments in Musical lntelligence，EMI）生成的数千首音乐究竟有多少原创性？显然，这些作品在风格上大量借鉴了它们所模仿的杰出音乐家，是种衍生品，但它们并非只是纯粹的复制品，也不仅仅是在复制之后增加了几个随机的改变，而是包含了一定的创造性。它们能吸收和消化大师的作品，并通过计算处理提取其精髓和风格，然后按照相同的风格创作全新的曲调。这是一个十分复杂的音乐壮举。如果你是一个音乐家，可以尝试创作一首纯肖邦、莫扎特、贝西伯爵（Count Basie）或埃罗尔·加纳（Erroll Garner）风格的钢琴曲，然后你就会体会到我的意思。简单的模仿并不难，尤其是以像埃罗尔·加纳这样彬彬有礼的爵士音乐家为对象时，但人类作曲家需要具有非凡的音乐洞见和天赋才能创作出好的音乐。

目前，科普在30多年间持续设计并完善的EMI已经制作了许多结构完整的钢琴曲、歌曲、交响乐及其他音乐作品。科普都没有对这些音乐作品进行过编辑，他只在最终决定众多作品中哪些值得一听时介入。我在于2015年12月举办的蒙特利尔巴赫音乐节上对EMI进行了一次测试，这是多年来人们对它所进行的多次测试之一。在这次测试中，我发表了一个演讲，先是向听众讲述了本书的部分要点，然后请乌克兰钢琴家谢尔盖·萨洛夫（Serhiy Salov）弹奏了4段钢琴短曲。我告诉在场的300名巴赫爱好者，其中至少有一段是巴赫的，有一段是由EMI制作的，请他们听完后进行投票。其中两段由EMI制作的短曲，被数十名听众认为是真的巴赫作品（也许误判的听众不占大多数，但和反方相差无几）。而当我请全部都选对的听众起立时，只有十几人伴着掌声站了起来。

科普和阿诺德一样，都只是设定目标并决定何时可以宣布胜利，除此之外一概不插手。这些不同的研究项目，是达尔文主义的有条不紊的选择的变体，其中，自然选择的选择性力量是通过一个有洞察力的、有目的的、有远见的主体的神经系统来聚焦的。然而，这个过程中的繁重任务是由自然选择算法通过不知疲倦的模式识别完成的，其中一系列没有得到理解的生成–测试循环逐步完善了搜索过程。

由于自然选择是一种基底中性（substrate-neutral）[5]的算法系列，可以在任何具有几个简单性质的介质中发生，因此计算机程序中模拟的进化有时会比在生物体内进行的进化更快、更便宜，并且几乎可以应用于你定义的任何问题。佩德罗·多明戈斯在2015年出版的《终极算法》（*The Master Algorithm*）一书中，对“机器学习”或“深度学习”的达尔文式系统的所有新变体进行了生动且权威的描述。多明戈斯通过识别5类“机器学习部落”简化了算法热潮，这5个学派分别是：符号学派（GOFAI的后代）；连接学派（麦卡洛克和皮茨的逻辑神经元的后代，见第6章）；进化学派［约翰·霍兰德（John Holland）的遗传算法及其后代］；贝叶斯学派（那些为实现贝叶斯期望生成器分层网络的能力而设计出实用算法的人），以及类比学派［由伊芙琳·菲克斯（Evelyn Fix）和J. C. 霍奇斯（J. L. Hodges）于1951年发明的最近邻算法的后代］[6]。这5个学派在不同的层面上都反映了自然选择的模式。显然，由于它们是构筑在计算机之上的，因此都是由图灵提出的完全不需要理解的能力（条件分支和算术）组成的，并且也许除了符号学派的创造，它们都是自下而上的、大海捞针式的重复搜索，以极大的可靠性逐步为棘手问题找到好（或足够好的）答案。

曾供职于密歇根大学和圣塔菲研究所的约翰·霍兰德是数十位杰出认知科学家和计算机科学家挚爱的导师，于2015年与世长辞。他是遗传算法的发明者，这种算法与基于自然选择的进化有明显的相似之处，深受达尔文主义者的欢迎。在遗传算法中，有大量的变异编码，每个变异编码都有机会在解决问题上取得进步。这项环境试验中的获胜者可以繁殖，会产生一种性别，以及类似于精子和卵子产生过程中出现的随机基因混合的“交叉”。经过许多代之后，最初随机编制的计算机代码串所具有的能力会得到显著提升。遗传算法被卡尔·西姆斯（Karl Sims）用于设计他那些迷人的进化的虚拟生物，也帮助人设计出了电路板、计算程序等没有花哨修饰的实用工程学范例。多明戈斯指出，2005年，在基因层面设计出的因子优化系统获得了专利（格罗夫斯将军，他们正在向你逼近）。建筑师已经开始使用遗传算法来优化建筑物的功能属性，例如其安全性、结构强度和材料的使用，以及对光线和能源的利用能力[7]。

在科学研究中，人们正在利用机器学习以蛮力解决人类无法分析的问题。值得注意的是，杰出的理论物理学家理查德·费曼在他生命最后的几天里花了很多时间来探索使用超级计算机解决物理学中那些无法用方程解决的问题。他亲眼看到自己的格言或多或少地过时了。尽管“那些你无法创造的，你也无法理解”仍然是正确的，但能创造出某物不再像过去那样意味着你对它一定是理解的。如今，我们可以非常间接地创造出这样一些东西：它们能按我们的要求行事，但我们无法真正理解它们。这有时被称为黑箱科学。你买了最新的高科技黑箱，输入原始数据，然后进行分析。你得到了一些图表，它们已经可以印刷出版了，但你无法详细解释这个黑箱是如何工作的，也无法在它出问题时修理，甚至不确定是否有人能修理。当然，这种可能性始终存在。对我们亲手制作的事物，例如船、桥、发动机或交响乐来说，我们或多或少可以在制作它们的过程中进行控制并理解其中的每个步骤。而我们用“老方法”制作的物体，如孩子、孙子等，则是我们无法理解的，因为我们对制造过程的细节无知无觉。如今，我们正在产生大脑的孩子、大脑的孙子和大脑的重孙等，它们依赖于我们无法详细理解的过程，即使我们能证明其结果是可信的。

计算机在研究中的应用，给费曼之前的格言带来了几个截然不同的挑战。有些由计算机执行的数学证明太长了，单个的人类数学家无法逐步对其进行检查，而逐步检查是数学界数千年以来的验收标准。应该给予什么？一个著名例子是 1976 年，计算机辅助完成了四色定理的证明。莫比乌斯于 19 世纪 40 年代首次对四色定理提出了讨论，该定理指的是任何由共享边界线分隔开的相邻区域的地图，都可以只用四色进行标记，并保证边界线两侧的相邻区域不会出现相同的颜色。在世界上一些极为聪明的数学家对该定理进行了多次失败的证明尝试后，肯尼斯·阿佩尔（Kenneth Appel）和沃尔夫冈·哈肯（Wofgang Haken）利用计算机处理并排除了近 2 000 种不同可能性，而就像他们已经证明的，这些可能性是必须排除的。之后的很多年，他们的证明并没有得到承认，因为其中包含了人类无法检查的、由计算机执行的步骤，但如今数学界的共识是四色定理已被证明。另外一个对该定理的证明也是通过使用计算机完成的。这是一个凭直觉得到的结果：尽管进行了数百年的尝试，但没有人能提出一个反例，因此大部分数学家在其被证明之前，已认为这是真的。但也有一些违反直觉的定理已经在计算机的辅助下得到了证明。国际象棋中的 50 步规则，是指当一局游戏在 50 步之后还没有出现吃子或拱卒，即算平局。在很长一段时间里，专家认为这个规则太宽松了。然而直到人们通过计算机分析发现某些能够把对手的王将死的走法序列包含超过 50 步没有吃子或拱卒的情况，这一规则才被改写。在经过一些数字修改试验后，国际棋联最终决定保留 50 步规则，因为原则上在人类比赛中永远不会出现 50 步后取胜的可能性。

分析国际象棋棋局的计算机程序与证明数学命题的计算机程序一样，也是传统的、自上而下的、智能设计的程序。多明戈斯关注的程序在本质上与之截然不同。正如他指出的，“我们应该将机器学习看成反向编程，例如平方根是平方的反向操作，积分是微分的反向操作”。这是又一个奇怪的推理倒置，或者更恰当地说是基本的达尔文式倒置的又一个例子，即无须理解亦能胜任。《终极算法》中的“核心假设”十分惊人：

> 任何知识，不管是过去的、现在的还是将来的，都可以通过一个单一的、通用的学习算法从数据中导出。
>
> 我将这个学习算法称为终极算法，如果这个算法是可能的，发明该算法会是历史上最伟大的科研成果之一。事实上，终极算法会是我们最后的一个必要发明，因为一旦我们将它释放出来，它就会继续发明其他一切可以发明的东西。我们唯一要做的是给它提供恰当类型的数据，它就会发明相应的知识。

我不清楚他是否真的这样想，因为很快他就变卦了：

> 没错，有些人会说机器学习可以在数据中找到统计规律，但永远无法发现像牛顿定律这样的深层次事物。它目前的确做不到，但我相信将来是可以的，我敢打赌。

因此，这只是一个赌注，而不是一个能够在他的书中通过合理的论证阐述的假设。无论如何，他在书中明确表达如此极端的前景都是有用的，因为毫无疑问，很多人做了与这种可能性有关的半成形的噩梦，而且这有助于人们用怀疑的目光审视这一前景。我们可以将多明戈斯的赌注作为思考的起点。机器学习是否能够超越寻找“统计规律”？多明戈斯认为它可以，但他如此乐观的依据是什么？

智能体的结构

我们已经看到贝叶斯网络是如何出色地梳理出对有机体及其可供性至关重要的统计规律。通过自然选择获得了这种网络的动物大脑能够灵巧地指引自己的身体，但其本身缺乏采用新视角的能力。我认为，这种能力需要大脑感染上大量的模因，即在其他地方设计并安装在大脑中的认知能力（习惯、方式），即深刻改变大脑认知结构并将其转变成心智的习惯。迄今为止，只有智人拥有这样的大脑。

正如真核生物的诞生来自一个突然发生的技术转移，其中两个独立研发形成的单元经过一次共生作用，迈出了决定性的一步①，人类有理解能力的头脑也必须是由两个独立研发成果结合而成的共生性产物。我认为，我们的心智起源于动物的大脑，它们在很大程度上已经被重新设计为承载在其他地方被设计而出的思考工具——模因的绝佳基础。其中最主要的模因是语词。从这个意义上说，我们是在无意识中获得绝大多数语词的：在我们年轻时，我们并没有意识到自己一天学会了 7 个新语词，而其中的大部分并不是有意被谁教给我们的。我们通过在使用这些语词的早期经验中寻找规律，逐步掌握了这些语词的意思。一旦我们理解了语词，我们就可以开始使用它们，但我们对这种使用并不一定知情。你词汇库中的每个语词都有一个相应的首次出现的标记，即你第一次在公开场合说话、进行内心独白或沉思时使用它。在过去十年里，你有多少次意识到你对进入你可用词汇库中新语词的第一次使用？从来没有？一旦语词变成我们的惯用工具，而不仅仅是与语境有关的

① 指线粒体起源于独自生活的古生菌，之后被真核生物的祖先吞食后，两者共生成为真核生物——译者注

发音，我们就可以开始用它们来创造与我们所遇到的一切有关的新视角。

目前，在深度学习机器快速增长的能力中，几乎没有出现这种现象的征兆。正如多明戈斯所强调的，学习机器被非常聪明地设计成能利用达尔文主义的自下而上的自我设计过程。2011 年，IBM 的超级电脑沃森（Watson）在电视问答节目《危险边缘》（*Jeopardy*）中击败了冠军选手肯·詹宁斯（Ken Jennings）和布拉德·鲁特（Brad Rutter）。沃森有能力串成答案从而赢得冠军的语词并不是思考工具，而仅仅是位于其他节点的多维空间中的节点，与其说是模因，不如说是人类模因的化石痕迹，其中保存着关于人类信念以及人类在其中并非积极参与者的实践的海量信息。至少现在如此，也许将来有一天会改变。简而言之，沃森还不能使用其拥有的包含海量统计信息的语词来思考。沃森能够回答问题（事实上，鉴于《危险边缘》奇怪的规则，沃森能够组织出以线索提示作为答案的问题，如《危险边缘》："伊利诺伊州的首府。"选手"斯普林菲尔德是什么？"），但这并不是在进行正常的对话。

正是自我监控[8]，以及使大脑的反应模式接受另一轮（或两轮、三轮、七轮）模式辨别的能力，赋予了心智突破性的力量①。在当前的机器学习环境中，人类用户，如蛋白质工作室中的阿诺德、EMI 中的科普，以及机器的设计师和其他操作者等才能扮演这种角色，评估、调整、批评、矫正和丢弃经常出现的可疑结果。他们的质量控制活动可以提供进一步的选择性力量，可以在"原则上"使这些系统获得理解力，使它们从工具变为我们的同事，

① 值得注意的是，沃森确实有一些专门的自我监控层：它必须评估其对每个候选答案的"信心"，并且可以调整其信心阈值，在回答时承担或多或少的风险。我不想低估沃森；它是一个多层次、多才多艺的系统。

而这需要迈出一大步，或者是一系列的突破性进展。从这个角度出发，我们能够清晰地看到，我们那充满模因的心智中窝藏着会对我们的动物大脑所提供的原始信息进行批判的用户；如果没有他们，我们就会如其他哺乳动物那样天真，在自己的领地里也许是狡猾的，但是在面对全新的环境时则会毫无头绪。

根据一个模因，好奇心害死猫，而由新奇事物自下而上驱动的好奇心在很多动物中是一个高风险、高回报的重要特征，但唯有人类具有可控制的、系统的、有前瞻性的、可检验假设的好奇心，这是每个大脑中都会出现的一个用户特征，这些用户能够利用大脑巨大的能力来揭示统计规律。意识的用户错觉在我们每个人身上所起到的作用，与沃森和其他深度学习系统的人机交互界面所起到的作用相同。他们提供了一个类似于天赋展示的平台，一个“想法市场”，其中实时评估和竞争可以提升假设验证的速度和精度。

因此，正如达尔文在他所称的有条不紊的选择现象中所认识到的，人类思考能够通过驯化者的感知和动机系统来集中选择的力量，加速自然选择的进程。阿诺德不仅仅是在种植蛋白质，她是在进行密集的、定向的新蛋白质培育。这应该让我们警醒，让我们认识到我们非凡的心智也可能会受到一时的风潮和幻想的影响，使我们的自我重新设计活动变得奇怪甚至是弄巧成拙。正如在鸽子爱好者怂恿下造出的荒唐的鸽子羽毛，以及那些被人工制出的一出生就带着残疾的可怜小型犬，人类可以将自己的心智塑造成怪诞的人工制品，使自己变得无助甚至更糟，而这往往发生在有积极帮凶协助的情况下。

这表明但肯定不能证明，如果没有作为机器用户的人类对深度学习给出的结果进行批判性和前瞻性的解释，机器虽然能够在寻找统计规律的能力上超越包括我们在内的动物的大脑几个数量级，但是仍然无法获得（我们的）理解力。“那又如何？”有些人可能会这样回应，“计算机式的自下而上的理解力最终会因其学习的规模和速度碾压人类。”人工智能的最新突破——深度学习程序 AlphaGo 击败了被很多人视为最强围棋棋手的李世石，它的出现在某一方面支持了上述观点。我注意到阿诺德和科普在各自的领域都从事着至关重要的指控工作，他们根据自己的科学或审美判断力，决定了进一步探索的手段。你可能会说，他们正在引导着自己设计出的探索机器穿过设计空间。但根据已发表的报告，AlphaGo 本身也做了类似的事情：它是通过与自己进行数以万计盘围棋比赛来提升棋艺的，它会在这个过程中进行细小的探索性改变，同时评估哪些改变的效果更好，并基于这些评估来调整下一轮的练习。这只是另一个层面上的生成与测试，其背景是一个不可能更抽象的游戏，且该游戏与所有真实世界的噪声及其相伴的影响隔绝，但 AlphaGo 正在学习对一些情况做出直觉性判断，而这些情况几乎没有计算机程序擅于处理的明晰边界。随着自动驾驶汽车已几乎可以投入大规模使用，一个仅仅数年前人们都还不会严肃对待的议题出现了，即能够自动驾驶的科学探索工具还会远吗？

于是，实用的、科学的、审美上的判断可能很快会被卸载或外包给人工智能。如果苏珊·布莱克莫尔是对的，那么用她的新术语来说，这种对人类判断力的放弃或异化已经在流行音乐和互联网模因的数字世界中率先出现。自印刷机出现之后，社会中就一直存在着过量的模因。从那时起，人们就愿意为了过滤模因的服务付费，以过滤掉那些浪费时间、阻塞大脑或令人不悦的模因。不要试图去阅读每一个诗人写的每一首诗，等某个权威的诗人或者评论家推出一个精选诗集时再读。但你应该相信哪位权威？哪位能够满足你的需求和品位？你可以订阅经常对诗集及单个诗人的作品进行点评的文学期刊，但你应该信任哪个文学期刊呢？通过你购买的另一份期刊去审核他们的名誉。你通过满足个体对模因的需求来谋生，而如果市场上没有这样的服务，你可以创造新的需求，然后为其服务。这一切都很熟悉，然而我们即将进入新的时代，在这个时代，过滤器、猜测者和潜在的潮流引领者都可能是人工制成的主体，而不是人。在下一节，我们会看到这并不适合所有人。但这并不能阻止一层一层的带着差异的复制因子疯狂复制，从而使我们可能真的要面对指数级增长的模因所带来的困境。

在IBM的一则电视广告中，沃森和鲍勃·迪伦（Bob Dylan）进行了对话，说自己可以“每秒阅读8亿页文件”。另一个机器学习的标志是谷歌翻译，它已经将自上而下地试图对人类语言进行句法分析和诠释（从而理解，至少是以一种勉强可及人类理解力的方式）的GOFAI抛在了一边。谷歌翻译是一个速度惊人且有用的翻译器，尽管它还远不够完美。它完全依附于人类双语者及协助谷歌翻译网站的双语志愿者已完成的翻译语料库。谷歌翻译通过普查模式和筛选能在网上轻易找到的数百万已翻译好的段落，从而在没有任何实际理解的情况下，给出一个可接受的翻译。

这一论断是有争议性的，需要进一步的探讨和说明。有这样一个笑话，一个英国人说：“法国人称之为couteau，意大利人称之为cotello，德国人称之为Messer，而我们英国人称之为knife，说到底，它就是一把刀。”这个英国人自鸣得意的狭隘依附于他所知道的事物（如知道什么是knife），后者在谷歌翻译中找不到对应的存在。用认知科学的术语来说，英国人关于knife这个单词的意思是基于非语言的知识及对刀的熟悉，例如使用小刀进行切割或磨尖刀刃的经历、片肉刀的重量和手感，以及铅笔刀的用途等。这个英国人关于单词knife的知识和你所知的大镰刀刀柄一词无关，即使你知道后者在德语中为Sensenwurf。但等等，谷歌翻译无疑有关于knife这个单词出现的语境的大量数据，知道这个词具有切、尖利、武器这样的特征，还会和挥舞、握住、插入、戳入、雕刻、削、掉，以及面包、黄油、肉、口袋、变异等其他词同时使用。所有这些提炼和消化的语言语境信息难道不是基础的理解吗？事实上，这不是我们大多数人对信使RNA、希格斯玻色子等科技术语所拥有的唯一基础吗？这样的理解的确能指引翻译变得越来越好。如果你依赖谷歌翻译为你翻译外语，它很少会让你失望。这难道不就证明它具有一定程度的理解吗？很多人持反对意见。但如果我们希望这样的反对意见仅仅是对机器的仪式性蔑视，那么真正的理解者最好能用他或她（或它）的理解做出一些超越谷歌翻译能力的事。

也许下面的例子能够支持上述观点：将一个学期论文从英语翻译成法语是一件事，而对这篇论文进行评分则是另一回事。然而，由于托马斯·兰道尔（Thomas Landauer）在1998年提出了“潜在语义分析”，相关学者已经创建了一个能准确做到这一点的计算机程序（Littman et al.，1998；Rehder et al.，1998）。教授在考试中设置了一道作文题，并自己写了一篇评分为A+的范文，同时交给计算机程序和人类助教，作为范文。这篇范文并没有让学生看到。然后，该程序和助教对所有学生的作文打分，结果显示程序给出的评分比助教给出的评分更接近教授本人对学生作文的评分。考虑到助教很可能会成为该领域未来的专家，这让人不安。这是一个不理解英语更不理解课程主题的计算机程序，但它简单地根据教授范文展现出的复杂的统计特征，就能以很高的可靠性去评估学生的作文。它无须理解亦能胜任评估。兰道尔承认，理论上学生可以写出一篇根本无意义但展现出正确统计特征的文章来，但任何能做到这一点的学生理应获得 A+。

那将任务换成和人类进行一段有意义的谈话如何？这就是经典的图灵测试[9]，它确实可以很明确地分清良莠。沃森可能会在《危险边缘》中击败两位人类冠军，但它进行的不是自由对话；沃森与詹宁斯、迪伦和一个年轻的癌症幸存者（由演员扮演）的对话是有预设脚本的，并不是即兴的。正如笛卡尔在他对会说话的自动机那富有先见之明的想象中所观察到的，两个会说话的主体之间真正的、开放式的对话所展示出的即使不是无限的，也是令人惊叹的伟大的认知技能。为什么？因为日常的人类对话是在受格赖斯的自由浮动的理据所支配的可能性空间中展开的。我也许没有明确地表明你意识到了我试图让你相信我说的是真的（或仅仅是讽刺或玩笑），但如果你没有意识到这些，不能发起具有类似自由浮动的理据的言语行为并确保这些理据可以解释你自己的回应和质疑，你就不会是吸引人的健谈者。格赖斯的迭代认知层也许并不能真实地反映表现背后的实时特征，但它们确实指明了一种能力。

高能对话的参与者必须能够识别出自己的言语行动与反应中的模式，以构思假设场景、识别笑话、虚张声势、当对话变得无聊时改变话题，以及在争吵时解释之前说的话等。如果没有魔法的话，所有这些都需要对意图做出不同的区别，以便能够为所有采取的心理行动和最终的言语行动提供背景和舞台。例如，如果你没有至少在潜意识层面上注意到我在开玩笑，那么你就不会笑，除非意外。这种注意不仅仅是因为你的动物大脑做出了辨别，而更像某种增强的影响力。这种影响力不仅追溯性地将你所注意到的事物与当时的竞争者区分开来，而且同样重要的是它有助于创造一个注意者，一个相对长期的管理者，这样的管理者不是大脑中的某个位置，而像是一个可以在一段时间内控制后续竞争的政治联盟的盟友。后果（然后会发生什么？）中的这种区别可能是惊人的。

想象你要补全下面的词，你遇到的问题是……

sta___

或

fri___

你会想到什么词？你是否想到了 start、stable 或 station，或者 frisk、fried、friend 或 frigid，假设在你完成测试前的几秒钟内，参考答案曾在屏幕上闪现：

staple

一秒之后，题目中出现了 sta____，那么填写 staple 这个答案的诱惑自然很大。但假设实验者在实验开始时这样说："如果你刚刚看到了一个词一闪而过，不要把它作为答案！"不出意外地，此时你能够克服这一冲动，并且在大多数时会给出其他回答，例如 stake 或 starlight。你之所以不太可能会说 staple，是因为你能够遵守实验人员给出的指示。但仅当你能够注意到或意识到闪现的词时，你才会这样做。如果 staple 只出现了 50 毫秒，之后屏幕上出现的是遮盖图片（500 毫秒），你更有可能说出 staple，尽管你会试图遵守实验人员的指示（Debner & Jacoby，1994）[10]。这是一个非常简洁的实验：被试被分为两组，一组被告知如果显示的词可用作答案，就使用被“启动”的词，另一组则被告知如果显示的词可用作答案，就不要使用被“启动”的词。两组都在回答前看到了持续 50 毫秒或 500 毫秒的词，之后是 500 秒的遮盖图片。这个遮盖图片不会遮盖持续 500 毫秒的能被被试注意到的启动词，被试能报告它们、意识到它们，并根据要求使用或不使用它们。但是遮盖图案确实掩盖住了仅在屏幕闪现 50 毫秒的词，被试声称并没有看到任何词（这是标准的“后向掩蔽”现象）。在两类情况中，大脑都能区分出启动词，这表现在要求不使用启动词的情况下，短时启动词会提高被试给出该词的概率，而长时启动词会降低这种概率。斯坦尼斯拉斯·迪昂①和莱昂内尔·纳卡什（Lionel Naccache）于 2001 年指出，“被试不可能有策略地使用未意识到的信息”（Dehaene & Naccache，2001）。

我的观点是，深度学习目前能够进行区分，但没有意识到。也就是说，流入系统的数据与系统本身无关，而只是作为系统用来消化的食物。由于它是被喂食的，而无须自我谋生，除增加便于索引的信息的储备以外，没有其他目标。我们与沃森等深度学习机器都有一种能力，即从经验中提取统计规律性，从而获取知识。除此之外，与机器不同的是，我们还能决定在特定目

① 斯坦尼斯拉斯·迪昂是全世界最具影响力的认知神经科学家之一，欧洲脑科学研究领域的领头人，世界脑科学领域大师级的人物，“脑奖”（The Brain Prize）得主，阅读、数学、意识、学习领域公认的专家。他在知名学术杂志上发表有 400 多篇文章，其中 70 篇文章被引用超过 500 次，并著有《精准学习》《脑与意识》《脑与阅读》《脑与数学》。上述图书的中文简体字版已由湛庐引进、浙江教育出版社出版。——编者注

标下应该搜索什么，以及为什么搜索。如今将沃森和正常人区分开来的是能否在真实环境中推理，是否具有用于追求多样化的、不断改变且自我生成的目标的智能。如果沃森有一天在给出推理和评价推理上达到了人类水平，那么它将不再仅仅是一个工具，而会变为人类的同事。在此之后，沃森本身，而不仅是沃森的创造者和维护者，将被认为应对沃森的行为负责。

深度学习机器依赖人类理解的方式值得进一步的细致分析。在第 8 章中，我们探讨了迪肯对传统人工智能的激烈批判。他指出，这些潜在的心智设计师由于无须考虑能量获取和自我保护的问题，因此将搜索限制在寄生系统上，它们始终依赖于人类的维护，它们是人类的工具而非同事。目前，我们看到的人工智能系统展示出的理解水平几乎可与人类最优秀的理解水平比肩，然而它们仍然是寄生性的，完全依赖于人类理解力留下的巨大遗产。如果没有数以百万计的优秀双语翻译者供其学习，谷歌翻译根本不可能成为一个称职的翻译器，而沃森所具有的庞大知识储备，则来自其每天从互联网上抓取的数百万个网页。我想再一次套用牛顿的著名论断，这些程序站在巨人的肩膀上，能够利用之前的智能设计产生的所有智力成果。

当沃森在《危险边缘》中击败詹宁斯和拉特时，我给学生设置了一个问题。这个问题可以很好地说明我的上述观点。我让他们想出一个能够难倒沃森，却对詹宁斯或任何正常人类来说轻而易举的问题。值得一提的是《危险边缘》的规则被调整为有利于沃森的，例如所有的问题都是言语形式的，不需要使用视觉或听觉。在我看来，能够难倒沃森的问题可能都在一定程度上涉及想象力，例如：

用手杖、呼啦圈或弹弓在地上拼写出令人高兴的单词。
回答：joy（喜悦）是什么？
通过改变一个小动物的名字中的一个字母使它变得巨大。
回答：从 mouse（小鼠）到 moose（驼鹿）是什么？
0～9 的某个数字，可以呈现出热水浴池和相邻游泳池的形状。
回答：8 是什么？

我还有更好的例子，但不会发表出来或放在互联网上，因为这样一来，沃森很可能将其扫荡一空，以用于之后的测试。当能剽窃他人的想象力时，沃森自身就不需要想象力了。在这个层面上，沃森是达尔文主义的，不论沃森还是自然选择都不需要具有预见性或想象力，因为它们的驱动力都来自同一个机制——从已经发生的事情中无情地、不加理解地提取信息（能引导设计改进的统计模式）。毫无疑问，即使太阳底下真的无新事，也不会构成限制。人类的想象力，即设想那些我们无法通过从当前情况进行简单展望而看到的现实的能力，似乎是一个改变游戏规则的重要因素。它使我们能够通过有前瞻性的设计创造机会，并最终生成原本不会出现的规划和人工制品。人类有意识的心智不是奇迹，也不是违背自然选择原则的产物，而是它们的一个新的扩展产物，一种对进化生物学家斯图尔特·考夫曼（Stuart Kauffman）提出的“相邻可能性”（adjacent possible）进行调整的新起重机——设计空间中更多区域与我们相邻，因为我们已经进化出了思考它们的能力，并能够寻找或避开它们。多明戈斯和其他深度学习的支持者还没有回答的问题是，学习一个足够细致且动态的、关于具有想象力和推理能力的智能体的理论[11]，是否能使一个系统（计算机程序、主算法）产生和利用这种智能体的能力，即产生所有与人类道德上相关的能力。①

我的观点是，在未来50年内，深度学习不会带给我们任何类似于“超人智能”的东西，这一概念在近日引起了很多关注（Bostrom，2014；Moravec，1988；Kurzweil，2005；Chalmers，2010；Edge网站2015年的年度问题；Katchadourian，2015）。在深度学习的驱动下，人工智能所具有的能力加速增长，其迅速甚至让很多该领域的专家感到惊讶，其中包括像我这样的长期批判者和评论家。对人工智能的夸大宣传是一项历史悠久的传统，很多人在看到人工智能的突破性成就时，会习惯性地给它打个折，例如认为只有70%的成效。但是当诸如马斯克这样的科技巨头，以及例如马丁·里斯爵士和霍金这样的顶级科学家开始警告说人工智能在不远的未来可能会以某种方式造成人类文明毁灭性的解体时，人们应该要控制自己的习惯并重新审视对人工智能进展的怀疑。重新审视后，我的判断并没有改变，但相比之前更具试探性。**我一直认为“强大的人工智能”在理论上是可行的，但我认为其实现的可能性是微不足道的**[12]**，因为它的成本太高，并且它不会给我们带来我们真正需要的东西。**多明戈斯和其他人向我展示了可能存在我低估的可行路径（在经济上和技术上都可行）。但我仍然认为这项任务比其支持者宣称的要大几个数量级，且更加困难。

因此，我并不担心人类会创造出一个注定会奴役自己的超级人工智能，但这并不意味着我对人工智能的发展不担心。我看到了其他没那么严重但更

① 在斯派克·琼斯（Spike Jonze）的科幻电影《她》（*Her*）中，华金·菲尼克斯（Joaquin Phoenix）饰演男主，斯嘉丽·约翰逊（Scarlett Johansson）饰演（配音）男主手机上类似Siri的虚拟人，他爱上了“她”。这部电影是对这个问题的两次最佳推测性探索之一。另一个是由亚历克斯·嘉兰（Alex Garland）编剧兼导演的《机械姬》（*Ex Madin*，2015）。

有可能在不远的未来出现的场景，它们令人担忧，需要相关人士与机构立即采取行动。

未来我们会怎么样

人工制品已经存在，并且还有更多的人工制品正在研发中。它们的能力远超人类，以至于将篡夺人类作为专家所具有的权威，而自人工智能时代开启以来，这种权威一直都是毋庸置疑的。当我们将支配权交给这些人工制品时，我们一定有充分的实际理由和道德理由。如今，在跨大西洋帆船巡游时，如果不给帆船装上 GPS 定位系统，就是对乘客安全不负责的犯罪行为。就像磨尖镰刀或驱赶牛群一样，依靠六分仪、指南针、天文钟和航海年鉴变成了过时能力的残余。那些喜欢这些技能的人能够通过互联网找到彼此，再次尽情享受其中的乐趣。我们的天文导航员可以慎重地拿出他们古老装备，并使用它们进行练习，以备不时之需。但是我们没有权利回避现有的高科技设备，而不顾及生命安全。

我们依然会学习乘法口诀表，以及如何将其用在更大的数的计算上。我们能够用纸和笔处理长除法问题，但很少有人能够进行求平方根的运算。那又如何？不要将你的精力和脑细胞浪费在仅靠输入几个单词，或者通过询问谷歌、Siri 就能得到答案的问题上。对担忧者的标准回应是，当教育我们的孩子时，我们确实需要向他们传授我们仍然擅长使用的所有方法的原理，而为了使他们对方法有所理解，进行最基本的实操训练是很有价值的，但我们或许可以不必让孩子经历老式的繁重练习就让他们理解其中的原理。这看起来是合理的，但我们能将这个结论扩展到多大的范围呢？

以医学教育为例。沃森仅仅是在其领域中超越了人类专家水平的众多计算机系统中的一个。你是否愿意你最喜欢的医生按照自己的意愿，做一个老式的、基于对症状的直觉给出诊断的医生，而非依赖已被证明在发现罕见的、低可见度诊断方面的可靠性是任何专家的一百倍的计算机系统？你的健康保险顾问会要求你进行计算机的检查，而尽职的医生会发现自己必须克制成为诊断上的英雄的渴望，而将诊断的权威交给他们按下按钮的机器。这对如何培训医生意味着什么？这是否会鼓励我们放弃大量传统的医疗教育，例如解剖学、生理学和生物化学，以及长除法和阅读地图的能力？用进废退是常被引用的法则，可以从很多例子中得到体现。你的孩子还能够像你一样轻易地看懂地图吗？还是他们会依赖 GPS 的指引？当我们由于对智能机器的依赖加重而变得更蠢时，我们应该有多担心？

目前，能够提升我们的“边缘”智能（观察、算法计算和记忆）的机器，与至少声称会取代我们的理解力（包括想象力）、规划和决策能力的“核心”智能的机器之间有着清晰的边线。手持计算器，GPS 系统，皮克斯的用于在帧之间插入图像、添加阴影、调整纹理的图像系统，以及遗传学中的 PCR 和 CRISPR 都属于前者，尽管它们能够完成之前需要专业技术才能完成的任务。我们预测两者之间的边界线会变窄，认知任务会越来越常规化，但还好的是，只要我们确认边界线依然存在就没问题。在我看来，真正的危险不在于机器变得过于聪明后会篡夺我们作为命运的掌舵人的身份，而在于我们会高估最新的思考工具的理解力，过早地将远超其能力的控制权交给它们[13]。

即使我们允许核心智能和边缘智能的边界线变窄，但也有一些通过使其变得对每个人来说都清晰可见的方法来强化这条边界线。一定会有能够越过这条界线的创新性发明，如果依据最近的历史，我们可以预期每一次技术突破都会有过度宣传相伴而来。与此相关的轶事，值得我们花些时间讲述。我们知道，人们总是能快速地对任何给自己留下了深刻印象的聪明事物采取意向立场，并倾向于认为这些事物是有目的的，因为意向立场的默认假设是符合理性的。为了避免人们在与拟人系统互动时轻信它们，应该积极地采取如下步骤：首先，我们应该揭示并嘲笑这类系统中所有毫无根据的拟人化，例如可爱的、越来越像人的声音，以及看似生动实则是事先录制的独白。当你与计算机互动时，你应该知道你正在互动的对象是台计算机。那些故意试图隐藏它们的缺陷和能力边界的系统应该被认为是欺诈性的，它们的创造者应因犯下“创造或使用扮演人类的 AI”罪而接受法律的制裁。

其次，我们应该鼓励传统道德中过度谦虚的一面，要求所有广告商必须列出其产品具有的所有已知局限、缺点、未经测试的漏洞，以及其他来源的认知错觉，就像我们要求药品企业在药品广告中，用长长的列表给出所有已知的副作用一样。类似于图灵测试的关于如何更好地展示 AI 理解边界的竞赛会是个好办法，这会让人们在发现机器的欺诈行为时能产生自豪感，就像人们会自豪于发现了一个骗子一样。谁能找到最快、最可靠的识别这种智能工具的局限的方法？有趣的是，我们给孩子的在面对陌生人时要有礼貌和宽容心的教诲产生了意外影响，那就是孩子们面对大量会说话的智能体（如 Siri）时更容易被欺骗。他们必须学会当面对这些新遇到的“助手”时，应该怀有略带攻击性且不礼貌的好奇心。

最后，我们应该希望新的认知假体将继续被设计为寄生性的、工具性的，而不是合作性的。它们的创建者设定的唯一“固有”目标应该是建设性且透明地响应用户的需求。令人担忧的原因之一是，随着学习机器变得更有能力弄清楚我们（它们的用户）可能想要什么，它们可能会被设计得向我们隐藏它们的“有用”推断。拼写检查器会对它所认为的印刷错误进行不必要的自动“更正”，我们已经知道这所带来的挫败感，并且我们中的许多人禁用这些功能，因为它们误解我们意图的能力对于大多数用途来说仍然太高。这只是我们必须处理的第一层一知半解。

目前已有当前研究进展带来的问题需要进一步分析。谷歌用以提升其搜索引擎的程序会自动根据用户输入的字符串确定其用户真正想要搜索的是什么。毫无疑问，这在很多场景下是有用的，但并非总是这样。侯世达在给其学生（该学生那时正是谷歌该项目的参与者）的一封公开信中这样写道：

> 谷歌一直以来都在试图破坏我每天赖以生存的事物。这让我很忧虑不安。
>
> 当我在谷歌搜索中输入某些内容时，我一直希望这些词被善意地当成它字面上的本意。例如，作为一个认真的作家，我总是试图找到更精准地用某种语言进行表述的方法，因此我会很频繁地查询两种表述，以分辨哪一种出现的频率更高，这对我来说是极其重要的一种找到如何措辞的方法。如果谷歌搜索不以字面意思处理我的输入，而是觉得可以将我输入的语词进行替换，我会在得到一个高频出现的语句时被严重误导，这让我很不安。

> 我希望机器是可靠的，而不是总是偏离我要求它做的事。机器中所谓的“智能”有时可能是有益的，但也可以是极其无用甚至有害的。根据我的体验，这段时间被加入技术设备中的人工智能（这里人工指的是“假的”“非正版的”）让我十分厌烦。
>
> 因此，我对你的团队所做的事情并不满意，且对此十分不安。这仅仅是又一个让技术设备变得不那么可靠的尝试。你想要谷歌做X，并且你预期谷歌做的就是X，但实际上谷歌做了Y，因为它认为你预期的是Y。对于我来说，这种试图理解我的心智的尝试即使不是危险的，也是很恼人的，因为这几乎从来没有正确过，甚至不在正确的范围内。我想要机器可以保持可靠的机械性，这样我就可以确切地知道自己正在处理的是什么。我不希望它们试图在智力上超越我，因为它们最终所做的不过是误导我和迷惑我。这是很基础的要求，却完全被谷歌（至少是你的工作组）忽略了，我认为这是一个巨大的错误。

至少，上述系统应该在其试图成为读心者而不仅仅是机械时，明确地告知用户，同时允许用户能够关掉不必要的“理解”，就像我能够关掉试图修改一切的拼写检查程序一样。一项关于“严格责任”的法律可能会提供一种急需的设计鼓励：任何使用AI系统做出影响人类生命和福祉的决策的人，就像其他危险和强大设备的用户一样，都必须接受培训（也许是建立联系），并遵守更高的问责标准，从而使他们相信在与AI系统互动时格外严谨地保有怀疑与探索的态度是符合自身利益的。这将间接鼓励此类系统的设计方，将他们的系统设计得更加透明和谦逊，因为用户会拒绝那些可能带他们走上享乐之路并最终导致他们玩忽职守的系统。

还有另外一条避免我们放弃自己的认知责任的方法。例如“让我们变得更强壮”的技术，一种是推土机式路线（bulldozer route），另一种则是诺德士器械式路线（Nautilus machine route）。前者让你能够完成惊人的任务，但你个人依然身体虚弱；后者则会让你变得更强壮，可以自己做更难的事。目前大部分提升我们认知能力的软件是推土机式的：从望远镜、显微镜到基因组测序仪，以及深度学习的新产品。是否也有类似于健身器材的软件，可以提升个人的理解能力？事实上，早在1985年，乔治·史密斯（George Smith）和我，以及程序员史蒂夫·巴尼（Steve Barney）和史蒂夫·科恩（Steve Cohen）就在塔夫茨大学共同创立了“课程软件工作室”（Curricular Software Studio），开创该工作室的目的是制造“想象力辅助工具”，即能够扩展并训练学生心智的软件。这些软件会拓宽教学中的瓶颈，让学生能够对诸如群体遗传学、地层学（解释岩石层的地质历史）、统计学与计算机本身的运作这样的复杂现象，想象出清晰、动态且准确的模型。这些系统的目标是创建那些一旦掌握之后就可以被放置在一边的系统，因为此时用户已内化了系统所要传授的原则，并在广泛探索的支持下，达到了更深层的理解。也许，现在需要更大的类似项目，来帮助人们更有创意、更准确地思考他们面临的诸多复杂现象，这样他们就能在面对认知辅助工具时，做一个独立的、有智慧的和有理解力的用户，而不是被动地、无鉴别性地接受任何科技进步带来的成果。

我们已经看到不少创新，这使我们放弃了理解力长久以来作为人类中“创造之王”的地位。未来还会出现更多这样的创新。数个世纪以来，我们一直被费曼的格言“我不能创造的，我也不能理解”所激励着。但近来我们的创造力已经悄悄改变了这一切：我们发现自己可能间接地制造出我们只部分理解的事物，而这些事物又反过来可能制造出我们完全无法理解的事物。由于其中一些事物具有神奇的力量，我们会怀疑理解力所具有的超群的价值，认为理解力已经过时了，当我们有了诸多能够将我们从辛苦劳作中拯救出来的人工制品后，谁还需要理解力？

对于这样的观点，有一个好的回应吗？如果我们想要论证理解力具有内在价值，不依赖于其提供的种种服务，或者对于我们继续过我们觉得重要的生活来说是必不可少的，我们需要的不仅仅是诉诸传统。像我一样的哲学家可以会对这样的未来感到沮丧。正如苏格拉底的名言："未经审视的人生是不值得过的。"从苏格拉底开始，我们将获得对万物更深入的理解看成：即使不是我们人生中最高的绝对目标，也是不言自明的最高的职业成就。但另一个哲学家，已故的库尔特·贝尔（Kurt Baier）补充道："过分审视的生活同样不值得大书特书。"大部分人满足于做科技、医学、科研发现及艺术创作的受益者，而不在意这些"魔法"是如何被创造出来的。拥抱"过于文明"的生活，相信我们的人工制品是我们幸福生活的"好管家"，真的如此可怕吗？

我个人无法编造出一个有说服力的、可以说明理解力具有内生价值的论据，尽管我发现理解是一个人生活中最激动人心的事物之一。但我认为，能够给出好的、可以证明出于现实上的原因需要很好地保护并提升人类理解力、以免其受到种种由深度学习系统带来的虚假理解力的影响的证据。人工制品可能会出现故障，而如果几乎没有人对其有足够的理解，以便能修理它或用其他方法完成任务，我们将会发现自己会陷入危险的窘境。很多人已经注意到，对于部分高科技人工制品来说，能够提供维修服务的人越来越少，甚至是不存在的。一个新的彩色打印机或者扫描仪的维修费用，比买一个新的还高。要么维修坏的，要么买一个新的。个人电脑的操作系统也遵循着类似的法则，当你的软件出了问题时，别试图去诊断并解决问题，而应该改变出错的地方，重启之后安装你最爱软件的最新版本。但这样的过程能持续多久？

考虑一个典型的对技术缺乏理解的例子。有一辆平稳行驶的汽车是生活中的一件幸事，它能使你在大部分情况中准时去往你想去的地方，在此过程中，你听着音乐、开着空调，感觉很舒服，同时还有 GPS 导航为你指路。在发达国家，我们会认为这一切是理所当然的，是生命中的常态，是一种触手可及的资源。我们假设环境中总会有一辆可用的“车”来规划我们的生活。但当你的车抛锚后，你的生活计划就被打乱了[14]。除非你是一个受过技术培训的车迷，否则你必须承认你依赖着拖车公司、机械师，以及由汽车经销商组成的网络。然后未来某一刻，你可能会决定换掉那台越来越不稳定的车，并购入一辆新车。生活继续，波澜不惊。

但使这些成为可能的复杂系统，例如高速公路、炼油厂、汽车制造商、保险公司、银行、股票市场呢？我们的文明已经流畅地运行了数千年，但其间也伴随着某些严重的破坏，文明的复杂度和能力不断增长，它会中断吗？这是有可能的，那时我们应该找谁去寻求帮助？**如果当前的文明崩溃了，你无法购买一个新的文明，因此我们最好让当前的文明能够正常运行，并能够对其进行维修。**那谁会是可靠的修理者？是银行家、记者、实业家、教授这样的社会中的领导者吗？简而言之，与你预期中的领袖相比，这些人更像是平常的驾驶者，在他们的一亩三分地里领导着自己的那部分向前走，同时对其依赖的整个系统的复杂性熟视无睹。根据经济学家和进化思想家保罗·西布莱特的说法，对于所处系统的乐观性的狭隘之见，并不是应受谴责且需要改进的，而是让人能够继续走下去的支持条件。部分理解并不是可选的。塑造人类生活众多方面的社会大厦依赖于我们短视的自信，即我们相信其结构是完善的，不需要给予太多关注。

西布莱特曾将人类文明比作白蚁的蚁冢，两者都是非自然存在物，都是建构在一层层非凡设计之上的奇观，竖立在其“土壤”上。两者都是创造并塑造了个体进化过程的副产品，两者都包含的造就了其非凡的复杂性、效率及恢复能力的设计创新都不是个体头脑中的创意，而是这些个体在数代时间里无意识地、短视地造就的。但两者之间也有明显的不同。人类的合作与白蚁几乎无意识的合作截然不同，人类的合作是一个精妙且非凡的现象，在自然界中没有先例，有着独一无二的进化历史。正如我们所看到的，这取决于我们在塞拉斯所说的“理由空间”内与他人交往的能力。西布莱特指出，合作取决于信任，而信任是一种几乎隐形的社交黏合剂，既能促成伟大，也能促成可怕的计划，而这种信任并不是进化而来的存在于我们大脑中的“自然本能”。信任出现得太晚了，以至于进化来不及发挥作用。[①] 信任是社交状态带来的最重要的副产品，也是让这种社交状态成为可能的条件。我们已经将自己拖进了现代文明强烈作用于感官的高地，我们天生的情感和其他本能

① 西布莱特指出，没有任何一种黑猩猩或倭黑猩猩能够忍受存在陌生同伴，它们不允许在附近的环境中出现不是自己家人或同种群成员的同类，而我们则每天都会遇到陌生人。这是一个深刻的区别。许多有蹄类物种可以在喝水时（相对）平静地聚在一起，但这并不代表信任，这是一种本能的对熟悉的非捕食者的漠视，相比我们面对其他人类的感受，这更类似于我们面对树木或灌木时的感受。正如我在第 7 章中提到的那样，信任是一种文化现象。

的反应并不总是能适应我们的新环境。

文明是一个持续开展的过程，如果我们不再尝试理解它，将为我们自己带来风险。人类能够观察并意识到蚁冢所具有的远超白蚁神经系统所能理解的精妙之处与复杂性。对于我们人造的世界，我们也可以试图以超凡的视角来审视它，而这是唯有人类才可以想象的伟业。如果我们没有在此方面取得成功，也许我们是怀抱善意的，但可能会摧毁我们最珍贵的创造。基因和文化这两个领域中的进化，已经创造了让我们足以了解自身的能力。但即使智能设计在数千年的时间里一直在不断发展，但我们依然漂浮在充满困惑和问题的海洋中，其中很多困惑是由我们试图理解的努力造成的，但在我们或我们的子孙能满足我们贪婪的好奇心之前，可能会出现将我们毁灭的危险。

从细菌到巴赫的心智之旅结束了

从细菌到巴赫的心智之旅结束了。这是一次漫长且复杂的跋涉，讨论了很多艰难且很少被哲学家讨论的话题，也涉及了很多哲学家熟悉但科学家会避开的问题。我在旅途中向你展示了一些违反直觉的观点，并试图指出它们是如何照亮了我们的旅途的。我在此会提供关于这些观点的梗概，并提醒你为何我认为这对我们的旅途来说是必不可少的。

我们以心智问题和笛卡尔的身心二元论开始。一方面是关于物质、运动和能量的科学，以及其对源于进化的生命的支持；另一方面则是我们既十分熟悉，又完全神秘且私人的意识现象。该如何去治愈这种二元论冲突造成的“损伤”？我认为，**解决该问题的第一步是达尔文的奇怪的推理倒置，即生物圈中所有可见的设计最终都来自无目的、无理解力的自然选择的副产品，这是一个变革性观点。心智不再被视为万物的根源。**

自然选择的进化可以无意识地揭示出没有理由提供者的理由，即解释为何生物的各部分会如此排列的自由浮动的理据，它同时回答了两个问题：怎么这样？以及为了什么？达尔文提供了“无须理解亦能胜任”的第一个例子，即自然选择过程本身。然后，图灵奇怪的推理倒置提供了下一个例子，也是一个探索另一种“无须理解亦能胜任”的可能性的工作台，即与为它们命名的人类代理不同的计算机，它不需要理解自己所拥有的技术，也能熟练地完成计算。即使只有极少的理解也能够完成任务的例子有很多，例如白蚁蚁冢或径直起跳的瞪羚。这使我们产生了一个新的疑问，即理解力有什么意义？像巴赫或高迪这样的人类头脑是如何产生的？对“电脑是如何利用信息完成迄今为止留给有理解力的人类思想家的任务的”这个课题进行更深入的研究，有助于澄清白蚁和自然选择本身所表现出的“自下而上”的设计过程与“自上而下”的智能设计过程之间的区别。这引出了“信息是值得窃取、购买或复制的设计”这一观点。香农的信息论厘清了产生差异的基本理念，即能够产生差异的差异，并为此提供了理论基础和测量信息的方法。但我们需要更深入地了解为什么这些差异如此有价值和值得被测量。

达尔文式进化的诸多过程并不是完全相同的。有些过程比其他同样真实的，并且在其自身所处的生态位中也同样重要的过程“更具达尔文主义色彩”，因此，成为与达尔文主义有关的达尔文式的过程是很重要的。戈弗雷-

史密斯的达尔文主义空间是一个能在一些谱系随时间推移表现出去达尔文主义的情况下，帮助我们厘清不同物种进化方式之间的关系以及进化本身的进化方式的思考工具。

回到由数十亿个神经元组成的大脑如何在没有任何自上而下的控制系统的情况下发展成人类心智的这个谜题，我们探索了由具有自我保护能力的神经元进行分布式的、去中心化的控制的前景，其中包括一种可能的“野生神经元”，它们是在由“文化入侵者”这一新的环境特征所带来的选择压力之下，从它们最初的驯化的、温顺的仆人角色中被解放出来的。试图繁衍的语词，以及其他模因会促成例如大脑结构的改变这样的适应行为。一旦文化传递成为我们这个物种主要的行为创新，它就会不仅引发神经结构的重要变化，还以数千种吉布森可供性的形式带来了新的环境变化。这些可供性不止丰富了人类的本体论，还提供了进一步的选择压力，有利于那些能够追踪各种新出现机会的思考工具的出现。文化选择这一过程，从无目的的随机搜索进化成了更加高效的、有前瞻性的、有目的的、依赖于有理解力的智能体的东西——智能设计师的过程。对于人类理解力来说，需要大量的思考工具。文化进化通过自己的成果完成了去达尔文主义化。

这一点让我们得以看到常识映像是一种特殊的人工制品，它部分由先天基因设计，部分由文化设计，是一种特别有效的用户错觉，能帮助时间紧迫的有机体灵巧地移动，通过（过度）简化自身创造了一个我们生活的世界的映像，而为了解释常识映像的出现，我们还要回到在某种程度上与常识映像相矛盾的科学映像。在这里，我们在休谟对我们的因果关系知识的描述中看到了另一个变革性的推理倒置。借此，我们可以将人类的意识看成是一种用户错觉，它不是在不存在的笛卡尔剧场中被渲染出来的，而是由大脑的表征活动及对这些活动的适当反应（即然后发生了什么）构成的。

这填补了笛卡尔二元论造成的鸿沟，即笛卡尔伤痕。但当前这个重要的统一仅仅是一个草图。然而，这个草图中有足够的细节表明，人类的心智无论多么智能和具有理解力，都不是可以想象的最强大的认知系统。目前我们这样的智能设计师在创建机器学习系统方面取得了长足的进展，但这些系统用自下而上的过程再一次证明了奥格尔第二定律的真理性：进化比你更聪明。一旦我们意识到达尔文式的思考方法具有的普遍性，我们就会意识到我们当前的状况，无论是个人的还是社会的，都是不完美且不恒久的。某一天，我们很可能会将这个星球返还给我们的细菌表亲，让其回归到它们适度的、自下而上的经过设计改进的状态。抑或在后智能设计时代，我们可以在有人工制品辅助创造的环境中继续蓬勃发展，而这些人工制品以自己的方式完成了大部分烦琐的认知提升。不仅模因和基因之间存在共同进化，我们的心智中自上而下的推理能力和我们的动物性大脑中自下而上的非理解性天赋之间也存在着相互依存的关系。如果我们的未来基于我们过去的足迹——这至少是我们部分可以掌控的，那么即使我们会变得更加谨慎地依赖于人工智能，我们的人工智能也将会继续依赖于人类。

注 释

本书中的观点和论点是我半个世纪以来一直在构建的一系列论点的基础。我在写这本书时尽力让读者不需要提前阅读我的早期作品，并且这里包含了很少的参考文献。读者，尤其是尚未被说服的读者，可能想知道我在此提出的主张是否有进一步的支持，答案是肯定的。一些读者可能还想了解这些论点的历史，以便他们能够追踪各种主张随时间演变的轨迹。这里提供了所有的参考资料，以及由它们引发的一些最有用的关键工作。

但在转向这些工作之前，让我信守关于彼得·卡拉瑟斯的承诺，并把一些我已经发现但还没有时间适当消化并纳入本书的深刻且相关的工作放在前面。除了卡拉瑟斯的《处于中心地位的心智》和他的早期著作之外，我还想推荐默里·沙纳汉（Murray Shanahan）的《具身与内在生活》（*Embodiment and the Inner Life*）、拉杜·波格丹的《我们自己的思想：自我意识的社会文化基础》（*Our Own Minds: Sociocultural Grounds for Self-Consciousness*）和《心灵库：假装与想象的社会文化基础》（*Mindvaults: Sociocultural Grounds for Pretending and Imagining*）、安迪·克拉克的《在不确定性中冲浪》（*Surfing Uncertainty*），以及奥利弗·莫林的《传统如何生、如何死》（*How*

Traditions Live and Die）。在理想的世界中，我会花时间将所有这些内容纳入我的准备工作中，毫无疑问，我的书这样做会更好，但在某些时候，人们必须拉开百叶窗并专注于写作。我希望在不久的将来对这些（以及更多）发表评论，可能是在我的网站上。

01

1. 在《行为与脑科学》（*Behavioral and Brain Sciences*）期刊上的一篇文章《认知行为学中的意向系统：为乐观主义范式辩护》（*Intentional Systems in Cognitive Ethology: The Panglossian Paradigm Defended*）中，我首先分析了浪漫主义者和扫兴主义者之间关于动物心智的拉锯战。这篇文章还引发了我对古尔德和列文廷臭名昭著的《盲目乐观范式》（*Panglossian Paradigm*）文章的批评，十几年来我将这篇文章发展成为对古尔德作品中发现的误导的越来越详细的攻击。例如，参见我在《达尔文的危险思想》中关于古尔德的章节和随后在《纽约书评》（1997 、1997b）中与古尔德的交流，以及《达尔文的原教旨主义》（1997）。

2. 我在《心智哲学当前的问题》（*Current Issues in the Philosophy of Mind*, 1978b）中描述了这个悬崖。

3. 关于作为论证中明显弱点的反问句，请参阅《直觉泵和其他思考工具》。

4.Humphrey and Dennett, “Speaking for Our Selves,” 1989.

02

1. Dennett, “Passing the Buck to Biology,” in *Behavioral and Brain Sciences*（1980）.

2.《达尔文的危险思想》第 8 章详细论述了生物学是工程学的一种。

03

1. 这种设计立场是在 1971 年的《意向系统》（*Intentional Systems*）中提出的，从那时起就在我的工作中占据了重要地位。《大脑风暴》，“Three Kinds of Intentional Psychology” （1981a），“Making Sense of Our selves,” （1981b）, and The Intentional Stance （1987）。

2. 参见《达尔文的危险思想》。

3. 我在 Edge 网站 2011 年的大问题中发表的文章的主题是周期（而不仅仅是生殖循环）可以提高新事物发生的可能性。

4. 我在 《达尔文的危险思想》和《直觉泵和其他思考工具》中讨论了戴维·桑福德（David Sanford）关于哺乳动物不存在的论点。

5. 我在《认知行为学中的意向系统》中引入了“自由浮动的理据”一词，并在《达尔文的危险思想》和《直觉泵和其他思考工具》和其他文章中对其进行了详细阐述。

04

1. 这章的内容是根据我 2009 年在 PNAS 发表的文章 《达尔文的“奇怪的推理倒置”》（*Darwin' s “Strange Inversion of Reasoning”*）和《图灵的“奇怪的推理倒置”》（*Turing' s “Strange Inversion of Reasoning”*）修改而成的。

05

1. 彭罗斯反对人工智能，实际上是反对自然选择的论点！我在《大教堂的低语》（*Murmurs in the Cathedral*）中详细地分析过。并且在《泰晤士报文学增刊》（*Times Literary Supplement*，1989）、《达尔文的危险思想》以及《创意产物》（*Brainchildren*）中进行过相应评论。

2. 有关进化生物学中最优假设的更多信息，请参阅《认知行为学中的意向系统》和《达尔文的危险思想》，以及我在第3章中引用的关于设计立场、意向立场和物理立场的讲解。

06

1. 这个例子改编自《三种意向心理学》（*Three Kinds of Intentional Psychology*,1981）, 在《直觉泵和其他思考工具》中也有相应的讲解。在早期的版本中，我明确讨论了意向系统的信念，并用这个例子来抵制滑向诱人的结论，即必须有一种"思想语言"，其中所有的信念都以某种方式编码，这是我在工作中多次尝试的主题。可以参见《意向立场》与《挖掘过去构建未来：作为知识形式的记忆与信念》（*Mining the Past to Construct the Future: Memory and Belief as Forms of Knowledge*，1998）。今天我通过谈论信息来概括这一点。关于鸟类飞行所经过的介质黏度的信息，体现在鸟类翅膀的设计中(及其控制装置)，并不需要在设计中编码。当我修改并强化了意向立场的概念时，我已经(我希望)澄清并扩展了这个主题：采用信息/意向视角的效用并不依赖于对有价值的商品、语义信息进行编码的表征系统的存在。

2. 参见《直觉泵和其他思考工具》和 Dennett & Roy (2015)。

3. 参见《达尔文的危险思想》。

4. 在《达尔文的危险思想》中，我们定义并讨论了121个好技巧，以及这样的故事。

5.McKay and Dennett, "The Evolution of Misbelief, " *Behavioral and Brain Sciences* (2009).

6. 在《真实模式》（*Real Patterns*，1991b）中，有对本体论和可识别模式之间关系的扩展分析。

7. 在《意识的解释》和《达尔文的危险观念》中，都有讨论马车的例子。

07

1. 这是我在 Dennett（1995）中所讨论的达尔文主义的“算法”。

2. 对于埃利奥特·索伯（Elliott Sober）和戴维·威尔逊对胡特派的分析，《达尔文的危险思想》中有一个批判性讨论。

08

1. 保罗·丘奇兰德和我就并行架构的威力进行了长期争论。正如我的一篇文章的标题所表明的那样，我们的分歧正在缩小：“Two Steps Closer on Consciousness”（2006d）。另请参阅我在《自由的进化》（*Freedom Evolves*）中的讨论。

2. “Aching Voids and Making Voids”（2013b）.

3. 之前的 6 段来自我对 2008 年 Edge 网站问题（您在哪些方面改变了主意，为什么？）的解答（有修改）。

4. 本节受益于与戴维·巴斯勒（David Baßler）的讨论，而且部分内容来自“Why and How Does Consciousness Seem the Way It Seems?”“How Our Belief in Qualia Evolved, and Why——A Peply to David H. Baßler”，*Open MIND*，Metzinger 2015 以及“Expecting Ourselves to Expect: The Bayesian Brain as a Projector”，这是我在《行为与脑科学》上针对（Clark，2013）的评论。

5. 相关（但更好）的区分对认知科学产生了影响：（Marr & Poggio，1976）提出了三个层次：计算、算法和实现；（Newell，1982）提出了知识层、符号层、硬件层；我的三个“立场”，即有意的、设计的和物理的，是较早提出的（1971 年），并且适用情况更为普遍。每个版本对基本相同的观点的解释都有其缺点："计算"对于规格级别来说是一个误导性术语；"符号层"表达了一种 GOFAI 偏见，而"有意的"立场则在认知科学上强加了一些有争议且通常被误解的哲学术语。

6.1984 在印刷品中被首次提及，参见"Cognitive Wheels"（1984b）。

09

1. 更多信息，参见我在 *Journal of Evolutionary Biology* 的评论（2002b）。

2. 自 1975 年以来，"破译"大脑活动作为分配信念的一种方式的变迁一直是我的研究主题。请参阅"Brain Writing and Mind Reading"《大脑风暴》（1978 年重印）。

10

1. 我对认知动物行为学以及将高阶意向状态归因于非人类动物的问题的兴趣可以追溯到我 1983 年在《行为与脑科学》发表的主题文章"Intentional Systems in Cognitive Ethology: The 'Panglossian Paradigm' Defended"，并且从那时起就一直在断断续续地研究这个主题。例如，"Cognitive Ethology: Hunting for Bargains or Wild Goose Chase？"（1989），"Do Animals Have Beliefs"（1995b）和"Animal Consciousness: What Matters and Why"（1995b）。

11

1.Dennett（1991b）对真实模式进行了分析。

2.thinko 的概念是在 From Typo to Thinko: When Evolution Gradated to Semantic Norms（2006c）中引入的。

12

1. 我对尼克·汉弗莱的回应请见“Cave Art, Autism, and the Evolution of the Human Mind,” in *Cambridge Archaeological Journal*（1998b）。

2. 更多模因相关的内容，请参见：《意识的解释》、《达尔文的危险思想》和“The Evolution of Culture”（2001b）。

3. “The Evolution of Culture”（2001b）和《打破魔咒》。

4. 我关于认知动物行为学的发表在《行为与脑科学》上的文章（1983）讨论了区分轶事与动物智力的科学证据的困难。“Beliefs about Beliefs”（1978d）是我对以下文章的评论：“Does the Chimpanzee Have a Theory of Mind？”（1978）之后，在田野和实验室进行了各种关于动物和儿童的高阶意向性迹象（例如错误信念任务）的研究。例如，Whiten & Byrne（1988），*Machiavellian Intelligence and Machiavellian Intelligence, Ⅱ: Extensions and Evaluations*（1997），以及托马塞洛等人的最新著作。在《丹尼尔·丹尼特讲心智》中，我讨论了对信念的信念和对思考的思考之间的区别，并回顾了一些此类文献。另请参阅我在“*The Selfish Gene* as a philosophical Essay”（2006b）中的讨论。

5. 在“Passing the Buck to Biology”（《行为与脑科学》，1980）中，我对乔姆斯基的专题文章提出了我认为友好的修正，并对他顽固的答复感到惊讶。我原以为 LAD 的全部要点是声称达尔文主义，而不是斯金纳主义、波普尔主义或格雷戈里主义的 研发主要负责设计语法，但我错了。

13

1. 我在《真实模式》（1991b，p. 43）中讨论了安斯康姆的这段话。

2. 相关论述见“What Does The Study of Autism Tell Us about the Craft of

Folk Psychology?”（Griffin & Dennett，2008）中对孤独症的脚手架的讨论。

3. 我“Hofstadter's Quest”（1995b）一文中引用了侯世达的这句调侃。侯世达声称我是这句话的作者，但谁先提出来并不重要。2004 年，在发表于 Edge 网站的“What's Your Law?”中，查尔斯·西蒙尼（Charles Simonyi）提出了西蒙尼定律（Simonyi's Law）——“任何能做的事都可以进行元操作”。精妙的创意就是妙招；它们往往会被经常地重新发明。

4. 有关虚拟机及其与软硬件之间关系的更详细介绍，参阅《直觉泵和其他思考工具》，以了解一些入门级知识。

5. 王尔德费尽心力创作俏皮话的例子，我最早在“Get Real”（1994）中讨论过。

6. 相关讨论参见 *Sweet Dreams: Philosophical Obstacles to a Science of Consciousness*（2005）和《直觉泵和其他思考工具》。

7. 该思想实验首次出现于我向美国哲学学会东部分会（Eastern Division of the American Philosophical Association）发表的主席演讲“In Darwin's Wake, Where Am I?”（Proc. APA 2000）。

8. 我在以下作品中讨论了在环境中做标记的重要性：《丹尼尔·丹尼特讲心智》和“Learning and Labeling”（1993）。

14

1. 我在 *Sweet Dreams*（2003）中首次提出，对火星科学家来说意识显而易见。

2. 相关有趣而深刻的反思，参阅侯世达和我合著的《我是谁，或什么》（*The Mind's I*）。

3. 有关博弈论和隐私权的讨论，参阅《自由的进化》。

4. 本节结尾处的两段文字由在 “My Body Has a Mind of Its Own”（2007c）和 “The Evolution of ‘Why’ ”（2010）的基础上多次修改而成。这两篇文章更深入地讨论了麦克法兰、加里·德雷舍、布兰顿、豪格兰和米利肯等人的作品中这一立场的来源。另见我对麦克法兰的 *Guilty Robots, Happy Dogs*（2009）一书的评论。

5. 我在《意识的解释》，对以 “性感” 为模型创造的 “更自我的” 一词进行了讨论。

6. 关于韦格纳将自由意志视为虚幻的观点，我在《自由的进化》中做出了更详细的讨论。

7. 这些部分的内容主要基于 “Heterophenomenology Reconsidered”（2007b），该文中有对此的更全面的讨论；特别参见对（Schwitzgebel，2007）的回应，以及注 6 中对（Siewert，2007）的回应，后者的思考帮助我重构了这些观点。他者现象学（1982，1991，2003c，2005，2007c）让我们可以追踪一个人的 “概念世界” 中的可供性和事物，而无须认可该本体论为我们科学本体论的一部分。

8. 谢泼德和杰奎琳·梅兹勒（Jacqueline Metzler）是这一爆炸性研究的导火索，而皮利辛和科斯林则为随后的争论奠定了基础（参见 Kosslyn，1980，Kosslyn et al.，1979，Kosslyn et al.，2001，Pylyshyn，2002）。关于我对心理意象争论的讨论，见 *Content and Consciousness*（1969，“The Nature of Images and the Introspective Trap”）、《头脑风暴》的第 9 章与第 10 章、《意识的解释》，以及 2002 年发表于的 “Does Your Brain Use the Images in It, and If So, How?”。最后一篇文章是对皮利辛（2002）的评论。

9. 这部分的内容基于我在《行为与脑科学》上对克拉克的评论（2013）。对其中一些观点的更早的介绍，见 *Inside Jokes*（Hurley，Dennett，& Adams，2011）。

10. 关于“困难问题”扩展讨论，见《意识的解释》；关于提出并开始回答“困难问题”的例子，见“The Friar's Fringe of Consciousness”（2015b）。

11. 我可以提供直觉泵，让那些一开始觉得我的主张难以理解的人至少能接受我的主张。特别参见“Explaining the ‘Magic’of Consciousness”（2002c，前几段的部分材料取自该文）中的“The Tuned Deck”、*Sweet Dreams*（2005），以及《直觉泵和其他思考工具》。

12. 更多关于本尼特以及内容识别的信息，参阅“Jonathan Bennett's Rationality”（2017）。另见阿祖尼（2013），他讨论了意义如何在并不存在的情况下，仍驻留于我们的现象学中。

13. 萨姆·哈里斯（Sam Harris，2012）和其他人［如杰里·科因（Jerry Coyne），2012］认为，科学表明不存在自由意志，这对我们的道德、法律、犯罪、惩罚和奖励政策具有革命性的影响（未说明）。他们忽略了一个事实：常识映像是我们生活的地方，也是最重要的。从科学映像的角度来看，颜色是一种错觉，但它对我们仍然很重要，我们会把时间和精力明智地花费在用我们推崇的颜色方案来包围自己上。哈里斯等人认为，金钱是一种错觉，所以我们应该抛弃它。我没看到他们把所有虚幻的钱都捐出去，也没看到他们逃避自己故意行为的责任，所以我不清楚他们认为自己在表明什么。关于自由意志的更多信息，参考*Elbow Room: The Varieties of Free Will Worth Wanting* [1984（rev. ed. 2015）]、《自由的进化》、我在获得伊拉斯谟奖时所做的演讲“Erasmus: Sometimes a Spin Doctor Is Right”（2012b）、我关于哈里斯论点的论文“Reflections on Free Will”（2014b），以及我在又一次做客播客*Philosophy Bites Again*（2014）时发表的言论（该期节目名为*Daniel Dennett on Free Will Worth Wanting*）。

15

1. 本章开头的名言，引自乔治·E. 皮尤（George E. Pugh）《人类价值观的生物学起源》（1978，p.154.）。作者在脚注中写到，这句话于大约1938年，出自他的父亲爱默生·皮尤（Emerson Pugh）之口。但这句话也被广泛认为是出生于1939年的莱尔·沃森（Lyall Watson）所说。

2. 我在《打破魔咒》的第8章"Belief in Belief"中，讨论了不同领域的科学家之间的分工，他们相互依赖对方的专业知识（"他们负责理解，我们负责研究"），并指出在神学中，经常有人指出实际上，没有人理解他们所讨论的术语。

3. 那些会进化的宏观尺度上的机器人，在非常简化的领域也取得了一些令人印象深刻的成果。我经常谈到萨塞克斯大学的英曼·哈维（Inman Harvey）和菲尔·赫斯本兹（Phil Husbands）在进化机器人学方面的工作（参见Harvey et al., 1997），但我还没有在任何发表的作品中讨论过他们的工作。

4. 科普的 *Virtual Music*（2001）中收录了侯世达、作曲家、音乐学家和我的文章，见"Collision Detection, Muselot, and Scribble: Some Reflections on Creativity"。这些文章充满了引人入胜的观察和实例，书中还包括许多乐谱和一张CD。

5. 相关内容参见《达尔文的危险思想》。

6. 关于侯世达寻找类比的重要性的多部著作，特别参阅 *Metamagical Themas*（1985）、《概念与类比》（*Fluid Concepts and Creative Analogies*，1995）以及与埃马纽埃尔·桑德尔（Emmanuel Sander）合著的《表象与本质》（*Surfaces and Essences*，法文原名为 *L' Analogie. Cœur de la pensée*，英文版于2013年4月在美国出版）。

7. 关于遗传算法在建筑学中的应用，见 Sullivan-Fedock（2011），Asadi et

al.（2014），Yu et al.（2014）；关于优化选举区，见 Chou et al.（2012）。

8. 我在一篇未发表的论文“A Route to Intelligence: Oversimplify and Self-monitor”（1984c）中讨论了这一设计策略，你可以在网上找到该文章。

9. 对图灵测试作为真正理解力测试的分析和辩护，参阅再版于《创意产物》中的“Can Machines Think?”及两篇相关后记（1985，1997），以及《意向立场》中的“Fast Thinking”。特别参阅我在《直觉泵和其他思考工具》中的“‘中文屋’错在哪里”，我在其中举例论述了对话中的某些交流必须具备的认知分层。

10. 关于此类实验的更多信息，请参阅我的“Are We Explaining Consciousness Yet?”（2001c）、Dehaene & Naccache（2001）、Smith & Merikle（1999），以及 Merikle et al.（2001）。

11. 我在接受吉米·苏（Jimmy So）关于《她》的影响的采访时，讨论了这种智能体的强大理论或模型的前景，并指出了原始图灵测试中的一个关键模糊点，参见“Can Robots Fall in Love”（2013），*The Daily Beast*。

12. 在解释为什么我认为强大的人工智能虽然在原则上可能但实际上不可能的时候，我经常把它比作制造一只重量不超过知更鸟、能在空中捕捉昆虫、能在树枝上着陆的机器鸟。我断言，这种鸟身上并不会隐藏什么宇宙之谜，但要把它变为现实，所需的工程造价将超过一打曼哈顿计划的耗资，那何必呢？我们可以通过制作更简单的模型来测试我们的理论，以了解我们需要了解的飞行原理，甚至是鸟类的飞行原理，而成本微不足道。最近，新闻上报道了最新的微型无人机，它们比知更鸟还小，就像会飞的昆虫一样小，有人就此问我是否要重新考虑我的比喻。不，我不会，因为它们不是自主、自控的机器人，而是电子牵线木偶。而且，它们也不能捕捉苍蝇或在树枝上着陆。也许有一天它们能做到这些事，但前提是美国国防部高级研究计划局（DARPA）必须浪费数十亿美元。我曾在以下文章中讨论过这个奇点：“The Mystery of David Chalmers”（2012），以及“The Singularity—An Urban Legend?”（2015）。

13. 我在再版于《创意产物》的“Information, Technology, and the Virtues of Ignorance”中进一步阐述了这一问题，另见“The Singularity—An Urban Legend?”（2015）。

14. 这部分的段落内容基于第二版的 *Seabright, The Company of Strangers*（2010）。

参考文献

Alain, Chartier. (1908) 1956. *Propos d' un Normand* 1906 – 1914. Parais: Gallimard.

Allen, Colin, Mark Bekoff, and George Lauder, eds. 1998. *Nature' s Purposes: Analyses of Function and Design in Biology*. Cambridge, Mass.: MIT Press.

Anscombe, G. E. M. 1957. Intention. Oxford: Blackwell.

Arnold, Frances. 2013. Frances Arnold Research Group.

Asadia, Ehsan, Manuel Gameiro da Silva, Carlos Henggeler Antunes, Luís Dias, and Leon Glicksman. 2014. "Multi-Objective Optimization for Building Retrofit: A Model Using Genetic Algorithm and Artificial Neural Network and an Application." *Energy and Buildings* 81: 444 – 456.

Avital, Eytan, and Eva Jablonka. 2000. *Animal Traditions: Behavioural Inheritance in Evolution. Cambridge*: Cambridge University Press.

Azzouni, Jody. 2013. *Semantic Perception: How the Illusion of a Common Language Arises and Persists*. New York: Oxford University Press.

Bailey, Ida E., Felicity Muth, Kate Morgan, Simone L. Meddle, and Susan D.

Healy. 2015. “Birds Build Camouflaged Nests.” *The Auk* 132 (1): 11 – 15.

Baron–Cohen, Simon. 2003. *The Essential Difference: Male and Female Brains and the Truth about Autism*. New York: Basic Books.

Bateson, Gregory. 1973. *Steps to an Ecology of Mind: Collected Essays in Anthropology, Psychiatry, Evolution, and Epistemology*. St Albans, Australia: Paladin.

Baum, Eric B. 2004. *What Is Thought?* Cambridge, Mass.: MIT Press.

Behe, Michael. 1996. *Darwin’s Black Box: The Biochemical Challenge to Evolution.* New York: Free Press.

Bennett, Jonathan Francis. 1964. *Rationality: An Essay Towards an Analysis*. London: Routledge.

Bennett, Jonathan. 1976. *Linguistic Behaviour.* London: Cambridge University Press.

Berger S. L., T. Kouzarides, R. Shiekhattar, and A. Shilatifard. 2009. “An Operational Definition of Epigenetics.” *Genes Dev*. 23 (7): 781 – 783.

Bernstein, Leonard. 1959. “Why Don’t You Run Upstairs and Write a Nice Gershwin Tune?” In *The Joy of Music*, 52 – 62. New York: Simon and Schuster.

Beverley, R. M. 1868. *The Darwinian Theory of the Transmutation of Species Examined*. (Published anonymously “By a Graduate of the University of Cambridge.”) London: Nisbet (quoted in a review, *Athenaeum* 2102 [Feb. 8]: 217).

Bickerton, Derek. 2009. *Adam’s Tongue: How Humans Made Language, How Language Made Humans*. New York: Hill and Wang.

—. 2014. *More Than Nature Needs: Language, Mind, and Evolution.* Cambridge, Mass.: Harvard University Press.

Blackmore, Susan. 1999. *The Meme Machine*. New York: Oxford University Press.

—. 2008. "Memes Shape Brains Shape Memes." *Behavioral and Brain Sciences* 31: 513.

—. 2010. "Dangerous Memes, or What the Pandorans Let Loose." In *Cosmos and Culture: Cultural Evolution in a Cosmic Context,* edited by Steven Dick and Mark Lupisella, 297 - 318. NASA SP-2009-4802.

Bogdan, Radu J. 2013. *Mindvaults: Sociocultural Grounds for Pretending and Imagining*. Cambridge, Mass.: MIT Press.

Borges, J. L. 1962. *Labyrinths: Selected Stories and other Writings*. New York: New Directions.

Bostrom, Nick. 2014. *Superintelligence: Paths, Dangers, Strategies.* New York: Oxford University Press.

Boyd, Robert, and Peter J. Richerson. 1985. *Culture and the Evolutionary Process.* Chicago: University of Chicago Press.

—. 2005. *The Origin and Evolution of Cultures.* Oxford: Oxford University Press.

Boyd, Robert, P. Richerson, and J. Henrich. 2011. "The Cultural Niche: Why Social Learning Is Essential for Human Adaptation." *PNAS* 108 (suppl. 2): 10918 - 10925.

Brandom, Robert. 1994. *Making It Explicit: Reasoning, Representing, and Discursive commitment*. Cambridge, Mass.: Harvard University Press.

Bray, Dennis. 2009. *Wetware: A Computer in Every Living Cell.* New Haven: Yale University Press.

Brenowitz E.A., D. J. Perkel, and L. Osterhout. 2010. "Language and Birdsong: Introduction to the Special Issue." *Brain and Language* 115 (1): 1 – 2.

Brockman, John, ed. 2011. *This Will Make You Smarter*. New York: Harper Torchbook.

Bromberger, Sylvain. 2011. "What Are Words? Comments on Kaplan (1990), on Hawthorne and Lepore, and on the Issue." *Journal of Philosophy* 108 (9): 486 – 503.

Burt, Austin, and Robert Trivers. 2008. *Genes in Conflict: The Biology of Selfish Genetic Elements.* Cambridge, Mass.: Belknap Press.

Butterworth, G. 1991. "The Ontogeny and Phylogeny of Joint Visual Attention." In *Natural Theories of Mind*, edited by A. Whiten, 223 – 232. Oxford: Basil Blackwell.

Byrne, Richard W., and Andrew Whiten. 1988. *Machiavellian Intelligence*. Oxford: Clarendon Press.

Carruthers, Peter. 2015. *The Centered Mind: What the Science of Working Memory Shows Us about the Nature of Human Thought*. Oxford: Oxford University Press.

Cavalli–Sforza, L. L., and Marcus W. Feldman. 1981. *Cultural Transmission and Evolution: A Quantitative Approach*. Princeton, N.J.: Princeton University Press.

Chalmers, David. 1996. *The Conscious Mind: In Search of a Fundamental Theory*. New York: Oxford University Press.

—. 2010. "The Singularity: A Philosophical Analysis." *Journal of Consciousness Studies* 17 (9 – 10): 7 – 65.

Cheney, Dorothy L., and Robert M. Seyfarth. 1980. "Vocal Recognition in

Free- Ranging Vervet Monkeys." *Animal Behaviour* 28 (2): 362 - 367.

—. 1990. "Attending to Behaviour versus Attending to Knowledge: Examining Monkeys' Attribution of Mental States." *Animal Behaviour* 40 (4): 742 - 753.

Chomsky, Noam. 1965. *Aspects of the Theory of Syntax*. Cambridge: MIT Press.

—. 1975. *Reflections on Language*. New York: Pantheon Books.

—. 1995. *The Minimalist Program*. Cambridge, Mass.: MIT Press.

—. 2000. *New Horizons in the Study of Language and Mind*. Cambridge: Cambridge University Press.

—. 2000b. *On Nature and Language*. New York: Cambridge University Press.

Chou, C., S. Kimbrough, J. Sullivan-Fedock, C. J. Woodard, and F. H. Murphy. 2012. "Using Interactive Evolutionary Computation (IEC) with Validated Surrogate Fitness Functions for Redistricting." Presented at the Genetic and Evolutionary Computation, ACM. Philadelphia.

Christiansen, Morten H., and Nick Chater. 2008. "Language as Shaped by the Brain." *Behavioral and Brain Sciences* 31 (5): 489 - 509.

Christiansen, Morten H., and Simon Kirby. 2003. *Language Evolution*. Oxford: Oxford University Press.

Churchland, Paul M. 1979. *Scientific Realism and the Plasticity of Mind*. Cambridge: Cambridge University Press.

Claidière N., K. Smith, S. Kirby, and J. Fagot. 2014. "Cultural Evolution of Systematically Structured Behaviour in a Non-Human Primate." *Proceedings of the Royal Society: Biological Sciences*. 281 (1797).

Clark, Andy. 2013. "Whatever Next? Predictive Brains, Situated Agents, and the Future of Cognitive Science." *Behavioral and Brain Sciences* 36 (3): 181 - 204.

—. 2015. *Surfing Uncertainty*: *Prediction, Action, and the Embodied Mind*, New York: Oxford University Press.

Clark, Andy, and David Chalmers. 1998. "The Extended Mind." *Analysis* 58 (1): 7 - 19.

Cloud, Daniel. 2014. *The Domestication of Language: Cultural Evolution and the Uniqueness of the Human Animal*. New York: Columbia University Press.

Colgate, Stirling A., and Hans Ziock. 2011. "A Definition of Information, the Arrow of Information, and Its Relationship to Life." *Complexity* 16 (5): 54 - 62.

Cope, David, and Douglas R. Hofstadter. 2001. *Virtual Music: Computer Synthesis of Musical Style*. Cambridge, Mass.: MIT Press.

Coppinger, Raymond, and Lorna Coppinger. 2001. *Dogs: A Startling New Understanding of Canine Origin, Behavior, and Evolution*. New York: Scribner.

Corballis, Michael C. 2003. "From Mouth to Hand: Gesture, Speech, and the Evolution of Right-Handedness." *Behavioral and Brain Sciences* 26 (2): 199 - 208.

—. 2009. "The Evolution of Language." *Annals of the New York Academy of Sciences* 1156 (1): 19 - 43.

Coyne, Jerry. 2012. "You Don' t Have Free Will." *Chronicle of Higher Education*, March 18.

Crick, Francis. 1994. *The Astonishing Hypothesis: The Scientific Search for the Soul*. New York: Scribner.

Cronin, Helena. 1992. *The Ant and the Peacock: Altruism and Sexual Selection from Darwin to Today*. Cambridge: Cambridge University Press.

Crystal, Jonathon D., and Allison L. Foote. 2009. "Metacognition in Animals." *Comparative Cognition and Behavior Review* 4: 1 - 16.

Darwin, Charles. 1859. *On the Origin of Species*. Washington Square: New York University Press.

—. (1862) 1984. *The Various Contrivances by Which Orchids Are Fertilised by Insects*. Chicago: University of Chicago Press.

—. 1868. *The Variation of Animals and Plants under Domestication*. New York: Orange Judd.

—. 1871. *The Descent of Man and Selection in Relation to Sex*. London: J. Murray.

Darwin, Charles, and Frederick Burkhardt. 1997. *The Correspondence of Charles Darwin*. Vol. 10. Cambridge: Cambridge University Press.

Dawkins, Richard. 1976. *The Selfish Gene*. Oxford: Oxford University Press. 1989 Rev. ed.

—. 1986. *The Blind Watchmaker*. New York: Norton.

—. 2004. *The Ancestor's Tale: A Pilgrimage to the Dawn of Evolution*. Boston: Houghton Mifflin.

—. 2004b. "Extended Phenotype—But Not Too Extended. A Reply to Laland, Turner and Jablonka." *Biology and Philosophy* 19: 377 - 396.

Dawkins, Richard, and John R. Krebs. 1978. "Animal Signals: Information or Manipulation." *Behavioural Ecology: An Evolutionary Approach,* 2: 282 - 309.

de Boer, Bart, and W. Tecumseh Fitch. 2010. "Computer Models of Vocal Tract Evolution: An Overview and Critique." *Adaptive Behaviour* 18 (1): 36 - 47.

Deacon, Terrence William. 1997. *The Symbolic Species: The Co-Evolution of Language and the Brain*. New York: W. W. Norton.

—. 2011. *Incomplete Nature: How Mind Emerged from Matter*. New York: W.

W. Norton.

Debner, J. A., and L. L. Jacoby. 1994. "Unconscious Perception: Attention, Awareness, and Control." *Journal of Experimental Psychology. Learning, Memory, and Cognition* 20 (2): 304 – 317.

Defoe, Daniel. 1883. *The Life and Strange Surprising Adventures of Robinson Crusoe of York, Mariner: As Related by Himself*. London: E. Stock.

Dehaene, S., and L. Naccache. 2001. "Towards a Cognitive Neuroscience of Consciousness: Basic Evidence and a Workspace Framework." *COGNITION* 79 (1 – 2): 1 – 37.

Dennett, Daniel C. *Content and Consciousness*. 1969. London and New York: Routledge and Kegan Paul, and Humanities Press.

—. 1971. "Intentional Systems." *Journal of Philosophy* 68 (4): 87 – 106.

—. 1978. *Brainstorms: Philosophical Essays on Mind and Psychology*. Montgomery, Vt.: Bradford Books.

—. 1978b. "Current Issues in Philosophy of Mind." *American Philosophical Quarterly* 15 (4): 249 – 261.

—. 1978c. "Why Not the Whole Iguana?" *Behavioral and Brain Sciences* 1 (1): 103 – 104.

—. 1978d. "Beliefs about Beliefs." Commentary on Premack and Woodruff. *Behavioral and Brain Sciences* 1 (4) 568 – 570.

—. 1980. "Passing the Buck to Biology." *Behavioral and Brain Sciences* 19.

—. 1981. "Three Kinds of Intentional Psychology." In *Reduction, Time and Reality*, edited by R. Healey, 37 – 60. Cambridge: Cambridge University Press.

—. 1982. "How to Study Consciousness Empirically: Or Nothing Comes to

Mind." *Synthese* 53: 159 - 180.

—. 1983. "Intentional Systems in Cognitive Ethology: The 'Panglossian Paradigm' Defended" ; and "Taking the Intentional Stance Seriously." *Behavioral and Brain Sciences* 6 (3): 343 - 390.

—. 1984. *Elbow Room: The Varieties of Free Will Worth Wanting*. Cambridge, Mass.: MIT Press.

—. 1984b. "Cognitive Wheels: The Frame Problem of AI." In *Minds, Machines and Evolution*, edited by C. Hookway, 129 - 151. Cambridge: Cambridge University Press 1984.

—. 1984c. "A Route to Intelligence: Oversimplify and Self-monitor."

—. 1987. *The Intentional Stance*. Cambridge, Mass.: MIT Press.

—. 1989. "Cognitive Ethology: Hunting for Bargains or a Wild Goose Chase?" In *Goals, No-Goals and Own Goals*, edited by D. Noble and A. Montefiore, 101 - 116. Oxford: Oxford University Press.

—. 1991. *Consciousness Explained*. Boston: Little, Brown.

—. 1991b. "Real Patterns." *Journal of Philosophy* 88 (1): 27 - 51.

—. 1993. "Learning and Labeling." Commentary on A. Clark and A. Karmiloff-Smith, "The Cognizer' s Innards." *Mind and Language* 8 (4): 540 - 547.

—. 1994. "Get Real." *Philosophical Topics* 22 (1): 505 - 568.

—. 1995. *Darwin' s Dangerous Idea*. New York: Simon and Schuster.

—. 1995b. "Do Animals Have Beliefs?" In *Comparative Approaches to Cognitive Sciences*, edited by Herbert Roitblat and Jean-Arcady Meyer, 111 - 118. Cambridge, Mass.: MIT Press.

—. 1995c. "Hofstadter' s Quest: A Tale of Cognitive Pursuit." *Complexity* 1(6): 9 - 12.

—. 1995d. "Animal Consciousness—What Matters and Why." *Social Research* 62 (3): 691 - 710.

—. 1996. *Kinds of Minds: Toward an Understanding of Consciousness*. New York: Basic Books.

—. 1997. "Darwinian Fundamentalism: An Exchange." *New York Review*, 64.

—. 1998. *Brainchildren: Essays on Designing Minds*. Cambridge, Mass.: MIT Press.

—. 1998b. "Reply to Nicholas Humphrey, Cave Art, Autism, and the Evolution of the Human Mind." *Cambridge Archeological Journal* 8 (2): 184 - 85.

—. 1999. Review of *Having Thought: Essays in the Metaphysics of Mind*, by John Haugeland, *Journal of Philosophy* 96 (8): 430 - 5.

—. 2001. "In Darwin' s Wake, Where Am I?" *Proceedings and Addresses of the American Philosophical Association*. 75 (2): 11 - 30.

—. 2001b. "The Evolution of Culture." *The Monist* 84 (3): 305 - 324.

—. 2001c. "Are We Explaining Consciousness Yet?" *Cognition* 79: 221 - 237.

—. 2002. "Does Your Brain Use the Images in It, and If So, How?" *Behavioral and Brain Sciences* 25 (2): 189 - 190.

—. 2002b. "Tarbutniks Rule." Review of *Animal Traditions: Behavioural Inheritance in Evolution*, 2000 by Eytan Avital and Eva Jablonka, *Journal of Evolutionary Biology* 15 (2): 332 - 334.

—. 2002c. "Explaining the 'Magic' of Consciousness. Exploring Consciousness, Humanities, Natural Science, Religion." *Proceedings of the International Symposium*, Milano, November 19 - 20, 2001 (published in December 2002, Fondazione Carlo Erba), 47 - 58.

—. 2003. *Freedom Evolves*. New York: Viking.

—. 2003b. "The Baldwin Effect: A Crane, Not a Skyhook." In *Evolution and Learning: The Baldwin Effect Reconsidered*, edited by Bruce H. Weber and David J. Depew. Cambridge, Mass.: MIT Press, 60 - 79.

—. 2003c. "Who' s on First? Heterophenomenology Explained." *Journal of Consciousness Studies* 10 (9 - 10): 19 - 30.

—. 2005. *Sweet Dreams: Philosophical Obstacles to a Science of Consciousness*. Cambridge, Mass.: Bradford Book/MIT Press.

—. 2006. *Breaking the Spell: Religion as a Natural Phenomenon*. New York: Viking.

—. 2006b. "The Selfish Gene as a Philosophical Essay." In *Richard Dawkins: How a Scientist Changed the Way We Think*, edited by A. Grafen and M. Ridley, 101 - 115. Oxford: Oxford University Press.

—. 2006c. "From Typo to Thinko: When Evolution Graduated to Semantic Norms." In *Evolution and Culture*, edited by S. Levinson and P. Jaisson 133 - 145. Cambridge, Mass.: MIT Press.

—. 2006d. "Two Steps Closer on Consciousness." In *Paul Churchland*, edited by Brian Keeley, 193 - 209. New York: Cambridge University Press.

—. 2007. "Instead of a Review." *Artificial Intelligence* 171 (18): 1110 - 1113.

—. 2007b. "Heterophenomenology Reconsidered." *Phenomenology and the Cognitive Sciences* 6 (1 – 2): 247 – 270.

—. 2007c. "My Body Has a Mind of Its Own." In *Distributed Cognition and the Will: Individual Volition and Social Context*, edited by D. Ross, D. Spurrett, H. Kincaid, and G. L. Stephens, 93 – 100. Cambridge, Mass.: MIT Press.

—. 2008. "Competition in the Brain." In *What Have You Changed Your Mind About?*, edited by John Brockman, 37 – 42. New York: HarperCollins.

—. 2009. "Darwin' s 'Strange Inversion of Reasoning.' " *Proceedings of the National Academy of Sciences of the United States of America* 106: 10061 – 10065.

—. 2009b. "What Is It Like to be a Robot?" Review of *Guilty Robots, Happy Dogs, by David McFarland. BioScience* 59 (8): 707 – 709.

—. 2010. "The Evolution of Why?" In *Reading Brandom: On Making It Explicit*, edited by B. Weiss and J. Wanderer, 48 – 62. New York: Routledge.

—. 2012. "The Mystery of David Chalmers." *Journal of Consciousness Studies* 19(1 – 2): 86 – 95.

—. 2012b. *Erasmus: Sometimes a Spin Doctor Is Right*. Amsterdam: Praemium Erasmianum Foundation.

—. 2012c. "Cycles." In *This Will Make You Smarter*, edited by J. Brockman and Edge.org, 110 – 119. New York: Harper Torchbook.

—. 2013. *Intuition Pumps and Other Tools for Thinking*. New York: W. W. Norton.

—. 2013b. "Aching Voids and Making Voids." Review of *Incomplete Nature: How Mind Emerged from Matter*, by Terrence W. Deacon, *Quarterly Review of*

Biology 88 (4): 321 - 324.

—. 2013c. "Expecting Ourselves to Expect: The Bayesian Brain as a Projector." *Behavioral and Brain Sciences* 36 (3): 209 - 210.

—. 2013d. "Turing's 'Strange Inversion of Reasoning.'" In *Alan Turing: His Work and Impact*, edited by S. Barry Cooper and J. van Leeuwen, 569 - 573. Amsterdam: Elsevier.

—. 2014. "Daniel Dennett on Free Will Worth Wanting." In *Philosophy Bites Again*, edited by D. Edmonds and N. Warburton, 125 - 133. New York: Oxford University Press.

—. 2014b. "Reflections on Free Will." Review of *Free Will*, by Sam Harris.

—. 2015. "The Singularity—An Urban Legend?" In *What to Think about Machines That Think*, edited by John Brockman, 85 - 88. New York: HarperCollins.

—. 2015b. "The Friar's Fringe of Consciousness." In *Structures in the Mind: Essays on Language, Music, and Cognition in Honor of Ray Jackendoff*, edited by Ida Toivonen, Piroska Csuri, and Emile van der Zee, 371 - 378. Cambridge, Mass.: MIT Press.

—. 2015c. "Why and How Does Consciousness Seem the Way It Seems?" In *Open MIND*, edited by T. Metzinger and J. M. Windt. Frankfurt and Main: MIND Group. doi: 10.15502/9783958570245.

—. 2015d. "How Our Belief in Qualia Evolved, and Why We Care So Much—A Reply to David H. Baßler." In *Open MIND*, edited by T. Metzinger and J. M. Windt. Frankfurt: MIND Group.

—. Forthcoming. "Jonathan Bennett's *Rationality*." In *Ten Neglected Classics*, edited by Eric Schliesser.

Dennett, Daniel C., and Ryan T. McKay. 2006. "A Continuum of Mindfulness." *Behavioral and Brain Sciences* 29: 353 - 354.

Descartes, René. (1637) 1956. *Discourse on Method*. New York: Liberal Arts Press.

—. 1641. *Meditations on First Philosophy. Paris*: Michel Soly.

Diamond, Jared. 1978. "The Tasmanians: The Longest Isolation, the Simplest Technology." *Nature* 273: 185 - 186.

Diesendruck, Gil, and Lori Markson. 2001. "Children's Avoidance of Lexical Overlap: A Pragmatic Account." *Developmental Psychology* 37 (5): 630 - 641.

Domingos, Pedro. 2015. *The Master Algorithm: How the Quest for the Ultimate Learning Machine Will Remake Our World*. New York: Basic Books.

Drescher, Gary L. 1991. *Made-up Minds: A Constructivist Approach to Artificial Intelligence*. Cambridge, Mass.: MIT Press.

Dyson, Freeman J. 1988. *Infinite in All Directions: Gifford Lectures Given at Aberdeen, Scotland, April - November* 1985. New York: Harper and Row.

Edelman, Gerald M. 1989. *The Remembered Present: A Biological Theory of Consciousness.* New York: Basic Books.

Eigen, Manfred. 1992. *Steps Towards Life*. Oxford: Oxford University Press.

Eldredge, Niles. 1983. "A la recherche du docteur Pangloss." *Behavioral and Brain Sciences* 6 (3): 361 - 362.

Eliasmith, Chris. 2013. *How to Build a Brain: A Neural Architecture for Biological Cognition.* New York: Oxford University Press.

Emery, N. J. 2000. "The Eyes Have It: The Neuroethology, Function and Evolution of Social Gaze." *Neuroscience & Biobehavioral Reviews* 24: 581 - 604.

Everett, Daniel L. 2004. "Coherent Fieldwork." In *Linguistics Today*, edited by Piet van Sterkenberg, 141 - 162. Amsterdam: John Benjamins.

Fisher, D. 1975. "Swimming and Burrowing in *Limulus anti Mesolimulus.*" *Fossils and Strata* 4: 281 - 290.

Fitch, W. Tecumseh. 2008. "Nano-Intentionality: A Defense of Intrinsic Intentionality." *Biology & Philosophy* 23 (2): 157 - 177.

—. 2010. *The Evolution of Language*. Cambridge: Cambridge University Press.

Fitch, W. T., L. Huber, and T. Bugnyar. 2010. "Social Cognition and the Evolution of Language: Constructing Cognitive Phylogenies." *Neuron* 65 (6): 795 - 814.

FitzGibbon, C. D., and J. H. Fanshawe. 1988. "Stotting in Thomson' s Gazelles: An Honest Signal of Condition." *Behavioral Ecology and Sociobiology* 23 (2): 69 - 74.

Floridi, Luciano. 2010. *Information: A Very Short Introduction*. Oxford: Oxford University Press.

Fodor, Jerry, 1998. "Review of Steven Pinker' s *How the Mind Works*, and Henry Plotkin' s *Evolution in Mind.*" *London Review of Books*. Reprinted in Fodor, *In Critical Condition*. Cambridge, Mass.: Bradford Book/MIT Press.

—. 2008. LOT 2: *The Language of Thought Revisited*. Oxford: Clarendon Press.

Francis, Richard C. 2004. *Why Men Won' t Ask for Directions: The Seductions of Sociobiology*. Princeton, N.J.: Princeton University Press.

Frischen, Alexandra, Andrew P. Bayliss, and Steven P. Tipper. 2007. "Gaze cueing of Attention: Visual Attention, Social Cognition, and Individual Differences." *Psychological Bulletin* 133(4): 694 - 724.

Friston, Karl, Michael Levin, Biswa Sengupta, and Giovanni Pezzulo. 2015. "Knowing One's Place: A Free-Energy Approach to Pattern Regulation." *Journal of the Royal Society Interface*, 12: 20141383.

Frith, Chris D. 2012. "The Role of Metacognition in Human Social Interactions." *Philosophical Transactions of the Royal Society B: Biological Sciences* 367 (1599):2213 – 2223.

Gelman, Andrew. 2008. "Objections to Bayesian Statistics." *Bayesian Anal*. 3 (3): 445 – 449.

Gibson, James J. 1966. "The Problem of Temporal Order in Stimulation and Perception." *Journal of Psychology* 62 (2): 141 – 149.

—. 1979. *The Ecological Approach to Visual Perception*. Boston: Houghton Mifflin.

Godfrey-Smith, Peter. 2003. "Postscript on the Baldwin Effect and Niche Construction." In *Evolution and Learning: The Baldwin Effect Reconsidered*, edited by Bruce H. Weber and David J. Depew, 210 – 223. Cambridge, Mass.: MIT Press.

—. 2007. "Conditions for Evolution by Natural Selection." *Journal of Philosophy* 104: 489 – 516.

—. 2009. *Darwinian Populations and Natural Selection*. Oxford: Oxford University Press.

Gorniak, Peter, and Deb Roy. 2006. "Perceived Affordances as a Substrate for Linguistic Concepts." *MIT Media Lab*. See also Gorniak's MIT dissertation, "The Affordance-based Concept."

Gould, Stephen Jay. 1989. *Wonderful Life: The Burgess Shale and the Nature of History*. New York: W. W. Norton.

—. 1991. *Bully for Brontosaurus: Reflections in Natural History*. New York: W. W. Norton.

—. 1997. "Darwinian Fundamentalism." Part I of review of *Darwin' s Dangerous Idea, New York Review of Books*, June 12.

—. 1997b. "Evolution: The Pleasures of Pluralism." Part II of review of *Darwin' s Dangerous Idea*, June 26.

Gould, Stephen Jay, and Richard C. Lewontin. 1979. "The Spandrels of San Marco and the Panglossian Paradigm: A Critique of the Adaptationist Programme." Proceedings of the Royal Society of London, the Evolution of Adaptation by Natural Selection (Sept. 21), Series B, *Biological Sciences* 205 (1161): 581 - 598.

Graziano, Michael S. A. 2013. *Consciousness and the Social Brain*. Oxford, New York: Oxford University Press.

Grice, H. Paul. 1957. "Meaning." *The Philosophical Review* 66: 377 - 388.

—. 1968. "Utterer' s Meaning, Sentence Meaning, and Word Meaning." *Foundations of Language*, 4. Reprinted as ch. 6 in Grice 1989, 117 - 137.

—. 1969. "Utterer' s Meaning and Intentions." *Philosophical Review*, 78. Reprinted as ch. 5 in Grice 1989, 86 - 116.

—. 1972. *Intention and Uncertainty*. London: Oxford University Press.

—. 1989. *Studies in the Way of Words*. The 1967 William James Lectures at Harvard University. Cambridge, Mass.: Harvard University Press.

Griffin, Donald R., and Carolyn A. Ristau. 1991. "Aspects of the Cognitive Ethology of an Injury-Feigning Bird, the Piping Plover." In *Cognitive Ethology: The Minds of Other Animals: Essays In Honor of Donald R. Griffin*. Hillsdale, N.J.: L. Erlbaum Associates.

Griffin, R., and Dennett, D. C. 2008. "What Does The Study of Autism Tell Us about the Craft of Folk Psychology?" In *Social Cognition: Development, Neuroscience, and Autism,* edited by T. Striano and V. Reid, 254 - 280. Malden, Mass.: Wiley-Blackwell.

Griffiths, Paul, 1995. "The Cronin Controversy." *Brit. J. Phil. Sci*. 46: 122 - 138.

—. 2008. "Molecular and Developmental Biology." In *The Blackwell Guide to the Philosophy of Science*, edited by Peter Machamer and Michael Silverstein, 252 - 271. Oxford: Blackwell.

Guston, Philip. 2011. *Philip Guston: Collected Writings, Lectures, and Conversations*, edited by Clark Coolidge. Berkeley, Los Angeles, London: University of California Press.

Haig, David. 1997. "The Social Gene." *Behavioural Ecology: An Evolutionary Approach*, edited by John R. Krebs and Nicholas Davies, 284 - 304. Oxford: Blackwell Science.

—. 2008. "Conflicting Messages: Genomic Imprinting and Internal Communication." In *Sociobiology of Communication: An Interdisciplinary Perspective*, edited by Patrizia D' Ettorre and David P. Hughes, 209 - 223. Oxford: Oxford University Press.

Halitschke, Rayko, Johan A. Stenberg, Danny Kessler, Andr é Kessler, and Ian T. Baldwin. 2008. "Shared Signals— 'Alarm Calls' from Plants Increase Apparency to Herbivores and Their Enemies in Nature." *Ecology Letters* 11 (1): 24 - 34.

Hansell, M. H. 2000. *Bird Nests and Construction Behaviour*. Cambridge: Cambridge University Press.

—. 2005. *Animal Architecture*. Oxford: Oxford University Press.

—. 2007. *Built by Animals*. Oxford: Oxford University Press.

Hardy, Alister, 1960. "Was Man More Aquatic in the Past?" *The New Scientist*, 642 - 645.

Hardy, Thomas. 1960. *Selected Poems of Thomas Hardy*. London: Macmillan.

Harris, Sam. 2012. *Free Will*. New York: Free Press.

Harvey, I., P. Husbands, D. Cliff, A. Thompson, and N. Jakobi. 1997. "Evolutionary Robotics: the Sussex Approach." *Robotics and Autonomous Systems* 20 (2 - 4):205 - 224.

Haugeland, John. 1985. *Artificial Intelligence: The Very Idea*. Cambridge, Mass.: MIT Press.

—. 1998. *Having Thought: Essays in the Metaphysics of Mind*. Cambridge, Mass.: Harvard University Press.

Hauser, Marc D. 1996. *The Evolution of Communication*. Cambridge, Mass.: MIT Press.

Hauser, Marc D., Noam Chomsky, and W. Tecumseh Fitch. 2002. "The Faculty of Language: What Is It, Who Has It, and How Did It Evolve?" *Science* 298 (5598):1569 - 1579.

Heeks, R. J. 2011. "Discovery Writing and the So-called Forster Quote." April 13.

Henrich J. 2004. "Demography and Cultural Evolution: Why Adaptive Cultural Processes Produced Maladaptive Losses in Tasmania." *American Antiquity* 69(2): 197 - 221.

—. 2015. *The Secret of Our Success*. Princeton, N.J.: Princeton University

Press.

Hewes, Gordon Winant. 1973. *The Origin of Man*. Minneapolis: Burgess.

Hinton, Geoffrey E. 2007. "Learning Multiple Layers of Representation." *Trends in Cognitive Sciences* 11 (10): 428 - 434.

Hofstadter, Douglas. 1979. *Gödel, Escher, Bach: An Eternal Golden Braid*. New York: Basic Books.

—. 1981. "Reflections." In *The Mind' s I*, edited by Hofstadter and Dennett. 403 - 404.

—. 1982. "Can Creativity Be Mechanized?" *Scientific American* 247: 20 - 29.

—. 1982b. "Who Shoves Whom Around Inside the Careenium? Or What Is the Meaning of the Word 'I' ?" *Synthese* 53 (2): 189 - 218.

—. 1985. *Metamagical Themas: Questing for the Essence of Mind and Pattern*. New York: Basic Books.

—. 2007. *I Am a Strange Loop*. New York: Basic Books.

Hofstadter Douglas, and Daniel Dennett, eds. 1981. *The Mind' s I: Fantasies and Reflections on Self and Soul*. New York: Basic Books and Hassocks, Sussex: Harvester.

Hohwy, Jakob. 2012. "Attention and Conscious Perception in the Hypothesis Testing Brain." *Frontiers in Psychology* 3 (96): 1 - 14.

—. 2013. *The Predictive Mind*. New York: Oxford University Press.

Huebner, Bryce, and Daniel Dennett. 2009. "Banishing 'I' and 'We' from Accounts of Metacognition." Response to Peter Carruthers 2008. "How We Know Our Own Minds: The Relationship Between Mindreading and Metacognition."

Behavioral and Brain Sciences 32: 121 - 182.

Hughlings Jackson, J. 1915. "Hughlings Jackson on Aphasia and Kindred Affections of Speech." *Brain* 38: 1 - 190.

Hume, David. 1739. *A Treatise of Human Nature*. London: John Noon.

Humphrey, Nicholas K. 1976. "The Social Function of Intellect." *Growing Points in Ethology*: 303 - 317.

—. 1995. *Soul Searching: Human Nature and Supernatural Belief*. London: Chatto and Windus.

—. 1996. *Leaps of Faith: Science, Miracles, and the Search for Supernatural Consolation.* New York: Basic Books.

—. 1998. "Cave Art, Autism, and the Evolution of the Human Mind." *Cambridge Archeological Journal* 8 (2): 184 - 185.

—. 2000. *How to Solve the Mind-Body Problem*. Thorverton, UK: Imprint Academic.

—. 2006. *Seeing Red: A Study in Consciousness*. Cambridge, Mass.: Harvard University Press.

—. 2009. "The Colour Currency of Nature." In *Colour for Architecture Today*, edited by Tom Porter and Byron Mikellides, 912. London: Taylor and Francis.

—. 2011. *Soul Dust: The Magic of Consciousness.* Princeton, N.J.: Princeton University Press.

Humphrey, Nicholas K. and Daniel Dennett. 1989. "Speaking for Ourselves: An Assessment of Multiple Personality-Disorder." *Raritan—A Quarterly Review* 9(1): 68 - 98.

Hurford, James R. 2014. *The Origins of Language: A Slim Guide*. New York:

Oxford University Press.

Hurley, Matthew M., D. C. Dennett, and Reginald B. Adams. 2011. *Inside Jokes: Using Humor to Reverse-Engineer the Mind*. Cambridge, Mass.: MIT Press.

Jackendoff, Ray. 1994. *Patterns in the Mind*. New York: Basic Books.

—. 1996. "How Language Helps Us Think." *Pragmatics and Cognition* 4 (1):1 - 34.

—. 2002. *Foundations of Language: Brain, Meaning, Grammar, Evolution*. New York: Oxford University Press.

—. 2007. *Language, Consciousness, Culture: Essays on Mental Structure*. Cambridge, Mass.: MIT Press.

—. 2007b. "Linguistics in Cognitive Science: The State of the Art." *Linguistic Review* 24: 347 - 401.

Jackendoff, Ray, Neil Cohn, and Bill Griffith. 2012. *A User' s Guide to Thought and Meaning*. New York: Oxford University Press.

Jakobi, Nick. 1997. "Evolutionary Robotics and the Radical Envelope-of-Noise Hypothesis." *Adaptive Behavior* 6: 325 - 367.

Jolly, Alison. 1966. *Lemur Behavior: A Madagascar Field Study*. Chicago: University of Chicago Press.

Kameda, Tatsuya, and Daisuke Nakanishi. 2002. "Cost-benefit Analysis of Social/ Cultural Learning in a Nonstationary Uncertain Environment: An Evolutionary Simulation and an Experiment with Human Subjects." *Evolution and Human Behavior* 23 (5): 373 - 393.

Kaminski, J. 2009. "Dogs (*Canis familiaris*) are Adapted to Receive Human Communication." In *Neurobiology of ' 'Umwelt:' ' How Living Beings Perceive the World,* edited by A. Berthoz and Y. Christen, 103 – 107. Berlin: Springer Verlag.

Kaminski, J., J. Brauer, J. Call, and M. Tomasello. 2009. "Domestic Dogs Are Sensitive to a Human' s Perspective." *Behaviour* 146: 979 – 998.

Kanwisher N., et al. 1997. "The Fusiform Face Area: A Module in Human Extrastriate Cortex Specialized for Face Perception." *Journal of Neuroscience* 17 (11):4302 – 4311.

Kanwisher, N. and D. Dilks. 2013. "The Functional Organization of the Ventral Visual Pathway in Humans." In *The New Visual Neurosciences*, edited by L. Chalupa and J. Werner. Cambridge, Mass.: MIT Press.

Kaplan, David. "Words." 1990. *Proceedings of the Aristotelian Society, Supplementary Volumes*: 93 – 119.

Katchadourian, Raffi. 2015. "The Doomsday Invention: Will Artificial Intelligence Bring Us Utopia or Destruction?" *New Yorker, November* 23, 64 – 79.

Kauffman, Stuart. 2003. "The Adjacent Possible."

Keller, Helen. 1908. *The World I Live In*. New York: Century.

Kessler, M. A., and B. T. Werner. 2003. "Self-Organization of Sorted Patterned Ground." *Science* 299 (5605): 380 – 383.

Kobayashi, Yutaka, and Norio Yamamura. 2003. "Evolution of Signal Emission by Non-infested Plants Growing Near Infested Plants to Avoid Future Risk." *Journal of Theoretical Biology* 223: 489 – 503.

Kosslyn, Stephen Michael. 1975. "Information Representation in Visual Images." *Cognitive Psychology* 7 (3): 341 – 370.

—. 1980. *Image and Mind*. Cambridge, Mass.: Harvard University Press.

Kosslyn, Stephen M., et al. 1979. "On the Demystification of Mental

Imagery." *Behavioral and Brain Sciences* 2 (4): 535 - 548.

Kosslyn, S. M., et al. 2001. "The Neural Foundations of Imagery." *Nature Reviews Neuroscience* 2: 635 - 642.

Kurzweil, Ray. 2005. *The Singularity Is Near: When Humans Transcend Biology*. New York: Viking.

Laland, Kevin, J. Odling-Smee, and Marcus W. Feldman. 2000. "Group Selection: A Niche Construction Perspective." *Journal of Consciousness Studies* 7 (1):221 - 225.

Landauer, Thomas K., Peter W. Foltz, and Darrell Laham. 1998. "An Introduction to Latent Semantic Analysis." *Discourse Processes* 25 (2 - 3): 259 - 84.

Lane, Nick. 2015. *The Vital Question: Why Is Life the Way It Is?* London: Profile.

Levin, M., 2014. "Molecular Bioelectricity: How Endogenous Voltage Potentials Control Cell Behavior and Instruct Pattern Regulation in Vivo." *Molecular Biology of the Cell* 25: 3835 - 3850.

Levine, Joseph. 1983. "Materialism and Qualia: The Explanatory Gap." *Pacific Philosophical Quarterly* 64: 354 - 361.

Levitin, Daniel J. 1994. "Absolute Memory for Musical Pitch: Evidence from the Production of Learned Melodies." *Perception & Psychophysics* 56 (4):414 - 423.

Levitin, Daniel J., and Perry R. Cook. 1996. "Memory for Musical Tempo: Addi-tional Evidence That Auditory Memory Is Absolute." *Perception & Psychophysics* 58 (6): 927 - 935.

Lewis, S. M., and C. K. Cratsley. 2008. "Flash Signal Evolution, Mate Choice and Predation in Fireflies." *Annual Review of Entomology* 53: 293 - 321.

Lieberman, Matthew D. 2013. *Social: Why Our Brains Are Wired to Connect*. New York: Crown.

Littman, Michael L., Susan T. Dumais, and Thomas K. Landauer. 1998. "Automatic Cross-Language Information Retrieval Using Latent Semantic Indexing." In *Cross-Language Information Retrieval*, 51 - 62. New York: Springer.

Lycan, William G. 1987. *Consciousness*. Cambridge, Mass.: MIT Press.

MacCready, P. 1999. "An Ambivalent Luddite at a Technological Feast." *Designfax*, August.

MacKay, D. M. 1968. "Electroencephalogram Potentials Evoked by Accelerated Visual Motion." *Nature* 217: 677 - 678.

Markkula, G. 2015. "Answering Questions about Consciousness by Modeling Perception as Covert Behavior." *Frontiers in Psychology* 6: 803 - 815.

Marr, D. and T. Poggio. 1976. "From Understanding Computation to Understanding Neural Circuitry." *Artificial Intelligence Laboratory. A.I. Memo.* Cambridge, Mass.: MIT.

Marx, Karl. (1861) 1942. Letter to Lasalle, London, January 16, 1861. *Gesamtausgabe.* International Publishers.

Mayer, Greg. 2009. "Steps toward the Origin of Life."

McClelland, Jay, and Joan Bybee. 2007. "Gradience of Gradience: A Reply to Jackendoff." *Linguistic Review* 24: 437 - 455

McCulloch, Warren S., and Walter Pitts. 1943. "A Logical Calculus of the Ideas Imminent in Nervous Activity." *Bulletin of Mathematical Biophysics* 5:115 - 133.

McFarland, David. 1989. *Problems of Animal Behaviour*. Harlow, Essex, UK:

Longman Scientific and Technical.

—. 1989b. "Goals, No-Goals and Own Goals." In *Goals, No-Goals and Own Goals: A Debate on Goal-Directed and Intentional Behaviour,* edited by Alan Montefiore and Denis Noble, 39 – 57. London: Unwin Hyman.

McGeer, V. 2004. "Autistic Self-awareness." *Philosophy, Psychiatry & Psychology* 11:235 – 251.

McGinn, Colin. 1991. *The Problem of Consciousness: Essays towards a Resolution*. Cambridge, Mass.: Blackwell.

—. 1999. *The Mysterious Flame: Conscious Minds in a Material World*. New York: Basic Books.

McKay, Ryan T., and Daniel C. Dennett. 2009. "The Evolution of Misbelief." *Behavioral and Brain Sciences* 32 (6): 493.

Mercier, Hugo, and Dan Sperber. 2011. "Why Do Humans Reason? Arguments for an Argumentative Theory." *Behavioral and Brain Sciences* 34: 57 – 111.

Merikle, Philip M., Daniel Smilek, and John D. Eastwood. 2001, "Perception without Awareness: Perspectives from Cognitive Psychology." *Cognition* 79 (1/2):115 – 134.

Miller, Geoffrey F. 2000. *The Mating Mind: How Sexual Choice Shaped the Evolution of Human Nature*. New York: Doubleday.

Miller, George A., Eugene Galanter, and Karl H. Pribram. 1960. *Plans and the Structure of Behavior*. New York: Henry Holt.

Miller, Melissa B., and Bonnie L. Bassler. 2001. "Quorum Sensing in Bacteria." *Annual Reviews in Microbiology* 55 (1): 165 – 199.

Millikan, Ruth Garrett. 1984. *Language, Thought, and Other Biological*

Categories: New Foundations for Realism. Cambridge, Mass.: MIT Press.

—. 1993. *White Queen Psychology and Other Essays for Alice*. Cambridge, Mass.: MIT Press.

—. 2000. *On Clear and Confused Ideas: An Essay about Substance* Concepts. Cambridge: Cambridge University Press.

—. 2000b. "Naturalizing Intentionality." In *Philosophy of Mind, Proceedings of the Twentieth World Congress of Philosophy*, edited by Bernard Elevitch, vol. 9, 83 - 90. Philosophy Documentation Center.

—. 2004. *Varieties of Meaning*. The 2002 Jean Nicod Lectures. Cambridge, Mass.: MIT Press.

—. 2005. *Language: A Biological Model*. Oxford: Clarendon Press.

—. Forthcoming. *Unicepts, Language, and Natural Information*.

Minsky, Marvin. 1985. *The Society of Mind*. New York: Simon and Schuster.

Misasi J., and N. J. Sullivan. 2014. "Camouflage and Misdirection: The Full-on Assault of Ebola Virus Disease." *Cell* 159 (3): 477 - 486.

Moravec, Hans P. 1988. *Mind Children: The Future of Robot and Human Intelligence*. Cambridge, Mass.: Harvard University Press.

Mordvintsev, A., C. Olah, and M. Tyka. 2015. "Inceptionism: Going Deeper into Neural Networks." Google Research Blog. Retrieved June 20.

Morgan, Elaine. 1982. *The Aquatic Ape*. New York: Stein and Day.

—. 1997. *The Aquatic Ape Hypothesis*. London: Souvenir Press.

Morin, Olivier. 2016. *How Traditions Live and Die: Foundations for Human Action*. New York: Oxford University Press.

Nagel, Thomas. 1974. "What Is It Like to Be a Bat?" *Philosophical Review* 83

(4):435 - 450.

Newell, Allen. 1992. "The Knowledge Level." *Artificial Intelligence* 18 (1): 87 - 127.

Nimchinsky, E.A., E. Gilissen, J. M. Allman., D. P. Perl, J. M. Erwin, and P.R. Hof. 1999. "A Neuronalmorphologic Type Unique to Humans and Great Apes." *Proc Natl Acad Sci*. 96 (9): 5268 - 5273.

Nørretranders, Tor. 1998. *The User Illusion: Cutting Consciousness Down to Size*. New York: Viking.

Peirce, Charles S. 1906. *Collected Papers of Charles Sanders Peirce*, edited by Charles Hartshorne and Paul Weiss. Cambridge, Mass.: Harvard University Press.

Penrose, Roger. 1989. *The Emperor' s New Mind: Concerning Computers, Minds, and the Laws of Physics*. Oxford: Oxford University Press.

Pinker, Steven. 1997. *How the Mind Works.* New York: W. W. Norton.

—. 2003. "Language as an Adaptation to the Cognitive Niche." *Studies in the Evolution of Language* 3: 16 - 37.

—. 2009. "Commentary on Daniel Dennett." Mind, Brain, and Behavior Lecture, Harvard University, April 23.

Pinker, Steven, and Ray Jackendoff. 2005. "The Faculty of Language: What' s Special about It?" *Cognition* 95 (2): 201 - 236.

Powner, M. W., B. Gerland, and J. D. Sutherland. 2009. "Synthesis of Activated Pyrimidine Ribonucleotides in Prebiotically Plausible Conditions." *Nature* 459 (7244): 239 - 242.

Pugh, George Edgin. 1978. *The Biological Origin of Human Values*. New York: Basic Books.

Pylyshyn, Zenon. 1973. "What the Mind' s Eye Tells the Mind' s Brain: A Critique of Mental Imagery." *Psychological Bulletin* 80: 1 - 24.

—. 2002. "Mental Imagery: In Search of a Theory." *Behavioral and Brain Sciences* 25 (2): 157 - 182.

Quine, W. V. 1951. "Two Dogmas of Empiricism." *Philosophical Review* 60: 20 - 43.

Rehder, M. F., Michael B. Schreiner, W. Wolfe, Darrell Laham, Thomas K. Landauer, and Walter Kintsch. 1998. "Using Latent Semantic Analysis to Assess Knowledge: Some Technical Considerations." *Discourse Processes* 25 (2/3): 337 - 354.

Rendell L., R. Boyd, D. Cownden, M. Enquist, K. Eriksson, M. W. Feldman, L. Fogarty, S. Ghirlanda, T. Lillicrap, and K. N. Laland. 2010. "Why Copy Others? Insights from the Social Learning Strategies Tournament." *Science* 328(5975): 208 - 213.

Richard, Mark. Forthcoming. *Meanings as Species.*

Richerson, P. J., and R. Boyd. 2004. *Not by Genes Alone.* Chicago: University of Chicago Press.

Ridley, Matt. 2010. *The Rational Optimist*. New York: Harper Collins.

Ristau, Carolyn A. 1983. "Language, Cognition, and Awareness in Animals?" *Annals of the New York Academy of Sciences* 406 (1): 170 - 186.

Rogers, D. S., and P. R. Ehrlich. 2008. "Natural Selection and Cultural Rates of Change." *Proceedings of the National Academy of Sciences of the United States of America* 105 (9): 3416 - 3420.

Rosenberg, Alexander. 2011. *The Atheist' s Guide to Reality: Enjoying Life without Illusions.* New York: W. W. Norton.

Roy, Deb. 2011. "The Birth of a Word." TED talk.

Sanford, David H. 1975. "Infinity and Vagueness." *Philosophical Review* 84 (4):520 – 535.

Scanlon, Thomas. 2014. *Being Realistic about Reasons*. New York: Oxford University Press.

Schönborn, Christoph. 2005. "Finding Design in Nature." *New York Times*, July 7.

Schwitzgebel, Eric. 2007. "No Unchallengeable Epistemic Authority, of Any Sort, Regarding Our Own Conscious Experience—Contra Dennett?" *Phenomenology and the Cognitive Sciences* 6 (1 – 2): 1 – 2.

Seabright, Paul. 2010. *The Company of Strangers: A Natural History of Economic Life.* Rev. ed. Princeton, N.J.: Princeton University Press.

Searle, John. R. 1980. "Minds, Brains, and Programs." *Behavioral and Brain Sciences* 3 (3): 417 – 457.

—. 1992. *The Rediscovery of the Mind*. Cambridge, Mass.: MIT Press.

Selfridge, Oliver G. 1958. "Pandemonium: A Paradigm for Learning in Mechanisation of Thought Processes." In *Proceedings of a Symposium Held at the National Physical Laboratory*, 513 – 526.

Sellars, Wilfrid. 1962. *Science, Perception, and Reality*. London: Routledge and Paul.

Seung, H. S. 2003. "Learning in Spiking Neural Networks by Reinforcement of Stochastic Synaptic Transmission." *Neuron* 40 (6): 1063 – 73.

Seyfarth, Robert, and Dorothy Cheney. 1990. "The Assessment by Vervet

Monkeys of Their Own and Another Species' Alarm Calls." *Animal Behaviour* 40 (4):754 - 764.

Seyfarth, Robert, Dorothy Cheney, and Peter Marler. 1980. "Vervet Monkey Alarm Calls: Semantic Communication in a Free-Ranging Primate." *Animal Behaviour* 28 (4): 1070 - 1094.

Shanahan, Murray. 2010. *Embodiment and the Inner Life*. New York: Oxford University Press.

Shannon, Claude Elwood. 1948. "A Mathematical Theory of Communication." *Bell System Technical Journal* 27 (3).

Shannon, Claude Elwood, and Warren Weaver. 1949. *The Mathematical Theory of Communication*. Urbana: University of Illinois Press.

Shepard, Roger N., and Jacqueline Metzler. 1971. "Mental Rotation of Three Dimensional Objects." *Science* 171 (3972): 701 - 703.

Shepard, Roger N., and Lynn A. Cooper. 1982. *Mental Images and Their Transformations.* Cambridge, Mass.: MIT Press.

Siegel, Lee. 1991. *Net of Magic: Wonders and Deceptions in India*. Chicago: University of Chicago Press.

Siewert, Charles. 2007. "In Favor of (Plain) Phenomenology." *Phenomenology and the Cognitive Sciences* 6 (1 - 2): 201 - 220.

Simmons, K. E. L. 1952. "The Nature of the Predator-Reactions of Breeding Birds." *Behaviour* 4: 161 - 171.

Simon, Herbert A. 1969. *The Sciences of the Artificial*. Cambridge, Mass.: MIT Press.

Skutch, Alexander F. 1976. *Parent Birds and Their Young*. Austin: University of Texas Press.

Smith, Brian Cantwell. 1985. "The Limits of Correctness in Computers." Symposium on Unintentional Nuclear War, Fifth Congress of the International Physicians for the Prevention of Nuclear War, Budapest, Hungary, June 28 – July 1.

Smith, S. D., and P. M. Merikle. 1999. "Assessing the Duration of Memory for Information Perceived without Awareness." Poster presented at the 3rd Annual Meeting of the Association for the Scientific Study of Consciousness, Canada.

Smith, Stevie. 1957. *Not Waving but Drowning; Poems.* London: A. Deutsch.

Sober, Elliott, and David Sloan Wilson. 1995. "Some Varieties of Greedy Ethical Reductionism." In DDI, 467 – 481.

Sontag, Susan. 1977. *On Photography*. New York: Farrar, Straus and Giroux.

Specter, Michael. 2015. "The Gene Hackers: The Promise of CRISPR Technology." *New Yorker*, Nov. 16, 52.

Sperber, Dan, ed. 2000. *Metarepresentations: A Multidisciplinary Perspective.* Oxford: Oxford University Press.

Sperber, Dan, and Deirdre Wilson. 1986. *Relevance: Communication and Cognition.* Cambridge, Mass.: Harvard University Press.

Sterelny, Kim. 2003. *Thought in a Hostile World: The Evolution of Human Cognition.* Malden, Mass.: Blackwell.

—. 2012. *The Evolved Apprentice*. Cambridge, Mass.: MIT press.

Strawson, Galen. 2003. Review of *Freedom Evolves*, by Daniel Dennett. *New York Times Book Review*, March 2.

Strawson, Peter F. 1964. "Intention and Convention in Speech Acts." *Philosophical Review* 73 (Oct.): 439 – 460.

Sullivan-Fedock, J. 2011. "Increasing the Effectiveness of Energy Wind Harvesting with CFD Simulation-Driven Evolutionary Computation." Presented at the Seoul CTBUH 2011 World Conference. CTBUH: Seoul, South Korea.

Swiss, Jamy Ian. 2007. "How Magic Works."

Szostak, Jack. 2009. "Systems Chemistry on Early Earth." *Nature*, May 14, 171 - 172.

Tegla, Erno, Anna Gergely, Krisztina Kupan, Adam Miklo, and Jozsef Topa. 2012. "Dogs' Gaze Following Is Tuned to Human Communicative Signals." *Current Biology* 22: 209 - 212.

Thomas, Elizabeth Marshall. 1993. *The Hidden Life of Dogs*. Boston: Houghton Mifflin.

Thompson, D'Arcy Wentworth. 1917. *On Growth and Form*. Cambridge: Cambridge University Press.

Tinbergen, Niko. 1951. *The Study of Instinct.* Oxford: Clarendon Press.

—. 1959. *Social Behaviour in Animals, with Special Reference to Vertebrates.* London: Methuen.

—. 1961. *The Herring Gull's World; A Study of the Social Behaviour of Birds.* New York: Basic Books.

—. 1965. *Animal Behavior*. New York: Time.

Tomasello, Michael. 2014. *A Natural History of Human Thinking*. Cambridge: Harvard University Press.

Tononi G. 2008. "Consciousness as Integrated Information: A Provisional Manifesto." *Biological Bulletin* 215 (3): 216 - 42.

Trivers, Robert. 1985. *Social Evolution*. Menlo Park, Calif.: Benjamin/

Cummings.

Turing, Alan M. 1936. "On Computable Numbers, with an Application to the Entscheidungs Problem." *Journal of Math* 58 (345 – 363): 5.

—. 1960. "Computing Machinery and Intelligence." *Mind*: 59: 433 – 460.

von Neumann, John, and Oskar Morgenstern. 1953 (©1944). *Theory of Games and Economic Behavior*. Princeton, N.J.: Princeton University Press.

von Uexküll, Jakob. 1934. "A Stroll through the Worlds of Animals and Men: A Picture Book of Invisible Worlds." In *Instinctive Behavior: The Development of a Modern Concept*, translated and edited by Claire H. Schiller. New York: International Universities Press.

Voorhees, B. 2000. "Dennett and the Deep Blue Sea." *J. Consc. Studies* 7: 53 – 69.

Walsh, Patrick T., Mike Hansell, Wendy D. Borello, and Susan D. Healy. 2011. "Individuality in Nest Building: Do Southern Masked Weaver (Ploceus velatus) Males Vary in Their Nest-building Behaviour?" *Behavioural Processes* 88 (1): 1 – 6.

Wegner, Daniel M. 2002. *The Illusion of Conscious Will*. Cambridge, Mass.: MIT Press.

Westbury, C., and D. C. Dennett. 2000. "Mining the Past to Construct the Future: Memory and Belief as Forms of Knowledge." In *Memory, Brain, and Belief,* edited by D. L. Schacter and E. Scarry, 11 – 32. Cambridge, Mass.: Harvard University Press.

Whiten, Andrew, and Richard W. Byrne. 1997. *Machiavellian Intelligence II: Extensions and Evaluations.* Cambridge: Cambridge University Press.

Wiener, Norbert. (1948) 1961. *Cybernetics: Or Control and Communication in the Animal and the Machine*. 2nd rev. ed. Paris/Cambridge, Mass.: Hermann and

Cie/MIT Press.

Wills, T., S. Soraci, R. Chechile, and H. Taylor. 2000. " 'Aha' Effects in the Generation of Pictures." *Memory & Cognition* 28: 939 - 948.

Wilson, David Sloan. 2002. *Darwin's Cathedral: Evolution, Religion, and the Nature of Society*. Chicago: University of Chicago Press.

Wimsatt, William, and Beardsley, Monroe. 1954. "The Intentional Fallacy." In *The Verbal Icon: Studies in the Meaning of Poetry*. Lexington: University of Kentucky Press.

Wrangham R., D. Cheney, R. Seyfarth, and E. Sarmiento. 2009. "Shallow-water Habitats as Sources of Fallback Foods for Hominins." *Am. J. Phys. Anthropol.* 140 (4): 630 - 642.

Wright, Robert. 2000. *NonZero: The Logic of Human Destiny*. New York: Pantheon Books.

Wyatt, Robert, and John A. Johnson. 2004. *The George Gershwin Reader*. New York: Oxford University Press.

Yu, Wei et al. 2015. "Application of Multi-Objective Genetic Algorithm to Optimize Energy Efficiency and Thermal Comfort in Building Design." *Energy and Buildings* 88: 135 - 143.

Zahavi, Amotz. 1975. "Mate Selection—A Selection for a Handicap." *Journal of Theoretical Biology* 59: 205 - 214.

未来，属于终身学习者

我们正在亲历前所未有的变革——互联网改变了信息传递的方式，指数级技术快速发展并颠覆商业世界，人工智能正在侵占越来越多的人类领地。

面对这些变化，我们需要问自己：未来需要什么样的人才？

答案是，成为终身学习者。终身学习意味着永不停歇地追求全面的知识结构、强大的逻辑思考能力和敏锐的感知力。这是一种能够在不断变化中随时重建、更新认知体系的能力。阅读，无疑是帮助我们提高这种能力的最佳途径。

在充满不确定性的时代，答案并不总是简单地出现在书本之中。“读万卷书”不仅要亲自阅读、广泛阅读，也需要我们深入探索好书的内部世界，让知识不再局限于书本之中。

湛庐阅读 App：与最聪明的人共同进化

我们现在推出全新的湛庐阅读 App，它将成为您在书本之外，践行终身学习的场所。

- 不用考虑“读什么”。这里汇集了湛庐所有纸质书、电子书、有声书和各种阅读服务。
- 可以学习“怎么读”。我们提供包括课程、精读班和讲书在内的全方位阅读解决方案。
- 谁来领读？您能最先了解到作者、译者、专家等大咖的前沿洞见，他们是高质量思想的源泉。
- 与谁共读？您将加入优秀的读者和终身学习者的行列，他们对阅读和学习具有持久的热情和源源不断的动力。

在湛庐阅读 App 首页，编辑为您精选了经典书目和优质音视频内容，每天早、中、晚更新，满足您不间断的阅读需求。

【特别专题】【主题书单】【人物特写】等原创专栏，提供专业、深度的解读和选书参考，回应社会议题，是您了解湛庐近千位重要作者思想的独家渠道。

在每本图书的详情页，您将通过深度导读栏目【专家视点】【深度访谈】和【书评】读懂、读透一本好书。

通过这个不设限的学习平台，您在任何时间、任何地点都能获得有价值的思想，并通过阅读实现终身学习。我们邀您共建一个与最聪明的人共同进化的社区，使其成为先进思想交汇的聚集地，这正是我们的使命和价值所在。

著作权合同登记号：图字：01-2023-5734 号

图书在版编目（CIP）数据

从细菌到巴赫再回来 /（美）丹尼尔・丹尼特（Daniel C. Dennett）著；冯文婧，郭瑞东译. --北京：中国纺织出版社有限公司，2024.2

书名原文：From Bacteria to Bach and Back

ISBN 978-7-5229-1063-5

Ⅰ. ①从…　Ⅱ. ①丹…　②冯…　③郭…　Ⅲ. ①思维科学　Ⅳ. ①B80

中国国家版本馆CIP数据核字（2023）第249136号

责任编辑：刘桐妍　　责任校对：高　涵　　责任印制：储志伟

中国纺织出版社有限公司出版发行

地址：北京市朝阳区百子湾东里 A407 号楼　邮政编码：100124

销售电话：010—67004422　传真：010—87155801

http://www.c-textilep. com

中国纺织出版社天猫旗舰店

官方微博 http://weibo.com/2119887771

唐山富达印务有限公司印刷　各地新华书店经销

2024年2月第1版第1次印刷

开本：710×965　1/16　印张：34.25　插页：1

字数：434千字　定价：169.90元

凡购本书，如有缺页、倒页、脱页，由本社图书营销中心调换